U0039333

我的危機與契機

徐有守◆著

臺灣商務印書館發行

八十述懷

百年世變氏族傾，孤雁東飛萬里征。
松傲九秋寒愈翠，劍磨十載夜長鳴。
文章事業兩惶愧，吏制官規我創成。
有子有孫揚志節，憂國憂世念蒼生。

——有守甲申孟秋甫稿

聞故園諸狀有感

——家人訪故鄉家宅太史第歸告諸狀聞後慨然

傷心往史付煙雲，世代忠良四處分。
華宅田園驚毀沒，孤鵬超海又成群。
為酬壯志磨長劍，一念精誠抵萬軍。
海闊天空皆彩翼，流長源遠永繽紛。

——有守二〇〇五年元月於臺北

第一單元 # 我的成長

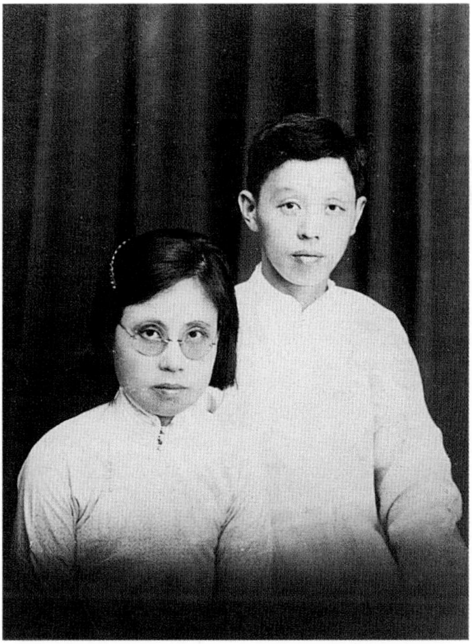

家父徐曰明先生(1900-1961)與家母郭韻琴女士(1897-1934)

看蜜樣甜美的春天已隨今日來臨
滿園的桃李滿地的草茵今又如昔
願軟軟的春風吹得更濃更膩
拂醒我童年捉迷藏的好夢依稀
——拙詩：祝福

舉杯啊！請高高舉杯
忘卻那些世俗的榮耀與金錢
舉杯啊！請高高舉杯
杯中浮溢著我們的生命和青春
——拙詩：今天啊！祇有今天

均摘錄自拙著：棣華詩集

向人生歡呼！也向所有朋友和敵人致謝和致敬！

不要害怕！請把手上的繩索拉緊！
不要呼喊！在這遼闊的海面，
讓驚天動地的暴風雨來罷！
讓它殘忍猛烈地淋打我們的頭髮和背脊！
祇要我們的舵把穩，方向不錯誤，
祇要我們的眼睛明亮，
向著遠方，
永遠閃耀著尖銳不變的光芒！
——拙詩：我們的船戰鬥在海上

奮鬥，忍耐，達觀！

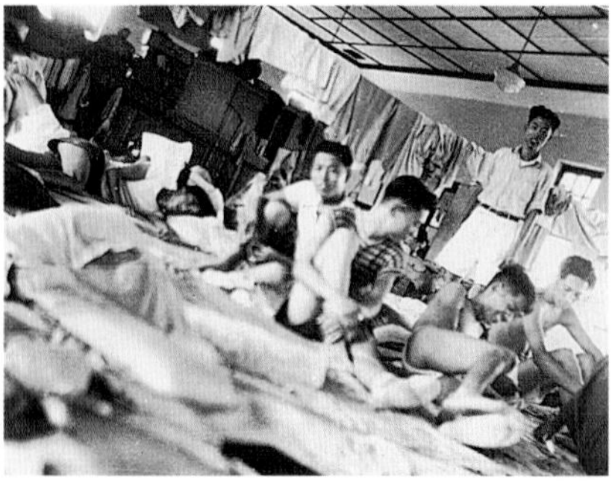

上左：

十三歲時在祖宅徐太史第後園石榴樹下(民26吉水)。

上右：

總算大學畢業了(民38南昌)。

中左：

升中正大學前與十三中學班友王昆生涂序琅二兄(民34青原山)。

中右：流亡途中(民38黃埔)。

下：

七洋行三樓流亡學生地舖實景。有 ×處是我的舖位(民38台北)。

一鵬超海又成群！

我年八十時，全家二博士五碩士一學士四幼童(台北)。

上左 ：時年三十，任職成功大學附屬補校(民43台南)。

上右：時年三十二，任職教育部(民45台北)。

下左： 時年三十五，任職行政院(民48台北)。

下右：時年四十四，任職國家安全會議，膺選特保最優公務員，應總統蔣公召宴後(民57台北)。

上：
時年四十八，初赴銓敘部任常務次長(民61台北)。

下：
時年六十，任銓敘部政務次長，兩鬢早已斑(民73台北)。

上：
時年六十五，仍在銓敘部
(民78台北)。

下：
時年六十九，任考選部政務次長
(民82台北)。

上：
時年七十，在考選部
(民83春台北)。

下：
時年七十，自請退職結束公務員生涯前夕在考選部。
(民83秋台北)

上：左起十妹、九妹、大哥及其婿與女又芳(民93天津)。

下：五妹訪台(民83冬日月潭)。

上左：
六妹六歲時(民26吉安)。

上右：
六妹讀高中我讀大學
(民37南昌)。

下：
我與繼之新婚日
(民49秋台北)。

上：那一年的我一家五口(民61台北)。

下：表姪女Elisabeth返台與我全家合影(民61台北)。

上：我兒斯勤赴美讀書前(民70台北)。

下：我家住此陋巷紅門內公寓四樓22年(民59-81 台北)。

上：美國律師Elisabeth來晤我夫妻(民76舊金山)。
下：遷入木柵新居首日在客廳(民81台北)。

上：從新居眺望考試院及考銓二部(民81台北)。

下：繼之與我(民82台北)。

上：我兒斯儉新婚日我夫妻在自家客廳（民82台北）。
下：我夫妻穿戴龍冠霞帔登上正大光明殿稱帝稱后（民83烏來）。

上：大哥來台出席學術研討會與我全家聚晤（民89台北）。
下：老夫老妻都早已退休了（民90台北）。

上：散步台大校園(民91台北)。

下：我妻膺選台北市文山區模範母親(民92台北)。

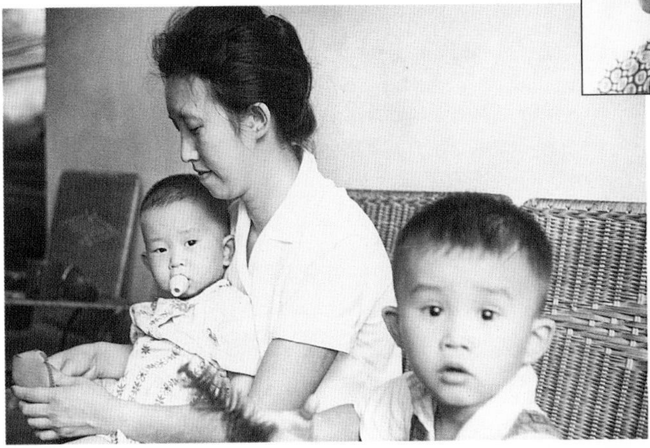

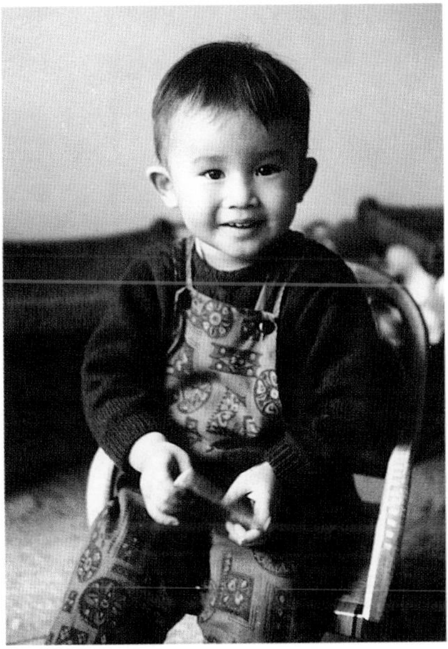

上右：
繼之雲英未嫁時
（民47台北）。

中：
次兒斯儉將滿一歲，撫育勞累
（民53台北）。

下：
長兒斯勤二歲
（民52台北）。

上：

斯勤斯儉兄弟(民53台北)。

下右：

兩人三歲二歲(民54台北)。

下右：

兩人分別五、四歲(民55台北)。

上左：斯勤讀小學了(民58台北)。

上右：繼之和三個小蘿蔔頭(民58台北)。

下：我去美國看斯勤斯儉兄弟(民80紐約)。

上：兩兄弟在機場接父母(民80紐約)。

下：兩兄弟同在美國讀書偶聚(民81紐約)。

上：

斯勤在丹佛大學讀博士學位

(民82美丹佛)。

下：

斯勤與碧如新婚

(民84台北)。

上：

我長孫女紹禎已誕生

(民85丹佛)。

下：

紹禎聰明活潑伶俐

(民90台北)。

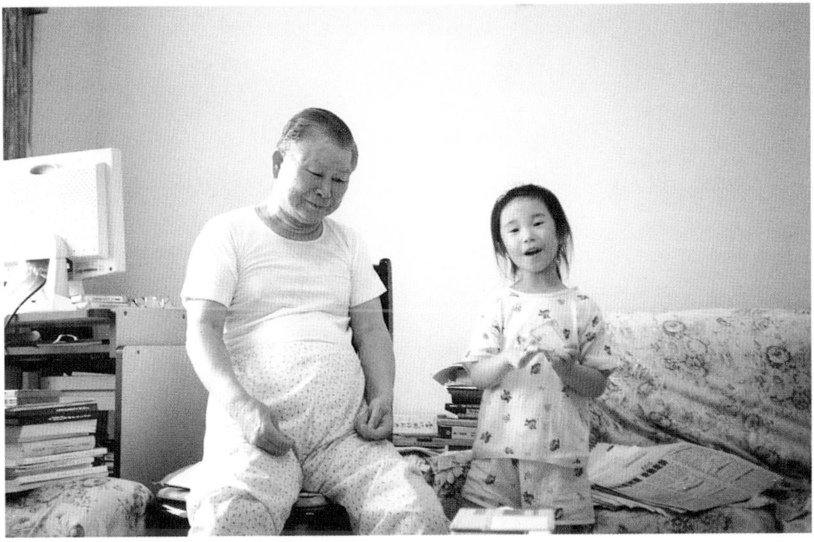

上：紹禎當選台北市模範兒童(民91台北)。
下：紹禎唱歌給老爺爺聽(民91台北)。

上：

八十歲的我與長孫女及長孫

(民93台北)。

下：

我長孫紹嘉三歲

(民92台北)。

上：我兒斯儉(左一)初中畢業(民67台北)。

下：斯儉就讀台灣大學(民70台北)。

上：

我在美國哥倫比亞大學大門。斯儉在此校讀博士學位(民77紐約)。

下：

哥大旁的Riverside Church(民77紐約)。

上：
斯儉紐約臥室一角
(民77紐約)。

下：
斯儉新婚日我送他出家門去迎親
(民82台北)。

上：

斯儉與新娘喻小敏
(民82台北)。

下：

恭請孔聖人德成為斯儉福證
(同上)。

上：新婚夫妻在禮堂(民80台北)。

下：新人與父母及部份親友(同上)。

上：

繼之與斯儉夫婦同遊香港(民84)。

下：

我赴砲兵學校探望炮兵排長我兒斯容(民78台南)。

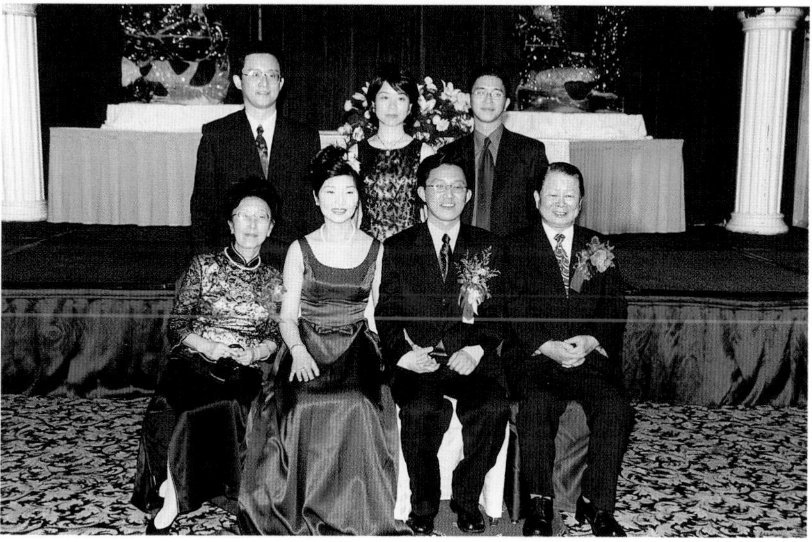

上：我兒斯容讀紐約大學NYU時陪我逛街(民92紐約)。

下：我兒斯容夫婦與父母哥嫂(民84北)。

上：

我兒斯容夫婦在台大校園(民91台北)。

下：

我兒斯容長女杰薇十個月時(民92台北)。

上：繼之與其弟石仲拓教授夫婦家人(民84美國Ann Arbor)。

下：繼之與仲拓在其任教之密希根大學校園(同上Ann Arbor)。

上：繼之訪其四、五兩妹及部份家人於加州灣區(民84加州)。

下：繼之遊金門(民79金門)。

上：

繼之與斯容夫婦遊北海道(民89扎幌)。

下：

繼之在北海道扎幌(同上)。

上：繼之在北京與其二姐夫婦等(民91北京)。

下：繼之與親友劉女士(左)和祁女士(民92台北)。

上：

陪隨行政院王副院長雲五訪視公營事業(民48高雄縣)。

下：同上。

上：雲老在某公營工廠草坪上聽取報告，最右為有守(同上)。

下：我以公務赴美考察過日本訪呂秋文教授(左)(民54東京)。

上：

我任商務印書館總經理時與董事長雲五先生合影(民54台北)。

中：

與行政院好友陳新民龍運鈞(右起)諸兄(民58台北)。

下：

商務辦公室懸有雲老手書「為文化而努力，為事業而奮鬥。」(民55台北)。

任職國家安全會議時與黃秘書長少谷合影
(民56-61台北)。

上：我在考試院銓、選兩部連續工作22年(民61-83木柵)。

下：僅在銓敘部即工作21年，此其辦公大樓(民61-82木柵)。

上：

嚴總統訪視考試院與院部首長及全體考試委員留影，我在最右(民67木柵)。

下：

在67年全國人事主管人員會報上致詞(民67木柵)。

上：
在銓敘部員工動員月會上致詞(民75木柵)。

下：
在80年人事主管人員會報上致詞(民80木柵)。

上：銓敘部石前部長為公(覺)上將八十大壽慶典與部分舊日軍中將領合影。後右三為我(台北)。

下：與石部長談話(同上)。

上：與來訪之德國公務員協會團長及部分團員合影。前排右一為我
(民75木柵)。

下：與另三位團員合照(同上)。

上：政府第一次頒我功勛獎章證書有言：「銓敘部政務次長主持研訂銓敘新制相關法規著有功績。」(民67木柵)後於82年復第二次頒功績獎章。
下：與主持頒獎典禮之考試院孔院長德成合照(民87木柵)。

上：訪問法務部所屬花蓮開放式監獄與馬英九部長討論(民82花蓮)。

下：與考試院張秘書長談話(同上)。

上：最高法院王甲乙院長就職典禮上與司法院林洋港院長合影(台北)。
下：我應邀在司法院動員月會上析述英國大選(民82台北)。

上：我列席立法院法制委員會議報告法案。我是該會十多年來的常客(台北)。

下：送銓敘部運動員團參加公務人員全國運動會(民77台北)。

上：
我率團視察金門公務人員保險業務，右一為金門譚縣長(民66大金門)。

下：
金門慈湖與介壽亭(同上)。

上：訪問小金門(民66小金門)。

下：在大金門街頭。右起黃密司長、黃守高主秘(同上大金門)。

上：我在銓敘部辦公室(民78木柵)。

下 ：與我同事多年的我辦公室林、郭兩位秘書(民80木柵)。

上：
我在考選部辦公室
(民82木柵)。

下：
我擔任技術人員檢覈筆試主
試委員會主任委員
(民82木柵)。

上：我在考選部退職前夕，銓敘部老友二百餘人分多批前來話別，此其部分(民83木柵)。

下：行政院人事行政局長陳庚金兄特來舍下致贈退職紀念牌(民83台北)。

上：
我主持商務印書館九十二年股東常會(民92台北)。

下：
我任商務印書館副董事長，與董事長王學哲兄合影
(民91台北)。

上左：政治大學研究生的我(民44木柵)。

上右：我代表政治大學首屆全體碩士接受陳誠副總統頒發碩士證書(民45秋木柵)。

下：我應碩士學位口試。左起：委員浦薛鳳所長、指導教授兼口試主席王雲五教授、委員王撫洲教授(民45五月木柵)。

上：奉我師王雲老召與同學王壽南院長登山(民53冬陽明山)。
下：為雲師祝壽。前蹲者我長、三兩兒，後立者馬起華博士伉儷及愚夫婦(民68台北)。

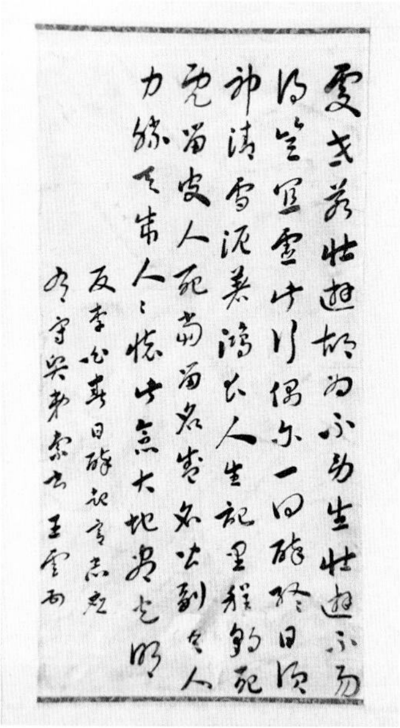

上：

雲師以手書所賦詩贈我(民52台北)。

下：

學生為浦薛鳳老師祝壽。左起邱創煥、浦老師、陳水逢、我(民62台北)。

上：討論一項研究計劃。左起政大陳治世校長、我、行政院政務委員董文琦(台北)。

下：與邱創煥院長合影(民80台北)。

上：

香港中文大學校長金耀基院士來訪，在我住所門前與我及次兒斯儉留影(民90台北)。

下：

在我家客廳(同上)。

上：政大復校後最早四研究所第一期畢業在台部份校友某年重聚(台北)。
下：政大研究所畢業校友左起蔡保田、李雲漢、我、邱創煥(民66台北)。

上：國立中正大學前期(大陸)在台校友春節團拜(民70台北)。
下：我從民國57年起任大學兼職教授(民87台北文化大學)。

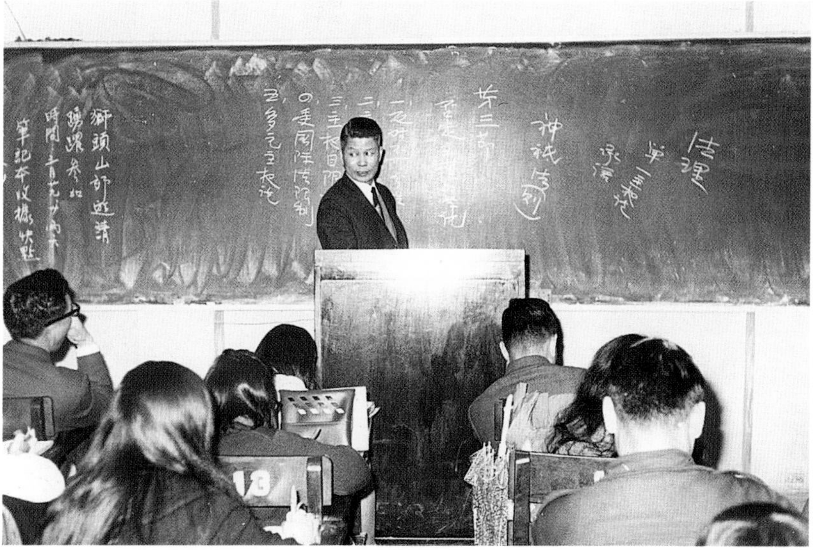

上：在政治大學課堂(某年木柵)。

下：與政大公共行政研究所部份學生(某年木柵)。

上 ：與政大公行所畢業生(某年木柵)。

下：淡江大學學生送舊晚會(民77台北)。

上：我任論文指導教授的政大公行所學生張小蘭(左二)正在進行碩士口試(木柵)。

下：我主持輔仁大學許劍英同學之法學博士學位口試(民86新莊)。

上：政大公行所主辦之台北市基層建設研究班結業，右前為市長許水德(某年台北)。

下：某班結業。右五起我、許市長、政大陳治世校長(某年木柵)。

上：與文化大學政治研究所研究班全體研究生合影(民81台北)。

下：與文化大學行管系63級畢業校友重聚(民80台北)。

上：國民黨中央文化工作會舉行王雲五先生研討會由我主持(台北)。

下：雲五圖書館基金董事會成立全體董事合影(台北)。

上：陳百年先生學術基金董事會董事左起楊樹藩、我、陳紹彭、陳治世、張京育校長、王壽南院長等(木柵)。

下：我在國際桂冠詩人年會上致詞(台北)。

上：與一位女詩人合影(同前)。

下：學生林美凰、劉艮馨等與同事張晶、楊彩霞等為我妻慶母親節(台北)。

上：考試院公僕自強活動途中，院長劉季洪(左三)主持為我(右三)慶賀生辰(民74日月潭)。

下：與考試院副院長林金生先生(中)及考試委員陳水逢兄合影(民81日月潭)。

上：我購穿當地原住民服裝。左三起張邦珍與華仲麐委員、韓忠謨部長、我、盧委員(民65日月潭)。

下：民65奉陪監察委員黃尊秋先生巡視公務人員保險處(台北)。右起門診中心何主任、財政部陸潤康部長、黃監委(次年始出任監察院長)，最左為有守。

上：
與考選部長唐振楚兄在台中港防波堤上(民68台中)。

下：
與考選部長瞿韶華在某旅遊聖地(民73台灣)。

上：與金門實行地方自治後首任民選縣長陳水在合影(某年金門)。

下：愚夫婦在紐約海邊沙灘。

上：
某年在台灣最南端的墾丁(台灣恆春)。

下：
某年在梨山(台灣)。

上：

訪問奧地利。左起考試委員徐佳士、譚天錫、王執明、我、人事行政局副局長歐育誠。

下：

某年在日月潭慈恩塔前（台灣南投）。

上：

某年與施委員嘉明在金門。

下：

某年遊鯉魚潭(花蓮)。

上：

某年在香格里拉(宜蘭)。

下：

在某勝地(台灣)。

上下：在阿里山（民71嘉義）。

上：某年在太平山(宜蘭)。

下：在太魯閣途中長春祠旁(花蓮)。

上：在太平山上新花園(民83宜蘭)。

下：某年在某勝地。

目錄

第三編　四個契機……161

第四編　拾穗……329

自序

臺灣從蔣經國執政的最後幾年開始，政治局勢轉變，並且隨著年代的行進而逐漸加速轉變步伐。等到民進黨執政後，更是整個局勢丕然改觀；社會也與政治同步在轉變，道德標準和是非標準也隨之改變，有些更甚至是逆轉了。在這一浪濤下，大批新人被浪濤推湧上來，更有大批舊人則被浪濤捲下去了。

在這些被捲下去的政治人物中，有很多紛紛出版他們的回憶錄，風起雲湧，述往憶昔，各有其不同的動機和目的，也各有其不同的價值。當然，其中有極少數回憶錄內容貧乏，不過只是在趕時髦和湊熱鬧，甚至是爲了自抬身價而寫；但大致說來，無論如何，大都或多或少可以提供一些了解和有價值的資料。由於讀者強烈的好奇心理，使這些書都很暢銷；但是相反的，那些非政治人物的傳記或回憶錄，因爲內容不足以聳人聽聞而銷路卻奇差。眞是一種悲劇。

西方人說，每一個人至少都可以寫一本書，因爲他可以寫他自己。這話聽來似乎有點道理，使我常常想到少年時候讀過的蔣夢麟回憶錄《西潮》一書，寫出了他那個西風東漸時代社會變化的情形，當然也寫了他自己，是衆所公認的一本好書。這提供給我一個啓示，如果人人都用「西潮」那種反映時代的寫法，倒的確是每人都可以寫一本書，未必大人物才可以寫這種書。

我不是政治人物或大人物，無意於也自認沒有資格倣照政治人物寫回憶錄的架式來寫我的回憶錄。但是我老了，難免有時會回顧自己這一生所經歷和目睹的時代變化，確實也夠得上說是「歷經世變」。而我個人畢生當然也有一些曲折，卻無一不可溯源到世變的作用。尤其是我這個家族，因祖先在帝制時代爲士大夫又有人任官於朝廷，而成家鄉望族；雖有先人於八國聯軍之役殉國而青史留芳，但家族運勢卻隨帝制的消毀而轉走下坡。民國以來，原有的舊式世宦家族光環漸褪。隨而民初南北軍閥內戰和國民革命軍的北伐統一戰爭，又使我們贛南地方飽受戰事蹂躪。再接著而來的就是掀起於我們家鄉贛南的中共革命。中共直接把我們這種世族與地主作爲革命主要對象。中共的二萬五千里長征也使贛南地方丁壯人口爲之一空，農村空虛糜爛，良田荒蕪，從經濟基礎上及社會聲望上進一步摧毀我們這種家族。到了對日抗戰八年，政府實施田賦「徵購徵實」政策，使地主所收田租竟不敷繳納政府的田賦稅所需（詳閱本書第二編「六個危機」第貳章「國難家變黑暗十年」中第10節「窮困拮据的十年」，頁八七至九三），而使原已奄奄一息的世族地主再也無法倚賴土地生存了。等到中共建政後，根本實行沒收地主土地政策並且鬥爭了地主，遂使這種世族的經濟基礎徹底破壞，世族整體也徹底消滅了，舊日世家和地主階級完全完全崩潰。

我這些扼要的敘述，已具體描繪出二十世紀前半頁我國大陸政治社會變化的輪廓，及其對傳統家族的破壞過程，以至最後被徹底摧毀的命運。這完全都是事實的敘述，不涉及價值評斷。而我就正是在這種時代社會背景下，於民國十三年出生於這麼一個世族家庭裡，目擊身受這一被摧毀的過程和後果。

但是，二十世紀下半頁之初，我這個沒落世家的倖存子弟離開了大陸，也結束了前半個世紀世變給予我家和我個人的痛苦與摧殘而隻身來到臺灣，在這異鄉展開個人的新生命。我不僅是活下來了，而且替國家做了一些事情，也爲我家族做了一些事情。我有三個兒子，連同我，全家一共有四個男子，各自組成了一個小家庭分居。我們四個家庭四對夫妻八人中，有二名是美國名校博士，五名是名校碩士，一名是學士。八個人都有良好的職業，而且其中至少有六人曾經或至今仍然在大學教書任職，也有以現在資本主義社會的典型業務證券業務爲業。這情形說明了我這個徐氏子弟，已經把這個家族從原來在大陸上的農業社會舊式書香地主世家，徹底轉變爲臺灣工業社會現代新知識份子的家族了，也使這個已被時代巨輪徹底摧毀了的家族，從廢墟中新生了。至於我的第三代，也就是我的孫兒孫女們，現在還年幼，將來情形如何，非我所知。但是已經看出他們都很正直，也都很聰明，所以我敢斷言，他們必定也將堂堂正正立足於社會。我這中落的家族已在這海島上展開了新的生命，完成了從一九〇〇年八國聯軍兵臨北京城下以至今二十一世紀初恰逾一個世紀的蛻變。

當時代鉅變之際，舊的一切固然是毀滅了，消逝了；而新的卻總歸是要冒出來的，但卻不限於以單獨一種形態呈現出來，而會以多種不同形態出現。這裡所說我的情形，不過是其中一種形態，但卻可以說是這類家族蛻變情形的一個主要典型，我的經歷和故事，也是這個大時代中這種家族蛻變的縮影。

我從少年時期起，就常常覺得個人的命運和前途，確與國家的命運和前途息息相關。我現在要說，同此道理，家族的命運和前途更與國家的命運和前途息息相關。我家的故事就是最好的證明。

很明顯的，透過我的故事，可以很清晰地看出二十世紀裡我國社會的急速轉變。我在前面說過，我沒有資格更無意冒充政治人物來寫回憶錄；現在我要說，我畢竟應該有資格以蛻變世家子弟的身份來寫這個時代和這種背景下的我個人。

世紀鉅變洪流下的個人，有其與衆相同的必然趨向；但是，當然也有其與衆不同的個體差異發展，甚至當然更有一些個人的偶然遭遇出現。這表示個體當然必定有差異，天道必定如此才能顯示個人的尊嚴和個體的價值。基於上述種種認識，我興緻盎然地寫這一回憶錄。

無論怎麼說，回憶錄畢竟只是「個人」的回憶錄，再怎麼說總還是不能脫離自我。

我認爲既然決定要寫，而且脫離不了個人，就應該誠實地寫。我不喜歡自我膨脹或誇張，更不喜歡無中生有地撒謊，也不願意隱瞞自己的過錯與罪惡。說這幾句話當然很可能博得大家讚許，不過做起來卻並不容易。我是由於有了下列幾點認識，才敢這麼說的：

第一、世上並不眞有聖人或完人，縱然被世人稱爲聖人或完人的人，也必有錯。我豈能無錯？豈能無失德之事？

第二、世界上的是非評判與價值標準並不固定，常因時、因地、因人、因風俗習慣、因許多其他複雜因素而變。今日之非成爲明日之是，他人之是成爲我的非。但是，一位醫師當面誠實直率對病患宣告病患三日內必定死亡，這種行爲究竟是否道德？實在不無疑問。世界「道德重整運動」標榜絕對誠實，我當然十分欽佩，但卻不敢保證在任何情況下我絕對都能遵行。因爲有時候恰好誠實反而會觸犯道德，有道德上的實際困難。我所注意的只是：人生在世難免都有敵人，依誠實原則，當我的敘述觸及與敵人有關的事項時，我應不隱瞞敵人對我的陷害行爲，但是我沒有說出來，也就是替他隱瞞了。這也許可以解釋爲我不誠實，但也只有這一部份隱瞞了，我自認應視爲厚道。

第三、我這一生當然有錯，少年時當然更難免有糊塗之時。但是，我畢竟並沒有什麼必須要隱瞞的重大罪惡。

因此，我這個平凡小人物的這本小小回憶錄是眞正據實寫來，句句都是眞話。不過還是微有例外情形。那就是我寫好的初稿中，原來有下列三章：一、中年的顚蹶。二、險惡官場中的鬥爭。三、晚年的尊嚴維護。這三章內容所述的事件原都屬於危機性質，而原本列入第二編，所以該編標題原來是「第二編：九個危機」。但是，基於上文隱惡的觀念，最後我決定把這三章取出，暫不列入本書。原因是每一章內容都牽涉到多位他人，其中包括最主要的七個人，而且有三人已經去世了。我想，事情過去已久了，我也老了，他人這些在我看來非常醜惡的行爲就忘記算了罷。因此，我這本書裡，只有關於我奇遇中貴人的敘述，並沒有關於我成年後使我痛苦折磨的人的敘述。誰在世上沒有仇人呢？但諒解他們，不寫他們了，就事論事，這不就是在隱瞞眞相嗎？這不就是違背了前述的誠實信條嗎？是的！確實如此。我承認。但是我沒有隱瞞其他，只是隱瞞了這三章。

似乎不用太加注意就可以很快得到一個印象，這本書裡寫的全是些艱難困苦，橫逆挫折，奮鬥努力，以及僥倖偶然的事情，決沒有自我吹噓誇張和驕傲自得的敘述。坦白說，我實在不喜歡自吹自擂。

不過我也要說，每個人活在世上必定都有他自己的人生哲學和價值觀，而且必定奉行不渝。當他自認行事確實沒有違背所奉行的哲學時，甚至發現在某種程度上達成了所追求的價值時，他當然會對自己有一些滿意。也就因爲有了這種自我品味，人人才都有活下去的興趣和有奮鬥不懈的勇氣。我現在要說的是，儘管認識我的人都知道，我從來不敢驕傲過，甚至還算謙虛；但是在某些方面我頗自信，而且因爲實踐了某些信條而自我肯定。我當然欣賞自己所作所爲的這些。我相信，任何人如果毫無自我信念，也不爲這些信念而奮鬥努力，以及不能欣賞自己爲信念所作的努力，那他根本就毫無生趣之可言。我似不必例外。

最早，我原本不想寫這麼多，第一次稿只有現在的第二、三兩編和楔子一文，而且書名叫做「危機與轉機」。寫就後，複印了幾本分給我三個孩子各一本。初稿裡面所寫，只是我生命裡的幾件重要事情。老三斯容看過後認爲，很多他知道的事情我都沒有寫進去。我覺得很對，於是在民國九十一年（二〇〇二年）七、八月間開始，又用筆記體裁另再加寫一些個別事情，一事一題一篇，長篇的有一萬多字，短篇的一、二千字不等。斷斷續續寫來，寫了六、七十篇，各篇寫成的時間，相互跨越得很長。但是其中有很多只是我的見聞或心得，與我個人行事和家族無關，所以就加以淘汰，只留下二十篇列爲本書的「第四編 拾穗」，以補初稿的不足，然後再加寫其他必要編章而成現狀。

第四編中的各文由於不是一口氣寫成，所以筆調略有不盡一致之處，請讀者先生包涵。

我二十五歲前的歲月都在大陸上度過，國家的土地孕育了我，那個社會培養了我，使我成長，讓我受教育，賦予我知識能力去奮鬥，但是我對那個社會卻沒有什麼奉獻回報，所以我必須承認我是虧欠了國家和那個社會。至於二十五歲以後，我則一直生活在臺灣，臺灣這塊土地也滋養了我，臺灣社會也幫助了我，使我可以安定下來，我當然更是感激臺灣！不過，我很榮幸有機會也把我幾十年有效的智慧、能力、經驗和我生命中最有價值和最好的部份，都奉獻給臺灣以爲回報。人類能夠不斷創造以產生新的和更好的文明，人類能夠不斷進步，社會能夠繼續繁榮滋長，都是由於活在每一個時代各個社會中的人，共同努力創造而得來的成果；每一個人都盡了一份力量；否則，社會決不會自已進步。當然，每一個人也都有賴他那社會的養育和幫助。這就是個人與社會間正常的基本互賴關係，臺灣社會不也是完全一樣，豈能例外？但總而言之，我當然還是感激臺灣，我在這個島上生活的時間，遠超過我在故鄉生活的時間太多。我愛這個島，我早已把這個島作爲我的第二故鄉，對它的一草一木都備感親切。

我童年頑皮，少年艱苦，中年辛勞，老年倒還平安而且也很樂觀。我的樂觀當然與勉強能活下來有關。但是，世上仍然有很多人明明活得好好的，卻不耐煩還會有時想不開，常常自討苦喫。所以我的樂觀雖然不一定可以自許爲「達人知命」，但至少在這件事情上還不是很「迂」。這幾年來我幾乎渾身是病，身體各處或此或彼，不時無緣無故作痛作癢，而且幾乎每年總會有這個或那個新病症出現；但我總能胸懷平靜，內心充滿愉快。我外表健康，挺胸直腰，面無縐紋，氣色紅潤，聲音宏亮，沒有人能準確看得出我的年齡，很多人猜說大概最多也只是六十多歲罷了。如果我還像以前那樣染髮，那將更不會有人知道我是幾歲了。我們應該永遠往前看，往前展望，永遠規劃新的計畫和開拓前途卻不爭取任何功名利祿。要不然，光是好喫懶做坐享其成，這與家畜何異？早晚必遭人宰割，人生就太沒有趣味了。我們要不斷繼續努力！

民國九十三年八月徐有守於臺北，時年八十。

緒言：時代鉅變中的傳統家族與個人

一

一名出身世宦之家的孩童，但卻環境困苦，多年失學，常獨自在荒無人煙的山中小徑孤寂地踽踽獨行；後來千辛萬苦僥倖大學畢業了，又成為流亡學生遠離家園飄泊海外，慢慢創造他的一生。他經歷的是一個鉅變時代，他所出身的那個舊式傳統家族注定要沒落，也注定了他個人的悲劇命運。

從他的生命，看出他這種舊式書香世家沒落的過程，也看出他個人如何適應鉅變後的新社會，以及他如何創造與新生。

他的生命裡充滿了挫折、偶然和奇蹟。這本書所述大部份有如傳奇，但卻當然都是事實。

二

對中國來說，二十世紀是一個鉅變的偉大時代。這種鉅變的時代激流，沖擊了整個國家和社會，也沖擊到社會中的每一家族和個人。這種個人，都只不過是時代激流中的一個小小泡沫。但是每朵小泡沫仍然記錄了這個大時代轉變的痕跡。

我國數千年根深柢固的帝制，終於在一九一一年被推翻，而於一九一二年建立了我民族有史以來從未曾有的民主共和國。這一經過，無論在政治上、經濟上、文化上、社會上，以至其他種種任何一方面，都是一次鉅變。國家、社會、家族和個人，在適應上都十分不易。因之、緊隨著這一鉅變的發生，而有至今百年間一次又一次的全國性連續動盪：摧毀帝制、建立民國、洪憲稱帝、張勳復辟、軍閥割據、長期混戰、北伐統一、中共革命、日寇入侵、國民政府遷臺、中共建政、文化大革命、國民黨在臺喪失政權等等一連串的大事。一個浪濤緊接又一個浪濤，洶湧澎湃，驚險不絕。發展至今，無論大陸或臺灣，仍難說是已經塵埃落定。

在這種業已持續百年長期鉅變的歷史激流中，經歷上述每一次劇變，原有社會也一次又一次地解構，而後又配合新社會形成的需要，也一次又一次地重組。身逢其會遭受沖擊的傳統家族與個人，真不知有過多少形形色色的大小悲劇，當然也難免會夾雜一些喜劇。

民國十三年（一九二四年），民國建立未久，軍閥還在混戰不已期間，也恰好是中共發動革命之初，我這渺小的個人，在時代大洪流中出生於江西省南部一個農業小城市的吉水縣城內。在以前帝制時期裡，我徐氏家族在當地被稱為書香世宦望族。我的曾叔祖父徐道焜先生出身翰林院編修，官居御史，以剛直立身北京朝廷，最後於八國聯軍圍攻北京城時，臨危受命，以巡城御史之職留守北京。因忠於職守而於實際巡城之時，遥被敵軍窺見，發炮轟擊，城堞崩塌一角，致公墜馬殉城殉國。後國父中山先生倡導國民革命，家叔祖徐元誥（字鶴仙）先生鑒於滿清政權腐敗，在日本面謁國父，參加同盟會從事國民革命。民國建立，發起編纂「辭海」一書，歷任上海市長（上海道道員）、最高法院院長及訓政時期立法委員，為「中華民國刑法」初稿主要起草人之一，並參與五五憲草起草，貢獻良多，卓著聲譽。我家族在家鄉薄有祖遺財產，以供子孫後人祭祀及耕讀所需。我家族有兩個重要原則世代相傳：第一、子孫們多向外發展，出外工作，避免在本縣任公職或地方士紳。第二、除贊助地方公益外，決不涉入地方事務。有此二因，所以我們家族沒有地方恩怨，能與縣民相互尊敬，友善共處。長期累積的結果，也使我們徐氏雖為地方望族，但卻從來不是參與或干預地方事務的士紳。

這樣一個傳統世家，代代傳承，在帝制世代原本相當安定。但是，在這近百年的社會鉅變洪流下，竟致不僅不能安定苟活，甚至根本不能生存。因家族歷代累積傳承所建立的一點聲望和物質基礎都被摧毀了，消滅了。第一步是由於民主革命建立民國，這種傳統世宦家族，幾乎都被不分青紅皂白，一概歸列為封建舊結構的部分，雖然不一定列為革命對象將之直接摧毀，但至少原來享有的那種虛榮光環，從最初的變得黯淡無光，以致最後的完全消失而不再存在。新社會對這種家族的光榮歷史再也不多所讚美了。新社會的人看這種舊家族，心情大概有點像是現代有錢的資本家遊覽古城時看到陳舊褪色的貞節牌坊一樣，既不了解也無意去了解其意義。第二步接著而來的發展，是從中共革命開始直到建立政權長約二十年的過程中，從最初的「打土豪，分田地」的狂飆，到最後的沒收土地和鬥爭清算，將之掃地出門，徹底消滅地主；中間加上八年抗戰直至國民政府離開大陸前，政府實施有名的「徵購徵實」田賦稅徵收制度，已使地主不再能倚賴土地生存了，終致中共建政後，地主完全喪失土地甚至喪失生命。我們這種傳統的所謂書香世家往日賴以生存的精神價值和物質基礎，既然兩皆喪失淨罄，最後當然是只有徹底沒落於時代劇變的洪流中。

我正好出身於這樣一個基於時代因素而被動沒落的世家。

不過，人類自原始時代開始，就生存在惡劣的自然環境中，受到風雨霜雪、病毒野獸、洪水乾旱及颱風地震等自然災害侵襲。但由於幾萬年繼續不斷的奮鬥，所以不僅沒有被大自然災患禍害所消滅淘汰，反而更能不斷創新、進步、繁榮，而發展出燦爛的日新又新文明，使得人類活得越來越好。足見人類決非完全受自然環境和社會環境這些外界條件所支配，而本身自始有其永遠生存發展的動力。

必須承認，我出生時的那個家庭，就某種觀點而言，已經沒落了。等到我二十多歲時，甚至我出生的那座巨宅「太史第」也在我們完全沒有任何違法或過失行為的情形下，被摧毀了，土地也被沒收了，變得完全不是我們徐姓的財產了，我家原有的稻田、莊園、菜園、果園、魚池、油山、店房等等財產，也完全不是我們的了。我的家族和親戚星散，分居於臺灣、大陸多個城市和海外等地。我個人的生存，現在生活的狀況，以及我個人離開家鄉後在臺灣所建立的這個新家庭，與我往日那個家族間，除了仍有任何人力所不能改變的血緣關係外，可以說幾乎已經沒有太多關係了。

我敘述這些事情，目的只是在分析這種世家在這個時代百年來沒落的原因和必然的命運，並不涉及價值判斷和批評。革命要流血，時代總歸要前進，既有消滅也必有新生，時代的洪流不是任何人可以抵擋得住的。對於家族財產的被沒收，我並無惋惜之意。因為我在少年時本來就曾竊自想過把我家土地分送給佃農的念頭，根本就無意坐享遺產。我之如此，並不是信奉共產主義的分田地思想，而只是基於個人的公理正義觀念而然。

在這麼一個偉大的時代裡，我個人在家族沒落過程中的際遇，以及又是如何從奮鬥中另謀生存的這些經歷，看來好像只是我個人的事，但又何嘗不是時代的反映？所以，這本書雖然是寫我個人生命裡特別重要的一些經歷，但實際上也是在寫這個國家和這個時代，通過我的身影，可以看到襯托在我背後它們的影像。

三

世事有必然也有偶然，有共同也有分殊，有整體一致也有個體差異。上文所述，都在說明共同體與個體間的關係，是從整體來看個體；從整體共同一致的大端來認知個人命運的必然；但是更有意義的是，反之，個體仍有其差異分殊的表現；因此，個體有其個別與偶然的現象是理所當然。

我這本書所寫我這一個體的種種，很多地方都可以看出我個人意志的作用，但卻也有不少是來自外界的偶然因緣。我們似乎必須承認，在時代大環境的必然規範之內，個人意志與外界偶然這兩者的價值，至少具有同等重要的地位，這可以從本書所敘種種事實得到證明。此所以同一個時代裡，甚至同一個小環境裡的不同個人，仍然各有其不同的命運，而非完全一致。但是，我們仍可以從各個不同的個人經歷，去了解時代這一因素的共同作用。這就是我們中國人所說「管窺蠡測」，以及「觀一斑而知全豹」的意思。至於西方人說「一花一世界」，那就把個體說得更重要，個體是整體的縮影。明白這個道理後，才有可能來敘說我生命裡的一些個人關鍵性事件。

人生漫長百年，所遭遇的事情真不知有多少。但是，足以決定每人生命發展道路以及畢生最後成就的關鍵性事情，則只是其中的極少部份。這些極少部份，我認為大概可以歸納為契機性、危機性和轉機性三類。除此之外，日常例行生活中的其他種種，都不是十分重要。

契機是具有創造性的事情，以及許多善根的發源和初始。人生許多成就都是從此萌芽。同時，人生當然也會遭遇或多或少的危機，嚴重的危機有時會終結生命，有時卻也能獲得化解，有時甚至更會化為曙光和希望，於是危機就變成轉機。當然，轉機的出現，並不一定跟隨在危機之後，在正常平淡中也會出現轉機。這三類事情中的每一件，都是生命中的大事，共同決定每個人一生的發展和成敗。

這本書裡所記述的某些事情，都影響我生命的存亡或發展，它們是屬於危機性和契機性的事情，而不及於轉機。但是正如剛才所說，幾乎我的每一次危機後來都變成轉機了。所以本書實際已把我生命裡重要的契機、危機和轉機三方面都寫出來了。回首前塵，歷歷如在眼前。我之能繼續生存到今天，而且雪泥鴻爪留下如此幾十年的生命歷程，都與這裡所敘說的每一次危機和契機密切有關。這些事情，有些聽來好像是傳奇故事，但卻無一不是事實。縱然非常熟悉我的多年好友，對於這裡所述的種種情節，也許偶然會聽我提到過兩句，但我敢保證，絕大部分我都從來沒向別人說過。至於所涉細節，當然更是他人所不曾想像過的。這並不是因為有什麼不可告人之處，只是平時少有機會也無必要去提及一己往事。從此也使我們悟解，要真正了解一個人的全部，實屬不易。

著手寫這本書的時候，我已經七十五歲。日常俗務擾人，加上民國八十八年（一九九九年）夏天又遭遇車禍，左大腿骨折斷，養傷至今五年多還未能完全恢復正常步行，心情不愉，自屬當然，影響本書的寫作進度很多。斷斷續續到初稿完成，距開始寫作時已有兩年多了。初稿完成後，仍然循我的老習慣，把它扔在一旁幾年，簡直是忘記了它，就去做別的事情了。每過一年半載，我都要拿起來重加修訂編輯。每次重編都有或多或少的刪削、增補或修飾。

我是在民國八十三年公職自願退職的，內人石繼之女士雖然還未到公務人員居齡退休之年，但卻也在八十七年初提前自願退休。夫妻倆的退職金加在一起，就目前物價而言，已夠我們多年習慣的儉樸生活所需。我的三個孩子也都已成人，而且完成學校教育，勉可自立，並不需要愚夫婦的支援。所以我沒有金錢上的負擔，不必為追求金錢操心。最重要的是，也不再需要像退職前幾十年來那樣，從年初到年尾，從早起到就寢，全心全意在為工作、為責任、為制度、為原則而奮鬥，幾乎無時無刻不在忙碌中和焦慮中度過。我少年時讀到法國文學家羅曼羅蘭所說的話：「生活就是戰鬥！」並且對之深信不疑，幾十年來也一直都在影響我的言行。個人幾十年來的生活歷程，恰好也就是這句話的註解與事證。我從小生活在艱難困苦中，對生活給我的折磨，以及必須奮鬥才能生存的至理，都親身體驗特深。我退職後，生命的戰鬥已經告一段落；「那美好的仗，我已經打過了。」作為一個退職的人，已經退出了競技場，成為坐在場外的旁觀者而不參與競逐，已經沒有任何現實上的慾求；當然，隨而對種種世俗事情也就看得平淡無所企求了，所以個人也不再像幾十年來那樣心頭常興起什麼希望。既然不去希望，當然也就不會有失望；既然不再企求，當然也就不會有焦慮。內心只祈禱上天賜給我夫妻健康，略享平安寧靜的餘年；也祈求我所愛的家人和朋友都健康愉快，各方面不斷進步；在這種心情下，只要稍有可能，我也樂於助人，樂於見到我關心的人都事業有成，諸事順利，生活幸福。

四

童年時我讀過《盧梭懺悔錄》一書，對他在書中所表現的坦誠態度印象十分深刻。正由於他之坦誠無欺無諱，才使他這本回憶錄成為罕有的名著。後來幾十年至今，我更不斷讀過一些各式各樣的傳記。有的是傳記主人翁自己執筆所寫；有的雖也稱自述，實際卻是他人代筆；有的雖是他人代筆，但卻申明是依據傳記主人口述，或提供資料，或在出版前經主人翁本人核閱過。但是，總而言之，卻沒有任何一本能如「盧梭懺悔錄」那樣坦白。有些自傳的作者在敘述中涉及他人時，不肯具體坦述詳情，確是出於善意以免傷害他人，誠然可佩；有的卻只是掩飾自己的缺失。當然，也有些傳記為求聳人聽聞而揑造一些非屬事實的情節，那就不足道了。

我從來就不認為世間真有所謂完人。尤其少年時期，偶有荒唐言行幾乎人人難免，犯錯也在所難免。孔子雖被推崇為聖人，但是依他自述：「四十而不惑，五十而知天命，六十而耳順，七十而從心，所欲不逾矩。」（這裡最後兩句的斷句標點，有異於常例，並非有所疏誤，而是贊同某一家之言，認為應如此處理始為正確。）可見他四十歲以前很可能也曾經迷惑過或糊塗過，並且要到七十歲才能夠從心所欲而行事不致逾越規範。聖人猶且如此，則凡人之易犯錯或有悖德之行，更不問可知了，只不過很少有人肯忠實承認罷了。

我生命裡當然有過太多錯誤，有太多不當。尤其少年時代，做過許多傻事，也常常辜負別人好意，虧欠別人很多。至今回想起來仍覺汗顏，無法彌補。我從不過份苛責少年人偶爾有些不很過份的荒唐。當我少年時讀到歌德的《浮士德》一書，也引起我的共鳴。我不認為那「誘惑」老年浮士德的應該稱之為「魔鬼」。浮士德畢生勤奮於化學研究有成，垂垂老年卻受到所謂「魔鬼」的「誘惑」，不甘心於自己的青春 虛度而消逝，回想不曾享受過人生「荒唐」之樂，不禁深自悔恨。於是服食返老還童之葯後，晚間化身為翩翩美少年外出尋樂，黎明返回又恢復為鬚髮皆白而衰老疲憊的老翁。但十分可惜，我的童年、少年、以至青年時期，所過的日子都太辛苦，也很貧困，根本就沒有機會讓我去「享受」荒唐的樂趣，老年也無法去彌補。

我一生多災多難。縱無災難，也常常處身焦慮困苦之中，真正快樂的時光不多。童年和少年時期數度瀕臨死亡，成年後也屢遭兇險橫逆或重病，生命受到威脅。公務生活中常有難題待決，更有宵小窺伺。我曾經多次回顧檢討退職前幾十年的生命，很驚訝地發現，真正夠得上算是愉快無憂的歲月，竟不過五、六年而已。幸託天佑，宵小雖然確實重大阻礙了我事業的發展，但所遇難題我都能妥適解決，災難每次也都能化險為夷度過。總結來說，畢竟僥倖還活到如今，仍然身體頑健，頭腦清明。

這本書裡所錄述的一些事情，全都忠實而無所隱諱，也毫無誇張，有些段落讀來似乎頗有趣味，可以當作故事來讀。

五

民國九十三年（二〇〇四年）初夏，我心情一度十分惡劣。於是我特別把這本早已完成但迄未決定是否要出版的初稿拿出來重讀，並細加檢查，又費了很長一段時間加以增補和全盤修訂，而成為現稿。所補充的都是加強對時代背景的析述；所修訂的都是文字的潤飾。

第一編　中落世家的子弟

在二十世紀大致前半個世紀裡，我國政治、經濟、社會和文化等各方面都發生鉅變，帝制被瓦解，民主共和國建立，軍閥混戰，共產主義武裝革命，對日抗戰以至最後共產政權的建立。在這一連串驚心動魄的歷史浪濤下，原來由於幾千年傳統的帝制國家與農業社會所孕育發展而成的我國士大夫書香世家也被撤底摧毀了，成爲歷史演進過程中的犧牲品。就世家本 身立場來說，當然是一個悲劇。

我正好就出生於這麼一個時代裡的這麼一個最後歸於沒落的世家。我祖先沒有任何罪惡，我個人也沒有任何罪惡，但是我們卻必須承受這種雖然無罪但卻十分沉重的劫難。

在這個世家逐步沒落過程中，加上個別的家難，我受盡了折磨與痛苦。我的新生開始於離開家庭和離開大陸，也就是離開那個社會和離開那個世家。

像這樣一個沒落世家的子弟，他的生命中充滿太多必然與偶然，有客觀環境的形塑鑄造，也有主觀奮鬥的結果。

壹、世家的中落與蛻變

西方詩人說：「一花一世界」，我們中國文人說：「一葉知秋」，兩者意思雖然略有不同，但畢竟都有從局部看全局和見微知著的意思。我自知十分渺小，如果大時代是洪流狂潮，我最多不過是洪流中一顆微不足道的小水沫。然而卻可以從我這渺小人物身上，看見我所出身的這個世家的没落；從這個世家的没，再看見這時代的鉅變。

我常常說，個人的事業和命運和國運密切相連而不可分。以我這個渺小人物和我這個世家而言就可爲證。整個二十世紀的一百年，從不停止地推動中國轉變的巨輪向前。從十九世紀最後五、六年起，清廷在外患壓迫下，加速崩潰的腳步。最慘痛的是一九〇〇年八國聯軍的攻入北京城，火燒圓明園，和洋鬼子荒謬的坐上金鑾殿上中國皇帝的龍椅。而作爲我所出身的這個世家的代表人物：我的曾叔祖徐道焜先生也就在這時，以巡城御史身份在北京城保衛戰的炮戰中殉國。這誠然是中華國運一連串大轉變的開始，也是我這個世家没落和蛻變的開始。

自此開始，隨後百年連續不斷的動亂和變局，無一不加速我這個家族的没落。南北戰爭的軍隊經常取道我家鄉這個小縣份。當部隊過境吉水縣城而駐足一、二日時，作爲整個縣城最巍峨的我家太史第巨宅，永遠是部隊司令官的臨時司令部。他們的炊事兵必定拆卸我們房屋的門板作爲床鋪。然後是民國十幾年開始的中國共產黨的革命，以「打土豪，分田地」爲早期口號，鬥爭後來又醜化爲黑五類的我們這種「土豪劣紳」家族。中共二萬五千里長征北行後，我們的田地不動產雖然没有被帶走，但是家人被殺了，太史第巨宅也被燒毀了。隨即抗戰爆發，政府爲了要可靠掌握軍糧起見，實施田賦「征購征實」政策，所要求的稻谷數量，遠超過地主地租所得數量（參閱本書頁八七至九三），痛苦不堪。中共建政後，一連串的清算鬥爭，地主的房屋財產也都沒收了。這時候，所謂世家才算是徹底被摧毀了！現在，大陸社會的變化情勢似乎還沒有結束。從「三面紅旗」和「人民公社」式極端共產主義，至今已轉變成名爲「社會主義的市場經濟」，實際則是資本主義了。今後演變的方向已可預見，仍將是繼續向資本主義的道路推進。

世家固然没落了，但世家卻並没有就此眞正被消滅！更没有被連根刨光！它還有新生的力量。它的根向外延伸，像籐蔓般地易地易時重新滋長。我這個世家子弟卻還一息尚存，而且更抱持滿腔希望。中華民族的變化在二十世紀的後半葉起，已採平行雙線發展，我這顆劫後孤星在另一條線上生存發展，我繼續活著，在臺灣住下來了，成家了，生兒育孫了，安定下來了。我們不倚賴失去的往日世家物資和榮耀來生存，我們雖然未忘記但卻從不談論我們的家族歷史，我們一切靠重新創造。以上所敘述的百年簡史和演變結果，包括民族的和我家族的，都直接或間接在我身上表現出來了。我的孩子們都接受現代教育，在國外名校獲得博士學位，研究政治學或經營管理，憑智慧和道德換取生存發展和榮譽。我們父子四人都各有自己美滿的家庭和用血汗賺來的錢維生。

是不是可以基於上述這種宏觀立場來看我個人的滄桑呢？

貳、曲折的生平

一、家世和童年

我徐氏家族世居江西省吉水縣城內，概括說來，屬於往日農業社會中傳統書香世家。這種家庭是一種半自耕地主也有小部份爲自耕農。但其成員男子通常多以泰半時間在家讀書，並常參加國家考試，遇有機緣則出任公職，倦時或老來就棄官歸田再從事耕種。因爲接近土地和農民，所以通常過的是一種農業社會樸實生活。子弟或多或少都具有農業社會觀念與習性，但視野和胸懷當然比純粹農民要寬廣，而以士大夫觀念處世。這種家族，在經濟上是小資產階級，在文化上是知識份子，在政治上是士大夫，在社會上通常是民間意見領袖。

我現在居住臺灣，在臺灣找不到我們吉水縣徐氏族譜，所以無從查知我們徐氏是何代祖先於何時從何處遷來吉水縣居住。但我確知最遲明朝孝宗時就已居住在吉水縣城。因爲我家遠祖徐穆（一四六八—一五一一），字舜和是明孝宗弘治六年（癸丑、一四九三年）榜眼，授翰林院編修。武宗時奉旨出使朝鮮，頒我大明正朔予朝鮮，返國前盡卻朝鮮人餽獻，行囊中無朝鮮人片紙，時人大爲愧服。正德六年補侍讀學士。是則至晚明時我徐氏已居住吉水。「江西通志」、「明人傳記資料索引（國立中央圖書館編印，六十七年再版，頁四七〇，臺灣）」及其他史書都有明文記載。對日抗戰期間我是十多歲少年，居留吉水，每年冬至節日，必赴各祖先墓地清掃上香，當然也到穆公墓祭奠。上香時我必定默誦碑文一過，部份內容至今還記憶清晰。

吉水城內有徐氏宗祠，是全城最好的家族宗祠建築。祠屋在縣城內東門地區我徐氏老屋附近，堂皇寬大，灰白細磚，高牆巍峨。祠堂坐落地基較周圍高數丈，所以縣人稱該地區為蓮花臺。詞堂大門面臨城中心鑑湖，立門前臺階上俯視湖水清澈照人。但我也不知道這一祠堂是何時築成。

徐氏原有老屋，也坐落蓮花臺，與徐氏宗祠僅隔一菜園，百步之遙。老屋有屋三椽相連結及廚房一棟，成器字形，老屋毗連自有果園，面積等同老屋屋基；大門左前方有池塘一方，非我徐氏所有，面積不大，對岸即明初鼎鼎大名的「永樂大典」一書總編纂大學士解縉家族世居房屋三、四棟，亦同屬蓮花臺地區。

此外，我曾叔祖翰林公道焜先生後在縣城北區另建巨宅，門額大書「太史第」三字。為我縣第一名建築，供三兄弟家屬共居。三兄弟友愛，家人相互至為融洽，故未分產。縣人為資辨別起見，習慣稱太史第為新徐家，徐氏老屋為老徐家。太史第連同其密連附屬的果園、菜園、魚池、竹林等，佔地很廣，東邊直抵城牆。

此外，老徐家三曾叔祖長子元訓，因為在徐氏同輩中最長，所以我們兄弟都稱之為大爺爺。大爺爺在縣城南門街另購置住宅一所和緊連酒店一間（或許是元訓爺爺祖上遺產），酒店招牌「信美隆」，僅售賣自釀我們家鄉家家飲用的冬酒（與紹興酒完全相同，係用純糯米蒸釀而成的黃酒）和副產品燒酒（利用冬酒賸餘糟粕蒸餾而產生的白色烈酒）。

以上為我吉水城內徐氏居留所在。

我曾祖父道煜公兄弟三人，道煜公居長，道焜公居仲，道耀公最少。道焜公點翰林，官御史，在朝敢言有直聲，我徐氏後人尊稱之為翰林公。當八國聯軍入侵我國，將臨京都城下之前，慈禧與光緒將出奔，臨危授命，任道焜公為北京巡城御史。我吉水民風向即腳踏實地，公尤崇法務實，行事負責認眞。受命後，每日必朝服整齊鮮明，儀杖雄壯，騎馬巡行城垣。既察敵勢，又督勵我軍。某日，騎馬正巡視時，為洋軍持望遠鏡遙遙窺見，發炮擊之，城垣崩塌一角，公墜馬受傷，竟不幸殉城。戰事平後，靈櫬運回吉水公祭。按我家鄉習慣，凡歿於縣城外者，靈櫬一律不得進入城內。但公旣爲因公壯烈殉國，一代忠烈，遂經朝廷下令特准破例入城。我家鄉人迷信，每談及事件經過，常謂係一字成讖，所稱「巡城御史」竟成「殉城御史」。以上經過，後於民國六十年代（一九七〇年代）間，我在臺灣「臺灣電視公司」（TTV）上偶見有一敘述歷史節目，連續播放匝月，專題介紹清末民初要史，特別也敘及道焜公這一壯烈經過，頗爲具體。因此，我知史書必定有所記載其事，所歉我往日公務栗六，不得喘息時間，退職不久隨即腿傷，已不便外出多所蒐尋稽考。至於我在此所敘種種，乃係少年在吉水時，親聆我太婆先後多次口敘，印象十分清晰。我太婆是翰林公同胞三弟道燿公之婦，翰林公受難時，太婆與道燿公均居留北京，故親見其全程經過特詳。道燿公旅居北京時，娶張家口王氏冰玉爲偏房，是爲我曾叔祖母，徐氏族人對之都敬重有加，我兄弟稱之爲太婆。老來與我家同住於太史第，長期照顧我兄弟。

先叔祖父徐元誥先生，字鶴仙，習法學於日本，不滿清廷腐敗，經我江西革命先進李烈鈞將軍介紹，得識國父於日本，並參加同盟會追隨國父革命。民國初建，北洋政府任之爲上海道員。其時政府尚沿襲清時舊制，仍稱上海市爲上海道，稱其行政首長爲道員，道員即現今所稱之市長。國民革命軍北伐成功，統一全國，建都南京，鶴仙先生任最高法院院長，後任訓政時期立法委員，爲中華民國《刑法》主要起草人之一，並參與《五五憲草》起草工作。行憲後，立法委員改爲民選，鶴仙先生不欲參加競爭，遂退出政壇，以著述爲樂。

我曾祖父道煜公生我祖父元讓公，未出仕。元讓公生我父曰明。連續兩代單傳。我父畢業於我叔祖元誥先生創辦並任校長之江西南昌法政專門學校後，從我鄉習俗，少年成婚，娶吉水縣城內南門劉氏，未有生育即早逝。續娶吉安縣合畝塘村郭〇丞翰林孫女郭韻琴女士，是爲我母。我母出身書香世家，祖父以翰林知開封府，幼承庭訓，知書明禮，能詩能文，尤其賢淑持家，善待親友，鄉里無不盛道。我母育我兄弟三人及妹五人，依先後序如下：長兄有猷（柏容）、二兄有爲（增榮）、老三有守（淦榮即本書作者）等兄弟三人，及四妹錦榮（早逝）、五妹有功（仁榮）、六妹章榮（過繼我姨父後更名歐陽誠）、七妹寶榮（幼逝）、八妹劉淑珍（過繼劉家後小名招弟）等妹五人，兄妹共八人。我兄弟和五妹各有兩個名字如上所述，是因最初我父親決定以「榮」字為我家兄妹派號，但多年後自吉水老家長輩處獲知，我吉水徐氏宗族定有統一派號，我兄弟輩為「有」字。我父遂復為我兄妹各取一用「有」字譜名，並定之為戶籍登記之法定名字；原有榮字各名仍在家庭沿用成習，遂成兩名併行情形。

我於民國十三年（一九二四年），歲次甲子，夏曆九月出生於吉水縣自宅太史第內。時我父年二十四，母二十七。據我太婆說，母懷孕臨盆時我來勢甚急，母甫覺發動我迅即墜地，似在匆匆趕來此美好人間，因而命名我淦榮。我縣土語對「淦」字發音與「趕」字同，用以表示我性急之意。事實上，我此生至今雖年老八十，確仍性急難改。

我父親少年攜家遷居南昌，乃因中國共產黨在我吉水及鄰近數縣掀起共產革命狂潮。類如我徐氏之書香世家或薄有祖傳田產者，一概被列為革命打倒對象。其時我祖父謝世未久，我父尚僅為二十六歲少年。中國共產黨最初於湖南以農民暴動起事，迅即轉進我江西。初以鄰近湖南之江西永新縣境井崗山為根據地，取其易守難攻；後主力一度轉移至我吉水縣東固鄉山區，最後始遷至江西西南邊緣地區而鄰近福建之瑞金縣，並以瑞金為首都，建立蘇維埃共和國，是為最早之共產政權。贛省之峽江、新淦等縣以南至贛縣等各縣，幾乎整個贛南地區先後均在共產革命軍佔有控制之下。而我吉水縣境內共產黨人尤為活躍。

記得我父常說，因見追隨中共之群衆在我家太史第大門前，常持紅色小旗揮舞吶喊：「打土豪，分田地！」這使他驚覺家鄉非復可供我家容身安居之地，只好攜帶我母和我兄弟三人，全家五口遠避南昌，賃屋而居。並開始進入我父終身奉獻之法官生涯。初任職南昌地方法院書記官，月俸銀元七十元，全家衣食住行教育等所有生活費用，悉賴此微薄薪俸。因其時物價穩定，尚差強可以度日。

我兄弟三人，先後均在南昌北營坊小學及天后宮小學就讀。我與二哥有為（增榮）同於民國二十四年（一九三五年）在天后宮小學畢業。

我母親在民國二十三年（一九三四年）冬三十七歲時，患產後癆疾，在南昌天后宮（街）住所棄我兄弟而去。我時年十歲，讀小學六年級上學期。我家為期長達十餘年之噩運，更為我個人生命中長達十餘年之黑暗時期，從此開始。

民國二十四年（一九三五年），我父續娶南昌胡夢華女士，是為我第一位繼母。胡氏忠厚善良，來歸後無所出。不數年，我父抱病臥床，繼母侍病盡心，備極憂勞，數年後竟不幸病故。每一回思，仍深懷感念不已。胡氏繼母逝後，父病只好由我棄學在家專責侍候湯葯茶飯，兼及管理家務財產等雜事。時我僅十二、三歲，精神負擔過重，至為不易。

我父自病起即臥床，一、二年後雙腿即痿縮枯槁。我等原本憂其將以殘廢臥床以終其生。殊不知臥床持續十年至抗戰勝利後兩年時，忽出現奇蹟，久病竟癒，可下床步行外出，恢復行動自由，一切正常。於是，又回司法界任職。最初奉命擔任江西省永豐縣司法審判處審判官兼處長，主持該處處務並兼理部份訟案之審判。一年多後，奉調江西高等法院任推事，於是回到闊別十餘年之南昌。在永豐任職期間，承永豐縣長吳良才作媒，介紹其親戚奉新廖竹青女士與之結婚，是為我第二位繼母。廖氏繼母性情開朗，與我兄妹相處安洽，且先後育有我九妹恩榮及十妹正榮二人。恩榮妹誕生時，我尚在南昌讀大學，應為民國三十五、六年（一九四六、七年）間。我甚喜九妹，寒暑假回家必定常抱我此幼妹逗笑玩樂。其時九妹僅一、二歲。我離開大陸後，十妹正榮妹始出生，但至民國八十多年（一九九〇年代）兩岸間接通信後，我在臺灣始間接獲知；而我父與廖氏繼母均已長行矣。綜計我兄妹等共十人，其中四妹錦榮於二、三歲時在南昌去世，七妹寶榮不足一歲時在南昌去世。二哥有為於少年學生期間在泰和縣南岡口江西省立吉安鄉村師範學校去世，八妹劉招弟於民國九十二年（癸亥、二〇〇三年）在吉水去世。至今健康長壽可至百歲者六人各自有家，除我一家居住臺灣外，餘六戶均在大陸分別如下：大哥住天津、五妹住杭州、六妹住上海、及九、十兩妹皆住南昌。諸妹均兒女衆多，我在臺幸託天佑賜我三子，現並已有孫男一人及孫女三人，今後自必源源增添不已。

二、黑暗的少年時期

我的少年時期是我生命最黑暗時期，所以我常稱之爲十年黑暗時期，或恐怖的黑暗時期。

這一時期始於我小學畢業先一年即民國二十三年（一九三四年）冬我母在南昌謝世。我父遭此重大刺激，情緒低落。次年我父復奉命調任位於贛東北河口小鎭新設置之江西高等法院第四分院推事。

其時我全家概況如下：

我母棄我等兄弟而長行之次年，民國二十四年（一九三五年）六月間，我與二哥有爲同時畢業於南昌天后宮小學，大哥在南昌心遠中學初中就讀，五妹約五歲在家，誕生尚僅數月的七、八兩妹則寄養於南昌奶媽家。我父見我兄弟三人各有不同就學需要，不宜一概攜同前往偏僻根本無中學設置之河口小鎭共居，只好決定分散。令我與二哥去吉安外祖父家寄居，就地投考省立吉安中學（白鷺洲），考取後住校。但十分不幸，我二人竟均未考取，不久即轉赴吉水老家居住。我大哥則繼續在南昌心遠中學就讀並住校。七、八兩妹仍留在南昌奶媽家寄養。五妹仁榮則隨同父親往河口。而遭遇最奇者爲六妹章榮，其時尚不滿三歲，向受亦居南昌之我九姨母喜愛。孰知九姨母暗中籌之已熟，當我母逝世不及一月時，在完全未獲我家同意與知悉情形下，竟選擇我父與我等兄弟分別上班上學均不在家之某日午前，突來我家將六妹抱去，並迅速乘輪船遠返吉安。雖經我父函電追詢，且函請住吉安之我外祖父主持公道，九姨仍一概置之不理。而我父又因公務在身，不能遠離前赴吉安，以致竟無計可施。我六妹遂成九姨家女兒，從我九姨父改姓歐陽名誠。

我母去世後再數月，雙胞胎中之八妹寶榮在奶媽家病逝，留下另一位七妹在奶媽家。我父深感此一奶媽照顧嬰兒不週，認有另行設法安置七妹之必要，遂去函遠在吉水之奶爹陳立生先生，託在吉水縣家鄉商得城北劉禮帥先生同意，收養七妹爲女。劉先生夫妻爲人忠厚，膝下久虛，熱盼兒女承歡，尤其我家與劉先生住處鄰近，步行五分鐘可達，彼此更增親切之感。七妹到劉家後，也改名換姓爲劉淑珍，小名招弟。

自我母謝世前以至此時僅年餘後，我全家原有九口中，竟有我母與八妹二人去世，六妹與七妹兩人改名易姓成他家女兒，銳減成七人在世，五人在家姓徐。且在世七人分居南昌（大哥）、吉安（六妹）、吉水（二哥與我）、河口（我父及五妹）四地。我父再娶南昌胡夢華女士同居河口，合計仍僅六人姓徐，且「四散」四地。是眞「人亡家破」及「骨肉四散」景象，堪稱淒慘。

少年不識愁滋味，竟不知此尚僅係我生命中十餘年漫長黑暗時期開始。

我父任職河口不及兩年即患重病。河口乃一小鎮，因缺乏醫療設施，迫使不得不辭職赴南昌就醫。時我與二哥失學隨太婆住吉水太史第閉門讀書思過，準備次年再報考中學。某日忽接大哥自南昌來信，稱奉父命囑我速去南昌侍候云。我抵南昌後發現父病沉重，繼母胡氏僅能留家照顧終日臥床之我父；大哥住學校上課根本不能照料家務；五妹年幼尚僅八歲，舉凡出外延醫、買藥、購物、寄信、煮葯及奔走等諸多雜務均需我擔負。是年我十二歲。

次年，民國二十六年（一九三七年）七月七日，蘆溝橋事件爆發，我對日抗戰開始。爲避敵機轟炸，我父遂與繼母、五妹與我四人，自南昌乘帆船返吉水太史第居住，大哥仍留南昌住校繼續學業，二哥原即在吉水。此時連同太婆，我家住吉水者六人，稍有家庭氣氛。然日寇濫炸各地不已，後且深入我後方吉安轟炸。某日更於炸過吉安飛返南昌途經吉水上空時，竟在蕞爾吉水城投下小炸彈一顆。我父既長臥床第不能躲避，只好先移居縣城東門外十五里地蕭家村，數年後復移北門外二十五里地西坑村。期間家境日趨敗壞，繼母胡氏復在吉水我家與二哥有爲在泰和學校先後謝世，窮愁潦倒，以及種種淒慘狀況，不堪卒述。竟至留居吉水家人，除太婆外，僅有父親、五妹與我，連同遠在泰和，賴自力奮鬥就讀中正大學之大哥，我家僅餘四人姓徐。二、三年前猶爲丁口衆多之興盛家庭，轉眼竟落敗至此，且幾皆老病幼弱全無營生能力。而此一病人更爲長期臥床。種種情境，至今思及，仍令我心酸。但凡此一切，均我母去世而起，更深切體會無母之哀痛。

自民國二十六年七七事變，以至民國三十四年抗戰勝利之年我進入大學，期間八年，我始終留家侍奉湯葯並執炊爨之責。最初暇時讀書尚僅止於消遣性質，後不自覺竟轉爲自修。自此繼續多年，遍讀我家豐富藏書，並沉迷於文學之中，自我訓練寫作，迅即在風行全國之桂林「大公報」、金華「東南日報」、上饒「前線日報」與江西民國日報、大衆日報等著名大報之文藝副刊及其他著名雜誌，以筆名「菲明」發表作品。報紙編輯不知菲明何許人也，常據我寄稿時在附函中所簡略自述之近況及想法，在報紙上介紹我，稱「詩人菲明」近況如何如何云。孰知此詩人竟爲偏僻小縣山谷小村中一年僅十餘歲之初中學生耶？我雖浪得虛名，罕有人知，甚至我父亦不知，因我從不將我寫作情形稟告或將作品呈閱，我父雖知我終日伏案寫作，但亦從不過問。賴此數年之功，奠定我終身受益之文學根基。

爲避日機轟炸，我奉父初居蕭家村鄉間。每五、六日必徒步進城爲父採購食物與中葯。來往城鄉，行走田野與荒山，常經數里之遙而不見人烟，寂寥恐懼，兼而有之。長年如此，雖久而仍難心安，但不得不爾，亦無可奈何，唯有困勉以赴。且以途長費時，頗感時光浪費，因而必手持一書，且行且讀。久而爲田野農夫注意並稱奇，輾轉相告，漸爲人所知，均讚徐家老三爲好學不倦孝子，豈知令我著迷者乃文學作品，並非愛因斯坦「相對論」或聖人之四書五經，但出乎意料之外，此種讀書方法，竟仍使我畢生受益。古人謂「開卷有益」，無論所讀何書，均必有益，因古時罕有黃色或黑色劣質讀物。

民國二十九年（一九四〇年），吉水縣新設「吉水縣立初級中學」。因仍可留家就近照顧父病，我始得在失學六年後，有機再受學校教育。爲避日機轟炸，如戰時通例，學校設在縣城以北二十里地之醪橋鎮。我父於是自蕭家村遷居醪橋以北五里之西坑村我家自有田莊莊屋，往返學校家庭間便利。入校首年，有軍訓教官劉某，年輕氣盛，專橫暴虐，作威作福，欺淩學生，群情激憤。我於是領導全校同學（學校初辦，全校僅有初一學生兩班百人左右），掀起護校運動，張貼標語，罷課數日，以表抗議。劉某惶恐下急赴縣城向兼任校長職務之吉水縣長蕭某誣告，加我罪名。蕭縣長遂親率武裝士兵一隊來校，亟思對我及爲首三二人嚴懲。幸得代行校務之校務主任張動揚先生，訓導主任戴老師及其他諸多老師，據平日在校觀察所得眞象實情，在縣長主持之會議中舉述說明，衆口一詞謂學生無咎，徐某爲優良學生，而係教官管教方法不當，引起學生反抗云。劉教官雖亦在座答辯，但隻手終難遮天，我於是得免於禍。劉教官自知難以續任，而於學期尚未結束時即先行離去；校務主任張動揚及訓導主任戴老師均因灰心而於學年度後堅請辭職。

次年，學校遷至吉水城內中心地區鑑湖濱。我陞二年級，並因先一年學業成績優良居全校第一名，當選爲本校第一屆學生自治會主席，深得新任校務主任陳皎先生愛護。但惡運連連，橫禍不絕，新任訓導主任彭某因有愛意於我班一南昌籍王姓女生，欲納之爲妾而不遂，誤疑遭我破壞，怨我至深。竟趁暑假學校行政鬆懈之便，不經任何會議及規定程序，私行獨斷，在我學期成績單逕行親筆批寫「勒令退學」處分。我年少缺乏經驗，不知申訴，迫不得已，只好以同等學力身份外出投考高中，幸獲新開辦之私立建成高中錄取。次年，我持大哥在江西名校私立心遠中學初中畢業文憑，並冒用其名徐柏榮，另考國立第十三中學，又幸獲錄取。故我在十三中之學籍名字爲徐柏榮。

我兩年先後兩次考試兩家高中均告成功，自知不僅僥倖，且確屬意外。因我雖非天資愚笨，但賴以攫取入學考試分數之數理化多種課程，均向非我之所長，實不利於應試；何況我僅讀兩年初中，所有初中三年級之外國史地、解析幾何、大代數，理化等課程內容，我一無所知，以致應試時遇所有諸此科目試題，我一概放棄不作答，結果當然無分數。但事有出乎意料之外者，其時入學考試係將中外史地合併一科，大小代數與三角及與解析幾何等又合成一科，及理化合成一科，故我答題時可就諸此每一試卷中擇我所能答之題目作答，不致交白卷而注定全卷零分根本無總平均分數而名落孫山也。

入學十三中後，自知奮勉，更因常在報紙雜誌發表文學作品，故在校並非沒沒無名之徒，且小有名氣。我在十三中兩年，因全校皆爲當時東南各省青年精英，人人氣概不凡，而行事則腳踏實地，生活雖刻苦而仍樂觀進取。此種做人做事做學問之優良風氣，影響我一生者至大至多。

三、大學生涯

民國三十四年（一九四五年）夏，國立十三中高二下學期結束，抗戰勝利。我竟又不自量力，回復使用徐有守原名，以同等學力身份報考國立中正大學一年級新生。我之如此，乃因我平時即考慮及之，不可長期冒用大哥名字，必須恢復本名；又、爲期汲取大學入學考試臨場經驗，以免正式應考時怯場招致失敗起見，莫過於在正式報考大學前參加一次大學入學考試，以資熟練。故此次報考，原本即無意於考取，我亦確知此次百分之百無可能考取大學。但完全事出意外，弄假成眞，竟又告錄取。其僥倖與意外，尤勝於考取高中者百倍。我始終不知其中原因何在。直至四年後，我來到臺灣在一次偶然機會中，始自當年一位教授處獲悉，竟係由於我該次應考一篇作文，意外獲得素未謀面更素不相識之中正大學文學院長王易教授欣賞，站在提拔人才立場，特以招生委員身份，在招生委員會議中獨力提議一專案，力主破格錄取當時尚不知密封試卷中姓名爲何之此一青年。委員會議鑒於王院長國學權威聲譽與學界耆宿身份，及爲學校掄拔人才之無私精神，致全場竟無一人啓齒反對，議案遂破例得獲通過（詳見本書頁二〇三至二一二）。以上多次僥倖，考取高中與大學，對我後半生當然關係十分重大，何待多言？但何以竟能考取？自己當時竟懵懂不知，豈非天降奇蹟？

四年大學生活，恰好處於民國三十四年抗戰勝利之年至三十八年大陸政權易手之年期間。局勢動盪，全國各大學學潮頻仍，常有學生遊行、罷課甚至群毆等事發生。學生雖難以安心讀書，但尚勉可生活。因依政府通例，大學生一律享有全免學雜費，並另有足供飽腹之膳食貸金以維生存。我個人當然亦同享政府此種優遇。但在餐飯與讀書之外，人生畢竟尚有日常生活其他必需，而我經常身無分文。學校既間常發生長時期罷課狀況，無法上課，正好予我大量自由時間。遂自二年級起，先後在南昌民營「力行日報」與「中國新報」擔任文藝副刊主編或外勤記者等職務，以博取些微薪資，補貼求學生活所需。當我任報社工作期間，應工作便利之需，居住南昌市區報社內。遇學校上午有課時，拂曉即起身至市區學校校車起站搭車，赴校上課。午間仍搭校車返南昌市區。下午則外出採訪或留社核閱來稿，編輯副刊。若學校下午有課，則勢必缺課。故我大學期間之求學情形不甚正常，並未腳踏實地讀書。

大學一年級時，我父仍抱病臥床吉水，由我五妹侍候湯葯。但此年我父竟自行掙扎下床習步成功，九年長病竟獲不葯而癒。次年，遂重行就業，奉江西高等法院令派，赴江西省永豐縣任永豐司法審判處審判官兼處長。任期內承永豐縣長吳良才介紹，與奉新籍廖竹青女士締結良緣，不久並生下我九妹恩榮。我讀大學三年級時，我父又奉調至南昌江西高等法院任推事，遂攜同廖氏與五、九兩妹前往南昌，五妹因而得就讀省立南昌女中。恰好我六妹歐陽誠也來南昌讀高中，而與五妹同校同班同學。每於週末，我自望城崗學校進城，必先赴南昌女中晤我兩妹，然後相偕赴我父處。四人常同赴小館進食，有時下午我亦偶與兩妹同往觀賞電影爲快。至今猶時時懷念此一短期美好時光。每至暑假，我仍必返回吉水赴鄉間收取田租，及處理納稅等其他財務事宜。

當抗戰勝利之初，中共即發動內戰，且局勢發展甚快，迅即蔓延全國。我四年級時，長江以北幾已盡成紅色地域。民國三十八年（一九四九年）三月，局勢日非，我父覺亂世不可 留落異鄉，決計返回吉水家鄉待變。我於是赴車站送我父與五妹登江西公路局長途汽車返鄉。先日，五妹反復教我唱「在那遙遠的地方」及「可愛的一朵玫瑰花」兩曲以作紀念。從此一別，竟逾半個世紀，且竟與父永別矣。民國八十四年（一九九五年）春，曾邀得五妹來臺灣小住一月，其時我退職伊始，在家與妹憶述少年往事，同遊日月潭等勝地為快；九十年（二〇〇一年）冬，大哥應在臺灣復校之中正大學邀，來臺參加學術研討會，留臺一週，藉得面對數日。八十八年（一九九九年）間，我六妹應香港音樂界邀請往訪，我專程往港與之會面，亦得晤談竟日。

四、抵達臺灣初年

民國三十八年（一九四九年），我修畢大學法學院學士學位規定至少應修之四年課程一百三十二個學分，尚不及參加畢業考試，即因戰火蔓延而於四月間與同學結伴離校流亡，經廣東乘海輪於五月上旬抵基隆到臺北。路途不無難辛。抵臺後，我和當時數萬來自大陸各地流亡學生，均在當時臺灣省教育廳陳廳長雪屏先生主持下，暫住臺北市區中正路鄰近火車站之七洋行大樓，並招待供應伙食每日三餐，菜色合理。

同年八月，在教育廳全盤安置計畫下，我赴位於員林鎮之臺灣省立員林中學就任教師職，授高一與初一國文與公民，及初一英文等五個班三種課程，是為我大學畢業後第一個正式職務，開始我此生職業生命道路。民國三十九年（一九五〇年），奉教育廳令，轉任位於臺南市之臺灣省立工學院（成功大學前身）訓導員。民國四十一年（一九五二年）調任該院附屬高級工業職業學校附屬高級工業職業補習學校教導主任（夜間上課），承省立工學院院長兼任該補習學校校長授權，實際執行校長職務，主持校務。在校兩年，頗著成績，而為兼校長所贊許，及工學院衆多教授讚譽，更受上級主管機關臺灣省政府教育廳嘉許。雖然如此，仍居安思危，總覺久任此職，個人前途難有發展。終於民國四十三年（一九五四年）自請離去。

以上五年期間我均任職學校，第一年在員林任教時，雖授課鐘點較多，且學生作文與英文作業數量尤多，批改費時，但我仍能利用極少空餘時間寫作詩文與劇本，成績相當不錯。且每於星期日，常騎自行車獨赴員林鄰近小鎮遊賞市區景色，且必巡行當地菜市場與國民小學，自得其樂。後在臺南四年，每日均須上班，尤其任補校做教導主任後，實際係執行校長職務，學校規模雖小，而麻雀五臟俱全，事務不少，終日碌碌；我遂只能抽空偶爾寫作。

補校畢竟爲一享有獨立預算之公立學校，故我實際執行之職務與校長相當，爲我生命中首次任首長工作，獨自決定聘辭教員，任用職員，批定用錢；我也獨自決定並掌握學校發展計畫，兼校長完全不暇過問。但我自定每學期終了後，仍呈送一份全校學期工作總報告，以示對校長之尊重。兼校長對我代爲執行校務，事前事後均從無意見，慰勉有加。此時爲我二十八歲至三十歲期間。獲得頗多實際領導經驗，自有價值。

我自知年事尚輕，決不宜就此滿足於一小小教導主任職務，亟思另謀發展。但我並非善於鑽營與交遊者，尋找新工作機會極爲不易，尤其侷處臺南一隅，接獨有限，一時之間，尚不知如何實現心願。

五、再做學生修碩士

民國四十三年（一九五四年）秋，恰逢國立政治大學在臺復校，公開招生，初設四個研究所。我再四思考，如能再行入學，應可彌補我大學四年時光之虛度，求之不得也。遂決計報考其行政管理研究所（一年後改名爲政治研究所）碩士班。因工作忙碌，不暇溫習準備功課，但竟僥倖又得以該所錄取十六名中之最後一名錄取入學。此事關係我以後生涯發展者尤大。我前半生屢逢此類意外幸運，益信我歷來行事，雖明知其不可爲而常仍爲之之爲正確，決不自暴自棄。天下固有太多明知其絕難成功之事，本不應枉費精力，徒貽笑柄；孰知天道多變，天道又偏助苦命人，則何知天竟不偏護我耶？天道實多出乎常理之外，常非我人所能知。故雖知其顯然不成之事，最後竟常成！進而重大改變個人生命發展與道路。我此生奇遇不少，均足爲證。

我就讀政治大學期間生活頗爲清苦，但精神十分愉快。學校在臺北市郊木柵鎮外指南山麓小溪旁田野中，遠離塵囂。復校首年，全校僅有研究部四個研究所各一班及研究生總數五十六名，尚無大學部，此種建校方式實爲一特例。研究生中約有半數類似我，畢業於大陸大學而於三十八年或稍前來臺，均早已年逾三十。此部份學生且均在社會工作至少已五、六年，最年長者爲齊覺生同學四十二歲，已有子女九名。據其自述，曾在東北綠林中打游擊抗日，能於馬背奔馳時雙手開槍射擊，亦曾從事我政府地下工作，是爲一例；同學中另約小半則爲當年或先一、二年在臺灣各大學畢業之二十多歲青年，最年少之三位二十二歲，雖均聰明，但完全學生頭腦。至於我本人，入學時三十歲，僅次於另一位三十五歲之老二，故就年齡而言，我應序列爲全校學生之老三。我等年齡雖有差距，但相處十分融洽，毫無隔膜。我曾經仔細研思，發現年較長者多能欣賞及喜愛年較少者所具活潑頑皮習性，而以弟待之；反之，年較少者則對年較長者頗能多少維持尊重。

當第一學年結束後之暑假中，我因太窮，曾一度考慮休學暫先就業一、二年，以便賺取學費再復學。所幸隨即自行取消此一荒唐念頭而繼續學業，始得如期畢業。

最少應有之兩學年修業限期屆滿，我修完碩學位應有之全部課程與學分，並在王雲五教授指導下完成碩士論文，及提經五位口試委員會同口試後通過碩士論文，於民國四十五年（一九五六年）獲國家法學碩士學位。

兩年前，我入學考試成績列行政管理研究所最後一名。入學後十分用功，成績每學期均列前茅。但因其時學校已停止核計各班學生學期成績名次，故無從知悉各人名次。畢業數年後，我因申請在校成績及此項名次，請求學校爲我核算，始知在校修畢學業兩年總成績，在本所同班十六人中與另一人同分而併列第一。在校兩年期中，我任研究部研究生幹事會總幹事（相當研究部學生自治會主席或研究部代聯會主席），並在第一屆研究生畢業典禮上，代表本屆全體畢業生從副總統兼行政院長陳誠手接受碩士證書。

六、開始漫長行政工作生涯

我之棄職再行赴政治大學讀書，除期充實學識外，並望藉得離開學校教職工作，改換其他工作。至於擬更換何種工作，初無具體觀念。政大畢業後，經在學兩年從容考慮結果，意念遂得十分確定與具體，並概括爲四個任職原則。後經三十七年以迄退休，均堅持此四項原則未改，以致曾爲此放棄多次難得之工作良機。至今檢討，仍覺此四項原則之作成及繼續堅持，均屬十分正確，且亦確曾給我幸運。此四個原則如下：

（一）決不做專任教師或學校職員。

（二）只做行政機關職員。

（三）決不離開政治、經濟與文化中心之臺北市。

（四）決不離開中央政府。

因此，我畢業前後短期內，曾數承長者厚遇與重視而主動來邀我前往追隨，且確屬優良職務，謀求不易，但因有違我上列四項原則，竟先後一一予以辭謝。以致最後反而落得無職可就，而不得不費心設法另行謀職。

我寫信教育部部長張曉峰（其昀）先生要求安排工作，並寄奉已出版且曾得獎之拙作話劇劇本與新詩集數種。張部長與我素不相識，讀後大加讚賞，恰逢其親自主持一項有關檢討規劃政治大學發展之會議，竟在會議中公開面告我政大陳校長百年（大齊）先生，請轉囑我往該部任職云。我進教育部時，因其時尚未經參加國家考試及格，不具公務人員正式任用資格，故不得任用爲編制內人員，而僅以額外薦任專員職務在部內「電影事業輔導委員會」辦理有關電影事業輔導工作，該會主任委員由張部長本人兼任。四個月後，我晉陞該會第一組組長，仍爲額外人員。年餘後，民國四十六年（一九五七年），前臺灣省教育廳長後在政治大學曾授我心理學課程之兼任教授陳雪屏先生，此時任國民黨中央黨部常務委員，奉黨總裁命，在中央黨部內新設並主持一宣傳指導機構，堅囑前往協助；並厚承雪屏先生面商教育部張部長曉峰先生寬准離職前往。民國四十七年（一九五八年）三月，王師雲五奉總統 蔣公命，設置並主持總統府臨時行政改革委員會，研提有關政府行政改革建議案，工作定期八個月，我遵囑以短期借調方式往任該會簡聘秘書。任務完成後，該會依自定限期於同年十一月裁撤。其時雲五先生已先於同年七月出任行政院副院長，改革會撤銷後，我本應返回國民黨中央黨部歸建，但雲五先生囑往任行政院簡派參議在副院長室工作，並逕行電洽國民黨中央黨部我長官同意。我於是轉往行政院任職，後至民國五十四年（一九六五年）初春始離職，在行政院前後跨八個年頭。期間先後並曾兼任行政院經濟動員計劃委員會秘書室主任等職。

雲老於民國五十二年（一九六三年）掛冠離開政壇後，我前以公務羈身而暫行擱置之赴美考察計畫，此時始得便重拾原議付之實現。其時繼任行政院副院長兼經濟動員委員會主任委員職務者爲余井塘先生。經面報將依規定在聯合國一項計畫下，以行政院簡派參議身份赴美考察研究，請辭所兼經動會秘書主任職。余主委與我雖素不相識，孰知竟厚承鼓勵，除准予仍依規定帶職帶薪前往外，並囑我勿辭秘書主任兼職，且命我自行覓妥可信賴之人代理秘書主任一職。我頗覺意外，唯有遵辦。遂於民國五十三年（一九六四年）在聯合國技術協助計劃下赴美，以我所提並獲聯合國同意之下列題目從事訪問考察研究：The Relationships Between the Levels of goverment in the United States of America。在美除赴十餘州政府從事實地訪問，實務了解與蒐集資料外，最後並在 George Washington University 選讀有關課程，復利用課餘時間整理訪問所得有關資料。對此一研究題目，自認頗有心得爲快。返國後，就其部分心得，撰成「美國合作聯邦主義論」一書，由臺灣商務印書館（人人文庫版）出版。合作聯邦主義究爲何物，國人固罕有研究者，至今數十年來，臺灣研究合作聯邦主義之論文，除我此一拙著外，似仍未見有他著。二〇〇二年逝世之陶百川先生，在其逝世前數年，曾對海峽兩岸關係提出其個人最後之解決方案，主張應採合作聯邦主義以達成兩岸統一云。但我內心對其此一主張並不完全贊成。

在美期間，於訪問佛羅里達州時，承州長親贈佛州榮譽公民銜。並訪問多所大學，與各該校政治學教授就有關我之研究專題交換意見，獲益不少。

民國五十三年（一九六四年）冬，我自美完成考察訪問返國，再承余副院長兼主任委員命囑，除依規定續任行政院簡派參議外，並仍兼經動會秘書室主任原職。

次年元月某日午後，退出政壇後經臺灣商務印書館股份有限公司股東大會選舉爲董事長之王雲五先生，忽親自來電話我辦公室，在電話中指示具體，囑我辭去政府本兼各公職，去該館任總編輯云。雲五先生隨即自行致電逕與我長官余井塘先生談妥，同意我離職。實則其時我對經營商業既屬外行，更無興趣，且曾以此意坦誠面陳雲五先生。但雲五先生言：去了以後就會懂，不致外行；而政府工作牽掛甚多，難以伸展大丈夫懷抱，做不了什麼事情。何如共同來爲文化事業努力云。

七、棄官從商任職商務印書館

我終以師命難違，遵雲五先生囑，於民國五十四年（一九六五年）二月春節正月初五日上午，同乘其座車赴商務印書館就任總編輯職。步入館後，雲師率我先遍赴館內各辦公室，將我一一引介於同人。兩月後，復命我兼任經理兼發行人職。因雲五先生早年曾任上海商務印書館總經理職，經我建議並獲同意此時館中仍暫不恢復總經理職位，我仍以經理名義主持館務。

我到館後，師生二人同心同德振興館務，大量出版「大部頭」新書（即卷帙浩繁成套叢書），例如「萬有文庫薈要」、「叢書集成薈要」、「四部叢刊」等成套叢書，每部均包括為數幾百種書。當時每部售價均在新臺幣萬元以上，以之與全套叢書數量之龐大及價值之珍貴相較併論，誠屬價廉物美；但若就金錢數量而言，與當時臺灣經濟發展尚在努力邁進過程之中，尚非繁榮，以及國民所得低落等實際情形相較，萬元以上之金額則不為少。在此數年中，商務印書館每年出版此種大部頭叢書二、三部不等，每部投資均在數百萬元，銷售頗為費力。其中如有任何一部滯銷，書館定必倒閉無疑。此種情形，對身兼該館三要職之區區而言，精神壓力太大。尤以館中人手極度精簡，我個人工作量過多過重，在此種可怕重累侵蝕之下，心身兩疲，深受內傷。尤關重要者，館中更有人事磨擦。以我數十年來忍勞耐苦已成家常便飯者而言，仍感備極煎熬難以承擔，以致迅速病象百出。先是每日嚴重頭痛，續則胃出血，再又每日晨間九時許開始通體發燒，晚間五、六點鐘時自褪，次日又復如是。但我仍每日照常上班工作十餘小時未改。如此勉力持續數月，體力終告不支。經遵雲五先生命前往臺北榮民總醫院住院，由雲老指定一位所熟悉之劉姓醫師主持細加檢查，結果發現除患十二指腸潰瘍外，並無他病，但確屬嚴重勞累過度，必須休息云。我考慮再四，暗忖若繼續在職，勢難眞正休息，唯一辦法，厥唯辭職休養；否則，短期內有朝一日，必將迅速死於斯地無疑。遂先後四度堅請辭職，終於民國五十六年（一九六七年）勉獲雲五先生寬准辭卸館內所有職務離館。此時我年四十三歲。離開商務印書館一事，我認為是我中年一大挫折，亦為我老來退休前唯一挫折。

八、還我初服再任公職

辭卸商務印書館職務後，因身體過勞，內傷太重，只好在家長日臥床休養，徐圖恢復，原頗擬以一年為期。但以我畢竟堪耐勞苦，不數月情況竟即開始改善。自思正值盛年，不宜享受此種逍遙自在之樂，尤以持有「無業遊民」身份更不宜過久，不妨先從事一責任較輕工作。遂將此意偶告劉白如（眞）先生。白如先生深以為然，立即欣然邀我至其主持之「國家安全會議國家建設計畫委員會文化組」任簡派研究員，並寬准破例僅須每星期到組參加組務會報一次，不必每日上班，如有工作分派辦理，則派人送來我家云。我聽後大喜，此種處置，恰好符合我身體衰弱情況，當即同意，就此重作馮婦恢復我公務員之身。

我之任命案，依規定應呈報國家安全會議。除大政必由安全會議主席總統親行主持核決外，其他會務則悉由秘書長黃少谷先生裁決。黃少老乃我在中央黨部工作時之老長官，文化組之職務，實際仍係少老管轄範圍內之屬員，我雖亦曾思考及之，禮貌上本應先往面報少老較宜，但竟偷懶未去。少老待核閱人事公文，始知我已自商務印書館解放獲得自由。後承雲老告，恰在一次宴會中，少老與雲老鄰座，少老遂趁機面獲雲老同意，始指派其多年親信高級人員，亦係我好友之行政院第二組組長龍運鈞兄來舍下傳達，囑往任該會秘書處第二組簡派組長，直屬秘書長之下。該會成立伊始，我為第二組首任組長。我將此一經過向白如先生告罪，白如先生無可奈何言：「我沒有辦法，少老是長官，長官要人我不能不放。」獲承諒解，辭去文化組研究員工作。

我到安全會議後，繼續在職五年。該會辦公室與總統府在同一建築物之介壽館內，警衛森嚴，與外界聯繫不多。其時介壽館內有三個機關：總統府、國家安全會議、國防部。館內空氣嚴肅，與我向來任職之普通文職機關迥異，故在職多年，迄不能習慣。

九、任銓敘部次長

民國六十一年（一九七二年）九月一日，我奉令出任銓敘部常務次長，多承部長石為開（覺）上將看重及考試院孫哲生（科）院長支持。到任次日，與石部長為公長談工作，為公與我均對當時公務人事制度深感憂心，故談論頗詳，兩人基本觀點且完全相同。談話中，石部長指示七事，希望我對此七事特別協助。其中之一即囑我研提有關人事制度革新方案，並謂應單獨作業，不必宣揚，且指定一名打字人員攜同打字機至我辦公室專職清謄初稿，以資保密。我欣然接受此一任務，因我對其時施行之職位分類制度十分不贊成，內心早思設法將其廢除，俾為國除害。因而依個人多年研究心得，迅即撰就一項官職併立之兩制合一公務人員新人事制度結構之改革方案提出，主張就簡薦委制度與職位分類制度二者，捨短採長，融合為一，建立一種新人事制度，以消除當時行政機關內兩種人事制度併行而軒輊不平之不合理現象，並解除職位分類制度多年來備受詆毀之困境。但此一改革行動未能獲得當時考試院副院長楊亮功先生支持，更遭受其在考試院內一批具有勢力之附從者，以及二、三位立法委員之反對，以致人事制度之改革困難重重，我所擬就之改革方案迭遭抵制。以致歷經孫哲生、楊亮功、劉季洪及孔德成四位院長任期，以及石為開、韓忠謨、鄧傳楷、及陳桂華四位銓敘部部長任期，經三度提案，及我十六年之繼續奮鬥，最後始由於考試院人事更新，及各主要反對者之死亡、卸職、失勢，以及其他次要反對者之凋零，阻力消退，改革之大願始獲實現，終於民國七十六年（一九八七年）一月十六日，全國所有行政機關同日施行完全依據我最初所擬訂提出之此一方案制定之新人事制度。舉凡有關公務人員之考試、任用、俸給、考績等四大法律，以及其他有關公務人員新人事制度之附屬規章辦法，全套二十餘種，均於同日生效施行。而原行之簡薦委制度及職位分類制度兩種制度之有關法規數十種，也在同日全部廢除。出於我所構想及設計復耗盡全力推動之官職併立之新人事制度，於是得獲實現。出於我原始構想及設計之此一人事制度，雖歷經滄桑波折，但美夢終於成眞，得以解除國家人事制度多年來之困局，為中華民國公務人事制度樹立重要新里程碑，恢復正義。此實為我國半個世紀來公務人事制度所未曾有之一次重大變革。寸心實不勝快慰之至。

自民國七十六年（一九八七年）我全國公務人員此一新人事制度實施後，至執筆寫此文之民國九十三年（二〇〇四年）止，爲時經已十八年，不僅實施之初風平浪靜，十分順利，較之職位分類開始推行之日起反對之聲立即潮湧，並持續二十餘年不斷情形，不啻天淵之別。此一新制度之基本結構，諸如官職併立、簡併職系、職務跨等、簡化考試等次與簡化陞遷考試、放寬考績陞遷範圍、放寬調任職系限制等各項主要設計，均仍係民國六十一年（一九七二年）我最初研定提出之要項，絲毫未改。政府爲表揚與酬謝我建此一制度前後，在構想、設計，規劃，建立法制，推動完成立法程序、主持施行，以及始終實際主理其事之勞起見，由考試院先後兩度授我二等及一等公務人員「功績獎章」。

此一改革之終獲實現，經過至爲奇特。原本顯然爲朝野各方千呼萬喚共同認爲切中時弊之舉措，竟歷經十六年長期之打擊、阻止與擱置，最後始成功實現！此中契機究竟何在？淺見以爲主要原因有五如下：

（一）制度本身設計正確，切合時代與國情需要。

（二）最重要者，改革具體行動起始於石部長爲開先生之發動，不畏開罪權力之大忌，不畏責難與險阻，毅然主持這一作爲。

（三）續則終竟幸有劉季洪先生來任考試院院長，高瞻遠矚，主動提出重行推動此一改革案，使全案死而復活。殘餘之阻力雖仍陰謀抵制，但不獲逞。

（四）立法委員張子揚、張金鑑及吳延環等諸公在立法院最後終於熱忱支持，通過與改革案有關之各種法律。

（五）我個人倖能長期留駐崗位未被擊退，十六年堅持不懈，滿腔熱忱，得以沉著推進改革。並在實務上由我自制度之構想設計、規劃推進、起草法律、頻赴立法院協助完成立法，以至主持全面實施實務等一連串努力，始終其事。

但我耿耿於懷深以爲憾者，值此新制度終獲實施，倡始者之石爲公竟已作古而不能親見。

我初赴銓敘部任職，係得力於孫院長哲生先生主持，更厚承石部長爲公歡迎。二位與我均素不相識。事後始知其時另有六人與我競爭，各獲有力人士大力支持。但哲生先生以黨國元老身份，對其他六人一概置之不理；而六人中有一人且爲石爲公最初曾一度內定之舊屬，及我出現後，竟轉而欣然捨他就我。爲公事後告，乃因恰經閱讀我有關人事制度著作後，深以淺見爲然云。凡此過程及有多人競爭等等情事，我事先一概不知絲毫。到職若干時日後，側聞爲公答復好友詢問云：「新來徐次長不錯，雖非我自己邀來，但幾如我自己邀來者。」我與爲公相處愉快，原因有二：第一、他爲人直爽，我與之性情相同。第二、我們政策見解相同。我到部三年後，爲公辭卸離部，我仍留任。續經韓忠謨與鄧傳楷兩位部長任期，我仍任常務次長，連前繼續同一職務共十有二年。民國七十三年（一九八四年）九月一日，考試院第六屆院長及委員等任期屆滿改組，銓敘部長鄧傳楷在任業已七年，也隨同試院之改組離職，由行政院人事行政局長陳桂華調充。我改任銓敘部政務次長。直至在銓敘部任常務及政務次長連續達二十年之久後，政府調我任考選部政務次長，仍在考試院範圍內。

我在銓敘部漫長任期內之主要工作，除上述建立官職併立之公務人員人事制度外，並完成公務人員退撫制度改革，新訂或修正及協助修正人事法律八十三種（我任職銓敘部詳情，及經我貫注心血之人事法律目錄，均見本書第三編「肆、建立國家人事制度」一文），幾乎遍及所有主要人事管理法規。至於代表考試院出席立法院或行政院等院邀集之會議，協商新訂或修正人事法律（主要爲各機關組織法律或法規），更不下百餘種之多。

十、調任考選部次長以迄自請退職

民國八十一年（一九九二年）五月一日調任考選部政務次長。該部法定職掌中政務性工作不多，而事務性工作中最多者，爲每年大致舉辦各種考試三十餘次，此與我政務次長職責關係不多。尤以我個人對辦理考試等業務幾乎完全缺乏興趣，竟致使我感到在考選部工作缺乏意義。且事有湊巧，我到考選部未及一年，雙腿即患所謂退化性關節炎毛病，久治不癒，行動略有痛苦。依有關法律規定，政務官任用與退職均不似事務官之受有年齡限制，其時我雖已經七十歲，依法儘可繼續仍任政務次長之職。但我仍決定主動申請辦理政務官「自願退職」，而於民國八十三年（一九九四年）九月十六日如願退職生效，掛冠而去，卸脫公職，結束在考試權範圍內爲時長達二十二年之工作，亦即結束長達四十三年之公職生涯。按、我自民國三十八年秋八月始任公職，至八十三年九月退職，共工作四十五年（一九四九、八至一九九四、九），減除其中民國五十四年二月至五十六年八月（一九六五、二至一九六七、八）在民間機構之臺灣商務印書館工作二年半，實際任公職四十二年半）。

十一、對考銓工作所作的努力

回顧往事，我在考試院下之銓敘與考選兩部連續工作二十二年，實爲此生任職最久之地，亦個人對國家盡力最多最具體時期。且恰值個人盛年，身強力壯，耐勞耐苦，人格成熟，經驗累積，人緣良好，行事冷靜理智，益以對我國銓敘工作滿腔熱忱，因而所作種種努力，對我國公務人員人事管理法制，自問不無微勞。其中尤以發明並規劃官職併立新人事制度，且主持專案小組起草有關新制之數十種法律規章，以及多年代表考試院列席立法院法制委員會，協調溝通以通過新人事制度各該有關法律等端，最爲費心費力。此外，常有機關企圖提高其人員官等職等超越合理範圍，或膨漲其機關組織以增加員額，或企圖逃避國家考試用人規定，而常利用修訂其機關組織法規機會以進行，期將違反公理正義之企圖予以合法化。而我代表考試院或銓敘部出席各機關有關此類會議時，經常爲維持正義而奮鬥，十分辛苦。但每於列席立法院法制委員會爲此類案件提出說明及辯論時，輒能獲得立委諸公合理尊重，使我與若干行政官員每列席立法院之會議時誠惶誠恐者迥然有別，而有心安理得之感，不無些微安慰。自認當係基於我行事之正直、坦誠，及法規熟悉等原因，故能深得立法委員諸公正義支持，不僅使我在立法院應付裕如，且增加我參加其他機關會議時之發言地位，正義更常得伸張。

任銓敘部政務次長期間，依銓敘部組織法規定，我主持部內之「銓敘審查委員會」法定組織，該會並法定每星期例行集會二次，負責全國公務人員所有有關任用、俸給、考績、退休、撫卹等事項個案案件之審查決定工作，切實依據法律規定處理各案，嚴防違規。由於全國公務人員數十萬之多，其中違規以企圖遂行其個別利益私願者，無論機關或個人，為數均不在少。且毫不例外，更循我國社會重視人情關係與拜託辦事習慣，輾轉請託我機關內外上下左右有關人員以轉抵我身。但我仍堅定立場，決不稍有姑息。防患維艱，誠不勝其勞累，但執行仍十分成功。

主持會議以解決問題係我在銓敘部工作之重要部分，我約有百分之七、八十時間均消耗於會議席上。主持會議之策略甚多，各憑經驗。但若會議主席僅求維持會議秩序，而忽視會議決議實質內容結果，致聽任與會人員施展手段，包圍設計，控制會議，以逞其私利時，則身為會議主席者，當然輕鬆愉快；但若主席凜於職責，堅持依法辦事及為民謀求最大利益，則主持會議必定常感辛苦不易。至於主持會議之技術，個人向來正直公開，絕對尊重與會人員發言權利，從不阻止；但「尊重」其發言權利決非「同意」其意見與主張。為時稍久後，我此種態度廣為眾所共知，以致每在會議席上，正論邪說併陳，各抒一己之見，發言盈庭。與會人員甚至常有過度利用此種便利，滔滔不絕，不達目的，多不干休。但我多年以來，始終虛心理智，能在紛紜之中靜聽明辨與慎思果斷，既不因人而廢言，更不畏權勢而屈服。我無顧於發言者背景及所挾恃之種種不同力量，最後必秉持無偏無倚態度，嚴正肆應，依法規規定，斷然作成決議。因此，開罪人處不少，尤以開罪隱藏於後之有權有勢大官貴人，甚至我之長官要員為甚，我竟常至事後始知。我此生官運有欠通達者實緣於此。但我寧願捨熊掌以取魚，棄個人利益前途而取公理正義。自覺問心甚安。（有關我主持會議之詳細經驗記述，請參閱拙著商務版「做一個成功的公務員」一書第二章「如何開好公務會議」）。

十二、所獲形式上榮譽

三代以後人唯恐不好名，我當然重視實至名歸之榮譽，但不介意形式上榮譽之有無，故從不追求，但仍自然獲有若干形式上榮譽。只是我平時未注意蒐集這些有關資料或記錄。現年老也不願再去到處搜尋稽查，所以僅能就手頭偶存和記憶所及的一些，略予舉述。

政府爲表揚我工作成績，民國五十七年（一九六八年），我在國家安全會議工作期間，奉總統 蔣公核定爲該年「特保最優公務人員」並召宴。晚年任職銓敘部期間，政府先後頒有二等及一等功績獎章各一座。民國五十三年（一九六四年）訪美期間，承佛羅里達州長面贈榮譽公民榮銜及證書。同年並承伊利諾州 Springfield 市市長贈予榮譽市長銜。國外編印的一些名人錄將我列入的有：Biography International, 2000, Delhi, India 等多種；臺灣有 Who's Who of the Republic of China（Chinese Who's Who Publishing Center, 1984, Taipei）；中華民國當代名人錄（中華書局，一九七八，臺北）；二十世紀中國作家筆名錄（以我本名徐有守及筆名徐蒙兩者重複列入，漢學研究中心編印，一九八九，臺北）；中華民國國家考試及格名人錄（考試院，一九九六，臺北）；以及英文版中華民國年鑑社以前歷年編印的英文版 Who's Who of China，中央研究院及行政院研究發展考核委員會分別編印的一些臺灣學者專家名錄（記憶中是把我列爲政治學門有關英美政府制度研究類）。後來知道大陸上也有些名人錄或人物辭典將我列入，已見過的是：辛亥以來人物年里錄（江蘇教育出版社，一九九四，江蘇）；二十世紀中華人物名字號辭典（法律出版社，二〇〇〇，北京）等。

十三、我的學術活動

我畢生以公職爲職業亦爲事業，從未享有從事學術研究之專業時間。但我以兼任教師方式和業餘研究著作之熱忱與努力，畢生不倦。尤其在考銓制度與文學兩方面，尚頗有自信。

多年以來，我先後在國立政治大學（公共行政學系及其研究所博士班）、淡江大學（公共行政學系）、中國文化大學（行政管理學系、政治學系及其碩士班）、政工幹部學校（政治學系）等校兼任教授開課。因政府規定公務人員不得同時任專任教師，故均僅兼任授課。專任與兼任兩者不同之處，在於兼任教師不支取月俸，僅能接受象徵性微少鐘點費。我認爲此種情形下之金錢酬勞多少並不重要，無損於我學術身份與尊嚴；我數十年來，早年即持有教育部依法定程序審定核發之「教授證書」（學界習稱之爲紅皮書），並講授政治學、比較政府、人事行政理論專題研究、人事行政專題研究、考銓制度等課程。至今並已出版學術性及文學性著作二十三種。其中四幕劇劇本「煉獄」、三幕劇劇本「雙殉記」、獨幕劇劇本「荒村之月」、行政學著作「行政的現代化」等多種，先後分別曾獲學術獎或文學獎。上開三種劇本及我改編之「紅樓夢劇本」，均曾先後分別在臺北及其他地方一再上映，十分成功。其中紅樓夢一劇之初演，在臺北市西門町劇院連續賣票上演一月有餘，夜夜客滿，相當轟動。至於我寫作新詩數量雖不多，中年後尤少，但自問每首均熱情洋溢，言之有物。部份收集在與我大哥徐柏容合作出版之「棣華詩集」一書中。退職後，現漸恢復文學寫作中，深以爲樂。

有關新詩，我有意在此特別略一置詞。我十分不贊成矯揉造作、故弄玄虛，寫出無人能看懂之詩句。淺見以爲此種流風，實屬黔驢技窮，窮途末路，圖以虛假欺騙世人，自甘墮落之舉。詩無新舊體裁之別，均須符合眞善美與具備意境之要求。至於對考銓制度之研究，我亦願在此略陳淺見。世上有各種各類學問，無論其純爲抽象理論或僅屬性情描寫之作，例如相對論或足可平撫人性之文學；或其具有實用性者，例如建築學或醫學等，舉凡對人類有益有幫助之學問，皆有價值。考銓制度亦屬人事行政學範圍之實用學問，惟以目前我國列入大學課程之人事行政學來自西方，故內容偏重理論及西方做法，固有其價值；但學生雖熟習人事行政學而成績優異者，畢業進入機關後仍不知如何實際辦理人事案件，如此是否得宜，大有疑問。我數十年來致力之考銓制度研究與有關著作，均為有關析究我國制度而富具實用價值者，係理論配合豐富實務經驗，深入融合後所成，為一般人事行政學著作之所無。

我於民國八十三年（一九九四年）請准自願退職後，迅即就歷年因公務過於忙碌而耿耿於懷不克從事之下列四事著手進行，期遂初願。至今民國九十三年（二〇〇四年），十年來進行結果如下：

（一）學習電腦中文輸入法：因年老記憶力衰退，經於退休之初，以連續三個月時間及每日七、八個小時專心從事而終獲學成，早已運用自如，且可不必先經手寫文稿過程而將腦際思想逕行輸入電腦，顯現於螢光上成文。得心應手，深以為快。

（二）從事寫作：退職十年來，已用電腦寫成約三百萬字文章，並經出版成書者九種。其中四本係有關銓敘制度者，偏重以歷年實務經驗之心得印證理論；三本係人物傳記；兩本係文學著作（在此之前已經出版之書籍十四種均非使用電腦寫作）。

（三）恢復文學嗜好：從事新詩與小說寫作。已出版約十六萬字長篇小說一種，及與家兄徐柏容合作出版詩集「棣華詩集」一種。另有自述一部約五十萬字亦即本書。

（四）擬待上述三項工作繼續進行至一段落後，再行考慮出國觀光遊覽。但此事可能性如何，目前尚不可知，一則需待醫師對我心臟血管狀態判定指示是否仍可乘坐飛機後再作定奪；二則左腿骨折，時時發炎作痛以致行動不便。

此外，截至三度校閱此書稿之民國九十三年九月時止，文思仍源源不斷，將來何時始眞能得暇旅行，有待觀察。

以上四事，前三事均已各有初步具體成績，使我退職十年來之晚年生活充實、安寧、愉快。

十四、健康與疾病

我十二、三歲時多病幾死，此後即少病，身體雖不壯碩，卻極能耐勞耐苦耐折磨，接受身心雙重煎熬。直至四十二、三歲任職商務印書館期間，因勞累過度，透支體力，致患十二指腸潰瘍、無名燒熱及偏頭痛等多種疾病，身體遽爾轉壞；但仍能經受熬鍊而長期維持正常健康狀態，並仍能任勞耐苦，直至我退職後最初二、三年仍如是。

民國八十三年（一九九四年）九月，我年已七十，深有倦勤之感，遂自請自公職退職，退職後仍精神旺盛。最初數年從事寫作，全年皆工作整日而毫不知倦。

民國八十七年（一九九八年）除夕前後約二十天，因患流行感冒住臺大醫院，始發現患高血壓。自此開始長年服食降血壓藥。

次年，民國八十八年（一九九九年）六月五日（星期六）晚與內人外出赴宴，甫出家門尚不及呼車，即於五時前十餘分鐘，遭遇車禍。有一自稱汽車修理工人駕車自我背後無聲迅速衝來，猛烈衝撞我左後臀，將我飛起摔落於街道中央，左大腿骨近髖骨處被撞成橫折裂。經警察救護車將我送臺北市立萬芳醫院開刀，用四枝鈦合金大釘，釘牢一片鈦合金板於裂骨上，用以固定腿骨裂口，使其自行癒合。雖幸免於死亡，但自此以後，左大腿骨裂口雖癒合，但多年來經常發炎，有時僅步行十餘分鐘腿骨立即作痛。至今爲時五年仍如是，已成終身不癒之疾。自此外出活動大減，百病叢生，且每年增加一種新病，其中不乏足以取我性命者。本以能耐煎熬自負之硬漢，至老幾成百病叢生之病夫，日常生活稍有不慎，立即得咎。所幸我老來特別樂觀，泰然處之，故仍安寧如常。

民國八十九年（二〇〇〇年）五月間，發現左腳小姆指腹面瘀血成紫黑色，且有刺痛，經住醫院及更換醫院反覆詳細檢查，始確定爲血小板數量異常增加，在腳趾處形成血栓所致。但在確定病症前約兩個月期間，尚未敢下藥，以致血小板數量迅速累增，最多時曾達一單位血液中九十餘萬片，已達危險境界，引發其他症狀百出，身體十分難受，終日臥床，幾達死亡邊緣。後經骨骼穿刺採取骨髓培養檢查後始獲確定，遂開始用藥。經一再調整藥量，近二年來已獲得控制而達穩定狀態。至民國九十一年（二〇〇二年）冬，已降至血小板三十萬片左右安全範圍內。但至民國九十三年（二〇〇四年）春，血小板竟呈緩性累增現象，至九月初，竟增至四十三萬餘片，身體作冷發燒等症狀復現，遂經醫調整藥量而症狀得獲改善。

民國九十年（二〇〇一年）四、五月間，復發現缺氧性心臟病，經服藥醫療後，亦獲穩定，但每逢陰雨天或冬季則易氣喘，足見仍不可忽視，二〇〇四年夏秋兩季尤常氣急，醫囑應自己格外小心，並給予必要時使用之救命藥硝化甘油小片隨身攜帶。另並發現約二十年前即已出現之肺氣腫（包括慢性支氣管炎與支氣管阻塞）又來同時作祟；另並新發現頸部動脈輕度硬化。

民國九十一年（二〇〇二年）十月跌倒，又使我左手腕骨折，一年後始恢復正常。

民國九十二年（二〇〇三年），二十多年前之老毛病夏季熱（俗稱臺灣熱）復發，且新出現失眠症與頭痛。經服食中藥（主要爲夜交籐及合歡皮二藥）始較平穩。

民國九十三年（二〇〇四年）失眠症又發，並新患痔瘡出血。秋後血小板出現增高現象，經調整用藥量。又、每步行必氣喘。遂於十月十六日施行心臟導管擴大心臟血管手術，並置入支架二支，手術順利。

今後是否尚有其他新病出現，尚不可知。自民國八十七年患流行感冒住院以來，我患上述各病此伏彼起，間常發作。但吉人天相，託天庇佑，幸遇良醫復得良藥，諸病可治，雖無一根斷，但亦無一不獲控制，均不成災禍。民國八十九年（二〇〇〇年）夏秋之際，雖曾因血小板病而一度瀕危，終仍得救。

我計算退職至今，已出現之大小疾病（連同復發之舊疾）至少十三種如下：（一）高膽固醇。

（二）動脈硬化。（三）心臟血管病。（四）血小板異常增生症。（五）慢性支氣管炎。（六）支氣管阻塞。（七）大腿骨折裂發炎。（八）無名熱。（九）失眠。（十）痔瘡。（十一）不明原因頭痛。（十二）多種皮膚病。（十三）一耳全聾一耳半聾（但除人多嘴雜地方聽覺不便外，仍能與人自然對談而不使對方發現我患重聽。我始終尚未使用助聽器）。至於老人均有之老花眼雖不例外但可不視為病。以上各種病症中，第二、三、四、五、六等五種均有可能取我性命。將來我屆百歲，不知將係何種病要我命。

據上所述，近七年來我每年增一新病，至為可笑。年老運蹇，百病叢生。當我持杖行走時，人但見我滿頭蒼蒼白髮，步履迂緩，一眼之下而知當為八十老翁。事實上我間常亦確有健康不佳而痛苦之時。最具體常見情形為左腿發炎作痛，但每日仍需量步行一小時，其時既疲勞且不適；又當失眠症發作時，徹夜不眠狀態實甚恐怖。雖然如此，儘管我已年高八十，但我外表仍十分健康，身材挺直，心廣體胖，腰不彎，背不駝，面無皺紋，氣色紅潤，雙眼有神，聲音洪亮，頭腦清楚，言詞條理分明，能辯論，能寫文章，精神矍鑠，意志堅強，神情愉悅，達觀又樂觀，且在家常整日工作。當我與人面對時，但見我笑容滿面，語句輕鬆；尤其坐下侃侃而談時，絕不知我竟渾身是病，更難判斷我究竟多老，我亦常自忘年歲。老來隨遇而安，諸事不多計較。我常自信必能較一般長壽翁更特別長壽，必能活至一百零三歲。

我老來多病竟仍能維持健康，常終日操縱電腦工作以為樂而不倦者，究竟何克臻此？我認為似係得力於下列數事：

（一）葯物控制病症得宜：雖不能治痛各病，但可以控制病情。

（二）注意飲食：不食用我家鄉人所稱可以發病之食物，例如牛肉、南瓜、蝦、蟹、鵝、鴨等；不食用西醫所稱膽固醇量高食物；不食用刺激物例如煙、酒、辣、酸、甜等刺激性食物。

（三）注意運動：每日至少步行一小時，晨間在家屋後河堤上持杖來往步行一小時約七千步，有時更赴鄰近之景美堤外河濱公園步行近二小時。步行雖不能治癒我病，卻有助於維護我健康，不使病況惡化。尤其對腿腫、心臟血管、肺功能、全身血液循環、失眠等症狀，均有明顯改善作用，遠勝一般葯物。僅偶覺步行逾二小時後，即似有過久而使左腿發炎作痛之患。

（四）生活規律：上述每日一小時步行甚為重要。如若停止一日，亦常明顯出現不良後果，當夜常即失眠。最不可解者，我大腿骨折雖已五年，竟仍時時發炎作痛。經長期再四仔細體察研究後，認為有時係血小板作祟，有時另係關節有病。所幸尚不至迫使我完全停止步行。

十五、我的日常生活

我自少習於憂患，不僅不知快樂為何物，且亦早已習慣於橫逆來襲，幾至類似痲木程度。憂患雖紛至沓來，亦無所驚懼，但必全力謀劃肆應，多年如此。

我畢生生活簡單節儉，服裝不注意名牌，且常買路邊攤貨物，但外出定必整齊清潔。飲食不知講求，不好美食，每餐五分鐘即畢，老年缺齒後將變慢。居處更不求體面，只求整潔安身。數十年來，公務外出固有我個人專用座車，但決不移作私用，個人行動必自費僱乘計程汽車甚或公共汽車。我雖居官數十年，但痛恨官僚氣息與公務員習性，舉止言談行事均平易樸實，決不虛驕。

少年時交友不慎，習於吸食紙煙，中年後幸得戒絕。少年時又好飲，有時大醉，但從未滋事，老來亦不復飲。此外，我不嫖娼、不在外找女人、不上酒家、不唱卡拉ＯＫ、不遊樂、不宴飲，甚至更不上咖啡店，不打球，不上健身房，不做我認為浪費時光之事。除少年期因愛好戲劇寫作而常看電影外，中年後以事忙，竟常數年不看電影。自大學三年級後，畢生不賭博、不打麻將。中年後因調理肺氣腫毛病，每晨有戶外步行運動，此外，無任何其他運動。我少年時原喜圍棋，且著有論文；中年後因覺其過於費時傷神而戒絕。

約四十歲後，我每日生活內容僅有下列數事：上班、開會、教書、寫文章、閱讀有關資料、與人討論公務。睡眠常有不足。我教課時常笑言：儘管人可長壽八、九十，甚或一百，竟仍常興「時不我予」之歎，而確有「人生不滿百，常懷千歲憂」之感。儘管生活內容如此簡單而忙碌，我卻從未有枯燥之感，內心反有充實之感。

及至老來退職家居，終日與老伴相對。最初十年固覺頗享自由安靜之樂，且有時間寫書，深感滿意；但久而終於發現，我畢竟感性強烈（否則，何能寫詩）。老來雖已無求，甚至對國家社會種種不妥現象亦不復有壓迫感，但仍不免時時為之焦燥不安，甚至氣憤。

此外，老來回顧，難免自感此生數十年生命過於嚴肅。雖已幾乎犧牲生命應有之所有享受，但老來仍未享受犧牲所應換得之回饋，因而就正規人生之另一點觀點而言，發現自己甚至可謂為虛度此生。所稱虛度，乃指類似浮士德衰老之年所興起之生命空虛感。浮士德為化學博士，每逢夜幕低垂，即服食自製之返老還童秘葯，化身翩翩美少年外出歡樂，以彌補少年未享有之良辰美景。但我既無秘葯返老還童，亦非企望聲色之樂，僅望遊山玩水及遍覽異國風光之輕鬆愉快歲月。豈知人生常有缺憾，縱我所求僅微薄如此亦難如願以償。人之享受樂趣，必兼備時間、金錢、健康三要件。但少年時期最缺者金錢與時間，中年最缺者時間，老年最缺者健康。我現雖少金錢，卻多時間，但已經腿傷體衰，往日健康不再，外出遊覽竟不能如願。「人有悲歡離合，月有陰晴圓缺，此事古難全。」只好付之一笑，知足常樂而已。

個人生活當然受人生觀支配，我向認為生命為一嚴肅事物，對社會，對家庭與對自我，均有諸多必然責任與義務；世間更有諸多神聖事物有賴我人體認與尊重，並為其實現而努力，我人必須以「犧牲享受」精神以赴。但在此之餘，我認為人固為社會一份子，應為謀求社會群體共同利益與幸福而努力；反之，亦應享有個人應有權利。個體生命當然有其本身存在應有之意義與價值，其生命不應百分之百盡皆屬於社會，應留有部份屬於己身。當我年少沉迷於文學境域時，曾夢想成遺世之文學家，只因希冀滿足己身興趣，決非為求服務社會。中年入世既深，深信應為社會責任與義務獻出個人一切，開始全心全意致力於職責與工作，以致其後二十餘年，亦即民國六十一年我四十八歲任職銓敘部次長以後以迄七十歲退職，均沉迷於建立公平健全公務人事制度。有時疲勞之餘，甚至暗自戲撰百歲後墓碑文字如下：「長眠於此人士是一位終身堅信法治主義的技術官僚。」我退休七、八年後，漸覺前小半生約三十年受盡折磨困苦；後大半生仍過於嚴肅。雖無愧於心，堪對世人，卻幾乎喪盡個人生命樂趣。

我作此言，僅在坦然揭露人人皆欲極力隱匿於內心之眞情；並不計劃任何彌補諸此損失之具體行動。人生豈非本即如斯乎？個人亦唯有順其自然而行而已。

老來罕有主動謀求，外來侵犯亦少，我性情轉為樂天，凡事亦多持樂觀態度，自信必能長獲天佑，健康百歲。但勤勞天性難改，每日定必自動工作始感充實；否則，夜間入睡前臥床檢討一日行事，內心必感不安。此非對世人仍有所求，僅因天性以工作為人生天職；否則，若終日無所事事，徒知享受，實無異行屍走肉，內心空虛，何必在世？退職後自擇以寫作為每日工作，使用電腦從事著述。例如此一回憶錄，一字一句均我自行使用電腦完成。

老來退職後，我每晚八時餘就寢，凌晨三時即不復能寐。輾轉反側，雖望仍能續行小睡而不可得，終仍早起。

十六、我的婚姻和家庭

我於民國四十九年（庚子、一九六〇年）陰曆八月中秋節前夕在臺北市貴陽街靜心樂園與湖北黃梅縣石繼之小姐舉行結婚典禮，承我師王雲五先生蒞臨福證，並有當時司法院長謝冠生、銓敘部長雷法章及其他時彥友好二百餘人蒞臨祝福觀禮，場面頗為熱鬧。其時距我隻身抵臺業已十一年。天涯流浪漢，自此安定。

繼之出身書香世家，令父石信嘉先生早年畢業北京大學，一代名士，終身獻身新聞事業，抗戰前在南京創辦私人新聞事業「新京日報」，自任社長，聲譽卓著，言論為各方所重視，十分成功。畢生慷慨，廣交朋友，平日家中賓客如流，長年高朋滿座。戰時任國民參政會參政員，及中央通訊社湖北分社社長等職。繼之令堂帥綺桐女士亦出身黃梅世家，理學家帥公掌上明珠，典型舊式家庭閨秀，賢淑溫厚。繼之本人畢業於臺灣中興大學，忠厚勤儉。

我來臺多年未婚，承我師雲五先生再三關切，力促從早結婚，甚且一度介紹其至親與我交往。後我亦自覺不應拖延人生大事，無奈性情木訥內向，尤不善與女性交往，此為我遲婚之主要原因。識我之女士多謂我外表過於老成，不似同輩云。同學好友多有介紹，經若干時日後，與其中二位來往較多。雲五先生獲知後，追詢概況，表示希望與二人分別一談。我於是先邀得繼之同意，與我同赴雲五先生家一行。次日，雲老言，另外一位可免見面，並勸我不必遲疑，可即選擇繼之，因其本人與家庭背景均好，希望就此決定。事實上，我內心原亦已作如是觀。至於另一位亦並非不好，且頗敦厚，只是較為時髦活潑，為一尚未成名之話劇演員，我因熱衷於劇本寫作，故與有戲劇同好，但雲五先生表示不適於我公職家庭，自有其觀點。

繼之先後懷孕七胎，中竟流產四胎，所幸仍竟平安產下斯勤、斯儉與斯容三男兒。三兒所受教育均十分良好，在國內所讀小學、中學、大學，均為臺灣第一流學校。高中三人分別讀建國中學或私立再興中學；三人先後畢業於國立臺灣大學後，復先後赴美深造，所讀亦均係美國名校。斯勤斯儉均獲博士學位，斯容憂我不勝負擔，竟逕自決定不讀博士學位，而止於碩士學位。三人均甚愛國，畢業後迅即返回臺灣。回國至今，三人已先後成婚。三人配偶依次為胡碧如、喻小敏、孫雪屏，均係在美時同學，均獲有碩士學位，所讀學科依次為企業管理（MBA）、英美文學、營養學。目前斯勤育有孫女紹禎與孫男紹嘉，均出生於美國國境；斯容育有杰薇和杰儀兩女。我知其兄弟等必將繼續為我增添孫男孫女，多子亦必多孫，綿綿不已，祥開百世。

我兄弟三人，唯我一人遠離家鄉，落根海島，在家族血統上負有責任，因而自認我有斯勤等兄弟三人乃此生最大收穫之一，且三人均聰明正直、純良努力，我應可仰對父母祖宗。除盼望兒輩為我繼續添丁添口外，見孫女紹禎、杰薇、杰儀及孫兒紹嘉均聰明伶俐，我亦深感滿意。以紹禎為例，民國九十三年秋已讀小學三年級，以往每學期考試成績各科常一律為一百分，學期總成績則名列全班第一、二名，且累獲各種榮譽獎狀，並獲「中山兒童獎」及「臺北市九十一年度模範兒童獎」（俗稱「市長獎」），參加「劍橋英文成績測驗」亦名列最優級。證明確屬品學兼優。至於紹嘉、杰薇與杰儀三人，分別尚僅四、五歲或一、二歲而未入學，自各種情形觀察，均甚聰明。

我老來大感安慰之另一事，為兩岸可通訊後，確知我兄妹及我關切之親友等均平安健康，生活均無虞。

十七、餘語

我轉眼已老，回顧平生，出身傳統世家，遭世亂家變而家道中落，致自少命運坎坷，艱辛備嘗。在我以往八十年生命中，影響我畢生最大亦最恐怖者，仍為前文所稱之「黑暗十年」，即民國二十三年（一九三四年）母喪起，持續以至民國三十四年（一九四五年）我進入大學之年期間十一年。實則大學四年期間亦非順遂，迄民國三十八年（一九四九年）大學生活四年結束離大陸抵達臺灣，悲運始告眞正結束。故此一「黑暗時期」實際長達十五年。在此黑暗時期前半段，我長期失學在家侍候父病，受盡折磨；後半段期間伺候父病之任，則多由我五妹代勞，五妹同受折磨。至於黑暗時期所給予我個人之痛苦、絕望與寂寞，將在本書第二篇第貳章「國難家變黑暗十年」中詳述。

我在苦難中雖飽受煎熬，所幸仍能心神明智，深具良知。雖因折磨過多而幾已放棄一切希望，喪盡奮鬥之念，於甘願聽天由命之餘，所幸竟仍能自修讀書以爲心靈庇護所；後且更能排除萬難，進而奮勉外出升學。在校忍饑挨餓，因欠同學微款一時無法償還而被追討，備遭言詞羞辱，終能逐步完成學業。當我在家自修尚未外出升學期間，以一幾同與世隔絕而處身戰爭期間山谷中孩童，僅就讀交通閉塞小縣中落後初級中學學生之身份，竟常在知名報紙雜誌發表文學作品。編輯不知，間常根據我去稿時附信簡略述及之個人生活近況，在報上稱呼此初中學生爲詩人菲明（我那時的筆名），介紹我近況。我更在全國性大報紙「大公報」文藝副刊一次發表三百餘行長詩，全文未改未減我一字一句；又能自習成功從事話劇劇本寫作，後且屢以劇本創作獲得多次文學獎。但最有價值者乃我在艱難困苦中所培養鑄成之不屈不撓堅強意志，使我此後數十年能獨立求生於他鄉，安身立命於世間。

我在黑暗時期百般艱辛，終於前往狀況不明完全陌生且無親無故之臺灣。此行雖使我久別父親兄妹及所有家人逾半世紀，浪跡天涯，但亦使我因而斷絕家庭悲運之糾纏及附隨之任何物質與精神負擔，得獲解脫之安寧與快樂，並自力開創我生命新頁，拓展前途。我以大學畢業之一介青年，身無分文，赤手空拳，舉目無親，奮鬥以求生存，歷經就業、再就學、再就業、成婚、生子。事業迂緩進步，步步辛苦。

我夫妻勤勞奮發，節儉忍耐，自少至老數十年從不少改。數十年生命不覺匆匆竟已消逝，轉眼已老。我常自歎雖非敏捷靈活，但亦非愚笨，而舉凡他人僅需付出三分力量即可獲得之果實，我必付出十分力量，最後且未必獲得；他人三、二日即可獲得之利益，我必經年累月始能勉強獲得；他人順理成章與輕而易舉可成功之事，我必費盡努力以赴，且或成或不成。太多能力、學識、德望均遠不如我者，常能輕易獲得良好機會；我則雖行百步卻累受阻於九十，終致功敗垂成。我屢行至百尺竿頭，均遭有權者破壞，而終失足於應可再進最後一步之前。以致事業終竟有限而「自願退職」，結束我四十二年半漫長公務生涯。

綜計我自民國卅八年大學畢業正式就業起以迄民國八十三年退職，爲期四十五年均在臺灣度過，現仍繼續在台。其間除就學二年及從事民間文化事業約三年外，餘四十年均任公職。此外，來臺灣之前我在大學求學期間，曾任職報社外勤採訪記者與副刊主編共約三年，所獲人生經驗不少，對我其後處世頗有助益。是以我年屆七十退職前，實際全勤獻身社會四十六年；至於少年期及老年退職後 在家自由從事研究寫作，雖非固定專業，但實質亦係爲此社會獻其棉薄。

我二十五歲前在貧窮、孤獨、寂寞與痛苦中度過，所幸天性不屈不撓，奮鬥努力，自立自強，始得生存。二十五歲來臺後，則盡棄自傷情緒，愈趨務實，埋頭苦幹，正直做人做事，奮鬥不懈。四十九歲任職銓敘部以迄七十歲後，在考選部自請退職，二十餘年間念念不忘，以維護公理正義及文官制度爲己任，私心以「典型法治主義技術官僚」自命。雖常孤獨奮鬥，毫無奧援，但竟常能成功，並獲各方支持贊譽。

我八字命盤中有貴人與天德二星在年柱照拂，此生確多得長者如王雲五、黃少谷、孫科、陳雪屏、石覺、張其昀、酆景福、王易等先生及更多其他貴人支持愛護，或如黑夜明燈長期照亮我生命道路；或以一臂大力順水推舟而惠我至多。至於良朋益友熱忱關切者尤多，不勝枚舉，我無不歷歷感念在心，終身不忘。

但有一十分奇特現象，我命中同時終身亦有小人糾纏，展閱命盤，但見滿局七殺、劫財、比肩、梟神、傷官等，盡是剋伐我之神煞，以致我畢生勞碌操慮，罕有安寧時刻。我師王雲五先生曾自我描寫謂：「每當自覺可以做一點事情的時候，困難就來了。」此語移用於我，尤爲恰當。個人性情耿直而有欠圓通，因而開罪他人，官場事業前途，深受阻礙；但除此之外，受小人暗算陷害者尤大尤多。一般情形下，事本倚紅者而常竟無故泛綠，由順適而轉錯逆，由盛而轉衰。例如當我與長官同僚關係良好至爲融洽愉快之際，常必有人進行挑撥破壞，且常得逞。至於每逢特殊關鍵時際出現機緣，我可望將有進展時，則十之七、八必遭破壞。例如多次有人推薦我爲特任官，本被人人看好，原係順理成章而可成功無疑，但均必有人造謠生事，明槍暗劍，在總統左右下手，進行破壞。待我獲悉經過，則敗局已成，事後無可挽救。所幸小人僅能阻我發展，終究未能將我打落深淵，傷我根本，置我於顛覆死地。我畢生仕途坎坷，横逆與困阻頻仍，事倍而功不半，備極艱辛，致使我在官場事業不能到達頂點，未能盡情施展個人政策主張。所憾者在此。反觀小丑輒竟跳樑，豎子亦倖成名。此豈天理所應然耶？

回顧此生，少年懵懂愚昧，行事間有憨癡可笑，更或疏忽輕謾，或錯誤頻患，或辜負他人良情美意，或受恩未報。種種情事，晚年思及，愧疚莫名而常為之汗顏。但時機已逝，追補不及，悔恨何及？此生所最引為憾事者，為放棄文學而擇取公職為畢生事業道路，誤入歧途，貽害終身。否則，自信在文學上應必有成。所幸壯年後在公務生涯中，為我國公務人員建立官職併立之人事制度，全國文官得以粗獲安定。該制實施至今行將二十年，十分順利，未出現任何障礙與反對，證明制度根本構思與基本結構設計均甚為妥適，對國家不無小補，差堪自慰。

老來退職後，對此社會已不復有所求，與人尤無所爭，神智清純，胸懷明朗。默念往事，漸悟少年所受苦難折磨，實乃上天惠我之特殊照顧與恩賜，用資對我鍛鍊培植，價值崇高，求之猶不可得，至為不易，彌足珍貴。因此，孟子勞筋骨苦心志之語我雖不敢言，但苦難與折磨足以堅我意志，彰我志節，則確具其價值。誠然，類此言詞與觀念，僅適用於青少年以至壯年，用以勵志；如果年老仍多折磨，則已成上天施予懲罰。所幸我老來仍得上天照顧。

對黑暗時期予我之鍛鍊價值，我曾試行歸納成下列五項：

（一）因折磨太多，養成我習慣於承受苦難而不驚不懼之能力，亦即處變不驚能力。

（二）因必須長年孤獨肆應各種挑戰，承受災難而無人可資相商，養成於遇事只憑一己理智思考以求取最佳肆應方略，絕不求助他人之習慣，亦即莊敬自強能力。

（三）因必須獨自解決所有困局以求生存，養成不達目的決不中止之毅力。

（四）因長期無人可資訴苦，養成決不向人訴苦之鎮靜頑強習慣。

（五）肆應苦難既成習慣，故能堅忍耐苦而不以爲苦。

我年少時常在漫無人跡之荒寂叢山小徑中踽蝺獨行，四顧悚然，心懷恐懼。因父病而被迫失學多年，在家伺候湯葯並司理炊爨打掃等雜務，已屬馬代牛耕之舉，甚爲勉強痛苦；復以一毫無人生經驗兒童少年，迫使主管家務，負責全家財產用度管理及困難問題肆應解決之責。精神負荷沉重，遠逾我年齡經驗與能力之外。終在少年之際，手無分文，離家遠行，獨自來臺。安身立命以至今。凡此無一不顯示我生命力之頑強。我之能如此者何因？老來午夜 夢醒自我追究，認爲似可歸結爲下述各端：

（一）我尚非過低之先天智力。

（二）我充滿毅力與不屈之天性。

（三）我童少年家境困苦折磨對我之鍛鍊。

（四）我幸獲諸多貴人之扶助與迭有奇遇。

參、生命中的奇遇

我畢生有過許多奇遇，影響我此生成敗得失十分重大，所以我認爲有提出來特別加以概括敘述的必要。我所說的奇遇，是指符合下列七種情形全部，使我獲得成功或收穫的事：

一、非出於我的智慧。
二、非經我事先週詳規畫所成。
三、非經我努力以求所成。
四、非有預先已知的外力協助。
五、非有關係人士基於情份協助而成。
六、非理所當然應有的結果。
七、非按諸情理皆所當然的各種情形。

凡是違背上列情形之一者，我都不認爲是奇遇。所謂奇遇，當然必須是出乎諸此常情之外的才能稱之爲奇。人生因自己努力而獲得報償，固然值得他人欽佩；但自己並未付出應有努力，只是意外有所獲得，則自己更應感激。

現在我把畢生比較重要的一些奇遇舉述於下。

一、喫米粉治好嚴重胃病

民國二十五年（一九三六年），我十二歲時，全年都患腸胃病，情勢嚴重，醫療無效，生命垂危。直到病癒才知道原因是滿腹蛔蟲，盤踞腸胃不斷繁殖，爲數達千數百條之多。後來是因爲偶然喫了一碗煮米粉（即臺灣稱爲埔里米粉的食物），孰料當夜竟嚴重腹瀉，數以千計的蛔蟲傾巢而出，一瀉而光，從此胃腸病痊癒。米粉何以可將蛔蟲清除，我至今不明其故。天救我也，非奇蹟也歟？（詳閱本書第二編第貳章「國難家變黑暗十年」中第六節「百病幾死的十三歲」）

二、身為學潮領袖備受師長維護

民國二十九年（一九四〇年），我十六歲，就讀吉水縣立初中一年級時，領導全校同學罷課，反抗軍事教官劉某的迫害。兼校長的縣長蕭某率領縣自衛隊士兵一隊來校彈壓究責，有意捕捉我。結果，代理校務的校務主任張動揚老師和訓導主任戴老師二人，在會議席上詳加說明眞相，力保庇護學生，我得免責。

三、遭陰謀開除反而因禍得福

民國三十年（一九四一年），我十七歲，就讀吉水縣立初中二年級，遭訓導主任彭某誤會與妒嫉，挾怨施毒手，於暑假中既未提經訓導會議討論，也未報告校務主任知悉，在我學期成績報告單上，以完全違反規章的手段，私自親筆逕行批寫「勒令退學」。當他作這一行動時，曰勳叔因任職學校訓導處，竟默在旁目睹，於是提前暗中通知我愼重處理。我年少缺乏經驗，不知道可以依規定提出救濟申訴，竟爾而息，被迫自行以同等學力報考其他學校高中一年級新生。孰知因禍得福，後竟得以考入我國大東南第一名校國立第十三中學高中一年級就讀，對我其後的生命發展發生重大的良好作用，實出意外，豈非奇蹟？

按、這位彭主任當時有意於在縣立中學與我同班王姓女生，亟欲納之爲妾。而我當時在校風頭過健，彭某疑我在後破壞，恨我入骨，實則我絕未介入。彭某黑臉半禿髮，竟毫無自知之明，以王女之年少，豈甘願為此醜男之妾耶？（參閱本書第三編「四個契機」第貳章「歷次僥倖考取學校」第二節「就讀初中遭遇奇禍」）

四、貴人暗助而得考取大學

民國三十三年（一九四四年），我二十歲在高中二年級後的那個暑假期間，日軍投降。偶然讀報，得知國立中正大學正在辦理招生。我完全只是想汲取考場經驗，所以又以同等學力資格報名參加入學考試。由於我既沒有讀三年級的課程，而構成入學考試計分主體的數理化等課程又非我所長，自知絕對不能考取，所以根本未有任何考前功課準備。孰知天下事竟有如此完全意外者，我竟又被錄取！說來無人能信，我自己尤其不信。但事實卻是我被錄取了，眞是百思不得其解！入學後四年，內心始終懷疑是工作人員在某處不愼，手續有所錯誤造成。四年後，在臺遇見當年中正大學陳感鵬教授，偶然談到往事，才獲知經過，並且知道並非錯誤，而是得力於完全陌生的學校文學院長王易（曉湘）教授的特別賞識，僅憑我一篇試卷作文，王院長竟在招生委員會上提出專案力爭，要求破格錄取我，獲得會議通過，准予破格錄取。這件事關係我畢生發展前途者至大，十分重要。我生命中奇蹟雖多，但莫過於這一奇蹟之為奇中之奇！（參閱本書第三編「四個契機」第貳章「歷次僥倖考取學校」第五節「大奇蹟考取了大學」）

五、良友與俠女慨助我來臺灣

民國三十八年（一九四九年），我二十五歲時從大陸來臺，途經廣州停留了一個多月。廣州市面不靖，我住在市郊黃埔，謠言很多。後來黃埔有一座槍械庫竟然爆炸，於是我急於赴臺灣。但交通工具卻是一個重大問題，以我身無分文之窮苦流亡學生，只能考慮坐海輪。但事實上海輪既無班次開出，我連購買船票的錢也沒有，所以眞是一籌莫展。不過只是又覺得，凡事不應先自抱絕望心理以根本斷絕機會，處此亂世，許多事情不能照平時正常狀態來衡量處理，死中求生，必須有特殊不同與不規則或不合常理的做法才行。所以我仍然與同學李兄同赴廣州沙面招商局姑且試作探詢。進門後，隨意覓一年約四十左右的職員吳太太請教。承她告訴我們早就没有正規班船赴臺灣了。經我們誠懇說明流亡學生身份，並且與之隨意漫談片刻後，吳太太竟低聲潛告，一、二天內有一艘「海鷗」輪將開往臺灣，現還停泊在黃埔海灘岸外，她廉價賣給我們兩張優待票，要我們趕快前往黃埔自行設法上船搭乘云。我與李兄於是立即趕回黃埔，當夜帶了簡單行李走到海灘，以銀元二元雇了一隻小筏，送我們兩人上海鷗輪。小筏知道海鷗輪所在，不用幾分鐘就駛到該輪旁，教我們爬該輪垂懸船側的繩索梯登船。登上船後，舉目一看，發現船上從舺板到船艙，竟滿坑滿谷都是清一色的流亡學生，估算至少也有一、二千人。次日清晨，船就起碇駛往臺灣。

又、那時期入臺灣必須要有臺灣入境證，我雖然原已在到達廣州不久時就辦好了這種入境證，但當時卻是因為與同學好友涂兄兩人同去的，所以當局也就簡化手續，把我們兩人合併在同一張入境證，現在不能撕裂。由於涂兄個人情況與我有所不同，所以我去招商局前没有和他商量。從招商回來後，我就把全盤情形告訴他，並且邀他與我們同行。但果如我先前所料，他說擬暫續留在廣州一段時間觀察後再決定行止，要我先走，並且取出那張兩人共有的入境證慨然送給我，表示以後如果也赴臺，自願另行設法云。我深覺這樣不妥，堅持不肯，表示也只好暫不去臺，願意與他一同留下來再作觀察。但是他意思誠懇，再三勸我不要改變主意，我才只好接受。我雖然十分不安，但也只好如此。我充份了解，他這一舉動關係重大，十分不易。將來如果他也決定去臺灣，政府是否願意再次發給他一張入境證，實在大有問題，關係到他的安全與願望。

一個月後，涂兄和我們同時離開學校的大批同學也抵達臺灣了，我心才安。我夫妻與涂兄夫妻從此成為幾十年的好朋友。

處此亂世，奇遇陌生的救難女觀音吳太太指點；更有捨己成全我的俠義好朋友涂兄，兩者都絕非容易。心存感激，永遠不忘。（詳閱本書第二編「六個危機」第肆章「背井離鄉大流亡」中第六節「決定赴臺灣」）

六、政府補辦畢業考試始得大學畢業

同在二十五歲我離開中正大學時，因未及參加畢業考試，所以未畢業。原僅擬抵臺後考慮另行插班他校繼續就讀一個四年級。孰知抵臺後，與我情形相同者近萬人。教育部爲此特舉辦各校此種學生集中之「教育部民國三十八年戰區來臺大專學校應屆畢業生畢業考試」。我幸而考試及格，由教育部核發「畢業證明書」一紙。因此我竟得徹底解決問題，實非當初意料所及。不亦奇哉！（參閱本書第二編「六個危機」第肆章「背井離鄉大流亡」中第七節「成爲七洋行弟兄」）

七、偶然治癒頑惡偏頭痛

民國四十年代（一九五〇年代），我先後任職行政院和臺灣商務印書館期間，因爲工作上的精神壓力太重，竟患了可怕的偏頭痛症。每逢星期日或任何例假日或臨時才宣布的假日，必定發作。具體情形是當天上午九時左右腦部就開始隱隱作痛，然後越來越沉重，一直到痛不可忍耐。這樣延續到晚間八、九點鐘，才慢慢自行緩解。雖經訪醫治療無效。如此繼續幾年，每到假日，竟變成就是我受罪之日，眞是怪病，深以爲苦。

另外，我爲了追隨一般人般的補充營養，原本只是每日服用維他命丸劑。後來，改爲隔日注射維他命針劑有一段時間，漸成習慣。某次，偶然接受店家勸告，改購一種意大利產製的「活性多種維他命B」（active vitamine B complex）針劑。孰知每隔日一針，二、三針後，就從那一個週末起，假日就不再有偏頭痛來相擾了。我於是繼續施用多年，偏頭痛惡疾竟不復發，從此斷根。奇哉！

我生平常有在絕望時意外獲得轉機的幸運經驗。除上述七件事印象特別深刻外，還有其他許多奇遇。因爲年老，現在一時不能完全憶及。上述各種奇遇，或爲關係我生死存亡健康者，或爲影響我事業前途者，都至關重要。但無一是我所可強求而得者。永感天佑。

第二編　六個危機

我八十年來的生命道路崎嶇坎坷，幾乎每一階段都充滿不同危機，畢生都生於憂患和活於憂患之中，很少有過眞正無憂無愁的日子。老來我曾經默憶此生情景，二十五歲以前的少年，是我生命裡的最大黑暗時期。來臺灣後，身無分文，舉目無親，獨自求生存求發展，起初在學校做教職員或又去做學生，後來開始做公務員幾十年，直到七十歲退職。在這幾十年我國俗稱「宦海生涯」中，無論任官大小，四週無時不佈滿各種各式的危機。我曾經仔細逐年檢討，大概只有分散在幾段不同年月中總共七年是沒有憂患的。也就是說，七十歲以前，生命中只有不到十分之一的時間是無憂的（但無憂並不一定也快活）。如果說個人最後還有點無深憂重患的日子，那就要感謝上天給我的恩賜，使我享有退職以後的平安晚景，雖然仍無日不爲國家與民族前途和社會生民安危而憂。

我爲何會終身憂患？我認爲原因有二：第一、在本質即爲永遠相互競爭的人類社會中，個人生命當然必定充滿憂患。第二、我有某種程度的相信先天命運安排，我自己對命理學也有相當的研究，我的命運裡確實布滿危機和奸小之徒。

既然如此，那我何以還能活下來，而且立足社會幾十年，於屹立不搖之餘仍有所發展呢？我認爲原因有三：第一、我明晰的智慧和堅強不屈的意志。第二、我生平多貴人與奇遇，每於重要關頭即意外出現貴人解救或支助。所以竟能起死回生，敗而轉勝。明知其不可成者而竟成。我的生命能略有發展的原因，不僅是如上所述，能消極化解危機，而且更賴貴人之力，而能積極改善環境。第三、還是受到命與運的支配。

我上面的這許多話，目的是要說明，這裡所說的六個危機，還只不過是擇其顯著者而言，並非僅止於此。

壹、頑劣童年

我從小性情好動，夠得上是老一輩人所說的頑童。不過那個時代的所謂頑童，絕非當今的阿飛或太保或混混那樣刺青、吸毒，姦淫，甚至殺人越貨；而只是貪玩而已，內心絕無絲毫邪惡之意。但是我因爲懵懂膽大，所以常常闖點小禍，平時常與同學在學校裡打架，原因是不甘心平白受那幾個壞同學的欺侮。在小學畢業之前，由於頑皮，我還曾經有過許多次瀕臨死亡邊緣的經驗，卻從來都沒讓父母知道，藉得免除父母的憂心。以下只是我老來至今印象猶深的幾件頑皮事情。

一、險遭淹死

我原本並不會游泳，但因爲懵懂竟也去游泳。在就讀南昌天后宮小學三年級的那一年還差點淹死。那年我還只有八、九歲，在下午放學後，同學邀我同去小河裡游泳，我居然傻傻瓜瓜地也去了。我沒告訴同學說我不會游，也沒有請同學教我游，居然自己就大膽單獨下水游了起來。沒游一分鐘，我就喫水了，人直往河底沈落。所幸剛好有一位同學在身邊，看見我伸出水面掙扎的雙手和不斷冒水泡上來，起初還以爲我是故意在耍寶逗樂，後來發現似乎不對，才把我救了起來。從那以後，直到十一歲多回到故鄉吉水縣後，才在自家房屋「太史第」的大門口池塘裡學會游泳。但因爲游得少，所以至今仍然游得不好。

二、從十丈高樹摔下不死

我小時不僅頑皮，而且身體也很結實。在南昌天后宮小學三年級的時候，做了一些被學校認爲是不好的事，幾乎被學校開除。我常爬上校園那顆十幾丈高的苦楝樹上去採苦楝子，把口袋裝滿，隨時掏出來追打同學取樂。我猜想一定是曾經被我用苦楝子打過的同學對我報復，跑去告密了，所以有一次非常不幸，當我又爬上校園那棵高高的苦楝樹梢，得意洋洋地裝滿兩口袋苦楝子時，我的級任導師兼學校訓導主任汪老師竟忽然出現在樹下。汪老師年紀雖不很大，但也已有了三十多歲，對我們不滿十歲的小孩子來說，已經算是老得夠威風了。尤其他有一張四方臉，臉皮呈豬肝色，而且粗糙得像橘子皮一樣，鼻子下面留了一小撮日本仁丹式鬍子，還有滿臉兜腮鬍子經常刮得光光的，只留下一大片青紫色；我們同學們背後常說他是青面獠牙。他常年穿著一套似乎永不換洗的土黃色斜紋卡機布中山裝，是學校的訓導主任，又是我們班上的導師，還教我們班上的算術，真是權威加上權威，學生人人怕他（竟和我後來在吉水初中的彭導師幾乎完全類似，眞奇怪）。我對算術本來興趣就不高，但當我稍加努力後，成績也還不錯。如果能得到一位好老師循循善誘，也許可以學得很好。但是汪老師很兇惡，每一堂課開始時，第一件事就是把作業稍有錯誤的同學們，叫上去站一排公開辱罵，然後再叫他們伸出手掌，讓他用籐鞭猛力抽打每人十下八下。他打學生的時候的神情充滿仇恨，籐鞭向來既重且狠，學生的手掌常爲之皮破血流哭叫，實在是又痛又可怕。我當然是經常被他叫上去打罵的壞學生之一，對他實在怕得不得了。

那天，當我在苦楝樹梢上得意的時候，口袋裡裝滿了苦楝子，正想下來，忽然發現汪老師竟仰頭站在樹下，左手叉腰，右手持著那條人人熟悉的藤鞭子，挺直地指著樹梢上的我，大聲么喝：「徐有守，我今天要看你怎麼下來！」經他這麼一大叫，校園裡其他本來圍在四邊看熱鬧的同學，忽然一哄而散，再也沒有半個人影。我心裡恐怖萬分，立刻魂飛天外，只覺得渾身忽然冰涼，而且發抖，自認是死亡臨頭，四肢無力，立刻從十幾丈高的樹頂直直摔了下來，澎通一聲跌在地上。感謝上帝！幸好是屁股著地，只覺渾身巨痛。最可怕的是發現自己這一跌竟變啞了，我想呼痛竟發不出聲音來，原來是喉頭已經脫臼了（這恐怕是一種稀有的特殊經驗）。汪老師雖然不知道我已失聲，但至少看見我從高處直墜下來這種嚴重的情形，而他竟能站在那裡面不改色，無動於衷，仍然很威嚴地猛烈揮動藤鞭指著我大聲叱責：「裝死嗎？起來！」我嚇得全身震慄，自然反應地拚命掙扎震動了一下，由於這一使力，忽然覺得脫臼的喉頭自行滑動了一下，並且發出一個只有我自己才聽得見的「骨都」低微聲音，喉頭竟自行回復正常，才發出重重的一聲呻吟。我滿懷恐懼，像一隻待罪的羔羊，慢慢爬起來，心裡懷著一種綁赴刑場的感覺，一跌一拐地被汪老師押赴訓導處。到了訓導處，汪老師先是像發了瘋似地一陣怒罵，然後用籐鞭在我全身圍著鞭打，直到我痛得倒在地上打滾方肯罷休。

十分奇怪，這次我居然不僅沒有死，而且更沒有受什麼傷。但是很冷酷的汪老師竟絕無絲毫不忍之心！

第二天，學校出布告，竟給我記了一大過。

現在回想起來，爬樹這件事並非什麼不道德的行爲，更不妨礙他人。學校縱然要警告我不再爬樹，以免危險，但似乎也不必那樣恐嚇和痛責我，使我幾乎被摔死在樹下。

三、從高高的獨木橋摔下

還有一次，我在天后宮小學從一條大約兩公尺高的獨木橋上摔下來，把腿摔傷了，走起路來一拐一拐。獨木橋原本是學校的正當遊戲設備，只是似乎做得太高，所以平常同學都很少去走那道獨木橋。但是我不服氣，那天決心要去試一下，特意選擇沒有任何同學在旁的情形下，獨自去試走一遍。結果竟從橋上墜落下來，使腿骨受傷了。冤不逢時，受傷後接著就是汪老師的算術課，當我一拐一拐地走進教室的時候，偏偏就給他看見了。他追問原由，我雖然頑皮，但卻從來沒有撒謊的習慣，所以據實以告。豈知他不僅沒有讚美我的勇敢，毫無同情表示，而且更當著全班同學面前，連聲狠狠地說譏諷我：「摔得好！摔得好！」我當時內心實在非常難過。我想，我這次並沒犯校規，也不是做了什麼壞事，而且是在學校內部使用學校的運動器材，不幸受傷，他竟然如此責備我。我當時還耽心他又要記我一大過了，但是，總算感謝他的「仁慈」，這次並沒有給我記過。

四、留校察看

我在南昌天后宮小學四年級的時候，熱衷於鬥蟋蟀，而且成為同學中有名的蟋蟀專家。南昌人稱蟋蟀為蛐蛐，任何一隻蛐蛐，我只要一聽牠的叫聲，就立刻能夠識別牠是否兇猛善戰。我在學校課餘休息時間，常常巡行學校各處，東聽西聽，尋求好蟋蟀。發現在教師辦公室後面小花園裡，有一隻非凡的英雄品種蟋蟀，鳴聲特別。那天黃昏下了課，我特別不回家，獨自一人留在學校。到了晚上六點多鐘的時候，學生走光了，學校老師們也全都下班離校，整個學校空洞洞地幾乎沒有半個人，我就獨自走到教師辦公室後面平時注意已久的那一座磚砌花臺旁，蹲在花臺旁聽了很久。最後，往日多次聽到過的那隻蟋蟀的宏亮叫聲，終於又非常熟悉地出現了，我內心大喜，籌劃已久的計畫總算可以實現了。立刻動手拆去一些磚頭，總算捕捉到了那隻英雄蟋蟀，裝在香煙罐子裡蓋好，立刻就溜了出去。我以為神不知，鬼不覺，事後才知道仍然給一名校工看到了。由於我是小有名氣的頑皮學生，常被學校出布告記過處分，所以他認識我。第二天，這名校工打了我的小報告，訓導主任汪老師把我叫去辦公室，我又一次魂飛天外地被他好好訓斥一個小時，然後他才說：「你居然拆學校的房子，這還得了嗎？本來是要開除你的，但是，姑且網開一面，暫時只記二大過又二小過，留校察看，以觀後效。」這就是說，如果在同一學期裡再記一小過，就湊成三大過而達到開除的記錄。這件事情，除了照例布告全校週知外，學校並且破例還通知我的家長。我被母親痛罵了一頓，但母親卻仍然為我護短，沒有告訴我父親。

由於那時候的小學還沒有採行現在臺灣小學的家庭訪問制度，也沒有家庭聯絡簿的制度，所以，我在學校裡雖然常常做些不好卻也不是什麼十惡不赦的壞事，媽媽本來是不怎麼清楚的。只有在學期結束後的成績報告單寄到家裡後，母親才知道。但是由於事過境遷，而且我已經平安無事，所以母親總只是痛罵一頓之後，也就算了。但是只有這一次，才立刻就被揭穿，我媽媽才發現我在學校裡原來是有名的頑童。

我在天后宮小學期間，每天下了課通常都不立刻回家，而常與一、二名頑皮同學去南昌市的一些名勝寺廟，或稀有人去的地方玩耍。像這許多頑皮的情形，我母親完全不知。現在回想起來，實在對不起母親。所幸總算是沒有眞正發生意外。

貳、國難家變黑暗十年

我的少年期爲時大約十二年，指從民國二十三年（一九三四年）冬家母謝世時起，到民國三十五年（一九四六年）秋我父親恢復健康再度從事公職時止，是我十一歲至二十三歲期間的十二年。

在這十二年裡，陸續發生在我家庭或我本人身上的悲劇不少，母亡家散，窮病潦倒，十分可怕，我稱之爲「黑暗十年」。現依時間先後，將災禍事項先簡明條列如下：

一、家母謝世。

二、家母謝世前三個月生下的雙胞胎妹妹中的八妹寶榮，於大約半歲時，在南昌奶媽家去世。

三、未經我家同意，約三歲大的六妹章榮，被姨母從南昌我家抱走，遠赴贛南吉安，自行決定將之收養爲女兒，並改從姨父姓，從此名歐陽誠，至今未改。

四、雙胞胎中的另一位妹妹，亦即七妹，因家庭實在無人撫養，經託人介紹，過繼吉水縣北門劉禮帥先生家，改名爲劉淑珍，從此未改。

五、父親調任位於贛東河口鎮的江西高等法院第四分院任職，於是與繼母帶著五妹有功自南昌前往赴任；我大哥柏容單獨留在南昌繼續就讀心遠中學；我和二哥有爲於南昌天后宮小學畢業後，被送往吉安就食於外祖父家，後來送回吉水老家太史第居住，但寄食於另處徐氏本族元贊婆婆家，後來又寄食於東門婁仲德公祠內某農家，最後幸賴太婆回吉水居住，才帶領我和二哥共三人同住在吉水縣自宅太史第內，也共食而有了一個家。

依上所述，我們一家八口離散，分居南昌、河口、吉安、吉水四地；分別姓徐，姓歐陽、姓劉，是眞正的母亡家散，堪稱悲慘。

六、民國二十五年（一九三六年）間，我在吉水，自春至秋都患腸胃病和瘧疾幾死。

七、民國二十五年（一九三六年）冬，家父患病，辭職就醫不痛，終至半身不遂，輾轉床第至民國三十五年（一九四六年）始復健。

八、我繼母胡夢華女士於民國二十七年（一九三八年）在吉水謝世。

九、我二哥有爲，就讀江西省立吉安鄉村師範學校期間，於民國二十八年（一九三九年）在江西泰和南岡口該校因瘡毒謝世，時年十七歲。

十、在上述十二年期間，我家無任何人從事生產，無分文定期固定收入，只賴納稅後我大膽扣留的極少量田租勉強度日，家道維艱。

以上十二年家難期間，正是國家自八年抗戰前幾年到抗戰勝利後期間。而在八年抗戰期間，全民都飽受顛沛流離之苦，罕有例外，每家物質生活都十分艱苦。至於我家，不僅絕不例外，而且因家運奇蹇，還有上述種種情形，狀況尤爲悲慘，我個人的痛苦可想而知。

一個悲慘、恐怖而又絕望的少年期。

現就上列各項災禍，逐一略加說明如後。

一、家母謝世

我的曾叔祖父徐道焜先生是前清翰林院編修出身，任職御史。八國聯軍之役，兵臨北京城下，光緒和慈禧出奔前，臨危授命，任爲北京「巡城御史」（後來我家鄉人說，這一官稱與「殉城御史」諧音，所以不祥云），職責爲監督清軍守衛北京城。道焜先生十分盡責，朝夕勤於巡城監軍。某日，騎馬率衆巡行於城牆之際，不幸被八國聯軍發現，竟發炮轟城命中，城崩墜馬，殉城報國。我徐氏因而成爲家鄉望族。

中共於民國十五年（一九二六年）前後在我家鄉贛南發動革命，對我們這種稱為書香世家的後代，不論平日居鄉處世為人實際情形如何，一律歸類為土豪。舉凡土豪，也一律同時認定為劣紳。並且把「土豪劣紳」列為中共革命的主要對象。當年中共革命時期在我們贛南最簡明響亮的革命口號是：「打土豪，分田地。」因此，我們這種「土豪劣紳」家庭在家鄉不能容身。父親母親只好棄家出走，攜帶我們兄弟三人前往江西省會南昌居住，開始十多年離鄉背井的外鄉生活。父親是學法律的，在南昌地方法院任職，全家的衣食住行，都依賴父親每月薪俸支持。所幸那時候公務員俸給還差強合理，母親又十分勤儉，而且還很能妥善支配，所以一家都能平安無缺的過著溫飽的小市民生活。

可是，不幸的事情發生了。民國二十三年（一九三四年）秋冬之際，我母親生下一對雙胞胎妹妹，也就是七妹和八妹，產後患了一種民俗稱為「產後癆」的病，醫療無效，還特別把我年高七十多歲的外祖父從遠在贛南吉安鄉下合畝塘老家請到南昌來，親自醫治我母親。外祖父幾十年來精研中醫以為樂，卻並不懸壺為業，但遇至親好友生病邀請時，則樂於診治，無不手到病除，妙手回春。母親是一位孝女，通常決不肯輕易麻煩外祖父老人家；唯有在其他醫師醫療無效時，才會同意父親去求救於外祖父。這次仍是父親提議，母親勉為同意，外祖父也就很快到南昌來了。那時候，還有一位我的遠房胡姓舅舅，正在南昌讀中醫專門學校，也常常來與外祖父長談商量用藥的事。那年我只有十歲，還在讀小學，每每看見他們二位討論母親病況時的嚴肅表情，很容易感覺到母親病情的嚴重性。

外祖父所有的處方，都是吩咐我上街去中藥房購買。買回來以後，外祖父還必須親自對每種藥逐一檢查清楚，並且叫我站在一旁，教我也認識每一種藥，還對我講解一點辨別藥質好壞的方法。以後幾十年裡，父親常年服藥，仍然每次都是我去買藥，我總是站在藥店櫃檯前看著藥店師傅，一味一味藥秤出來，最後又就著藥方一味一味對照檢查。我也就此跟隨著一味一味藥去重複認識千百遍。如果有任何不懂的地方，一定當時就請教藥店師傅。因此，我至今還能一眼就辨識許多種中藥。我不僅認識藥，而且從那時開始，有空時還讀《本草備要》和《本草從新》，所以我也知道許多種中藥的藥性。記得有一次外祖父與舅舅商量了很久，針對母親不能安眠而且常常囈語的病象，找出兩種平常很少用到的藥「夜交藤」和「雞血藤膏」，要我去買，後來我查看本草，知道這兩種藥是調和身體內部陰陽，平衡血氣，安神鎮定的良藥。但是，我跑遍整個南昌市所有大小藥舖，當時竟都沒有這兩種藥賣。原因是那時候大陸上的醫師平日少有用到這兩種藥，所以藥店無貨。我的中醫藥知識就是這樣開始的，因爲有了興趣，所以以後常讀中醫藥書。

外祖父還教我識別高麗人參的好壞，然後叫我去買。要點是從參枝身上的紋路來辨明，以老參爲良。南昌市最熱鬧的中心區那時候叫做洗馬池，高級商店都集中在那地區。我那時以一個十歲的小孩，跑到洗馬池那些大參茸專賣店，一家一家看參，這件事情給我印象十分深刻。參茸店裡的人都是說流利京片子的北京人，我每進一家參茸店，那些一年四季都穿著長袍，捲著舌頭說話的男店員，無一不謙恭有禮，必定首先請我在發亮的黑漆高背胡椅坐下，從容不迫的雙手遞上一碗現泡的蓋碗熱茶，然後才斯斯文文地站在一旁，和顏悅色，輕聲細語的詢問：「先生要點什麼？」經我告訴他要看高麗參後，他就恭恭敬敬地低聲說一句：「是！先生您請先喝一口茶，我這就去給您拿來。」他進去不到幾分鐘，就捧了幾盒品質高低不同的參枝放在茶几上說：「請先生慢慢看。」我那時還是個頑童，人不夠高，所以坐在那高高的胡椅上，一雙腳吊在半空搆不著地。當時我暗地裡自覺這情形有點滑稽，而且認爲如果不買他一點貨，實在大大地辜負了他這一番盛意，很難空手走出這店家的大門。不過，我仍然記牢了外祖父所教訓的信條之一：「千萬不可以看一家就決定買了。貨看三家不喫虧。」所以，照例是決不只看一家就買，總是在眞正細看過貨色，詢問了價錢，點頭表示了解之後，仍然橫下心腸硬著頭皮說一句：「好，讓我再看看。」然後就走。店員雖然難免有點失望，但卻還是沒有太多不愉之色，仍然很恭敬的把我送到大門口，十分誠懇的對我深深行一個九十度的鞠躬，說一聲：「先生慢走。」自始至終，從來没有任何一位店員對我辨別人參品質的能力，有過絲毫懷疑的表情。倒是我暗地裡疑惑自己到底眞的懂多少。但是，爲了自重起見，我當然作股正經，必須表現很懂的模樣。就由於以上這些長期累積的經驗，我以後終身都喜讀漢醫的醫葯書消遣，也薄有漢醫知識。到了老年，對我養身之道發揮了很大的作用。

一九三四年冬，母親終於棄我們而去。母親的過世，爲我家庭那以後十二年苦難歲月揭開了序幕。

二、八妹離世

母親最後所生下的雙胞胎妹妹，生下後就送去一位奶媽家付費寄養。母親謝世後不到幾個月，其中寶榮八妹竟不幸離世，成爲我家半年內第二位過世的人，帶給我們家庭更多的悲傷。

三、六妹被姨母抱走

六妹本名徐章榮，章字表示她是在豫章故郡的首府南昌出生，而且那時候我們住在天后宮（街），靠近南昌有名的豫章公園。她從小活潑伶俐，全家人都很喜歡她。母親謝世時，她大概是三歲。那時候我們一家人中，父親白天要去上班，我們兄弟三人要去上學，留下大約五歲左右的五妹仁榮和六妹章榮在家，只有年老的太婆和一位煮飯的娘姨作伴。父親是特別邀請太婆來住在我們家，以便照料兩位妹妹。那時候，九姨也在南昌住，她和我母親是同父異母姐妹，兩人感情很好。九姨婚後一直沒有生育孩子，很喜歡我六妹，所以常常來我們家逗六妹玩，並且曾經向我母親要求把六妹送給她，但是母親斷然婉拒。母親生病期間，她也常來我們家和六妹玩耍，所以六妹也很習慣與她在一起。

母親過世後，九姨仍然常來我家，她來時都在白天，我們都不在家。只有太婆、煮飯的娘姨、五妹和六妹在家。其中娘姨非我家人，當然不能對我們親族間關係事項表示意見，其餘三人非老即幼。有一天，九姨來了，我們四個男子都不在家，九姨對太婆說，要帶六妹出去走走就回來。太婆當然說好。但是，九姨這次把六妹帶走後卻再也不送回來了。過了一個星期，判斷九姨似乎無意把六妹送還我們，父親很不高興。那時候，南昌還沒有民間家庭裝設電話，無法用電話聯絡，所以就在一個晚上下班後，父親特別去九姨家把六妹抱了回來。

六妹回來的那天晚上，我們三兄弟和五妹都興奮異常。至今事隔六十多年，那天晚上的情景我仍然記得非常清晰。那是冬天，我們幾兄弟正在圍爐烤火，父親把六妹抱進房來放下，六妹人雖很小，但卻是穿著一件長袍，站在地板上，一句話也不說，雖然只離開幾天，似乎對這個環境就感到有點陌生，只顧東看看西望望，神情癡呆，如此十多分鐘。我們兄弟不斷和她說話，叫她、摟著她、親她、對房間裡每樣東西都一再給她解說。又用極簡短的語句敘述一些往事，來喚起她的記憶。我說：「六妹妹，我是三哥喲，你記得嗎？」其他幾個人也都說類似的話來提醒她。這樣大約過了十多二十分鐘，最後，她似乎慢慢記起這些往事了，才忽然開口叫我們哥哥和姐姐，我們兄妹一時高興得把她摟抱著狂吻。

過了幾天，那天下午大約四點鐘左右，九姨忽然又來了。她來時，也只有太婆和五妹和六妹在家。九姨不容分說，進門就把六妹抱走了。太婆年老，五妹年幼，根本都沒有辦法阻擋。我父親那天恰好有事到夜晚十點多鐘才回家，知道情形之後，第二天下班後立即又去找九姨，但卻發現九姨住所已經是人去樓空。據鄰居說，九姨是在這天一大早坐輪船回吉安去了。她這次是經過事先週密設計的。

父親雖然再三寫信去質問，催九姨趕快把六妹送還。但是九姨完全置之不理，根本就不回信。我父親是公務人員，也沒有辦法離開工作南下吉安去找她。後來，父親寫信給在吉安的外祖父，請主持公道。外祖父與九姨談過後，九姨不肯歸還，並且說我們家沒有人撫育六妹，所以只是替我們撫育而已。外祖父也未便強迫九姨。不過，我們家沒有人照顧六妹也是事實。我父親無可奈何之下，只好默認這一事實。若干年後我們才發現，九姨做事很徹底。她很快就把六妹連名帶姓都更換了，六妹的姓名成爲歐陽誠，而不再是徐章榮了。而且從此以後以至於今幾十年來，六妹的姓名一直就是歐陽誠。

畢竟是至親，對於這件事情，我們家並沒有任何人對九姨有任何懷恨甚或不快之意。我們上述的種種行爲，只是出於對六妹天倫親情的自然流露，並非理智思考的結果。事實上，六妹留在我們家也確實是沒有人看顧。

母親過世一年多後，父親又與胡夢華女士結婚了。在這種情形下，如果把六妹要回來，似乎已不適當。因爲後母難爲，前母的孩子更難爲。在我們中國這個社會裡，後母與前母的孩子，相互間存有許多社會傳統觀念上的錯誤觀念，以及母子相互間有可能的一些誤解和隔膜，以致母子雙方，都極容易發生偏見而難以相處。所以父親也就不再談要回六妹的事情了。

抗戰爆發後，我們全家回到吉水。我於民國三十二年（一九四三年）進入位於吉安縣境青原山的國立第十三中學讀高中一年級，而六妹則以歐陽誠的名字在同一學校讀初中。我們兄妹又在一起了。

每逢週末，學生們多自青原山步行到十五里外的吉安城區去購物，探親，或看電影。進城的時候，有時我也會去九姨家。記得精明練達的九姨父那時候常對我說：「有淦榮在十三中照拂玲玲，我就放心了。」淦榮是我的乳名，玲玲是九姨給六妹另取的乳名。我年輕經驗少，當時並不了解九姨父這句話的意思。後來想起來，九姨父那時候似乎還有點耽心我們舊事重提呢。

四、七妹送給劉家做女兒

民間有一種迷信的說法，認爲雙胞胎中如有一位去世，則另外一位就很難撫育。我家的七妹八妹是雙胞胎（我猜想很可能是不同卵），八妹生下幾個月後就不幸離世，存活的一位就是七妹，雖然從來誰也不肯提到上述那種迷信的說法，但是我們全家人內心裡卻都有點耽心則是事實。除了這一迷信之外，還有一種現實困難，就是我們家那時候實際上沒有人撫育照顧七妹。母親過世後不久，我父親已經得到消息，將調職去高等法院贛東河口的第四分院，調職後，留在南昌奶媽家的七妹將更沒有人照顧。於是，考慮再四，父親決定把八妹送給適當人家代爲撫育。無待多言，這是一種不得已的悲慘決定。

父親認爲，最好不要在南昌而是在我們吉水縣境內找一戶人家做爲七妹託身之所，以便將來仍然常常可以看得見她。於是，就寫信拜託遠在吉水縣我大哥的奶爹陳立生先生辦這件事。謝謝奶爹妥慎的找到了吉水縣城內北門劉禮帥先生。劉先生務商，兩夫婦都爲人忠厚，他太太尤其賢淑，夫妻二人久婚未育，住處離我們吉水老家太史第步行只有五分鐘路程，可以說是鄰居。我們把這些情形弄清楚了以後，父親認爲可以放心，所以就答應了。七妹去劉家後，改姓名爲劉淑珍。直到我寫這段文章的初稿時止，七妹仍然很健康的住在吉水縣，丈夫趙惟誠君是吉水東門外二十里地楓坪人。兩年前，我的二小兒赴大陸訪問時，曾特別去吉水縣看七妹，帶回一張七妹全家福的照片，照片上人口繁多，兒孫滿堂。我看後內心稍獲安慰，證明這件事情我父親當年没有做錯。

依我所知道的情形，我這位可憐的七妹畢生艱苦。我雖然念念於心，但由於各個期間許多不同的原因，我對她竟無能爲力，從不曾有過任何幫助，抱憾無旣。七妹後來於二〇〇三年在吉水去世，享年六十九歲，兒孫衆多。

五、全家八口分散四地

母親謝世的次年，也就是一九三五年夏天，我與二哥在南昌天后宮小學同時畢業了。父親也剛好奉令調職要去贛東。同時，那年父親三十五歲，正在規劃再婚，以便婚後同赴贛東。父親經過全盤考慮後，對我們這個家，決定作如下處置：（一）父親在南昌結婚。（二）然後挈帶新婚繼母與五妹同赴贛東河口鎮就任。（三）大哥留在南昌繼續就讀心遠中學，寄住學校宿舍。（四）商請外祖父同意，把二哥與我送去吉安外祖父家暫時寄食。（五）六妹旣已被九姨抱走，去了吉安，不再追究。（六）請奶爹陳立生先生代爲在吉水妥覓人家收養七妹。這是母親過世帶來的立即明顯後果。

那個夏天，立生奶爹到南昌來了，把我和二哥攜回吉水。我們坐的是一艘吉水人的木帆船，從吉水運稻谷赴南昌出賣後，空船回吉水。奶爹與船老闆熟悉，商量付費搭便船。這是我們兄弟有生以來第一次坐船，尤其是坐帆船。船上沒有其他客人，所以很空。那年我十一歲，覺得坐船非常好玩。白天在大太陽之下，船上很熱，我們都打赤膊。夜晚則與奶爹以及船老闆及船伕等都在甲板上露天赤膊而睡。在那贛江滔滔寬闊的水面，夜風陣陣吹來，非常涼爽舒服。依我們吉水人的習俗，自年初到年尾，平日晚餐大多都要喝酒，喝的是我們家鄉幾乎每家都自己釀造的冬酒。冬酒是一種純粹糯米釀造的酒，其成份和做法以及所用酒葯（使糯米發酵成爲酒釀的觸媒），與紹興酒完全相同。因爲是一定要在立冬後和立春前期間釀造，所以名爲冬酒，而且這樣才不會變壞，可以保存長久。冬酒保存的年代越久，其味越醇。吉水多山有瘴氣，是一個農業縣份，百分之九十以上是農業人口，從事勞力活動。因此，我們吉水人自古以來主張每天應該喝一點酒，以資活絡血流健身，並且可除瘴氣。所以從事勞動的家庭，縱然是十六、七歲的少年，就被准許喝少量的酒。不過，無論大小，習慣是每天晚餐每人喝個四兩半斤就好了，很少有多喝的。所以，形成了一種優良傳統，絕少有人酗酒，更很少酒後滋事。我們在船上晚餐也喝酒，船上帶有好些罈家鄉人自釀的這種冬酒。這也是我有生以來第一次喝酒，而且喝的是家鄉的冬酒。

贛江的源頭是章江與貢江，兩江在贛南的贛縣合流而成贛江北流。兩江的源頭是江西與廣東兩省交界處的南嶺山脈。到了夏天，河水仍然滿河，河面刮的都是南風，對不使用機器的舊式帆船來說，向北行駛的下行船非常輕鬆快樂；但自南昌回吉水逆流逆風而上的南行船，則十分辛苦，都要靠三三兩兩的船伕到岸邊去拉縴行船。一條千萬斤重偌大的船，衝著浩浩奔流的河水要逆流而上，遠遠看去那麼渺小的三、二拉縴人，沿著江岸，在盛夏烈日直接晒射之下，久久才能邁出一步，汗流浹背，皮膚全晒成紫銅色。那種勞累辛苦情形，實在令人動容，非經親眼目睹，不能了解。我們的船這時候就是靠船伕每天拉縴行船，走得很慢。這也是我有生以來第一次看見這種情形，使我感觸很深，首次想到謀生不易，人生辛苦。

回到吉水縣城以後，在縣城住了一、二天，立生奶爹就把我們兄弟送去吉安外祖父家。我們兩兄弟在外祖父家住了大約一年或半年，生活得很安定。那時，外祖父家的人口是外祖父、姨外祖母、六舅、七舅、以及韻珪姨母，共計五口。其中三位舅姨雖然是長輩，但是年齡卻與我們兄弟或大或小一、二歲，彼此相處就像兄弟一樣，所以我們過得很快活。住在外祖父家那一段時間，下面幾件事情給我印象最深：第一、外祖父年歲已老，從來不見他外出訪友，也絕少有人來訪問，不知道他是不是很寂寞。他獨自一人住在樓上，我們都住在樓下，常常可以很清楚的聽得見他幾乎整天都在獨自一人玩那種小牙牌的聲音。後來我知道，他是在用小牙牌依「牙牌神數」方法來算命、測運、問事，用以消遣。第二、外祖父每天早上固定八時前下樓來洗臉，然後就坐在桌邊喝濃濃的熱茶，一小杯一小杯的喝。喝完了整整一暖壺後，再把熱水瓶的水加下去，直把熱水瓶的水也喝完，才算盡興。外祖父喝茶的時候，我們小孩們都規規矩矩坐在附近聽他講話。他會講些往事和做人做事的道理，也談國學。我覺得受益很多；看情形，外祖父每天這一時刻似乎也還快樂。我猜想早晨這一段時光也許是外祖父每天最快樂的時光。第三、外祖父那時已經高齡七、八十歲，髮鬚眉毛皆白，但氣色紅潤，頭腦清明，聲音洪亮，身體健康，雖非富有，但可以安度餘年，十分樂觀。我每天早晨看見他老人家這樣大量喝水，而健康又這樣良好，很容易會把身體健康與喝大量的水這兩事聯繫起來，認爲有直接因果關係。不過當時小孩子還沒有即知即行的觀念，只是留下一個印象而已。後來當我二十七、八歲時，在陽明山參加研討會，看見紅光滿面和雙目炯炯的老總統蔣先生在臺上講話時，一個鐘頭裡要喝四、五杯白開水。使我立刻回想到外祖父當年早晨喝茶的情形。這才決定自已也要身體力行，每天喝大量的水。從此幾十年來，我都是每天儘量多喝水。相信這對我的健康發生了良好的作用。

在外祖父家住了大約一年後，奉父命與二哥一同回到吉水縣去。也是承奶爹來帶我們去的。回到吉水後，先在老徐家借住，在元讚婆婆家搭伙。過了一段時期，不知何故，奶爹安排我們兄弟去東門一所名爲婁仲德公祠裡的一位老農婦家搭伙。婁仲德公祠很大，是一所內部被拆毀破壞了而沒有房間的空洞祠堂，但卻住了大約十多家破落戶農家，有豬欄也有牛欄，氣味很不好，整個祠堂很亂。我們贛南農家習慣都是每天二餐乾飯，不是三餐。我們兄弟二人都是十二、三歲，每天在早、晚餐時間步行去婁仲德公祠喫飯，喫完就回老徐家去。兄弟二人身邊也沒有半本書，所以根本也想不到讀書的事，終日無所事事，到處游蕩，我常常在果林裡尋找好的水果，或是想辦法捕鳥。很感謝曰勳叔叔，看見我兄弟倆這種情形，很耽心我們會變成遊手好閑的小混混（不過我們吉水縣社會簡單，民風樸實，沒有任何遊樂場所，連電影院都沒有，根本就沒有產生小混混的環境），所以提議我們去插班縣立小學重讀一次六年級。我們雖然都已經小學畢業了，但是仍然接受曰勳叔叔的關切去插班六年級，因而才有機會認識許多家鄉同學；更有幸得到縣立小學那位優良國文老師曾經祜先生的教誨。曾先生是清末拔貢，教得很好。我們讀一年，得益不少。

後來，太婆從南昌回吉水來了，我們太史第的房子也修復了一個四合院，太婆就帶了我們兄弟倆住在太史第內那棟四合院內。從這時候開始，我們兄弟似乎才算是有一個安定而像是家的地方，得免像飄萍一樣在外遊蕩。

記得有一天，我的遠房大伯父曰恭先生（我們吉水徐氏對本族各房平輩男子，都依出生先後予以統一排列序次），自外地有事短期回到吉水住幾天。承他善意，特別還來太史第看看太婆和我們這兩名十幾歲的年幼侄兒。他問東問西，問了許多，明顯的讓我感覺到他在眞心關懷。臨走的時候，我們兩兄弟送他到大門口，他還又特別叫我們兩兄弟在「太史第」三個大字的横額下面，併排站好，用他隨帶的相機替我們照了一張相；然後，他態度嚴肅的面對著我們做了一次正式的訓話。他究竟講了些什麼，現在已經不能完全記憶，只有一句話卻是幾十年來都深印我腦際永不曾忘。他說：「你們要努力爭氣，讓別人也知道，太史第還有兩個丫仔（小孩），不是沒有人。」我之所以多年不忘這句話，並非因此就確實使我努力不懈，而是因爲他講這兩句話時的洋溢熱忱，至今仍使我十分感動。現在回想，他之所以如此，當然是因爲有鑒於當時我家中落的情形。除了太婆多年來都與我家住在一起，照顧我們很多，甚至比我們的親婆婆對我們還要更好（事實上我們親婆婆早過世了），對我們兄弟視如己出般的撫育，令我終身感恩不盡之外；在我的了解和記憶中，大婆婆、曰恭大伯父、曰從二伯父、曰信叔叔、曰勳叔叔，這幾位長輩都是對我們尤其是對我個人特多關心，我永不忘懷。所可惜的是至今我不能對他們有過私毫報答和孝敬之舉。

六、百病幾死的十三歲

民國二十五年（一九三六年）是我住在太史第的第一年，身體十分不好，整年生病，而且幾乎病死。那一年的病，扼要說來，是全年都患瘧疾，而且還有嚴重的腸胃病，肚子幾乎全年都鼓脹得像一面鼓，加上還常有一些其他雜病。我整個人變得面黃肌瘦，形銷骨立，不成人形。太婆事後告訴我，她曾經數度耽心我會死去；但是，託天老爺的福，總算沒有死掉。

這次病是我生命裡的嚴重危機，那年我十三歲。我小時候身強體健，長得胖嘟嘟的，兩個腮幫子鼓鼓的，大概是因此惹人喜歡，所以臉腮常被大人扭揑。但是好景不常，這次回到家鄉吉水居住，大概有點像流俗所說的「不服水土」而生病。

我腸胃病的症狀很古怪，不知何故，肚子鼓脹得很大，而且青筋粗大地分布在肚子上明顯可見，形狀就像枝枒分明的籐蔓一樣。我們家鄉人稱這種肚脹而青筋暴露的情形爲「爬山虎」。爬山虎是一種生長在牆上的籐蔓狀植物。我看過許多醫師，也依照我們家鄉人的許多民俗療法治療，都沒有效果。我的人變得無精打彩，奄奄一息。

有一天，我獨自一人去吉水街上逛菜市場，看見攤子在賣煮米粉（臺灣稱爲埔里米粉）。我明明知道肚子鼓脹得這麼厲害，對於這種發過酵而又不易消化的米粉是絕對不可以喫，而且也已經一年不敢喫米粉。但是，那一天不知何故，口饞得好像不能忍耐，竟不知死活冒冒失失地喫了一大碗，只覺得味道很好，把肚子撐得十分鼓脹，心裡也十分滿足。回到家裡後，也不敢告訴太婆。

那天半夜，我腹痛得十分厲害，把我從睡夢中痛醒了，雙手拉住褲子急忙如廁，好像是山崩地裂似地嘩啦嘩啦地狂瀉，排出大堆大堆東西來了，似乎要把整個腸肚都排出來，情形令我有點恐慌。而且非常奇怪，那時只覺得肛門口彷彿有東西在動。我用衛生紙拭擦，發現竟有一條蟲在爬動。排完後趕快拿燈來照射，我仔細一看，才看見原來排出來的一大堆東西全都是蛔蟲，至少有幾百條還在蠕動。我嚇得半死，跑去告訴太婆。太婆說：「趕快睡罷。」

我回到床上摸摸肚子，肚子竟巳扁平而又鬆軟，小了很多，誠然感到舒服；但是這究竟是好現象還是重大的災禍將降臨？卻懵然不知。我心裡想，由於自己嘴饞偷喫米粉，才惹得肚子這樣嚴重，實在不應該，不知道後果還會如何發展。這樣想來想去，嚇得竟夜睡不著。最後打定主意，明天要去問問醫師。雖然有了這一處理決定，但卻仍然心懷恐懼，輾轉不安，徹夜不能成眠。

第二天起床後，覺得肚子不僅沒有不舒服；反而覺得非常舒服，精神也很好，我想了一下，又決定暫時不必去看醫師了。過了幾天，並沒有任何災禍出現，而且精神比以前好很多，肚子也不再有痛，也不再有第二次腹瀉。這樣我才慢慢有了信心，忽然想到我的肚腸病可能就此痊癒了。原來以前不過是滿肚子蛔蟲糾結在一起，喫藥也打牠們不下來，因爲蛔蟲太多，所以平日喫點打蟲藥，一定是由於份量不夠，蛔蟲根本對藥無動於衷。卻因偶然喫了一大碗煮米粉，才把這大量可惡的蟲打下來。但是，時至幾十年後的今日，我仍然不懂，何以米粉具有殺傷蛔蟲的力量呢？有人聽了我這段故事後不肯相信，認爲一定另有原因，或是我另外喫了別的藥而忘記了。那以後我曾多次仔細回想那一、二天情形，實在沒有喫任何藥物或任何特別東西。絕對是那一碗米粉的功勞。天下有許多類此事情令外行人不可理解。這是老天爺救了我。

我還有另種腸胃病腹瀉和痢疾。在那一年裡，後來我幾度患痢疾。有一次嚴重到也快死去。在痢疾到達高潮的那幾天，我一天要拉一百五十多次，馬桶就放在床邊，肚子一痛就不能忍耐，立刻就滾落下床坐上馬桶，而且每次坐在桶子上要很久時間，最後才能拉出一點類似果凍的五色透明物，並且帶血。完畢上床後，不到兩分鐘，肚子立即又奇痛不可忍耐，而滾落下床，再度大便。整天都在如此痛苦中度過。那時期我們吉水縣幾乎可以說是沒有西醫，也沒有什麼西藥可買（那時候人類還沒有發明盤尼西林，其他抗生素更是沒有發現）。整個縣城只有一位中醫，名爲黃炳南先生，大概是因爲他用葯大膽，大家給了他一個外號「黃斑虎」。依黃大夫的診斷，我是過於用功讀書，不僅睡眠太遲，而且半夜醒來又爬起來讀書。我好讀書，決非什麼發憤上進，廢寢忘餐，只是因爲可從書本中得到大量樂趣。但是，這種種惡劣習慣，造成夜間長時間在空腹狀態下工作，因而嚴重傷胃。胃弱後，容易被細菌侵襲，所以易於瀉痢。事後我想，家鄉飲水可能不潔也是原因。我看了這位黃斑虎醫師後，他的的處方竟不是用殺菌葯來治痢疾細菌，而是採滋補身體的「歸脾湯」來強胃。這一處方的組成，包括黨參、當歸、黃耆、熟地黃等補葯，聽起來似乎令人覺得稀奇，起初我也確實不敢喫，但是，在黃大夫堅持下，我只好喫了。我的痢疾結果就是這樣一直喫補葯治好的。這眞是又一次奇蹟。

那一年我還患瘧疾，從年初到年尾，時好時又復發。有時剛好了，三、五天後卻又來了。瘧疾之可怕，在其不容易治癒斷根，非親身經歷者不知。瘧疾有許多型，最普通的三型是：每天定時發作、每隔天定時發作、以及每隔二日定時發作等三種。其中第三種習俗稱之爲「四日兩頭」型，是最嚴重而不容易治癒的一種。這三種我都患過。瘧疾發作時先發冷，冷得直打哆嗦，縱然在酷暑大熱天，那怕蓋三條厚棉被仍不嫌多。通常大約半小時後，轉爲發燒，而且可以燒得很高，大概要發燒二到三個小時或更長才自動退熱。治療瘧疾的特效藥以前是奎寧（Quinine HCL，又名金雞納霜）。但是那時候我們落後的吉水縣很少有這種藥，所以在廣大農業地區中，患瘧疾者雖然很多，卻都是用中藥，或一些成藥，或種種民俗療法。我那年所服治療瘧疾的藥，最常服的是一種廣東出品的「唐拾義四日兩頭丸」。也用過其他各種各樣的藥，有時有效，有時無效。瘧疾是一種非常難以斷根的病，好了以後，常常會不知原因的復發。據說是瘧疾細菌在遇到有藥來克制他的時候，會放出一種分泌物，形成一重外殼把自己包圍起來，而繼續潛伏在血液裡。一待環境對他適宜時，又破殼而出，再度爲患。我們吉水民間流傳了很多看似迷信，但有時卻非常靈驗的偏方和行事。例如有人用紙寫上一些字，在瘧疾發作時，故意走到某處去將紙頭拋棄；又如用紅線繫一個小紅布包，走到某處將紅布包綁在樹上或任何東西上，然後掉頭而去。我們家鄉盛產一種叫做蛾眉豆的食物，大家用來做菜。患過瘧疾的人，如果食蛾眉豆，瘧疾一定復發，甚至步行經過蛾眉豆棚之下，也會瘧疾復發。這是事實，非關迷信，我自己就有過這些實際經驗。這種說法，聽來似乎難以置信，但有很多事實證明其爲眞。

民國二十五年（一九三六）這一年，是我生命中幾個最倒楣年歲中的一年。但是那時年輕，竟不以爲愁苦。回想起來，古人詩句所說：「少年不識愁滋味」，確有道理。

七、父親久病十年

我和太婆、二哥同住家鄉吉水太史第。民國二十五年（一九三六年）冬天，忽然接到大哥自南昌來信告訴我說，父親患病辭職回到南昌醫療，父命要他通知我去侍病，幫忙辦理諸如跑街、送信、請醫師、買藥等雜務。我於是一個人到吉安去坐輪船到了南昌。在那個閉塞的時代，以我這麼一個完全沒有社會歷練的十二歲小孩遠行，說來算是大膽了。

父親患的病是半身不遂兼神經衰弱，表現在外的症狀是雙腿痿縮，癱瘓不能行動，怔忡，暈眩，失眠，而且從此一病臥床將近十年。起初請中醫治療，後來就長期住在省立南昌醫事專門學校附屬醫院。那家醫院位於當時稱爲湖濱公園鄰近，在南昌頗有名氣。院內樹木蒼鬱，環境優美。院長名魏怡春，福建人，留日學醫，因爲中國話說得不流利，加上性情內向，所以不太多說話，但是爲人溫和善良，醫術高明，可能是當時南昌最好醫師之一。他醫治父親是用一般的神經鎮靜劑加上營養劑，效果非常良好。我父親長期住院，雖然躺在床上，但住院期間卻養得又白又胖，氣色紅潤，十分健康。只是雙腿肌肉痿縮而成半身不遂。

民國二十六年（一九三七年），七七事變忽然爆發，日本飛機轟炸我國各大都市。爲了避免轟炸起見，我們舉家遷回吉水去住。大哥則因爲需要繼續求學，所以仍然留在南昌寄宿於所就讀的心遠中學學生宿舍。

戰事很快惡化，不到兩年，從上海溯長江上至九江、武漢，長江兩岸都陷敵了，南昌也陷落了。而且南昌周圍以及南昌以北整個南潯鐵路沿線都陷落了。日本飛機常常空襲贛南重鎮吉安城。有一次，日機轟炸過吉安向南昌回程時，竟然在我們小小的吉水縣城上空也開玩笑地投下一顆小小的炸彈。這一下，把我們吉水人都嚇壞了。我父親是一個病人，躺在床上根本就不可能跑警報，所以只好搬到鄉下去住。起初去的地方是東門外十五里地烏江（又稱恩江）南岸的蕭家村，借居在村裡一位讀書人家蕭老先生家。蕭老先生是該村唯一地主，但是也雇請長工與臨時短工耕種部分自有地，是我們家鄉所說的耕讀之家。蕭老先生夫妻都六十多歲，對人有禮。我們住在他們家大約二、三年，賓主之間，十分愉快。但是，有一點很使我們不安，他們爲了表示友情，竟一直不肯收受我們的房租，純粹借那一間房子給我們住。時間久了，我們覺得很不過意，就搬到我們自己的田莊所在地，縣城北門外二十五里的西坑村去住。兩、三年後，因爲日本飛機從未再轟炸吉水，才又搬回吉水縣城。

抗戰八年的時間太長，可記下來的事情當然也非常多。現在只能選擇比較重要的幾件事加以說明。

蕭家村的幾年生活使我刻骨銘心，尤其是下述這些事情。

第一件事是那段時期我家實在很窮，我以一個十幾歲的少年，負責處理這個窮家的財產和生計，實在非常痛苦。貧窮雖然不是罪惡，但卻是十分悲哀又可怕的事。那時候我繼母已經逝世，二哥也在那段時期裡逝世。我們一家原本有下述九人：父、母、大哥、二哥、我、五妹、六妹、七妹、八妹，其中除母親（以及後來的繼母）、二哥、八妹等人已先後謝世，以及六妹和七妹已不姓徐外（見前文說明），所剩只有父親、大哥、我和五妹四個人。大哥在江西戰時省會泰和縣境的國立中正大學讀書；起初二哥在泰和的省立吉安鄉村師範學校讀書；我和五妹隨侍父親在吉水鄉下蕭家村。全家沒有任何人有分文收入，只賴祖宗留下的一點田地所收的田租（稻谷）維持生活。但很糟糕的是田租收入情形並不好，甚至可以說是沒有收入。因爲我國抗戰期間貨幣貶値很快，確實有如商人所說的「早晚時價不同」。情形嚴重的時候，一個銀元，早上可以在黑市換得鈔票伍萬元，而當天晚上可能就可以換得伍萬伍仟元，第二天早晨也許就能換六萬元。因此，我家變得很窮。

但是，無論如何窮，仍然必定想盡辦法維持父親每天必喫的補葯與足夠的營養。例如他抱病九年來，每天下午四時，必定持續供應他百喫不厭的某種特定做法的雞蛋糕。每天喫兩個蛋糕實在不算什麼，但是，對一個像我們那麼窮困的家庭說來，則近乎奢侈。那期間，由於種種原因，我和五妹間常沒有下飯的菜，是眞正喫白飯。白飯之難以下嚥，難以描寫。那窮苦情形，實在難受。但是，我只是沉默，沒有抱怨，因爲根本就沒有人來聽我的抱怨，何況向人抱怨徒然自取其辱。

當時有一種心情，至今印象仍深。我們中華民族人民，確實是人人都同仇敵愾，支持抗戰，我愛國也不後人；但是，抗戰所帶給每一國民的痛苦既深且鉅，也是事實。當時我們的口號是「長期抗戰」和「抗戰到底」，當然絕對正確。但是，恐怕當時人人都在肚子裡問：究竟何時才能到底呢？所稱長期究竟又會有多長呢？沒有任何人知道答案。大家只覺得一切都很渺茫，苦難好像永遠不會結束。絕大多數的人民似乎都懷著一種半絕望的心情在挨著過日子，一切都在儘量拖，能多拖一天就多拖一天。我這少年的心靈當然也決不例外。不過，除了這種對國運半絕望的共同悲情之外，個人所遭受的這種家庭悲劇歲月，更給我深切慘痛的感覺，完全不知道這種雙重悲劇歲月何時才能結束，甚至懷疑根本就没有結束之日。

不過，儘管如此，這種沉重強大的雙重壓力，卻並没有動搖我天性奮鬥的堅強志節。我知道必須咬緊牙關挺下去。事實上是一籌莫展，不硬撐又還能怎樣呢？不過我倒是從來没想過要自殺，而且我一輩子也没有過這類没出息的念頭。

而當你決定要挺下去之後，情形就會變得像習俗所說：「虱多不癢，債多不愁。」在絕望的悲慘歲月裡生活久了，人會麻木得漸漸不知痛苦。我和我家就是這樣麻木的挨著度過那種窮苦而又悲慘的日子。

第二件事情是在蕭家村居住時所發生的白蟻事件。在事隔半個多世紀後的今日回想起來，心頭仍覺恐怖。我們所住蕭老先生的那棟磚造房屋是清末時的建築物，每間房子都只有一個大概兩市尺高一市尺寬的小窗子，符合了我們家鄉舊式建築原則之一的「明廳暗房」要求，所以房內很暗，没有地板，是黑土地，而且潮溼。我們把帶去的大量書籍都放在他們樓上，而把一些質料好的衣物和皮襖（現在臺灣學香港的說法，稱爲「皮草」），裝成七、八個箱子，在我們這間臥室裡重疊堆積在房角一個矮木架上。這樣安置了以後，一、兩年都没有再打開過箱子。有一天，夏季的太陽很好，我忽然想到，應該把皮襖拿出來晒一下太陽。把箱子打開一看，豈知每一個箱子裡面所裝的，都已經不再是衣物了，而是千千萬萬的白蟻和白蟻所吐出來的泥土。這千千萬萬的白蟻，就像翻滾的浪濤似的直在箱子裡忙忙碌碌的上下洶湧翻滾，令人覺得恐怖和悲傷。我當時嚇得眼瞪目呆，急忙把這七、八個箱子很費力氣的搬到外面去，潑上許多油，然後點上了火讓它燃燒。不僅這一筆家產就此全成廢物，而且我有好長一段時期心裡都很難受，只覺得好像是被人憑空奪去了財產，受了欺侮似的傷心。

第三件事情就是我二哥的去世。我們兄弟姐妹十人，最長的三個是男孩，以後七個都是女孩，分別是我嫡母與繼母所出。我們兄弟姐妹不分彼此，感情都很好。我與有為二哥從小最接近，生活在一起的時間比較多。他的去世，給我很大的感傷，下文將以專項紀述。

第四件事情是我本人的極度孤獨、寂寞與絕望。我那幾年的生活十分單純，所住的蕭家村是一個只有七、八戶農家和三十多人的小村子。我沒有朋友，沒有娛樂，沒有地方可去，當然更沒有任何可以值得快樂的事情。整天生活十分固定而呆板。晨起做過早餐，就坐在房裡桌前看書或寫作。黃昏前做晚餐。每日兩餐都是伺候父親用過後，我和五妹才簡單地草草喫一頓。夜晚就寢。沒有任何人來訪問我們，也沒有任何人我可以去訪問或交談。我整天所能聽見的，只有輾轉病床的父親因痛苦發出的呻吟聲，從早晨一直呻吟到夜晚入睡，從年初一直呻吟到年尾。在精神極度痛苦中，我當時寫了一首詩，現在還記得其中一小節，試行憶錄如下。現在看起來似乎不像是什麼好詩，但是，可憐的少年，這卻是我那時發自心靈的眞實呼喊：

爸爸！請你不要再哼了！
在你的哼聲裡，耗盡了我的青春！
你的哼聲使我頭髮盡白，
我的形容枯槁，臉孔憔悴。
你的哼吟，帶給我無限的痛苦和恐懼！

詩句中說髮白也是事實，因為我家血統裏還有點少年白髮。雖然如此，但我在蕭家村之仍能忍耐地生活下來，則全賴我那一時期的唯一密友「文學」給予我的樂趣和慰藉。我們兄弟都喜愛文學，我家雖然不是富裕，但在父親久病十年之前還算是個溫飽之家，買書成爲家人的共同癖好。如果必要的話，都寧願餓一次肚子，也不願犧牲一本好書不買。在這種情形之下，父親買了許多法律書籍，深淺的都有；大哥則買了不少文學書籍，看完了就放在家裡，累積起來，有幾千本。我們家鄉這種耕讀社會，民間到了新年都在廳堂裡貼些紅紙對聯，記得有一句下聯最爲普遍：「硯田無稅子孫耕。」我覺得這句話不無道理。我在蕭家村那幾年，就全靠這一、兩千本書才能夠活下來。我整個人都沈浸在文學之中，其熱衷的程度已到了瘋狂的地步。我在那一段時間裡，以及以後幾年裡，曾經不斷的想離開這個繁囂塵世，另行覓地獨居。甚至還曾兩度下定決心要到高山頂上的廟宇裡去做和尚，目的不是要拜佛，而只是想要獲得安靜，好讓我專心一志的從事文學閱讀與寫作。因爲唯有寫作才能帶給我快樂。我這一生，自那以後幾十年來，文筆勉強通順，完全是在蕭家村那幾年打下的根基。

我在蕭家村居住期間，只有在極偶然的情形下才會走出戶外。但是，蕭家村大門口是一口池塘，四圍全是水田和田塍小路，沒有什麼可資觀賞；只有村子後面通往鄰村楊家屋的路上，有一小片楓林，我偶然會去楓林中孤獨漫步。此外，就是每隔五、六天我都要回到吉水縣城太史第一次住一晚，並且做下面幾件事：*1.*去太史第收取寄來的信件、報紙、雜誌，帶回給父親看。*2.*郵寄信件出去。*3.*到街上買雪白的機器米（我父親從小生活優裕，不喫鄉間人力舂出來的粗糙米，而只喫用機器磨研得雪白的米）。*4.*辦理其他雜事。我每次去城裡當然都是步行（根本無公衆交通用車的設備），單程十五華里要走一個半小時到兩小時左右，沿途要經過山區和田野，還要坐渡船過一條河。路上行人很少，除了經過兩個小村莊之間的外圍時，偶爾會遇見幾個人，以及偶然會看見路邊田裡有農人在耕作之外，就只有陽光和風聲；雨天時就只有寂寞的雨聲了。去城裡的路上，我都是手上拿著一本書，一邊行走一邊閱讀，多年來從沒有跌倒或是失足過。從城裡回蕭家村的路上，我是用兩個枕頭袋子裝米，並且把兩個袋子口綁起來聯結在一起，然後把兩個袋子掛在肩上一前一後，走路的時候根本就不必用手去扶也不會掉下來。另外有些信件、雜誌、食物、肉類、菜蔬和其他雜物，有的能儘量也放在米袋裡最好，其他的就裝在另外一個戰時大家都用的大防空布袋裡，然後用一根長繩綁好，斜掛在另一肩上。這樣，我仍然可以空出雙手來持書閱讀，一路行動自如。我之這樣做，是因爲往返縣城路程一次要三、四小時，爲免路上寂寞，所以利用時間閱讀以自得其樂。我讀的書並非甚麼四書、五經、聖經或相對論等嚴肅深奧的書，大多是漢譯西方文學作品。讀這些書，對我是一種極端愉快的享受，並非工作。但是，在我們吉水縣那種安定又閉塞的農業社會裡，稍有半點特別的事情，鄉人就會傳說而且很快使得很多人都知道。我這樣做久了，像這種每隔五、六天在這固定十五里長途上往返一次的少年，手上卻還拿著一本書，沿途且走且讀，他們認爲是稀奇古怪的事情。經稍加打聽後，很快就知道我是縣城裡徐家老三了（家鄉人都稱我爲徐家三少爺），於是也就很快傳佈開來，並加評論，說我是一位如何了不起的勤學少年。加上我放棄入學，多年在家侍候父病的事情，所以我從小在家鄉就被形容爲一位勤於自修的孝子。這種不虞之譽，使我那時在家鄉小有名氣，但這對我並不重要。重要的是那幾年的鄉居失學，確實對我的國文程度大有助益，使我十四、五歲就能夠在全國性的大報紙上發表文學作品。例如一九四一年九月十日（星期三）的桂林大公報第四版「文藝」副刊，就以那天幾乎是副刊的全部篇幅，一次刊完我以筆名菲明寫成的一篇題名「老五回來了」的三百一十八行長詩（詳細情形請閱本書第三編「四個契機」中第壹章第六節「初中學生在大公報發表長詩」）。我一生幾十年來能夠在社會勉強容身，都與我的國文程度有關。知道這種情形的人大都認定我那幾年是在苦讀，這說法雖是好意，但事實上是不太正確的；因爲每當我讀書的時候都非苦讀，而是每一時一刻都在快樂的讀。幾十年來，我一直覺得，任何事情如想把它做好，必須對它充滿了興趣。「樂而知之」絕對比「困而知之」的效果要好得多也快得多。孔夫子說：「知之者不如好之者，好之者不如樂之者。」如果最初縱然並不樂之，也未嘗不可培養樂趣。而陪養樂趣的方法就是全心全意投入。

後來，我們搬到縣城以北二十五里地的西坑村去住。在西坑的幾年，由於房屋乾燥，光線充足，所以我們一家三口心情也開朗得多。住在我們莊屋裡替我們看守稻谷倉庫的佃農劉家可夫妻，爲人勤勞善良，基本上我們生活得很愉快。尤其搬去西坑村後不久，吉水縣新創辦了一間縣立初中，爲了避免日本飛機轟炸起見，臨時校址設在醪橋鎮，借用鎮上幾間大祠堂作爲校舍，離開西坑村只有五華里。那時我父親除了不能下床步行外，健康已經穩定不必喫葯。本來我是認定可以通勤，早出晚歸去學校，於是便堅決要求去入學。感謝老天，父親總算同意了。那是民國二十九年秋天，我已經十六歲，才開始我的初中教育生活。出乎意料之外，後來父親竟准許我在學校寄宿，免了我通學之苦，我只要在週末回西坑去住一晚看父親。這段時間裡，全靠五妹侍候父親，感謝五妹。

一九四一年，日軍由於在太平洋以及我國大陸上多線作戰，戰線散佈得太長太寬，不僅在後勤供應上發生問題，而且美軍也步步逼近日本本土，對其十分不利。所以日軍初年的那種鋒利攻勢已不復有，日機也很少因爲要轟炸吉安而飛越吉水上空了。於是，我們就從西坑搬回吉水縣城太史第。而且我們吉水縣立初中也搬回縣城了，我得以住在太史第家裡，每天步行來往學校，對我上學更是方便。

這時候，父親的健康己經穩定，只是因爲已經多年不行走，雙腳退化而萎縮，只剩下兩根瘦瘦的皮包骨，完全沒有肌肉，竟至不能行走了。醫師說這是用葯醫療無法奏效的。但是基於常識的觀點，我們都認爲好好一個人已經沒病了，沒有理由不能步行。經過大家研究的結果，認爲應該可以自我訓練，一定有可能恢復步行能力。我曾經多次勸說，希望父親能夠振作，自我訓練慢慢行走。他卻總是說，雙腿根本已經退化，不肯試作步行訓練。

大哥早已於民國三十三年（一九四四年）從大學畢業了。次年秋，抗戰勝利後，便和大嫂一起去南京新聞界工作；我事先未與父親商量，也在那年秋天逕自考取了國立中正大學，要去南昌入學。感謝父親又一次放了我一馬，同意我去讀大學。所幸五妹還是留在吉水侍候父親；也十分感謝太婆，仍然和我們家住在一起，有一個照顧。

我父親半身不遂，不能步行，不能料理自己的生活，一切都必須要有他人照顧幫助，否則就不能生存，這是事實。結果，犧牲學業在家侍候他的人，是我和五妹。不過，那時五妹還小，主要完全要靠我，因此，父親不願意我離開他，這是人情之常。

在那幾年期間，父親爲了能夠留住我不離家外出求學，而守在家裡陪他起見，他發明了一套鐵礦與金礦不同價值的理論或說法，用來對我重複說明多次。他說：我們徐家的家產雖然不多，但是也算不錯，可以算是一座已經開發成功可永供挖掘的鐵礦；而出外奮鬥努力，就好像是開採一個金礦，希望無限。到最後，礦坑挖掘到底了，所出現的情形有兩種可能：一是果然有金礦，而且甚至含金量十分豐富，那當然很不錯；另一種可能卻是最後發現礦坑中竟沒有金礦，而只是泥土；或雖有含金，但含量稀微，毫無開採價值，結果是完全失敗，而成爲一場春夢，飛逝得無影無蹤。可是，我們現有的這些家產卻現成擺明在眼前，是一座已成功開採出來，而且可以繼續開採的鐵礦。價值雖然不如成功的金礦那麼好，但卻是一座保證不會失敗的鐵礦。所以，你如果放棄這個鐵礦而不去經營管理，聽其荒廢敗壞，而外出奮鬥追求金礦，則金礦前途固然渺茫，難知其未來究竟如何，而現有家產的這座鐵礦，極可能因爲沒人管理而散失。最後的結果就是兩頭失敗，值得慎重考慮。所以我勸你不必去追求那渺茫的金礦，穩紮穩打地留在家裏經營這座鐵礦。

在父親每次說完這番話之後，我照例都是沉默不語，不作任何評論和答覆。儘管他的話和譬喻都十分動聽，而且平心而論，也並非無理；但是我卻決不同意。不過，我也不欲去反駁他或與他辯論，使他不快。事實上，他的這些話根本進不了我的內心，我只是左耳進右耳出，根本就拒絕考慮。我並不是對父親不尊重，而是我自己都覺得很奇怪，情緒上根本就聽不進去這些話。現在事隔多年，心情已經很冷靜了，仔細分析，才能夠剝落那層模糊概念的外衣，撥雲除霧，清楚的看出自己內心的眞相來：第一、基本上，我從小就毫無理由的希望外出發展，而十分不欲株守家園。這種非理性的願望，才是我眞正毫不考慮父親意見的根本原因。因爲討論任何事情，都只有循理性途徑才能討論，現在我既只有無理性的願望，所以才無討論的餘地。第二、我這少年心靈，確實從小就不重視金錢，所以財產是打不動我的心的。第三、我從小就認爲，人生總得有所作爲，在世界上總得做點事情。在做事的過程中以及事畢的結果上，可以得到許多樂趣，人生的意義也就在此。這不是可以用金錢來衡量的。所以，決不能因爲有了祖產，就坐享其成的一輩子過好日子就算了。公子哥兒的人生似乎沒有什麼意義，活得也就無味。以上這些情形，當然，父親是完全不能了解的。何況，縱然是我本人，也只有到老來幾十年後的今日，冷靜回想，才能看清楚自己當年的眞實心理。

現在，我老了，看事情落實了，少有浪漫情懷了。我願意說，我無意說金錢不重要；反之，而且非常重要。因爲缺少金錢，常常很可能甚至不能生存；有了金錢，常常可以幫助行事成功。但是，在一般情形下，人只要能爲社會工作，社會大概都不會置他於飢餓之境。人只要能維持溫飽，應該就可以安心工作了，並非必要有太多金錢。我是天生就持有這種不刻意追求金錢的觀念，畢生不改。進一步說，我倒是很喜歡實至名歸的榮譽。以上這些想法，雖然從來不曾對父親說過，但是，如果稍稍注意我多年來的行爲，應該足以讓他知道我的這種想法了。（請參閱本書第四編第柒章「鐵礦與金礦之辨」一文）

因此，我猜想，父親後來是否可能已充分了解到這一情勢，想到我停學在家侍候他的病已經多年了，不可能再希望兒女長久侍候他一輩子，正如我們民間格言所說：「久病無孝子。」這句話會使老年人覺得悲哀，但卻不得不開始自我打算。寫到這裡，我內心仍不免有點難過，可憐的父親竟不能得到兒子的繼續侍候。但是，後來的事實證明，我的如此行爲，對父親竟發生了建設性的作用。可能是他警覺到長此以往不是辦法，在近乎被迫的情形下，不得不偷偷地自我訓練步行了。因爲他那時還不滿五十歲，正值盛年，仍大有可爲。後來他簡單地告訴我，他是自己下定決心，每天下午午睡醒後，叫五妹替他把房門關起來，獨自下床，雙手扶著床沿，然後扶著一張長板凳，後來稍有進步時就改爲扶著板壁，慢慢的一步一步拖著腳步試走。同時，他也每晚喝一點冬酒用以活絡血脈。他說，這點酒很有功效，對他很有幫助。這是民國三十四年（一九四五年）我離家去南昌讀大學一年級時候的事情。他這樣努力了將近一年，最後才拋開手杖恢復正常步行，而終於能夠出外工作。

從父親這件事情證明，世上許多事情之不能成功，大多是有個人自我心理障礙；但一待下定決心，勇往直前，堅毅不屈，奮鬥到底，則絕大多數事情最後都能有成。

民國三十五年（一九四六年），父親的病不藥而癒了，並恢復公務生涯，赴永豐縣擔任江西高等法院永豐審判處處長，主持該縣司法機關，而且在永豐縣又承縣長王良才介紹，和奉新籍的廖竹青女士結婚，這是他在我母親去世後的第二次續弦。後來父親又調回南昌江西高等法院工作，因而五妹也能夠在南昌江西省立南昌女中高一就讀。更巧的是六妹歐陽誠也來南昌女中就讀，與五妹同班。我們父母子女五人，在南昌雖然分住三處，但每到星期日，卻常能聚在一起。

我們的國家，在辛苦艱難中抗戰八年，雖得免於滅亡，但戰爭期間和戰後國家貧窮破敗，經濟凋疲，民不聊生，其痛苦情形，實不堪言。而戰爭期間我們家運，比我們國運更悲慘。但到民國三十五年（一九四六年）父病痊癒後，不僅恢復工作，而且再度續弦，有人照顧，十多年悲慘的噩夢才算過去。父親、大哥和大嫂都有工作，我和五妹也都能進入學校讀書。我家既不再有病人，也不再那麼窮困了。

八、繼母去世

繼母胡夢華女士，江西省南昌人，在我親生母親去世一年多後與我父親在南昌結婚，婚後立即隨同我父赴新任所江西高等法院第四分院所在地的贛東河口鎮。當時我們大陸民間還有一種舊式風氣，爲人後母者常虐待前母所生兒女；因而前母所生兒女，同樣也對後母心懷抗拒與仇視。以致家庭之內，上下不睦。這種情形，縱在今日進步的臺灣社會，仍難全免；甚或其他國家民族的家庭也在所難免。但是，我這位繼母卻爲人忠厚，在我們兄弟姐妹中，與她住在一起最久的是我五妹，也從來沒有聽見五妹有過一句抱怨她的話語。她嫁給我父親大約兩年後，我父親就生病，而且一病八、九年。父親生病後辭職回南昌就醫，然後又回吉水養病，她都隨同侍候我父親，克勤克儉，我們從來沒有聽見她有過半句怨言。事實上，我父親在病中脾氣十分不好，繼母可以說是耐勞耐苦。

大概在民國二十七年（一九三八年），繼母在一次病中竟告不起。我至今仍覺得我們家對不起繼母。繼母過世後，侍候父病的責任才完全落在我身上。父親當年因病易怒的對象，也就從繼母轉移爲我了。

九、二哥去世

從小學三年級起，二哥與我都同班同學，一直到畢業。這是因爲他在小學三年級第一學期時曾經因病休學一年，復學後就與我同班了。自此以後四年期間，我們每天一同赴校，也一同回家。他的學業和操行成績都比我好，名列前茅，在班上是有名的好學生；我則是班上有名的頑童。小學畢業後，我們一同赴吉安外祖父家，又一同回吉水縣城老家，一同再進吉水縣立小學又讀一次六年級。他爲人忠厚，循規蹈矩，從小比我懂事，通識大體，不僅知道要奮鬥，而且更富有奮鬥意志。孩童時期我倆常在一起遊玩，但是因爲他比我忠厚，所以我竟常常欺侮他，他卻很少責怪我，也更不與我多計較。

有一件兒時事情給我印象深刻，並且使我從小就注意到如何在適應與奮鬥兩者間從事選擇。人類當遇到困難時考慮轉彎，以求適應，這本來是人類求生存發展的方法，不能認爲是懦弱；但當著有經驗後，知道運用智慧作較深層的思考，開始瞭解不應該在困難前輕易退縮或轉彎，而應該奮鬥去克服困難，創造新機。我和二哥同讀南昌市北營坊小學時，他讀二年級，我讀一年級。那年冬天，早晨打開大門一看，大雪飛舞一夜仍然不停，地上積雪已經一尺多高了。母親向來通情達理，面對這種情形，對我們兄弟是否仍然要去上學，也頗爲遲疑，那時候很少家庭裝設電話，我們無法知道學校是否停課。於是，母親問我們的意見，二哥就毫不遲疑的主張要去上學，我也毫不遲疑的贊成了。我母親是一位懂得教育孩子講大道理的人，所以立刻也就同意了。街上行人稀少，狂風呼嘯，發出尖銳的絲絲聲，寒氣入骨。我們兄弟倆都戴著黑色棉帽，穿著臃腫的黑色厚棉衣和肥肥的棉鞋，在另無行人的街上，就像兩顆黑色棉球般，冒著漫天飛舞的風雪，在遍地積雪中慢慢蹣跚移動。我全身冷得直打哆嗦，兄弟倆踏著盈尺厚雪，一步一步，非常緩緩地移動。我們那時家住在一條叫天后宮的街上，離開北營坊小學很有一段路，走了將近一半路途的時候，風更大了，一片片像鵝毛的大雪片，不斷地捲進我們衣領裡，雪花在頸子裡溶化，使我感到冷徹骨髓。迎面狂風阻礙我們前進，不僅舉步維艱，甚至還把我們推向後退。後來我覺得實在走不動了，就停下腳步來說：

「二哥，我們走了半天，還只走一半，我有點走不動了，我們回去罷。」

二哥想了一下後說：「我們已經走了一半，回去的路與到學校的路是同樣的遠近。既然同樣，我們爲什麼不索性還是去學校呢？」

我一聽，覺得十分有理，也就不再有意見，兄弟兩人就繼續走向學校了。到了學校才發現，全校的學生都沒有來，只有我們兩兄弟來了。我們兩班的兩位任課老師就分別在我們一、二年級的兩個教室，各爲一名學生上課施教。不過，不到幾分鐘，二哥班上的老師過來與我班上的老師商量後，宣佈兩班合爲一班，兩位老師集中在我這個一年級教室裡，由其中一位爲我們兩兄弟講故事。

幾十分鐘後，風雪稍息，校長派人來通知，老師就說：

「今天我們全校都放假了，你們兄弟回家去罷。」

這樣，我們兄弟就心安理得的回家了。兩兄弟在回家的路上，內心裡都有一份自覺勇敢的驕傲。在非常愉快的心情下，二哥說：

「我們去學校是對的。」

我也覺得是對的。

他在十二、三歲時，就已經認知我們家庭戰時窮困的事實，所以自己決定去一家小學畢業後就可以就讀的江西省立吉安鄉村師範學校（一種簡易師範學校）。因爲那是一間全公費的學校，供膳、供宿，當然也不必繳交任何費用。這學校原來設在吉安縣城，離吉水縣只有四十華里，步行單程只要四、五個小時就可以回家，所以週末或是短假期，可以步行回家住一個晚上。抗戰進入第二年後，日軍飛機就常來轟炸吉安，學校於是遷移到戰時江西省會所在地的泰和縣境內一個小鎮南岡口，借用鎮上的民間祠堂廟宇作爲臨時校舍。抗戰時的學校都是採取這種方法上課。南岡口位於吉安城以南六十華里地，離開吉水縣城一百華里。在戰時，坐公路局車子不僅是一種奢侈行爲，而且吉水縣城的那個車站遠在縣城十里外，那個所謂車站，不過是一個四面無壁的小茅棚，聊供躲雨之用，既沒有任何員工駐留，也沒有貼出半張行車時間表；根本就不知何時有車，而且車子也不一定經過或停留下來讓你上車，很不方便。所以百分之九十九點九情形下，都是依賴步行。因此，以一百華里的遙遠，通常單程步行要兩天的時間，所以二哥就只有寒暑假才能回家。

當我們住在蕭家村期間，似乎是在民國二十八年（一九三九年）仲夏，忽然收到大哥自泰和來信，告訴我們二哥患病過程以及病逝前後情形，並且說已經就地安葬在泰和，但是二哥有點遺物在學校，希望有人去取回云云。我和父親覺得這眞有如晴天霹靂，這麼大的事情，之前一點訊息都沒有，現在來得這樣突然，令人驚愕和悲傷不已。經與父親稍稍商量後，決定由我去取回遺物。

大哥信上說，二哥在與同學共同聚餐，喫了不潔食物後，別人都無恙，但他卻病起突然，在眉心生了一個疔瘡，瘡毒迅速入腦，惡化很快，鄉間缺乏醫葯，經學校通知大哥接洽後，送到當地的省立醫院急救無效，那時江西缺乏盤尼西林（似乎人類根本還沒有發明抗生素），不到幾天就去世了。大哥事後告訴我，眼睜睜地看見親弟弟去世，自己在旁一籌莫展，實在心傷。

那時我們在吉水鄉間所住的蕭家村，離開二哥學校所在地的南岡口一百十五華里，我分為兩天步行而去，其中從吉安到南岡口的六十里路，對我完全陌生。我內心本來就充滿悲傷，在那漫長無人的山道中踽踽獨行，對陌生的路更是充滿了恐懼，因為那時期鄉間不寧，白日也常有個別小型搶劫案發生。民間稱這種劫匪為「打短棍的」。因為他們常常是只持一根粗大木棒為武器，藏身草叢中窺伺孤獨可欺的行人經過時，突然現身一棍將人打昏行劫，甚至強姦。我懷著孤獨、悲傷更夾雜著恐懼的心情，步行了兩天，到達了南岡口吉安鄉村師範。到學校後才知道，由於二哥天資聰穎，為同學所推崇，為老師所欣賞和器重，所以學校還特別為他舉行了一次盛大的追悼會。學校的音樂老師劉天浪是當時即已馳名全國的作曲家，還專為他譜了一首追悼歌，但很抱歉我竟沒有詢明歌詞是誰寫的。這歌至今我還會唱。其歌詞如下：

一陣狂風，帶來了千種淒涼！
一陣暴雨，摧滅了萬丈光芒！
誰奪去了我們陣裡的健將？
誰奪去了我們陣裡的健將？
你的筆，能誅敵人心；
你的劍，能殺敵人首。
志未酬！
志未酬！

幾十年來，二哥的確是一直活在我的心裡。我總覺得二哥死得冤枉可惜，他確實是一位人才。

十、窮困拮据的十年

抗戰之前，公務人員薪俸基本上還算不錯，所以像我父親這樣的中上級司法人員，收入還算合理，再加上我家在母親管理下向來節儉，所以每月多少還能略有節餘積存；另外，我祖父時原來就在某處有少量投資，因而在父親公務人員俸薪之外，從投資方面也有點收入。所以，戰前我們家的生活應該算是並不太拮据。父親就在患病之前，把投資全部提出來了，所以，父親患病最初兩、三年，也就是抗戰最初兩、三年，我家經濟情形還算勉強過得去。上文說到的我父親和大哥喜愛買書，買點書當然是不成問題。但是，父親抱病以後，爲了治病，最初用錢很多，很快就把一點點積蓄都用光了，全家又沒有任何人有工作，也完全沒有收入，因而形成俗話所說的「坐喫山空」情形，至於祖宗留下來的田產，則因爲政府實施徵購徵實，而成爲不僅實際價值很低，而且反過來成爲沉重負擔。因此種種情節，所以我家後來幾年就變得很窮了。

政府在平時以貨幣徵收的田賦稅，一到戰爭爆發之初，就迅速改爲以實物稻谷徵收，這就是有名的「田賦徵實」政策。除此之外，並且還附有「徵購」，就是隨同徵實，再按政府所訂定的象徵性低價，另向地主強迫購買一定比率數量的稻谷。如此雙管齊下，以確實掌握糧食供應軍糧。以我家鄉情形爲例，我們吉水縣民間計算土地的方法，是按土地面積大小分別稱之爲一石地或一斗地。每一石有十斗。通常上等良田一斗地每年二熟的生產總量最多稻谷二石。這種良田一斗，佃農給我們地主的田租通常是每年稻谷八斗（全年單位面積土地的百分之四十）。可是，政府徵實，每年就要稻谷八斗；然後徵購伍斗，合計要一石三斗。政府又規定，地主必須負責將稻谷運送至指定的倉庫所在地倒入倉庫。照我們當時的低廉人力價格，從我家吉水城內城北太史第住宅挑一石稻子去縣城西門那個政府倉庫，通常大約要銀元伍角。從我家自有離城最近的十里路外霸溪村田莊，挑一石稻子去全縣唯一的上述那座倉庫，要工資一元二角（已是最廉價的勞力），其他更遠的地方就不必多說明了。那時候，稻谷的價錢當然是依通行貨幣的紙幣計算，漲跌很大，現在聽來難有印象；但通常民間實際上是以銀元計價。若干年來，大概都是每石大洋二元上下。而政府給我們伍斗稻子的徵購代價，多少年來都只能折合銀元五角左右，不超過市場實際價格的百分之五十。

因此，這筆帳就成爲下列情形：一個單位面積（一斗地）的田地，地主可以從佃農那裡得到稻谷八斗。地主要給政府的是：八斗徵實加伍斗徵購，而爲一石三斗。所以，地主必須另購伍斗才足夠清繳給政府。購買伍斗稻子的價款計需銀元一元。另外，運送一石三斗稻谷去倉庫的工資，將各地路途遠近平均後，姑且平均算一元。結果，地主每有一個單位面積（一斗）的田地，首先必須將向佃農所收來的田租八斗稻谷全數繳送政府外，還額外要賠上銀元一元伍角，用以購買徵實的伍斗以及支付運送工資。總結說來，也就是地主每收地租稻谷八斗，除了應悉數繳交政府，自己顆粒不能留存外，並且還要另外賠上一·五元，相當於市購稻谷〇·七五石的價款。因此，擁有田地越多，則應賠付給政府的也就越多。

我家田地財產的放租、管理、收租、納稅等等有關事情，全部都是我這個小孩在掌理。多年下來，我對這筆帳太清楚了，而帶給我的痛苦，也實在印象太深了。我家的田地不多，卻也不少，分別在縣境內四個地區各有莊屋。其中除了縣城一區外，其他三地區都是在城外鄉村。每地區都購有房屋一所作爲倉儲之用，並且分別都請農人居住，代爲看管谷倉。政府給我的稅單是按這四個地區，分別開列成六筆，也就是六張稅單。

每年爲了繳納田賦稅的事，都使我這名不過十幾歲的小孩感到莫大的煩惱，而且他們說我家是大戶，所以政府常常來催糧。有一次，在下午五時左右，縣太爺親自帶了四名軍裝整齊揹著鎗彈的士兵到我家來，氣勢洶洶。這位縣長是我們江西省人，留學英國。回國後任職重慶某公家機關。江西省政府請他回來做我們吉水縣縣長。現在，爲了繳納田賦的事情，他親自出馬去大戶挨家催繳。那天，父親因爲躲避日本轟炸早已遷居鄉下，我因爲替父親買食物，剛好回城裡來碰上他了。他神氣十足，手持亮晶晶的黑漆手杖，四個武裝士兵跟隨在他身後。我看見是縣長來了，不知道是爲何光臨，就招呼他：

「縣長請坐。」並且趕快倒了一杯茶給他：「請用茶。」

縣長沒有坐也沒有喝茶，只是用手杖在我家客廳地板上咯咯咯敲了幾下說：

「現在不是喝你茶的時候，我們是來催糧的。你們家大人呢？」

我說：「大人都下鄉躲日本飛機去了。只有我太婆和我在家。」太婆年已七十多歲，我們說話的時候，她正彎腰駝背步履蹣跚地走進客廳來。

縣長說：「你們還有田賦沒有繳，什麼時候去繳呀？」

我說：「我們已經繳了很多，只有一點點尾巴還沒有繳。」

他看看我，正在與他對話的只是一個十四、五歲的孩童（或少年），將近七十年後今天的我猜想，他此時心底下一定在估量，究竟該怎麼處理這種著力不上的情況。於是他說：

「不是繳了多少的問題，而是國家的賦稅，每一點都要繳清。限你一個星期內去清繳。」說著並且狠狠地用手杖敲打地上出聲。

我沒有做聲，也沒有說「好」字。

他似乎是自感無力，只好施施然一搖一擺威風凜凜的出去了。

我當時並沒有恐懼，也沒有錯怪他執行任務；只覺得縣長似乎禮貌很差，倒是他的態度使我愣住了。所以他要離開，我根本也沒有想到要去送他們，只是眼睜睜地看他們出去。他走了以後，對我來說，繳納田賦稅的問題也跟隨著走了，我根本沒有再去細思這件事情，事後也沒有對我父親講（他睡在床上又能做什麼呢），更沒有去補繳田賦。因爲事實非常簡單明白擺在面前：沒有什麼好考慮，我基本上不可能補繳；如果再補繳，我全家便都要餓死。我也沒有仔細研究，不去補繳政府會如何有效對付我們。實際上，如果要對付，最多也只有我這個還沒有成年的孩子勉可作爲對付的對象。

僅就田賦一事而論，帶給我的煩惱至少就有兩重：第一、收來的稻谷根本就不夠十足繳納田賦，我不知道有任何辦法解決這種問題。第二、如果不繳清，是違反政府法規；如果繳清，則不僅我全家生活將陷於絕境，必將餓死，而且還必須舉債去履行繳田賦稅的義務。這個世界有誰會借錢給我這麼一個無分文收入的少年？所以借債是事實上辦不到的事情。因此，結論是：我無計可施，每年都是只有去繳六張稅單中的三、四張。這決不是什麼經過深思熟慮後設計出來的策略，而只是求生存時所能夠做的的唯一自然反應措施。我父親八、九年來的醫葯費、我全家八、九年來最起碼的喫飯錢、我大哥二哥在無可奈何時才偶爾向家裡要求支援的極節省的部分學費，都是在這種情形下才勉強能夠供應。

不過，我在此要再三的說，我那時只是一個小學畢業後失學在家侍候父病，從十二、三歲到十六、七歲沒有任何社會經驗的樸實兒童或少年，沒有任何奧援，也沒有任何人可資請教或商量。就常態而論，我的能力和經驗實在還不夠處理這些事情，也不足以處理其他家務。事實上，也沒有任何人要我處理家務。但是，情形很簡單，我家裡沒有任何其他的人去處理這些家務事。我父親躺在床上，對這許多以及其他更多事情，根本不聞不問。我又能視若無睹，讓父親餓死或病死嗎？於是，事情當然就落到我頭上來了，我必須自動去處理。但是說實在話，沒有什麼好逞強的，事實上我一直只是咬緊牙關在硬挺和勉力而爲，決不是愉快勝任。只是很僥倖的，在戒慎恐懼的心理下，結果卻做得很好。這種情形，給我一個十分重要的啓示和教訓，或說是經驗：一個人只要腳踏實地實實在在竭盡心力去做，常能勝過智巧者的能力。我必須在這裡說，我那以後一生幾十年裡，經常做許多超過我當時能力和經驗的事情，雖然很辛苦，但是卻都做得很好。其信心、力量和方法，完全是來自少年時期管理家務這一痛苦經驗。其實所謂方法，也不過是忍耐，負責，和深入研究，硬著頭皮和下定決心必須做成，不成不休。同時，由於上文已說到過，我這一時期的孤獨情形，根本無任何人可資請教或商量，所以也養成一種只好獨自沈著解決問題的習慣，決不叫嚷，也決不求助於人。因爲根本就無人可求。

抗戰期間我家很窮，有一次因爲家用無出，實在是沒有辦法，爲求救急起見，曾經去向我們本家最有錢的一位長輩借貸。結果是沒有借到半文錢。更重要的是，這位長輩似乎知道我是來借錢的，在與他談話還不到兩分鐘時，他就對我嘆起窮來，竟使我無從啓齒借錢。我一面在肚子裡告訴自己說：「算了罷！別借了！回去算了！」但是，另外一面又不服氣，認爲仍應該一試。最後，我總算還是鼓起勇氣，非常非常勉強地說出來意了。這位長輩聽完以後，點點頭歎了一口氣說：「我那有錢？這種時候，誰家不是一樣呀？大家都手頭緊得很。」聽完這幾句話後，我這純樸的心靈充滿了悲傷。從那以後，我畢生都不曾向任何人借過錢，直到來臺灣做公務員買自己住的房子，才循通例向銀行貸款。又有一次，也是在這段歲月裏，在實在無路可走的情形下，我曾上過當舖，是我畢生第一次也是最後一次上當舖。雖然結果並沒有成交，而將原物帶回家。但那次經驗也使我畢生難忘。那時候我的想法是，我們徐家在吉水縣是有名的書香世家，再窮也不可以讓別人知道會窮到去典當。所以，我裝了一箱子的皮襖，只好坐船去吉安典當。當舖的櫃檯比我這個小少年的身子還要高，我很不容易把箱子送上櫃檯，仰望著那傢伙只把四件皮襖隨意地翻動了兩下，瞄了半眼，隨口就說了一個大概只有實際價值十分之一的數目來。我一聽之下，忽然感到從腳板涼起，頃刻之間就涼透了全身。只覺得自己眞是窮途末路，今天竟受到如此莫大侮辱和欺侮，更覺得是有錢人在對我這窮人趁火打劫和敲詐。我氣得呆住了一會兒才說：「不當！」收起箱子，帶著滿腔悲憤，把箱子運回船上。這些片段，我終身不忘。

在太平盛世，像我們這種小康之家的地主，本來也勉強可以活，甚至活得還不錯。但在戰時，則完全不同。在戰時那些年裡，我家的財產和家務都是由我經管，所以我深知其中困難情形。據此，綜合上述種種負擔，地主每有一個單位面積的土地應繳納政府的田賦實物（稻谷）或折合現金的情形表列如下：

抗戰期間田賦徵實徵購政策下地主每一單位面積收支實況表

每一單位面積水田收支稻谷（或折價為銀元）			一律折算成銀元（以每石市價二元計）	
收入	地主向佃農收入地租稻谷	○・八石	市價	一、六元
	政府徵購稻谷價款可購市上稻谷	○・二五石	政府實付徵購款	○・五元
小計	收入稱谷一・○五石		小計	二・一元
支出	政府無償徵實稻谷	○・八石	市購價	一・六元
	政府徵購稻谷	○・五石	市購	一・○元
	運費折合稻谷	○・五石	實付運費工資	一・○元
小計	稻谷	一・八石	銀元	三・六元
兩抵	地主不足	○・七五石	銀元	一・五元

（製表：本書著者徐有守依據當時贛南吉水縣實況製成）

依上所述或表列，每一單位面積田地地主可收入田租稻谷及政府徵購之象徵價款用以向市上購得稻谷共一・○五石，如均折合為銀元則為二・一元；地主支出則為政府徵實、徵購及運費三項共折合稻谷一・八石或銀元三・六元。收支兩抵，每有一個單位面積田地，即須貼付政府稻谷○・七五石或銀元一・五元。這種制度名為「田賦徵購徵實制度」，成功地支應了抗戰八年的軍糧；也是地主對抗戰所提出的最重大貢獻。但是，就我們吉水縣的地主方面而言，擁有土地越多者，所貼付的錢或稻谷也就越多；結果對誠實繳納稅賦的地主而言，土地越多，也就貼得越多，生活越困難。但是大家都深知，這是一次關係國家民族生死存亡的戰爭，所以抗戰時期的地主，確實從來沒有發出過任何抱怨政府的話語。江西省的其他縣份以及其他省份土地生產情形和地主收租情形和地主繳納田賦稅情形如何，我不清楚；不過，僅就我們吉水縣情形來講，如果每一地主每年都把田賦誠實繳納清楚，粒米分文不欠，則必至自殺而後已，至少就我家情形說來是如此。在這種情形之下，一般地主如何肆應，我不知道，因爲没有人會去詢問別人這種事情，別人也不會據實告訴你。我的辦法則是不把田賦百分之百清繳，常常會欠繳一小部分以供我全家生活所必需。我決不是不繳而是根本没有錢去貼繳，我家幾個人還要活命。抗戰勝利後，雖然已經没有抗日戰爭了，但是內戰比抗日戰爭還更嚴重，這種徵購徵實的田賦稅制度並未取消。

家境變窮以後，開支當然也必然配合節約。但是，基本和必需的用途仍然不能缺少。這包括父親的起碼營養飲食、必需的醫藥、家庭伙食、一般家用、兩位哥哥在學校最迫切時的最必需支援等等。我們縱然極力節省，但卻仍舊常常無法供應這些最低必需開支，對我們實在構成莫大壓力。我們雖然非常務實，向來就很節儉，家窮後不必多說當然更節儉，但是，我們畢竟是書香世家，對外畢竟不能表現寒酸，卻又無法不有時必定顯現寒酸。對這一切，首當其衝的是我這名還有些許懵懂的少年。所以，我那少年的心靈，那時常常暗自承認我們眞是一個没落的世家。外人雖然也可能看出一點來，但卻並不那麼清楚。好在我們多年來的生活也從不曾有過不當的表現，我們決不向人借貸，決不向人賒欠。另外，我們吉水縣人又比較厚道，所以我們還不曾遭受勢利輕視之苦。

貧窮絕對不是罪惡。如果不是由於懶惰，也不該視爲是上天降下的懲罰，雖貧窮而仍不違法亂紀悖德，甚至更激勵其奮發圖強時，則不僅不是罪惡，更是難能的美德；而且，在絕大部分情形下，對於窮困現象，社會應該負責。反之，富裕如果是以不法或不道德手段獲得，絕對是罪惡，應予鄙視，更無資格炫耀。我家原屬小康，居家不僅從不曾有過絲毫輕漫驕矜，而且關心喜愛他人，所以能負薄譽於鄉里；抗戰期間忽成貧戶，家鄉人才不致改變態度輕視我們，我們也不因而有任何自卑喪志的言行思想。

現在回想我那時期的心態，基本上，抗戰大環境十分艱難困苦，加上我家小環境的不順，以我一個十幾歲尚未成年的少年來說，當然毫無改善環境的能力，所以，只有逆來順受，沉默的承擔一切痛苦而已。我確實是處在一種完全絕望的情況下忍耐度日。而抗戰究竟何時結束？以及如何結束？是否勝利結束？都不可知。父病臥床前後十年，而且雙腿已經退化枯乾了，眞正只賸下皮包骨，也似乎根本沒有恢復健康的可能。在我家裡，能夠勉強執行管理家務和財產以及侍候父病的人，由於五妹還小，不懂得這許多事情，所以除我之外實在別無選擇。這許多情形，活生生的擺在眼前，用不著考慮分析，事實巳經作好結論，命定我的日子就是如此，唯有聽天由命過下去，不容許我有任何選擇，我也根本沒有任何奮鬥改善的餘地。因此，我當時並沒有什麼夢，確實也從不去想將來如何。我絕望！我麻木！我就像機械人似地，每天只是早起晚睡，晚睡早起，把該做的事做完，日日如是。但是，卻並不是每日平靜安心的過下去，而是每日都有煩惱的事情要解決。煩惱多了，長年如此，卻從來沒有任何人可以在意見上、討論上、以至實際上的幫助。我永遠是在孤獨中沉思，完全憑一己思考解決問題和困難。我從不曾有過現代電視或電影鏡頭上諸如用頭撞牆或是摔東西以洩憤等類似動作。少年人會憤怒，叫嚣，抓狂，或說：「我不能接受！」其實，這只是憤怒，叫嚣，抓狂或口出大言而已，卻沒有實際行動。但是我不會發怒、叫嚣、抓狂，更決不口出大話，因爲這一切都無補於問題的解決。我如果也這樣做的話，做給誰看呢？說給誰聽呢？縱然偶然有人看有人聽，也不能對我有什麼實際幫助，相反的，我也只是會被看做是一個瘋子，惹人笑話而已。所以像這種情形折磨我多年，我早巳經不知道什麼叫做憤怒了！我也不知道什麼叫做忍耐，因爲我已經習慣於接受挑戰，無所謂忍耐不忍耐，情形正有如一句俗話所說：我只有「兵來將擋，水來土掩。」我所要做的以及所能做的，只是沈思解決問題的辦法以及實際行動；否則，只有死路一條。

這種種情形，使我少年時期就巳習慣於腳踏實地做事，養成務實、沉毅、獨自解決問題的性格，而且必定切實徹底解決問題。這對我後來半生公務生涯中的辦事，很有幫助。例如我在銓敘部任職二十多年，所有困難問題的處理，從來沒有要求過長官任何他人的幫助，都是我在獨力奮鬥。實際生活的錘鍊，不僅沒有使我低頭，反而使生命的光輝愈益燦爛。

參、成為大盜遭圍捕落網

民國三十八年（一九四九年）國民政府退出大陸，中共建政，是我國歷史上重要的一年。這一年也是我個人生命史上重要的一年。

我個人的許多大事都在這一年裡發生。在這一年裡，我個人的生命瀕臨死亡邊緣，我流亡海外，我永遠離家，我的生命發展更有了大轉變，從此浪跡海外半個世紀以上，很可能就此不再歸去。這一切來得既快又猛，像浪濤一樣，一個接著一個滾滾而來。那一年我個人的第一件大事就是年初正月舊曆年才過去半月，我差一點就失去了生命，最後竟被天老爺又釋放回來。整個過程很像是一篇傳奇小說。現在就讓我來回憶這一奇異故事的全程。

我在國立中正大學就讀政治系，依規定修夠一百三十二個學分，而且所有學科都及格，就應該在這年夏天畢業。但是，民國三十四年（一九四五年）抗戰勝利不久後，國共之間有了戰爭。到了民國三十七年（一九四八年）冬天，政府軍隊在「徐州會戰」（中共稱「淮海戰役」）失敗，中共軍隊向南京推進，揚言要渡長江。當時蔣總統已經下野，李宗仁副總統代行總統職權。李代總統所擁有的桂系軍隊爲了要保存實力，謠傳他當時駐在長江流域的夏威兵團採取不抵抗主義，一路撤退，正如俗話所說的兵敗如山倒。幾乎無人不預料局勢將有大變。

一、從吉水乘帆船去南昌開學

民國三十七年（一九四八年）冬學校寒假期間，我自位於江西省會南昌西郊的國立中正大學回吉水家鄉過舊曆年。次年初春，我僱了兩條家鄉的小帆船，載了幾十石稻谷，運往南昌出售，打算將價款做爲我和五妹的學費與生活費。我遍邀我們吉水縣城內另外十一位中正大學同學，免費同乘這兩條船同去南昌學校報到，預計船行大概要六、七天（冬天刮北風，我們卻是從南往北逆風但順流而行），所以在元宵節次日，陰曆正月十六日從吉水出發，預計可望在開學前幾天到達學校。船上一路相互爲伴談天，大家非常高興。我還特別準備了三大罈家鄉自釀陳年冬酒，每罈有酒三十多斤，足夠我們全船人一路飲用。我們家鄉吉水男人幾乎人人都喝酒，所以大家每天都喫喝得很舒服。船行了五、六天，那天到達豐城縣以南約六十里地一個名叫橋港的小鎮。黃昏前，船兒在鎮南方約七、八百公尺處泊岸。由於離南昌越來越近，只有大約六十里路，也許第二天就可能到達南昌，大家心情也越來越輕鬆。晚餐時，我們十二個人和船老闆及幾位船工們，仍然是照我們家鄉習慣用飯碗喝酒，大碗大碗喝得很多。飯後大家都臉兒紅紅和酒意薰薰，我提議去橋港鎮上散步觀光找茶喝，同學們一致贊成。

二、途經橋港小鎮遭遇奇禍

我們一夥十二個學生加上船老闆二人，十四個人興高采烈地沿著河岸邊走邊談，步行到了橋港鎮上。那天還是正月二十一、二左右，元宵節剛過，整個鎮市還繼續在春休期間，店舖都沒有開張，街上新年的張燈結綵還沒拆下，從半開的店門看進去，家家店裡的大紅燭光都在閃耀。街上也幾乎沒有行人，只偶然會遇見三三兩兩小孩在燃放爆竹追逐嘻笑。我們這批年輕大學生，酒後喧嘩過街，聲音稍大。後來總算發現有一家茶店半開半閉著門，大家就進去坐下。老闆看見這麼一大群青年人，操著外鄉口音，似乎有點慌張，起初推三阻四不很願意做我們這筆生意，後來看見我們不肯走，就只好說要臨時燒開水，所以要請大家耐煩多等一下，並且招呼我們坐滿了兩張桌子。就在這等待的時間裡，老闆一再殷勤詢問我們來自何地。依據我們在同屬小城市的吉水縣生活經驗，只要偶然遇著幾個外來陌生人時，也一定會這樣詢問。因此，我們對店家的詢問，不以爲意，並且據實以告。

在店裡坐下七嘴八舌地快半小時後，店家才給我們泡好茶，只聽見街上忽然響起敲鑼的聲音，而且有人在大聲吆喝。我們起初並不注意，後來側耳仔細一聽，打鑼的人竟是拉高了沙啞的破嗓子在宣告說：

「土匪來了，土匪來了！大家趕快加強準備！加強準備！」

這時茶店老闆就立刻走到我們跟前說：「有土匪到鎮上來了！不賣茶了。請趕快離開！我們要上門板了。」

我大吃一驚，覺得運氣眞不好，竟會遇見這種掃興事情。於是一口茶也沒喝，只好趕快結帳離開茶店。我跨進店門的時候，本來是在一種半昏暈的微醉狀態中，而且走路有點跌跌倒倒；走出店門的時候，酒意雖仍未醒，但是卻完全如俗話所說，是「酒醉心明」。如果你說他沒醉，他走起路來卻有點不穩，說話時舌頭也打不過轉來，是眞的醉了；如果你說他醉了，他卻並不是醉得像你所看見他外表那麼糊塗，他心裡還是明白的，這情形只有他本人知道。我們一出店門，就看見街上景色大變，與剛才來時的冷冷清清完全不同，大批壯漢如臨大敵，都帶著緊張驚慌的神色滿街奔跑，有的執著火把，有的持著我們鄉下人自衛用的紅纓槍（繫有紅色長鬚的稜形鐵刀的木棍長矛），或繫有鮮紅流蘇的閃亮耀眼大刀。還有人拿了大鑼在敲打，並且不斷的大聲叫喊：

「大家注意！大家注意！有一批年輕土匪，已經進入我們橋港鎮了，大家關好大門，嚴加防避。」

除了我們看得見的街上恐慌情形之外，還聽得見遠處喧囂鼎沸的聲音，把整個鎮市籠罩在恐怖氣氛中。我們這批外鄉人雖然還不知道他們說的年輕土匪在那裡，但知道情形不妙，也就加快腳步，急速向鎮外我們泊船的方向奔跑。

當我們在奔跑的時候，我們前後也都有人在奔跑。尤其我們後面，不斷有一群人追隨著我們在奔跑。我們跑出鎮市後，到了郊野地方，就沿著河岸奔跑，時間應該是晚上七、八點鍾，天色早已黑暗，加上有一片不濃不薄的冬日晚霧，大概二十尺外就看不清楚了。我穿的是一雙家鄉女工做的布底布鞋，已經很舊，所以十分寬鬆，跑快時，每跑幾步就會脫落下來，必須要拾起來重穿，延誤時間，很不方便。所以我也就落在同學中最後一人在跑。後來，我索性把掉下次數最多的右腳那隻鞋子抓在右手上，成爲一腳有鞋和一腳無鞋情形，沿著河岸繼續奔跑。

只聽見後面有當地口音的人在問：「看見沒有？」

又聽見另外一個當地口音的人緊接作答說：「看到了！看到了！有一個就在前面，手上有槍，要特別注意！」

豈知話剛一完，就聽見連續二聲槍響，而且清清楚楚有兩顆子彈從我耳際嘶嘶地飛過。我們通通是在向南跑，右邊是河道。我往左邊山野一望，才發現黑夜中漫山遍野都是人潮，火把閃耀，人聲嘈雜喧嘩有如戰場，竟至少有三、四千人。在我左邊不到二十尺的地方，有一大堆人把另外十個八個人團團圍住，那景象完全像西方電影裡美國人旅行非洲時，被非洲土人誤會而遭受幾千人武裝包圍的情形一模一樣。不過，我這時親眼看見的並非電影，而是實際生活，而且忽然悟解，他們所說的年輕土匪難道竟就是我們嗎？這時候，我聽見在左邊被包圍的那群人中，有一個聲音在大聲叫喊我的名字。由於一時弄不清楚情況，所以我不敢答應，只覺得逃命要緊。我倒是大聲叫喊跑在我前面的二位同學，要他們等我一下，但是沒有人回答我。這時候，我的酒意仍然沒有完全清醒過來，轉過頭來向右邊河道一望，醉眼矇矓中忽然看見我們那兩條船靜靜的併排停泊在岸邊。雖然河岸高達二、三丈，但情急之下，也顧不了許多，我就從岸上往河裡縱身一躍，人掉落在河邊淺水裡。我用手攀住船舷，並且急叫我們船老闆的名字，卻聽見船上的人喧嘩著說：

「這不是你的船！你下去！你下去！」船伕們就去拿撐船用的粗竹篙要來打我。

我聽那聲音的確不是我們的船老闆，再舉目一看，才發現再南邊不遠處確實另有兩條船，那才是我們的船。倉促中我只好立刻滾身下水，鑽到船底下去，本來是想從船底安全的游泳到鄰近我們自己的船上去。但是非常不幸，由於我的游泳技術不太高明，加上醉酒，我在船底下這時竟喝了好幾口水，身體也開始往下沈。慌亂中河水仍然繼續往我口裡嗆進去，我掙扎著，只感到渾身毫無氣力，而且河水繼續灌到我喉嚨裡。我當時糢糊的意識到自己是快要淹死了，自忖何以竟如此死在異鄉河道中，心頭微微興起一絲死亡前的自悲。但忽然間，我振作起來，強烈求生的慾念在腦際閃了一下，並且清清楚楚對自己說：

「徐有守！你決不能死在這船底下！如果死在這裡，什麼人都不會知道你死在這裡！你必須活下去！」

很奇怪！這時酒意忽然完全消失了，於是，我用力擺動了幾下手腳，也不喝水了，很快就從船底下游到船外，頭伸出水面了。當我爬到不到幾尺寬的沙灘上來後，抬頭一望，岸上黑壓壓地站滿成千上萬沸騰的人聲在叫喊：

「這一個出來了！這一個出來了！」

立刻就有一群人從岸上跑到灘地來把我團團圍住，並且把我強架到一旁。原來其他十一位同學已都被集中在一起，被一些警察和一群明火執杖攜帶刀槍的老百姓圍住。同學們看見我出現了，立刻用帶點放心的歡喜口吻大聲叫喊：

「好了！好了！徐有守來了！」

三、誤為土匪而遭逮捕拘禁

我們在十多名攜有槍械的警察和數千壯漢簇擁包圍之下，構成一個聲勢浩大的驚人場面，被押解到江西省豐城縣警察局橋港分局。他們士氣昂揚，一個個意氣風發，臉孔上都洋溢著一種獲得偉大戰爭勝利的驕傲。一路上只聽見不斷有人詢問：

「抓到幾個？」

另外就有人回答：「十二個。又都是船上來的。」

又聽見有人說：「這些土匪都好年輕啊，一個個都標標緻緻的。」

我大喫一驚，這時候才明白過來，他們確實竟已把我們當成一群土匪了！禍從天降，竟遭遇到這種大誤會。這究竟是怎麼一回事啊？我們是一群大學生呀！究竟強劫了什麼人的什麼東西？怎麼會無緣無故忽然變成土匪了？而且被動官幾千人抓起來送到警察局了？進入市區，只聽到遠近四週都響起了喧囂嘈雜的慶祝爆竹聲和「抓到了！抓到了！」的戰爭勝利後的人群歡呼聲。

警察分局是利用一所民間宗祠作為局址。到警察局時已經是深夜，第一件事情就是一個一個問口供做筆錄。從問話中，我們才知道警察已去搜查過我們的船了，他們隱隱約約地透露，搜查的目的是在找我們的武器以作證物，再具體一點說，尤其是一枝手鎗，但是當然什麼也沒有搜到；也問過我們船老闆的話了（並沒有把船老闆和船員也逮捕），他們模糊中似乎已經有一點明白，發現事情似乎有點誤會。

做筆錄費了很久時間，筆錄做過後，疑雲似乎消散得更多，眞相愈益顯現。他們也要我們把身上所有的東西都掏出來，經過他們檢閱後並予以保管。從我們身上的物件中，他們發現每一個人都有國立中正大學的學生證，當然更有身份證，和我們的口供一致，都足以證明我們的身份是大學生；反之，卻找不到任何東西可以證明我們有土匪強盜嫌疑的可能。最重要的是他們在我口袋裡更找出一些我那時正也任職於南昌一家報社的外勤記者名片，應該考慮到我不是冒充的，所以我猜想他們可能不敢打電話去我報社查問，以免打草驚蛇事態擴大並且見報。他們大概應該很快地想到了，這眞是一場天大的誤會，把一群大學生，甚至其中還有一名同時又是現職新聞記者的大學生，毫無理由地通通當作土匪嫌犯逮捕拘禁，大概不是一件可以隨便開玩笑的事情。在做筆錄的過程中，警察曾再三詢問說：他們看見跑在最後的那個人右手抓了一枝手槍。我說，跑在最後的那個人就是我，我並沒有什麼手槍。後來我想了很久，才想起來我右手當時是抓了一隻脫落的布鞋。警察懷著緊張的心情在我背後不敢太逼近地追趕，在大霧矇矓中誤以為是一枝手槍。我們又問他們為何憑空把我們當成土匪。他們說，因為就在大年初五，有一批操異鄉口音的年輕強盜來到鎮上，大肆洗劫之後又坐船走了。所以他們全鎮驚魂未定，夜夜風聲鶴唳。現在忽然看見又來了這麼一批異鄉口音的人，在街頭喧嘩叫嚷，而且碰巧也是來自船上，鎮民斷定是這批土匪又來了，所以立刻全鎮動員，並且報警出動云云。

冬夜很冷，大概因為有了上面所說的這些了解之後，警察局特別為我們在大廳裡用大塊木柴，燒了一堆火給我們禦寒。而我則因為落水後渾身濕透，又酒氣薰人，所以在我還沒有做筆錄前，特別准許我躺在一張乒乓球桌上。我酒醉落水，全身溼透受寒，所以這時就嘔吐了，弄得滿屋酒臭，但我當然是酒醉心明，所以也就半眞半假的借酒裝瘋放話，告訴他們我是南昌某報跑要聞的採訪記者，自說自話地把許多該說的話，都嚷嚷地說出來了，他們倒也沒有來干涉我。大家就這樣一夜未睡，同學們則是圍爐烤火到天亮，有兩名警察輪流陪同，實際上是在看守我們。

儘管他們已經知道這是一場誤會，但是卻決不肯說出半個字來認錯。到了天亮，我可以作為藉口而裝瘋的最後一點酒意也完全醒了，我問他們準備如何處理我們這一批人。他們說，這是重大刑案，決定要把案往位於豐城城內的縣警察總局移送。這也就是說，我們這十二個人要以匪嫌被解送到縣警總局去。根據我跑社會新聞所得的知識，我一聽，知道這樣處理對我們非常不利。因為：第一、任何案子一經移送，首先在形式上就已經表示其案情嚴重；第二、在實體上，分局有權可以結案的案子而不結案，有充份理由確定其為無罪可以釋放的到案人而不予釋放，但卻將全案移送上級，無形中表示分局不能確定我們為「無罪」，致使總局更不敢輕予釋放。第三、舉凡案件一經移轉之後，承接移來案件的機關既已不是立案的原始機關，對案情已經隔了一層，就更難以伸張眞相。第四、他們明顯犯錯了，非常沒有面子，甚至可能受上級責難；因而為了掩飾起見，他們甚至很可能揑造什麼事實，入我們於罪；乘機製造業績而邀功。因此，我當時就提出要求，我們既未搶也未劫，因為沒有任何人看見我們行搶或準備行搶，所以沒有任何人證；因為我們既無任何用以搶劫的武器，也無任何一件搶自他們的東西，所以沒有任何物證；因為我們並沒有任何搶劫行為，所以也沒有任何事證；總而言之，沒有任何證據可以證明我們是強盜。反之，我們卻有身份證和學生證等物證，證明我們是良民；因為我們只有上茶館喝茶的事證，證明我們沒有強盜的行為；茶館老闆和我們的船老闆、船伕皆親眼看見我們這些行為，足為我們的人證。這一切都可證明我們是純潔的學生和找茶喝的行為。所以應當在分局階段立即予以釋放而結案。

可是橋港分局並沒有接受我的要求，仍認為非移送總局不可，眞實原因當然是他們不肯認錯。而且後來我進一步細想，他們甚至還可以就把我們逕行當做不久前強劫他們的那一批強盜以充抵罪鬼銷案，構成功勞；同時也滿足鎮上民間武力協同擒匪成功的虛榮心。但是，他們當時答覆我所提上述要求時，主要藉口可以歸納為兩點如下：第一、雖然不能證明我們是強盜，卻也不能證明我們不是強盜；而且他們是根據當地老百姓報案，才會同當地人民協力把我們抓來，我們是已經落網了。現在，雖然全案移送，但卻並沒有肯定說我們是強盜。第二、本案在當地風動一時，幾乎全鎮無人不知，人民都認為這是警局會同鎮民捕捉到十二名土匪嫌犯的大案，如果警局一夜之間就放了我們，而且說是抓錯了人，必定會引起鎮民強烈批評和指責，很難得到地方人民的諒解。所以只好送總局。

我聽了以後，覺得他們完全是就自私立場來處理本案，眞正的原因是上述第二點；但無論就公理、正義、法律或人權立場來看，這兩點理由都十分荒謬。

四、將十二大盜解送總局

我們這十二名大盜隨案移到總局以後，照例再問一次口供和再做一次筆錄，然後就把我們引導到一間兩面是牆和兩面是木柱欄桿圍起來的禁閉室，要把我們這一群「土匪」關起來。我一看情形不妙，覺得眞是莫大侮辱，氣得渾身發涼，立即大聲抗議。總算他們還好，後來也就把我們改置在後面一個有適當活動範圍的後廳禁足，根本不具關閉的形式，我們在一定範圍內可以自由活動。我們是上午大約十點多鐘就到了總局，他們大概在初步看過案文後，要另行研究如何處理這樁棘手的案件，所以遲遲也沒有任何行動。

就在警局躊躇時間內，我一直在想脫困辦法。我因為做新聞記者，所以對社會一般瞭解比較多些。大家都知道，在中國社會要解決事情，第一個方向就是找熟人。我苦苦思慮，到了下午才忽然想起，這個豐城縣是江西省第一行政督察專員公署的所在地。而現任行政督察專員是胡運鴻先生。胡先生以前在我們吉水縣至少做過六、七年縣長，為人正直清廉淡泊。我十一歲從南昌初次回到吉水縣時，他正在做我們吉水縣長。常常看見他穿一身當時叫做安安藍布的長袍，沒有任何隨從陪伴，在空氣好的地段獨自慢慢散步，神色完全是一派書生氣息。後來調往他縣繼續做縣長，聲譽也一直很好。我想，以我所聽見他為官細心和處事詳慮的情形，以及在吉水縣為父母官如此長期，對縣裡情況的了解，對於我們徐家這種正派大家族，應無不知的道理。他離開吉水大概已經五、六年，就在那前幾年，我在報紙上看到報導，他高陞為這一區的行政督察專員，我們現在正好在他的管轄區內。我想除了找他之外，一時之間實在沒有更直接而適當的人可找了。我看見禁足我們的這間後廳，剛好有一具電話機掛在牆上，心中暗喜，也沒有對同難的同學說明或商量，以免打草驚蛇，打定主意，只等待適當的機會就進行。看守我們的警察知道我們實際不是土匪，所以本來就漫不經心。不久，他毫無戒心的有什麼事走開了，我就毫不客氣地自動使用他們的電話，叫總機接往行政督察專員胡運鴻先生。對方接電話的人問我是什麼人，我告訴他是南昌某報社的記者，有重要事情請教。眞是大倒楣中的大好運，胡專員親自接電話了。我在電話裡講得非常清楚，把整個事情的經過，和我們十二個人誰是那個家族誰的兒子，都說得一清二楚，而且我故意用標準的吉水土話與他談說，俾使他無從置疑而必定深信不疑。他在電話裡也沒有提出過任何質疑。

我想，以胡先生治理吉水縣政五、六年的見聞與經驗，而且尤其以他半生勤於縣政的了解與心得，在聽完我電話中的說明之後，必定立刻就可以判斷這些話是假不了的。而且從這整個故事的經過，也可以立刻判斷，警局對本案的處理方法十分荒唐。我說完之後，並說我們學校開學在即，希望早點無條件釋放。胡先生聽完以後，只連聲發出嗯嗯的聲音，沒有任何態度表示。我當然知道，在他沒有向警局方面查證之前，當然一時不便有什麼具體表示，於是我就掛了電話。

我舉目四望，那位看守我們的警察老兄竟還沒有回來呢。不過，我的同難同學們都聽見我電話中所說的話，他們當然都知道胡運鴻先生是誰，卻沒有人想到我竟會打電話給胡運鴻先生。

現在，問題要看我們底下運氣好壞。運氣如果不好，胡先生大可做個袖手旁觀不惹麻煩的官僚，不理會這種閑事，因為縱然將來有一天我們或我們的家人朋友，把這件事鬧大了，他絕對可以否認接過我的電話，這責任也不在胡專員；如果我們運氣好，胡專員明是非、負責任、講道義，他就會出面處理。

事情證明，我們會遭此無妄之災，當然是運氣不好，但是當我們被解送到總局之後，運氣顯然是在轉變；否則，也不會有下面這些順利的事情：第一、可以免予禁閉。第二、可以讓我有機會偷用警局電話與外界聯絡。第三、恰巧我們竟會身處胡運鴻先生行政管轄地界之內（行政督察專員公署的地位介乎省政府與縣政府之間。一個行政督察專員管轄約十個縣。例如當年蔣經國在新贛南工作時的職位，是第四行政督察專員區的專員）。第四、謝謝胡運鴻先生把我的話聽進去了。

五、遇貴人得救

眞快！過了大約半個小時，忽然有一名警察特別跑來對我們說：

「局長在罵人了，說你們之中，有誰給行政督察專員打電話了。問我們怎麼可以讓你們使用警局電話與外面通訊。」

我知道發生效力了，心中暗喜。嘴裡就說：

「胡專員在我們吉水縣做了很多年縣長，對我們這裡十幾個人，誰是誰家的後代，一個一個都知道，假不了的。我們怎麼會是土匪強盜？」

再過一個小時，好消息來了。警察來說：

「上面說可以放人了。但是你們必須要有人具保。這是手續。」

並非拿翹，事實是有困難。我說：「我們在這裡人生地不熟，到那裡去找人做保？」

想了很久，我後來想到我們中正大學政治系比我高一個年級的徐光國是豐城人，與我很熟，於是就在警察協助和陪同下，我們找到了徐光國家在豐城縣城所開的店鋪。詢問之下，徐光國由於已在先一年夏天畢業而且留校任助教，所以此時已經先去南昌開學上班了。我們把整個故事告訴徐光國的母親後，並經陪同的警察從旁幫助證明和勸請，於是，徐光國的母親與我們之中任何一人雖然從不相識，竟慨然允諾做保。

警局把我們放了。這時已是晚間七時左右。我要求警局幫忙，派一名警員，陪我們去行政專員胡運鴻先生家道謝。於是，我們到了胡公館。經我將包括我本人在內的這十二名「江河大盜」一一介紹，並且說明各人在中正大學所讀系級，以及在吉水縣住在何處，然後誠心的道謝。胡先生親切平和，謙沖有禮。至今我仍然深深感念於心，永難忘懷。

說實話，胡專員不僅解救了我們，更也為他屬下的豐城警局免除了一場可能的風波。憑空把十二名手無寸鐵的過境大學生抓起來可不是一件小事。至於這一場劫難的起因和過錯究竟在誰？我覺得過錯絕不在我們。但對我個人而言，竟在短暫二十四小時裡，無端遭受到刀兵水火之災，幾至喪命，堪稱一次嚴重的危機。而迅速有貴人出現予以大力援救，尤其是一大奇蹟。

肆、背井離鄉大流亡

民國三十八年（一九四九年）及其前後幾年，固然是整個國家發生政治劇變的一年，而對許多個人也是生命中發生大轉變的幾年。除了大陸內部人口相互大流動外，另外還有幾百萬人從中國大陸移居臺灣。這其中，固然有許多政治精英，共同開創臺灣半個世紀來的局面；也有大批經驗豐富的企業家，爲臺灣創造了經濟奇蹟；更有幾萬青年知識份子，當年還只是以流亡學生身份背井離鄉獨自流亡到臺灣。這些人裡面有不少人才，據我直接和切實的了解，這些青年人具有一些共同的品質。他們感覺敏銳，在勇敢、務實、獨立性、判斷力、機動性等方面，大都有過人之處。幾十年後，有些已分別成爲海外或海內聲譽卓著的學人；有的成爲軍中總司令、上將；有的成爲中央政府的部長、五院副院長；有的成爲成功的大企業家，不一而足。只是很少有人自己講述他本人往事，所以大家不知道他們的這一經歷。這些青年知識份子是在什麼情形下，用什麼方式，以及如何渡海到臺灣的？有的是隨軍，有的是集體，有的是獨自。只有極少數是有幸隨同親長來臺。我個人是與同學集體結隊而來，是衆人中最平凡的一員。

我個人來臺前，三歲隨父母離開吉水縣赴南昌，勉強讀完小學，母親去世，隨即展開了我生命裡的十年黑暗時期，受盡煎熬和折磨，直到我離開大陸到達臺灣，才算結束以往二十五年的痛苦生涯，開啓了那以後半個多世紀的個人新運。

本章只是具體記述我流亡來臺的經過。

一、千萬流亡青年中的一個

改變我青年期以後畢生命運的一次大流亡，發生在民國三十八年（一九四九年）。我離開大陸，也離開我所有的親人，隻身流亡到臺灣；而且，一別半個多世紀，至今似乎仍無回到大陸居住並與家人重聚的可能。我以及我的後代可能就此在臺灣定居下來永遠成爲臺灣人。這次流亡，當然是我生命裡的第一件重要大事。

二、決定結伴流亡

那年陽曆四月，中共軍隊已經過了長江，而且佔領了南京和離九江不遠的長江南岸有名的馬當要塞。位處九江以南一百八十里地南昌郊區的我們中正大學二千多學生，因戰火日近而開始感到不很安寧。像許多其他大學一樣，部份學生準備離開學校。

我很躊躇，已經是四年級下學期的學生，最多再過兩個月，就可以畢業得到一張大學畢業文憑，證明我確有過辛苦的四年大學生涯，也證明我的知識與能力可以就業。反之，我現在如果離開，就得不到那張大學畢業證書，四年的辛苦奮鬥都將毫無結果，形成浪費而付之東流。這可不是一件小事。

我夜夜不能成眠。最後決定還是離開學校。經了解後，知道學校裡打算也要離開的同學大約有二百多人，其中除了我和李兄兩人是四年級外，其他都是三年級或更低班的同學。經過幾位熱心同學的簡單商量和規劃後，決定大家結伴流亡，原則是採完全自願參加的方式，集體行動，無任何有形組織，經濟各人自理。另外當然還有部份同學雖然也決定離校流亡，但並不與我們結合，而是各別採取單獨行動。

記得似乎還是四月上旬，我們同學約二百多人，每人都攜帶了自己簡單的行李，各自逕赴南昌的鐵路南站（在南昌市區的贛江西岸另有一個鐵路北站）。我到達車站時，大約是早上八點鐘，先到的同學已經有了百把人，都集中在月臺上一小塊地方。再過一點時間，徐老師也來了，其他同學也陸續到了，只缺了王志鵠老師還沒來。我放眼一看，漫長的月臺上人潮洶湧，男女老少上萬人，而且各種各樣的人都有：老太太、老公公、成人、小孩、婦女、孕婦、和尚、尼姑、穿著比較精緻的有錢人、穿著不好的窮人，以及我們學生們。

我們這個南昌站是浙贛路上的一個中途站，全線東起浙江，至南昌後，南下至樟樹鎮，才越過贛江轉而西行，經贛西的萍鄉通往湖南的株州終點，而與粵漢線交結。我在月臺上四處走動打聽消息，才知道這個站已經多日沒有火車到達或開出，所有班次都未經宣布卻完全停開。但是，旅客們卻都晝夜留在月臺上默默等候，以爲總會有車忽然會要開出去。至於爲什麼沒有班次，誰也不知道眞實原因。我們遲來的學生們更是無可奈何，只好與先我們到達的成千上萬人一樣，在月臺上一起茫然地等候班車。八年抗戰的社會失序經驗仍在，大家都早已有了習慣，對許多重要的事 情也不去追究原因。

我們在月臺上定下來後，才不動聲色各自地用眼光檢閱我們集團的人。看見徐老師來了，但卻不約而同地發現王老師沒有來。於是有同學問：

「王老師怎麼還沒有來呢？」

有人答：「王老師不會與我們一起走，因爲家裡人口多，一時不好處理。」

王教授是我們中正大學農學院院長，同時還是訓導長，由於職務關係，向來與同學們接觸最多，所以我們都很關心他。於是，另外有同學就說：

「這怎麼可以？他怎麼可以不和我一起走？我們到王老師家去看看好不好？」

我想了一下，判斷一時也不會有火車開出去，應該有時間去王老師家了解情形，所以我也表示贊成。於是七、八個同學說走就走，一同離開月臺。各自叫了黃包，到了市區王老師家，只見老師與師母竟在大吵大鬧。原來師母力主老師攜帶長子同時離開，而老師則認爲應該留下來與師母及孩子們共患難，師母卻堅持不同意。但是，如果一起走，一家多口並無交通工具。因爲有了這種事實上的困難，所以吵得烏煙瘴氣，不得解決。

經我們同學們加以勸解和催促之後，問題有了結論，王老師總算勉強決定與我們一道走，於是開始收拾簡單的行李。匆忙中，王老師特別抽空又去書房裡寫了一封信，交給我立刻去替他投郵。我一看是給臺灣省政府教育廳長陳雪屏先生的，我出去在不太遠處找到了一個郵筒，將信投了郵。回到王老師家，正好王老師也把簡單的行李收拾好了，帶了長子與我們同學一起，分乘幾部人力車齊赴火車站。

三、脅迫站長開出列車

車站月臺上的情況依然如前，毫無改變。經一再詢問同學，都說根本沒聽見開車的消息。但是，卻有一個壞消息，似乎人人都知道了，說中共的軍隊已經到達九江。我聽到這句話起初是心裡一怔，感到戰爭就快來到身邊了，但立刻就告訴自己不要輕信。因爲那幾年裡，各種各樣的謠言太多，稍有頭腦的人都知道必須查證。至於一般人士，則因爲謠言實在太多，所以久了也就麻木了而懶得去查證，不知不覺中就輕信了謠言或聽其自然而置之不理。現在，我聽到共軍已到九江的傳言後，就坐下來獨自靜想：這消息難道是眞的嗎？如果是眞的，那就不容許我們繼續坐在這裡等待了，而得有點什麼行動。不過，我覺得首先必須追究消息來源以利判斷。我於是站起來，在月臺上到處打聽。問了許多人，都說聽說是車站人員傳出來的消息。我心想，以前就聽說鐵路有他們自己單獨的電話線路系統，所以也許消息會靈通些。但是，根據昨天的消息，中共軍隊離開九江還很遠，似乎不可能一夜之間就到九江了。因此，我認定這很可能是純粹謠言；一般造謠的人都懂得如何取信大衆，所以又故意設計說是來自車站人員的消息。但是，從另一方面去想，車站無緣無故不開班車，究竟爲何？用意不明，所以也許很可能確實就是車站人員放出來的話也不一定。

此時，我放眼四望，車軌上遠遠近近停放的車廂不知多少，怎麼會沒有行車班次開出呢？其中必有原因。

人處亂世，沒有時間也常常不可能像平時那樣按部就班去逐步處理問題，必要時不得不採取跳躍式方法以及簡化的方法去解決問題。於是，我就邀了幾個同學一同去找站長。站長室就設在月臺上，門上掛了一塊有「站長室」三個字的小牌子，室內空間很小，大概只有三、四個榻榻米大。室中只放了一張小小的二屜桌子和一把椅子，桌上除了一架電話機外，也没有任何公務文件或類如紙筆墨硯等辦公用品。看站長的神氣大概四十來歲，獨自一人坐在桌前椅子上。不斷地有三三兩兩的人進來詢問何時有車，他一律簡明答復說：

「不知道。」

很奇怪的是竟没有人追問他爲何没有車或爲何不知道。

我先問他：「你就是站長呀？」

他微帶三分驕傲的口吻說：「没錯，我就是站長！」

我於是問他：「爲什麼没有車？」

他照例以公式答案應付我說：「不知道。」

我就說：「你不是站長嗎？怎麼可以只說個不知道就算了？」

我明顯看見站長的眼睛忽然亮了一下，立刻重新打量我們這七、八個人一遍，就問：「你們是那一部份的？」這是那時候大陸上詢問陌生人身份的習慣語式。

我說：「我們是大學生。」

起初他微微楞了一下，但似乎很快就放下了心，那神色好像在對他自己說：「原來不過是學生啊！」然後才微帶一絲傲慢的口吻說：「没有車就是没有車，難道還要向你們報告嗎？」

我勃然大怒說：「你說話不講理，你有責任按行車時間表開車，你毫不負責，居然還這麼傲慢。你憑什麼可以在三、四天裡都没有一班車開出去？」

他強硬地說：「這個你管不著，這是我們鐵路局的事。」

我帶點發狂的說：「我們是旅客，爲什麼管不著？這件事我們今天管定了，你非想辦法開車不可。」

這時，他又驚了一下，但立刻就故意裝做有點不屑似地竟把我從頭到腳掃視了一遍，才輕蔑地說：「我不開你又怎麼樣？」

我說：「你試試看！你最好還是趕快開車。」

這時，他忽然將兩臂往桌上一放，然後就倒頭趴下去裝做又要睡覺了，再也不理睬我們了。那意思顯然是無形中在對我們說：「我不理你，我要睡覺了，你能把我怎麼樣？」可惡已極。

我們對他的確是毫無辦法，楞楞地在那裡站了一會兒，最後相互看了一眼，最後我只好說：「我們警告你！你最好想清楚些！」

然後我們只好走了。

回到月臺，我坐在地上細想了很久，覺得站長說不出道理來，顯然是有問題。我十分疑惑他就是散布謠言的人，若不用點特殊方法，決不能要他開車。我想清楚以後，打定了主意，就再邀集七、八位高頭大馬的同學，每人找根棍棒，齊赴站長室。我事先一再與同學約定，只能對站長施以最高度的恐嚇，非到必要時，絕對不可以眞正用棍棒打他；縱然打他，也絕對不要把他打傷，更絕對不可以把他打死。

再度到了站長室，看見他還在用他的標準老答案答覆每一來人的詢問。他忽然看見我們又來了，而且其中有幾個是剛才來過的，所以一眼就認出我們來。所不同的，是這次我們每人手上都多了一根棍棒。他機警得很，一眼看出情勢有點不妙後，就立刻故技重施，又趴在桌上裝作睡覺的樣子，不理會任何人了。

不容分說，我首先用木棒在他辦公桌上猛力一敲，發出很大的聲音，並且大聲說：「你裝個什麼蒜？混帳東西！抬起頭來！」

他顯然被嚇了一跳，沒想到我們竟會如此粗魯。他抗議說：

「你們想怎麼樣？想打人嗎？」

我說：「打了你又怎麼樣？只要你開車，我們就不打人。」

他強硬地說：「說沒車就是沒車。」

我們兇悍地與他談了很久，他依然頑強，後來竟又趴在桌上要睡了。我實在忍無可忍，就對全體同來的同學使了一個眼色，同時齊聲大喊一聲：

「打！」我們並且都把棍棒猛力敲打在桌上。

這次他是明顯的被嚇倒了。忽地站了起來大聲說：「你們要打就打吧！打死了我更沒有車！」

我一聽，這傢伙狡猾透頂，這一定是預先準備好來對付質問的最後武器。他這句話把我們都難倒了，一時不知如何是好；但是，我腦子裡忽然一閃，就用棍子再猛力敲打一次桌子說：

「你給我聽清楚：人人說兵士是丘八，蠻不講理；說學生是丘九，與丘八差不了太多。我們正好就是一群丘九，我們一定要離開南昌；否則，在戰亂中，誰也不知道什麼時候會發生什麼危險，也許早晚要死在南昌戰火中。與其晚死，不如現在死也差不了太多。你說打死了你更沒有車，我們今天就先打死了你再講，橫豎大家都是早晚要死的，但是現在是你不肯開車，就讓你先死了再講。我們還未必就會死呢！」然後，我對同學們掃了一眼說：「來罷！我們現在就讓這傢伙死在這裡。」我們拉高了嗓子，拖長了聲音齊聲狂喊著：「打呀！」

他眞的是在仔細聽我每一句話，而且當然句句都聽懂了，就慌忙伸手攔住我們說：

「慢點！慢點！你們聽我解釋。」

我追著問：「你到底開不開車？如果再不開車，就沒有什麼好說的了！我們也顧不了許多了，現在就先打死你再講。」

決不可以小看了他，他是眞正靈光得很，立刻轉變：

「好，開車！開車！我開車。」

然後就坐下來不再說話，在抽屜裡找出一張巴掌大的空白小紙條，坐在那裡開始寫一個又一個號碼，片刻就寫了一長串。我們在一旁監視著。我懷疑地問：

「你這是幹什麼？」

「配車呀！」

「這些號碼是幹什麼的？」

「沒有車皮的號碼怎麼配得成一列車？」他用一種輕視的眼光瞧了我一下。

我聽懂了，他是在編配一個列車的車廂序列。倒是謝謝他，他編出來的列車，竟是有幾十個車廂號碼的長長行列。我猜想他大概早就估算過月臺上有多少候車的旅客，所以就配好一個如此足夠的長長列車，以便完全清除月臺上人。否則，若仍有少數旅客留在月臺無車可乘，勢必引起糾紛，而最後非釀成打架不可，甚至也許會有眞的暴民打到他頭上來也說不定。他寫完了配車紙條以後，拿起紙條就往外走，我立刻追過去說：

「你要到那裡去？」

「我去交付發車命令呀！」

我說：「好，我跟你一起去。」

他走下月臺，走得很快，在許多鐵軌之間，穿梭似地左轉右轉。最後到了一個比較遠的鐵軌上，找到了一個顯然是有意隱藏在那兒的火車頭。有一個工人模樣的人，正在附近閒逛。站長停下步子來對他說：

「老劉，你照這個序列去配車。配好以後就儘快開車。」站長把那個小紙片交給他。

這位劉先生接下了紙條，說了一聲「好」，站長就頭也不回地走了。劉先生身穿灰色舊襯衫和短褲，一看就知道是個工人階級，顯然是一位火車駕駛。

劉駕駛把小紙片看了一會兒就塞在上衣口袋裡，然後就爬上火車頭。我就也跟著上了火車頭，坐在他身旁那個座位上，謝謝他並沒有拒絕我，也沒有問我什麼。對我說來，這是此生至今唯一的一次經驗。劉駕駛頗花了一點時間才把車頭發動。那火車頭是使用煤炭燃料，他先把原來就堆放在車頭上的碎煤一鏟一鏟加入爐中，然後生起火來，等待了一會兒，見火勢已旺，才發動了機器開車，車頭這才開始在鐵軌上前後移動。每到一處，他就將車頭尾部碰撞那車廂一下，於是兩車的鉤子（也就是俗稱爲詹天佑鉤的那種鉤子），就自然鉤上，而使兩車連結起來了。他如此一個又一個車廂尋找，一個又一個車廂連結起來。就這樣在車場許多軌道間前進後退，差不多有兩個小時之久，竟然組合了幾十節車廂，成爲一列長度空前的列車。我至今仍然很詫異，他何以竟能如此明瞭每一節車廂停放的所在位置？因爲每一隻車廂都有編號，而且列車車廂前後排列次序，可能也都是按照站長那張小紙片指令的次序。我也詫異，那位站長何以能夠不需要書面資料的幫助，竟能僅憑記憶而編寫出那幾十節車廂的編號來。

雖然還只是長江南岸的陽曆四月，但是那位駕駛劉先生這時已經打了赤膊，穿著短褲。我與他坐在那熊熊大火爐旁好幾個小時，也覺得全身炕熱得不得了而流汗。

當這一成列的長長火車鳴著長笛，七查七查地一路呼叫而來，神氣活現地奔向月臺時，遠遠就看見月臺上起了騷動；鼎沸歡呼的人聲中，流露出高度驚訝和歡愉的混合情緒。列車的長笛停止鳴叫了，煙囪裡冒出一陣長長的白煙，車子才慢慢停下來。這景象十分像是一位古道熱腸的長者從遠處奔跑過來，熱忱拯救這群正面臨危難而一籌莫展的人們，長歎後吐一口氣說：「來罷！朋友們，你們可以上車了。」車子剛一停下，就聽見人群中又湧起了一陣歡呼。成千上萬的人爭先恐後把行李搬上車。不到十幾分鐘，月臺上的人和東西就完全空了，而列車上的人群卻在嘁嘁喳喳騷動地安置行李和找座處，騷動得厲害。

我走下火車頭一看，才發現整個列車並無半節是車廂，全部都是平日用來運煤的無頂篷車，俗稱之爲車皮。但對我來說，這名稱還是第一次聽到，也不懂爲何稱爲車「皮」？待我慢慢走到火車後段找到同學們時，他們已經都把行李搬上車皮，而且人也都上車皮了，我們約二百名同學佔了三節車皮，每個人都坐在自己最簡單的行李上。

令我愕然不已的事情，是我的被蓋捲子和一個小小帆布小提包，竟仍然留置在月臺上。那原來人山人海和行李堆積如山的月臺，現在忽然什麼也沒有了，空空蕩蕩，冷冷清清，乾淨如洗，但卻只有我一個人孤零零地站在我那孤零零的被包旁邊，成爲奇景。當時我內心裡免不了有點氣忿，爲何沒有人替我把行李搬上車去？不過很快我就心平氣和下來，在那種大家都要逃命的慌亂中，每個人設法急忙搶上火車去是最重要的事情。誰還能去想到身旁這麼一件不知何人所有的行李呢？於是我心底也就釋然，就自己把行李搬上去。可是，車皮上十分擁擠，我的行李竟沒有空間放得下了。同學們總算是通情達理，趕快想盡辦法挪出一小塊地方給我放被包，同時，這也就是我的座位，我就坐在自己這個小小的被包上，每個人也都是坐在自己的被包上。

坐下來後，我再想了想，我的行李沒有同學替我搬上車去，不能因此認爲同學們不夠交情。因爲根本並沒有拜託任何一位同學代爲照顧行李，他們並不知道我人在何處，而且也沒有任何一位同學認識我的行李。當然更不會有人去隨便搬動一件不屬於自己而又不知道是誰人所有的行李。但是，這件事也給了我深刻的印象和有用的知識。爲群衆服務，尤其是爲毫無組織的青年學生群衆服務，常有可能在許多時候忘記你，雖然事後群衆又會表示感情、惋惜或懷念。這就是學生群衆特性之一。但是，在我看來，這種感情有什麼實際意義呢？

四、一路狼狽到廣州

再不到十分鐘，列車開動了，整條幾十節車皮組成的長長列車上不計其數的旅客，不約而同地又發出一陣歡呼。車子就在這一陣又一陣歡呼聲中，七喳卡喳地又轟冬轟冬地緩緩逐漸加速前進，車頭的氣笛神氣活現地一聲又一聲嗚嗚地叫著，還不斷噴出陣陣白煙來。

我內心的快樂自然毋待多言。

但我默然，一語未發，當然更沒有隨同大家歡呼。我默然的原因，是忽然興起了雙重情懷。一方面意識到此去前途茫茫，學業、事業與前途，固然無從談起，而且此身吉凶未卜，生死難測。另一方面，我那時雖然已經二十五歲，但卻從來不曾與家庭長期隔離。雖然外出上學校求學，但每逢寒暑假都照例要回家，不能算是長期離家。我從來沒有沾戀家庭的念頭，但現在忽然想到此去極可能長久離別父親兄妹們，從此不知何時才能再見，內心竟充滿了無限惆悵。我雖然想到前途茫茫，但絕不恐懼，也不會因離家而有絲毫躊躇或感傷，但是竟仍然難免感慨。我想自己從小熱望遠離家鄉外出開創事業，今天果然要如願以償而離家了；卻沒有想到竟是在如此一種情形下離家。

我們這一列車既然都是車皮，所以車上的情形都可一目瞭然，每一車皮上都是人山人海，人上堆擠著人，比後來所見臺北市公共汽車最擁擠時的情景還要嚴重，每個人的身體緊貼著他人的身體，可以說是險象百出。甚至有人因爲擠不上車皮，竟用許多條繩索綁在車皮旁邊或是車皮下方，他本人就躺臥在那幾根繩子上，用手抓牢繩子，令人驚心動魄，不敢逼視。我估計這一列車載出來的乘客如果沒有萬人也有八千。

然而，所有乘客之中，卻沒有任何一個人知道，何以突然會有這一長長列車開動；縱使與我同行的中正大學二百多名同學，知道這一經過的人也不過只有那七、八個與我同持棍棒去脅迫站長的人而已，但是卻也不知道我監視駕駛配車的事情；而且看情形，這七、八位同學似乎並沒有對同學宣布我們強迫站長的經過，縱然宣布了，也不會把我的名字報出來，這是青年人的習慣。我從來就不是一個自我宣傳家，甚至就從上了這列長別家鄉火車的那一時刻開始，至今幾十年來，我都不曾與他人談到過這件事情的經過。我一直認爲我做得很對，因爲有了這一列車的開出，車上成千上萬的人才可以平安回到自己的家或各得其所。

火車到了湖南醴陵，山明水秀的景色使人眼光爲之一亮，從車上可以明顯看出鄉間田畝耕作得很整潔，證明醴陵人的勤勞。本來，我們贛南農民也是十分勤勞的。但是，一九二〇年代到三〇年代中共革命行動前後，大批青壯起初都參軍中共，後來又隨同從事二萬五千里長征，所以農村勞力數量大減，甚至許多村莊大門口的良田也乏人耕種，對其他田地的耕種也就不可能那麼勤勞了。火車循浙贛鐵路繼續前進，入夜後，車子還沒有抵達株州時，老天爺竟降下傾盆大雨來。沒有車頂蓋的車皮被雨直接淋打，雨水如注，所有的被蓋行李通通濕透了，我們坐在車上無路可逃，只好硬著頭皮，低下頭來讓雨傾盆而下，雨水直往嘴巴和頸子裡流，使人眼睛也睜不開。我們一個個都被雨淋成落湯雞，十分悽慘。這情景是畢生唯有這一次的經驗，至今不忘。就這樣淋著雨直到株州，時已夜深，很多旅客紛紛下車。我們的車是屬於浙贛路的，株州是浙贛路的終點，但我們的目的地是廣州，所以應該在此換乘粵漢線的車。這時月臺上剛好有些粵漢路的空車皮，我們就把給水淋透了的被蓋搬到粵漢線的車皮上，車子很快就載滿了。坐在車上，大家都沒有乾燥的衣服可以更換，只好仍然穿在身上讓自己的體溫去烘焙濕衣。

車子到第二天才開動。這一列車竟也像我們原來所乘浙贛路的那一列車一樣，還是車皮，而且乘客滿坑滿谷，仍然有許多人用繩子繫在車廂外，另一端則很危險的繫住自己的身體。沿途陽光明媚，我們的溼衣才晒乾了一點。不過烈日下久晒，使人又有另一種難受。

那天下午二時左右，車子到了湘潭，不知何故要停車休息一夜。這時天氣晴朗，我和李兄從所攜帶在身的中正大學校友通訊上查出，有校友在湘潭的鐵路小學任教務主任。我們兩人就到小學去訪問那位校友。彼此雖然素未謀面，但當他知道我們是剛從母校來的校友之後，就立即表現出熱烈歡迎，並且用電話找來七、八位校友，在一間教室裡布置了一個小型的茶會，備了些餅干和糖果，熱忱的招待我們兩人。我們喝著專為我們沖泡的熱茶，喫著甜甜的糖果，感到有說不出來的溫暖和甜蜜。經過路途上這幾天的折磨，自覺幾乎已毫無尊嚴，而不像是人了。現在突然然遇到從未謀面的校友竟是如此熱忱，使我覺得自己還是一個人，眞是感動萬分。他們關心母校，所以我們就報告了一些情形給他們聽。我們也從他們那裡知道了一點這幾天來內戰發展和國際局勢的大概情形。

我的財務情形十分拮据，身上全部財產只有十幾個袁大頭（銀元）。在我們同學這個團隊裡，可能是少數最窮之中的一個，後來我知道，很多流亡學生是眞正身無分文的。我在年初時賣了二十幾石稻子，原來是想把所得的錢作為太平時的學費，或亂時我的流亡費。由於學校宿舍不安全，銀元不便存放，所以借存在南昌一位至親手上。這位親戚平時看來很親切，豈知當要離開南昌之前向她取回時，她大概看準了我匆促中奈她不何，竟毫不客氣地說已暫時借用了，一毛錢也不給我。我也就只好自認經驗不足。因此，我一路都非常忍耐，只買最便宜的東西果腹，每天都不敢喫飽。從這件事情，我得到了很好的教訓：金錢決不可隨便委託他人，至親也不例外。

到了廣州，當然沒有錢住旅社，我們整個團隊起初住在郊外一所原來是軍用的茅棚裡。與我們同住的還有另外一批幾十個也是來自南昌的男女高中流亡學生。那天夜裡竟雷電交加，傾盆大雨。茅棚因為地處曠野低窪地，四面八方的水像漲潮一樣都湧進茅棚來。不到半小時，棚內地上已積水二尺多，青蛙和癩蛤蟆成群在水中閣閣叫著，有時還跳到床板上來，甚至還有水蛇在水中游動，十分恐怖，使人徹夜不敢成眠。那時年輕，又仗著人多，大家還有趣地起鬨。現在回想起來，卻只覺得心酸和悲慘。第二天天亮後，我們趕快收拾行李另找地方，結果找到市區內以前曾經是英租界的沙面，也就是小學教科書上敘述的「五卅慘案」發生地。我們找到一間小學，在教室內打地舖。不知是否因爲業已暑假開始或是什麼我們不知道的其他原因，學校那時不上課。所以我們並沒有影響孩子們的課業。所稱沙面，是緊靠廣州市區位於珠江口的一個原本可能是沙洲的一個四面環水小島，日長月久，早已不是「沙面」而是「土面」了，所以才可以築屋種樹，總面積不大，憑記憶中的印象，兩頭最長處大概也只有二、三十分鐘就可以步行完畢，寬度則不過二、三百公尺左右。沙面處處都是成蔭的古老大樹，房屋都是原來英人所建，大多是三層樓的英式店面洋房，房屋相互之間都不連結，每幢房屋都是獨立的，在裡面辦公的都是一些洋行。島上道路整潔，綠樹成蔭，風景優美。整個洲與廣州市之間，只隔一條大約二、三丈寬的小溪，有許多小橋可通，所以實際上已與廣州市連成一片。在沙面上來往的人都是上層社會人物，成雙成對。那時候已經是快五月了，亞熱帶的廣州已經很熱，但是出現在沙面上的男士仍然個個西裝畢挺，衣衫整潔，女士鬢香衣影，恍若神仙。我們同學常坐在沙面大樹下納涼談天，這些男士女士路過時，步履輕碎，充滿了那種閑情逸緻的情懷。他們有的會停步帶著疑惑眼光注視我們，有的會用廣東話說：「他們是流亡學生啊！」廣東話「流亡」二字發音和「流氓」二字相同，至少在我聽來，變成了「流氓學生」，我們都假裝作聽不懂。不過他們那種閑情逸緻的鏡頭，卻使我興起無限感慨。我凝視市面那許多高聳的大酒店和百貨公司，也凝視那繁榮熱鬧愉悅的街道，不免想起「商女不知亡國恨，隔岸猶唱後庭花」的詩句來。我也感慨兵敗如山倒的現象，一敗百敗。

五、謠言滿廣州

住沙面期間，每頓飯都是在外面買。我們發現大飯店裡有一種便宜的叉燒飯，每碗港幣四毛左右，裡面還有幾片叉燒肉，所歉就是飯量太少。所稱一碗，不光是那隻飯碗比茶盞大不了多少，而且碗裡面的飯，實際上也只有三分之一碗，甚至一大口就可以呑下去，實在不足以喫飽。照我們這種流亡學生的飯量來說，喫個十碗絕對是可能的。但是，莫說十碗，就是要吃兩碗，對我說來都覺得太貴，那裡敢呢？

那時候，中央政府已遷來廣州，五院和國民黨中央黨部也都來了，而且立法院還正在會期之中，正在廣州開會。大家都到處去打聽消息，局勢卻只有日漸惡化。雖然也像許多人那樣還懷著夢想，盼望有個什麼好消息，好讓我們能夠安定下來；但是，卻天天只有壞消息。我們慢慢了解到，廣州不是可以久留之地，必須另作打算。經仔細檢討後，認爲可以暫時前往的，似乎只有四川和臺灣兩個地方；但是，躊躇中卻遲遲不能決定究竟是西去四川或是東往臺灣。我們想盡辦法搜集有關參考資料，實際上能得到的正確資料甚少，謠言卻非常多。

在沙面住了幾個星期，那家小學希望我們搬走。由於無處可以容納這麼多人，找了許久，最後總算找到離市區很遠的郊外黃埔有一所空屋，我們全體都搬去了。房子靠近海邊，可以看見海中停泊了許多輪船。廣州人喜歡喝茶，黃埔街上茶店很多也很大衆化。我發現黃埔街上茶店裡有一種廉價的喫法，就是一早去泡一碗茶，叫一個大包子做早點，然後就可以坐下來慢慢看書，一直泡上整個上午；然後到中午時，再叫一碗叉燒飯當作午餐，如果願意再坐也沒有人來干涉你。這樣，這兩頓合計也不過港紙一塊錢上下，相當於銀元二角左右，但對我說來，仍然是一個負擔，不敢多所嘗試。

那時候街上最多的是荔枝，滿街都是荔枝攤，久了才知道荔枝的品種很多，那些品種的名字，現在已經記不清楚了。只記得其中有一種叫做大紅袍的味道很好。廣州的香蕉也不錯，又大又肥，品種也很多。最有趣的是街上攤販有油炸蟑螂出賣，街上也有麻將館。不過我很窮，所以這些玩的和喫的，一概都只是知道而已，甚至連荔枝都很少有錢去買。這就是「流氓學生」生涯。

自從臺灣光復後，大陸各處常常可以看到臺灣風光的照片，給我的印象是亞熱帶的臺灣，風情迷人，所以一直很想去臺灣。但是，當時廣州和黃埔都廣泛流行一則謠言，因爲湧去臺灣的人已經太多，而臺灣只是一個島，土地生產量有限，所以糧食不足，物價高昂。現在白米已經貴到要三百銀元一擔，不僅很多人買不起米，而且根本也沒有足夠的米可以供應，所以只好喫西瓜皮和香蕉皮來充饑，饑荒情形十分嚴重云。這種說法，衆口一詞，合情合理，很少有人不信。當然，起初我是抱持高度疑惑態度。理由是：至少臺灣此時是否像大陸一樣也流通銀元，就是一個可疑的問題。如果不流通，則何來三百個銀元買一擔米的說法？但是這正是俗話所說「聚蚊成雷」和「衆口鑠金」所描寫的情形，重複的謠言可以使曾母對自己品德優良的兒子曾參都發生懷疑，遑論他人？我們當時在廣州所能接觸到的人裡面，很少有來過臺灣，根本就無從去查證，也沒有人有空去查證。那時候的政府信譽被破壞了，大概只要是不利於政府的話語，大家都似乎寧願信其爲「眞」，堪稱悲哀。

有一天上午，同在黃埔地區而且離我們住處不遠的地方，有一座槍械火葯庫忽然發生爆炸。爆炸的聲音震耳欲聾，烏黑的濃煙夾著熊熊的火光，一陣又一陣直冒。羣衆都驚恐地跑到空曠地方呆呆地遙望。如此持續爆炸燃燒竟達兩三個小時，直把一座倉庫徹底毀滅後才慢慢熄火。大家一致意識到這是遭人破壞，使我們心理上對黃埔的安全產生了很大的疑慮和警惕。過了幾天，在一個夜晚，我們全體同學在月光下開了一個會，討論行止問題。大家坐在沙地上，經紛紛發言後，得到的結論是：原則上暫留廣州，仍住黃埔，繼續觀察一個時期後再行斟酌。但這一結論不具強迫性和拘束力。因爲基於群體當初出發前在學校的默契，不採取組織行動和強制規定，所做成的結論仍然只供各人參考之用，各人仍保有行動自由的選擇。

六、決定赴臺灣

上述結論只是多數人的意見，並非全体一致的意見。我和李兄兩人的看法稍有不同。我們認爲：第一、大局仍然是兵敗如山倒，士無鬪志，廣州恐怕也難久撐。明顯看出來，市面謠言太多，治安已露敗象。所以應該離開斯地。第二、四川雖然至少一定還能維持一個時期，但是長期以觀，也難逆料。鑒諸最近幾個月來，政府軍隊沒有任何抵抗行爲，望風自行撤退，是否能如抗戰時之堅守四川及大後方，實不無疑惑。如果今日草率決定前往，以我們這種一介學生的身份，將來再求轉往臺灣是極少可能的。第三、傳言臺灣飢荒情形，不必輕信。因爲任何社會縱然困苦，仍必定有辦法維持其自身生存。

我當時心底下更有一個最重要的簡明觀念，認爲亂世那有十拿九穩的事情？臺灣就算眞是鬧饑荒，也不會因爲多了我們兩個人就會加速大家餓死。我們縱使做乞丐要飯，就到臺灣那個沒有戰爭的地方去要飯又何妨？

有一個非常重要的技術問題必須解決，在我們到達廣州之初，我就曾經與我們中正大學要好同學涂兄合辦了一張臺灣入境證，同一張證上有他和我兩個名字和兩張照片。當我決定去臺灣後，立刻就去找他商量，希望他也一同去臺灣。他經考慮後，對於究竟是東去臺灣或西去四川，一時不能決定；擬稍遲再作決定。在這種情形下，我當然不能一人先走。但是，完全出乎意料之外，也完全不是我所希望和願意，涂兄竟告訴我可以一個人持那張入境證先走，他可以另外去辦一張入境證。我對他這種說法感到嚴重疑惑，認爲一個人不能辦兩張入境證。所以我單獨拿走入境證後，將使他不再能去臺灣了，這是一件十分嚴重的事情，所以我決不贊成。但是，他堅持認爲他將來不會有問題，極力勸我先走。

誠心感謝上天，在我來臺灣後一個月，他畢竟也來了，果然沒有發生問題。他的處事能力支持了我對他的信心和崇高的友誼。後來我們在政治大學政治研究所又再度同學，成爲更親密的至交，經常在一起討論事情。他結婚後，由於他夫人與內人都是湖北同鄉，所以她們兩人非常投緣，也成爲至交。自他赴美定居後，由於兩地相隔，他家和我家各因學業、家務及事業忙碌，彼此才漸漸聯絡不多，但每年仍必有幾次通訊。「海內存知己，天涯若比鄰。」至今時隔半個世紀，我內心仍然十分感激這份隆盛的友情，以及患難中捨己爲友的古道熱腸。我一直認爲他是我生命中的大貴人。

我們也不清楚有什麼船去臺灣，忽然想起曾經無意中看見沙面上有招商局海船公司的辦公處所。我和李兄兩人就一同到沙面的招商局去。與我們交談的是一位微胖的中年太太，她說姓吳態度很親切，問清楚我們的情形後，知道我們是「流氓學生」，很感謝她特別低聲告訴我們，有一條海鷗輪一兩天內就要啓航去臺灣，船就停在黃埔，她願意給我們優待，每人只收兩個半銀元。我們大喜，當時就買了半票，並且向這位太太再三道謝。人在無錢無勇的苦難中，竟能出現一位素不相識的貴人，感激之情，實難言喻。

回到黃埔後，遠遠望見海鷗輪果然泊在離岸幾百公尺的海中。我們當夜就僱了一隻小划子載我們到海鷗輪上，一上船就發現滿船都是人，船的下層和甲板上以至每一角落都擠滿了人，根本無所謂鋪位，完全是那種擁擠的難民船。印象中，船上至少已有二千多人，而且百分之百都是與我們狀況相同的「流氓學生」，除了來自上海各大學的人稍多外，其餘都是來自大陸上其他許多不同的大學，別無其他旅客。同是天涯流浪漢，我們格外高興。船上供給簡單的米飯，雖然沒有菜，我們已經十分滿足了。幾天後，輪船似乎是五月九日到達基隆港。

七、成為「七洋行」弟兄

船靠岸後，有關方面通知我們，每一所大學的學生群都可以派一位代表去臺北辦理入境手續。我們中正大學只有我和李兄兩個人在船上，李兄表示願意去，所以就請他偏勞了。他去臺北回來後，我問他臺北是個什麼樣子，他說：「臺北很好。外觀是鄉村裡的城市，城市裡的鄉村。街道上都是樹木，店鋪都很整潔。」後來我自己到臺北後，也覺得李兄的話很正確，深具同感。臺北街道寬闊，主要的街道都有樹木，行人稀少。椰子樹在藍天白雲下高聳，艷陽普照。穿著花洋布長裙的少女，拖著木板鞋在整潔的街道上款款而行，輕盈來往，裙擺在微風中飄揚，輕輕搖曳，洋溢著一種亞熱帶特有的情調。使我們這種浪子倍增惆悵。

到臺北後，感謝臺灣省教育廳的接待，派卡車把我們全船學生載送到臺北市，安置在臺北火車站附近一棟名爲「七洋行」的三層洋樓裡。據說這房子原是宋子文所經營的一家名爲「七洋行」的外貿公司財產，現在公司已經倒閉，所以房子暫時空在那裡。裡面已經幾乎住滿了先我們到達的大陸來臺流亡學生。這建築物內部沒有任何裝潢間隔，更沒有任何傢俱，大家都緊密的連結打地舖而睡。

我們似乎是在五月上旬到達臺北的，我在「七洋行」住了大約三個月。與許多同住的朋友相同，心頭十分苦悶。苦悶是多重的：第一、爲了節節敗退的軍事情況和國家前途。第二、爲了本身前途茫茫，來臺幾個月始終沒有找到工作。第三、懸念大陸上家人的安危。第四、己身的窮困與生活的不安定。

住在「七洋行」的朋友們生活情形大同小異，大致情形如下：天不亮時，我們之中的絕大部分人都會醒，每個人都拿了毛巾和牙刷，到七洋行大門口臨街牆腳下的水龍頭邊洗臉刷牙，然後走到附近街道上面壁而立，閱讀貼在牆頭上的報紙。我總記得，我每天醒來和起身都特別早，而且幾乎都是在睡夢中被驚醒的，驚醒我的是我總覺得似乎有聲音在呼喚我。我知道，那呼喚我的，實際上只是自己對國事的那份熱望和那份焦燥，每天總是急於想早早起來讀到局勢好轉的消息。但是，事與願違，每天所讀到的卻都是失望。讀完報紙後，我常常獨自或與涂兄一起漫步到大約十分鐘途徑的教育廳大廈（若干年後改爲監察院的辦公房屋）內膳廳去喫早餐稀飯。有些七洋行的朋友會在路上小店裡順便買一千元老臺幣的臺灣白砂糖去拌稀飯（那時新臺幣剛剛發行，在過渡期中舊臺幣還可以繼續使用，兩者相互間的兌換率是舊臺幣四千元兌新臺幣一元），竟可以供兩、三天拌稀飯之用。也有很多人會在飯廳內小攤上，花三千兩千元舊臺幣買一條小小的油炸魚，算是私菜。我沒有錢去買白砂糖或是其他什麼菜，只是老老實實喫膳廳供給的那些醬瓜、豆腐乳等小菜，已經覺得很不錯了。午餐和晚餐的菜是四菜一湯，也已經很不錯了。這些菜飯都是臺灣省政府教育廳免費供應的，那時候教育廳廳長是陳雪屏先生，陳先生向來是青年導師，所以才會熱心照顧這些流亡學生。我們整個白天都無所事事，有人就去位於當時稱爲新公園多年後改稱爲二二八紀念公園中的省立圖書館看書，有的上書店，有些人則是談天或訪友或做點什麼消遣，但卻很少人有心情去遊訪名勝風景。

當我們住在七洋行的這一段時間裡，教育部特別先後舉辦了兩次「教育部大陸來臺戰地專科以上學校民國三十八年應屆畢業生畢業考試」，讓大陸來臺不及參加自己學校畢業考試的學生們參加這種由教育部舉辦的集中畢業考試，及格後都由教育部直接發給一張稱爲「畢業證明書」的文憑，以示有別於在正規情形下由各學校自行舉辦畢業時所發給的「畢業證書」。涂兄因爲還只讀完三年級，所以不必參加這一考試，後來以轉學或借讀方式就讀臺大。我和李兄都參加了考試，而且都幸獲及格，獲得一張證書，總算完成了我四年大學教育有證的心願。這對我說來，應該算是一次重大的意外的收穫。因爲我當時離開南昌時，是下定決心寧願犧牲這張證書出來流亡，現在沒想到竟能兩全其美，流亡和證書都得到了。我那以後幾十年從事公職，都全靠這張證書爲我作證。

我在七洋行居留期間，曾經想盡辦法找工作，起初是一無所成。後來承王志鵠老師的介紹和教育廳的支持，得以在那年八月底去臺灣省立員林中學任教，才算結束流亡生涯。在我找工作的過程中，有兩件事情值得在此一述。

第一件事情，當我在南昌中正大學讀一年級時，我們的憲法學教授是陳戚鵬先生。我來臺後聽說他在臺灣大學任教，就間常在飯後去他家，拜託他替我注意有無工作機會。我多半是晚餐後去。有時遇上他們正在晚餐，因爲是師生關係不須太多客氣，所以他們一邊用餐一邊與我閑談。在一次閑談中，才無意發現我當年考取中正大學的一段背後經過。那段經過堪稱奇遇，改變了我的一生，將在本書第三編「四個契機」篇中的「貳、歷次僥倖考取學校」第七節「揭開當年考取大學之謎」一文中詳述。

另外一件事情，是承陳教授推薦我參加××大學教務處進用組員的甄審考試。辦理考試人員告訴我們，要進用新人兩名。那天參加考試的有九名，都是經人介紹才可以報名應試，也都是同住在七洋行大樓裡的熟悉臉孔。我覺得我考得很好。筆試時有一道題目是要設計一種編製學生學號的系統。對這種事，我從來沒有注意過。於是臨時想了一下，只好自出心裁，決定要把入學的學年、學院、學系、學生個人等四個因素都用數字表示出來，合併在一起成爲一個學號。過了幾天，接到通知，我入圍了，並且指定時間要我去參加口試。口試時，發現這次同時參加口試的，包括我在內只有三人。那位口試官問過我的經歷後，一再重複說我做過新聞記者，並且就據此直接當我的面武斷我的性情必定比較外向，對於坐在辦公室內做組員這種靜態工作是否不適宜，深表疑惑。我再四答覆說我並不外向，不會不適宜。又過了若干天，再次收到通知，通知書裡有三句很漂亮的話說：「所憾名額有限，滄海遺珠，至以爲歉。」我心裡想，我竟是唯一被淘汰的那個人。但是過了幾天，我在七洋行大樓裡先後偶遇與我同時參加口試的另外兩位朋友。我恭喜他們高中可以就業了，他們卻很詫異地恭喜我高就。至此，我們才都恍然大悟，原來那天一同參加考試的三個人都沒有被錄取。那麼，他們錄取的是誰呢？我猜想一定是另有一批或二批口試分別舉行，或者根本就沒經口試而在筆試後就已經直接錄取了某某兩名，要欺侮我們流亡學生的方法多得很呢。我們這種初出茅廬的小子，眞是不知天有多高，地又有多厚。

我在「七洋行」認識了許多好朋友。七洋行的朋友們，在各自就讀的學校裡原本都是主動、機動、積極、活躍份子，與那些埋頭勤學的同學比較起來，性情自有若干不同。「七洋行」的學生中，後來很多都出人頭地，或爲社會菁英，甚至成爲國家棟樑。（請與本書第四編「拾穗」第拾壹章「七洋行弟兄」互參）

八、開始做中學教師

我被聘爲臺灣省立員林中學教師後，立刻就從臺北坐火車到員林報到。那時學校快要開學卻還沒有開學，很意外地報到當時就領到學校發給八、九兩個月的薪俸，在幾乎身無分文地渡過三、四個月窮日子後，眞有如遽獲巨款，大旱後忽逢甘霖，心頭爲之狂喜。第二天就去臺中市做了一套新西裝。這時我離家大約已經快五個月了，住進教師宿舍後的第一件事就是趕快寫了一封信給我在大陸上的父親和五妹報喜，試寄吉水太史第老家。這封信能否寄到，我本來不存什麼希望。可是非常幸運，在一個多月後，學校已開學，居然接到父親和五妹兩人的回信。父親的信上說了些痛苦話，五妹信裡則充滿了快樂，她說知道我平安而且有了工作，所以特別高興。當我再寫一信寄去後，就不再收到回信了。從此斷絕音訊半個世紀。直到將近半個世紀後，我住在美國的親戚往大陸探親回來，才寫信告訴我一些我家狀況，父親已經過世了，兄妹們則分散各西東，一切不詳。

在這一次大流亡的過程中，如果稍有不慎，我很有可能失去生命或重大改變命運。毫無疑問。這絕對是我生命中的一次大危機，但當危機經過妥善處理而渡過後，於是就成爲我生命中的一大轉機。定居在臺灣後半個多世紀裡，我建立了家庭，並且有幸得爲社會工作幾十年，自認已經替國家和社會做了一點事。也託上蒼庇佑，至今與老伴都身體粗健，安享老年安靜無憂之福。最重要的是感謝上蒼賜給我三個聰明、善良和正直的兒子，他們都接受了良好教育，各別組織了他們自己的家庭，也都有安定正常良好的職業。到民國九十三年冬時，我已經有了孫男孫女共四名。而且我知道兒媳們一定還會爲我再添孫男孫女。在半生患難之餘，老來特別了解平安就是福的眞諦。我很知足，但這一切，都開啓契機於當年毫不躊躇作成決定，冒險獨身流亡來台的結果。

伍、夫妻大病不死

民國五十年（辛丑、一九六一年），我和內人石繼之都重病幾死，內人懷孕第一胎也不幸流產。第二胎雖然又再出血，所幸經急救後成功，次年民國五十一年（壬寅、一九六二年）生下了我的長子徐斯勤。繼之對這次流產再懷孕成功生育的經過，曾經寫成一篇記事小說「新苗的誕生」，刊登在中央日報副刊。後來我把它編入我的小書「藝文沈思錄」（商務版）內作為附錄，現在又編入本書第四編。這段經過所跨的兩年，其中辛丑年我夫妻幾瀕於死，是我抵臺至今最險惡的一年；而壬寅年喜獲麟兒，則是最有收穫的一年。

一、婚後我一病幾死

我與繼之在一九六〇年秋天結婚。那時我任職行政院簡派參議，指派在副院長室工作。副院長王雲五教授是我就讀政治大學政治研究所時的老師，又是我碩士論文的指導教授，承他邀我到他辦公室工作，於是他又成為我的長官。因為他常常催促我結婚，所以我結婚時就請他福證。雲五先生希望我辦婚禮不必張揚，所以我就找了臺北市貴陽街這種比較偏僻地方的一家名為「靜心樂園」的菜館作為婚禮禮堂。那天是一九六〇年中秋節前一天。

婚後大約兩、三個月，我身體忽然每天燒熱，身體非常難受，臥床不起，竟至不能去辦公。經醫師檢查，似乎是有一種內臟發炎，但卻一時不能判斷是那一內臟，喫藥無效。後來我貪圖方便，就在住所附近診所去看門診。那醫師為人親切，他建議打針。我記得打的是一種強力抗生素，每隔日一針，連續注射了十針。那針劑的葯力大概很強烈，所以注射到第六、七針的時候，我就感到有暈眩的現象，步行去他的診所時，只不過一點點短途，卻就步履不穩而搖搖欲倒。十針注射完竣後，燒熱病果然徹底好了；但是身體卻十分衰弱，我和繼之都感到非常恐懼。

那天夜晚我做了一個夢，夢見我亡故已久的母親安慰我不必耽心。半夜醒來後，渾身大汗。我叫醒繼之並把夢境告訴她。我說：「我大概不會死了，母親在保佑我。」

果然，我的身體復原得很快，幾天後就恢復上班了。但卻留下了兩種後遺症：第一、據說是葯品對平衡神經發生傷害作用了，所以走路不注意時會有點暈眩，身子就會微微搖動。不過後來時間久了，才漸漸恢復正常，但仍然沒有徹底恢復。多少年後，有一次我基於遊戲心理，試坐我家孩子的摩托車後座，發現仍不能坐穩，極有可能會倒下來。第二、據說也是抗生素的遺患，我的右耳聽力大大降低，不過左耳很好，完全不影響與人溝通。到七十歲以後，由於老年自然退化，右耳聽力已幾乎完全喪失，形成只有左耳可用，在安靜的地方與人對話仍然沒有問題；不過，在人多的地方，例如人多的餐廳或是嘈雜的會場，則很難完整聽清楚別人究竟在講些什麼。

二、內人流產後幾死

民國五十年（辛丑、一九六一年）春，婚後不到半年，內人感到身體不舒服，而且月經失常。經去中山北路臺灣省立婦產科醫院求診，發現竟是懷孕了。我因爲天性特別喜歡孩子，多年以來就盼望早點有孩子，甚至未婚前就曾經想領養一個孩子。現在好了，我結婚了，孩子要來了，我當然高興得不得了，而且熱切希望會是一個女孩，我常常獨自默禱上天保佑我的孩子平安誕生。

過了一個多月，舊曆新年過後不久，內人患了嚴重的感冒，咳嗽非常厲害。看過一、兩次醫師後，仍無好轉。我們有點耽心咳嗽太厲害會影響胎兒，那時我們年輕沒有經驗，就依民間習慣，買了某種牌子的「川貝枇杷膏」成藥來喫。這是我國民間治療咳嗽的名藥，有許多不同牌子。繼之喫了幾天這種藥後，咳嗽果然好多了。

但是，非常不幸，有一天早上，繼之忽然發現下體有流血現象，而且爲量不少。於是趕快去看婦產科醫院大夫。那位女大夫叫我進診療室去看，繼之下體流血很嚴重，有大量紫色的血塊排出來，其中還有一塊較大血團。醫師對我說：

「胎兒已經壞了。」那女大夫把血塊投入一旁的垃圾桶裡。

「怎麼有那麼大的血塊？」我難過的說。

那位中年女大夫嚴肅的望了我一眼說：「這就是未成形的胎兒。」

我心裡黯然，感到大堆黑雲忽然壓頂，使我一陣暈眩，而且幾乎掉下眼淚來，我暗暗對自己說道：「我可憐的孩子！」

事後檢討這件事情的原因，非常疑惑我們所買那種牌子的川貝枇杷膏裡面是否可能放有過量的鎮咳麻醉藥。

回家以後，繼之躺在床上常常哭泣。岳母來看她，勸她不要哭。可是繼之仍然無法自行控制悲傷情緒。岳母素性慈祥，從未見過她發怒，但是這時卻大聲叱責說：

「不許哭！小產要和正產一樣保養！不要在月子裡把身體弄壞了！」

繼之和她兄弟姐妹向來都非常孝順，一切都依母親的意思做事。果然，經母親訓斥之後，繼之的眼淚立刻就乾了，從此不曾再哭，只是仍然常常對我訴說內心的難過。

一個多星期後，繼之身體稍有進步，很想洗澡。我們夫妻兩人都是公教人員，薪俸微薄，收入有限。由於行政院並沒給我們配給住屋，婚後只好租住在一棟一樓一底小小房子的樓上，面積最多十坪。甚至整棟房子根本没有洗澡間，只能帶著盆子提了水，到樓底下那間不到一個榻榻米大的樓梯間裡洗澡。當時天氣還有點冷，我特別燒好一個木炭爐子，先放在樓梯間裡，並且把小小的窗子關上，使得小小空間不到一會兒就暖和些。我替她把水準備好之後，她就進去洗澡了，我就上樓去做點家事。

過了大約十多分鍾，隱約聽見樓下曾先生夫婦那位還不太會說話的二歲多小男孩連續叫喊：

「阿駝！阿駝！阿駝！」

我起初沒有注意去聽小孩子的玩耍話語。後來聽出他似乎是站在樓梯口對著樓上在叫喊，才忽然想到他可能是在叫我。因爲我們夫婦非常喜歡這孩子，所以他常常來我們樓上玩耍。不知道爲何，這孩子平時就稱呼我爲「阿駝」（我並不背駝）。我這時聽他叫得很急，於是就走到樓梯口一看，孩子果然站在樓梯口正朝著樓上在叫喊。他看見我後，立刻就用手指著那樓梯間的方向，充滿了一種稀有的焦急眼神。我腦際一閃，忽然覺得可能發生了什麼事情。立刻奔下樓，打開樓梯間的門一看，發現室內竟是煙霧迷漫，幾乎叫我睜不開眼來；繼之已經半昏迷地倒在濕淋淋的水泥地上，面無人色，眼睛半閉，很勉強地發出非常微弱的聲音在呼喚我。像這樣微細的聲音，在樓下房裡休息的曾先生夫婦大概是聽不見的，而在緊閉的樓梯間門外也很難聽見。不知何故竟幸虧被這小孩聽見了。

我心裡很慌，暗想一定是一氧化碳中毒，夾雜水蒸氣進入肺部。如果再遲幾分鐘，眞不知道會發生什麼事情。我趕快把她抱出來，用力搖撼她，大聲叫喊她，並且鼓勵她深呼吸。過了將近十分鍾，她才稍稍清醒，漸漸恢復意識。

我們夫婦當然十分感謝這位小朋友。

完全沒有想到，一場本來可能致命的災禍，託上天保佑，竟然遣派一位孩童來拯救我們。

以上是民國五十年（辛丑、一九六一年）大概四、五月間的事情。

三、內人再度懷孕出血得救

同年六月，發現繼之又懷孕了。這一次，我們有了經驗，所以特別小心，而且不敢再亂喫東西。

雖然特別小心，卻仍然出事。到了那年八月間，繼之有孕業已兩個多月，應該是無緣無故但卻發現竟又流血了。我們夫妻都慌張得很，立刻赴醫院。醫師說，雖然出血，但仍然可以挽救，必須躺在床上，不許移動，不許下床，最好連轉動身體也要避免；而且要打安胎針（稱之為黃體素），最好不用長效安胎針，而密集用短效的當更能發揮藥力作用。所謂長效，是打一針可以維持一星期或半個月；短效的有一種是每天一針，效果最好。

從醫院回到家裡，我立即替她向任職學校國立臺灣師範大學辦理請病假手續，繼之也就遵醫囑開始躺在床上，不敢動了。我們雖然可以看公保醫療，但是由於公保醫師和護士按規定都不出診，所以只好另外在住宅附近找到一位掛牌的私人醫生，與他約好，請他的護士小姐每天早晨八時許來我家為繼之注射一次。

整個夏天，繼之就這樣在床上躺了三、四個月，胎位總算是漸漸穩定了，那已經是十一月了。

我每天都必須替躺在床上的繼之洗澡，最後又為她擦腳。有一次，恰好有一位我的政治大學同學來我家，給他撞見我給繼之洗腳的鏡頭，我並無什麼不安的感覺。殊不知，後來他竟不懷好心把這事情告訴別的同學們，而且整個故事被簡化為「我看見徐有守替太太洗腳。」至於徐有守究竟是在一種什麼情形原因之下替太太洗腳，則完全被省略不提了。從此，徐有守替太太洗腳的故事，就在同學間當作笑話傳開了，有時甚至會在同學集會場所被提出來公開取樂。我並不生氣，後來有一次，我大大方方地站起來，嚴肅地說明整個經過，最後作結論說：

「古人說：閨中之樂豈止於畫眉而已，且有更甚於此者。我是對太太豈止於洗腳而已，且還洗澡呢！我覺得為了能平安誕生我的下一代，做這種事情不僅是必要，而且還是一件十分神聖的事情。」

果然，從此以後也就不再有人以此取笑我了。

那一段時間裡，我們夫婦的財務狀況十分不好，直率一點說，就是很窮。我們幾乎沒有分文存款。

那時期公務人員的薪俸微薄，我當時已在行政院任簡派參議，也算是高級人員了，月支新臺幣一千二百元；繼之在師範大學任高級薦任職，月支八百元。兩人合計月入二千元。我們在北市金山街九巷五號分租了兩間日式榻榻米房間，每月租金一千元。賸餘一千元，就是我們夫妻買菜、看醫生、買葯和一切最簡單生活所賴，實在非常不夠。我在無可奈何之下，只好每天夜晚在繼之入睡後，硬打起精神，掙扎著寫點文章去投稿，換一點微薄的稿費聊資補貼。

那時候，我身體不錯，能夠耐勞耐苦；只是精神和肉體所受的折磨，實在夠苛。我具有多重身份：行政院的簡任官、繼之的專用特別看護、我家的「下男」（臺灣沿襲日本人習慣，稱家庭女僕爲下女。則模仿這用語，男僕理當稱爲「下男」）。我每天很早起床，爲繼之準備早餐，等候護士小姐來打針。但那位護士小姐常常忘記，我家又沒有電話（那時候家庭裝設電話還算是奢侈品），我只好步行去請她。看著護士小姐打過針後，我才能擠公共汽車去上班。到辦公室時，已經是九點半或甚至快十點了。所幸因我所任職位關係，規定可以不必每天簽到，但雖然自知如此遲到不好，但卻別無改善辦法。那時候，我們政府機關還沿襲日本人在臺灣這種亞熱帶地區習慣，夏天辦公時間定爲上午八時一直到下午二時下班，中間不休息，每天工作六小時。我因爲家有病人，所以經過報備，每天都提早二十分鐘下班，先去菜市場買菜。我每天必定買大骨頭加墨魚乾燉湯給繼之喫，因爲這對胎兒發育有幫助。買好菜回家就煮飯、燉湯、做菜、照顧繼之喫好飯；然後是洗碗、洗衣服（那時候臺灣還沒有洗衣機）、掃地、拖地、擦榻榻米。做完了這些，已經四點多鐘了，通常大概可以帶著渾身溼汗在榻榻米上小睡半小時或一小時。五點多鐘後，又是煮晚餐、照顧繼之用晚餐、洗碗、爲繼之洗澡等等事項。待這些事情完畢後，我雖已疲乏不堪，但還得打起精神來寫點文章。那時候臺灣還沒有自製冷氣機，我家連一支電扇也買不起。所以天氣實在熱得難受，整天都是汗流浹背。像這樣打起精神來應付人生，使我常常因過度疲勞，而夜晚竟反而失眠。

這種生活確實有點痛苦，但我是咬著牙關在堅持，因爲我自少年時起，已經習慣於沉默接受一切苦難。

我一輩子不曾停止過閱讀，在這種情形下，仍然抽空讀些書。記得那時曾讀到董顯光所著「蔣總統傳」，說蔣總統中正先生感到他自己是永遠在「孤獨地向上攀登」。這使我想到在大陸喪失前，所有公務機關大禮堂所懸掛的蔣總統肖像上方，總是有他所寫的「堅苦卓絕」四個字。也使我想到少年時所讀到劇作家易卜生在他那部名爲「國民公敵」的名劇中的一句話：「那最偉大的就是那最孤獨的。」說來好笑，我甚至還想到孟子所說「天將降大任於斯人也」等句子，用來自勉。我在感動之餘寫了一篇短文：「在那偉人的胸懷」，刊登在一本名爲「政論月刊」上。有一天，我就讀政治大學時的老師黃季陸先生忽然來電話我辦公室，說他讀過我這篇文章了，並且嘉許我寫得非常好。我心裡想，我這只是寫來勉勵自己的，承他嘉許，實在愧不敢當。

四、調景嶺來的難民

感謝上蒼，我們家大兒子徐斯勤，在一九六二年三月平安誕生了。當他誕生後一星期，我們抱著他從醫院返家，把他放在搖籃裡，他立刻大哭，並且從此不停哭泣，哭聲很大。我們給他餵牛奶，吃完奶後，他又繼續哭。他的大便是稀稀的綠色溏便，而且身體每天發燒，全身骨瘦如柴，臉孔也是皮包骨，毫無血色。我有生以來從來没有見過甚至也没有想像過世上會有這樣瘦小衰弱的初生嬰兒。我們夫妻毫無經驗，心慌意亂，手腳無措，束手無策，不知如何是好。到了夜晚，他照樣整夜在哭。我没有辦法，就打電話給我在臺灣唯一的徐氏親長，也就是我的堂姑母，請問我們該做些什麼。姑母也說不出該做什麼。我們就這樣天昏地暗地連續三天下來。後來只好抱他去省立臺北醫院找小兒科名醫某大夫。某大夫看過後說是孩子腸胃不好，而且有不明熱（F.O.U），應該住院，於是就住院。一個月後，孩子哭鬧依舊，燒熱也依舊。黃大夫說可以回家，並且指示應該喫一種英國製造的鈣糖漿（Calci-Ostaline syrup）。我們只好抱孩子回家。那時正是夏天，每天都很熱。臺灣還只有電風扇，而沒有冷氣設備。因此，我無計可之下想出一個辦法，爲減低孩子的體溫起見，每天早上去買一塊枕頭般巨大的冰塊，拿回來放在一個小矮凳上，再把小矮凳放在一只洗澡用的大鋁盆裡，然後將鋁盆放在一只高凳子上，用電風扇放在兩三尺外的桌子上對著大冰塊輕輕吹，把冰塊的冷氣吹向孩子搖籃裡去。但是，孩子仍然是每整天睡得很少而哭得很多。只有抱著他來回走動時，才可以哭得好一點。後來，把他養成壞習慣了，成爲必須常常抱他。到了夜晚，由繼之和我輪流負責上下半夜照顧他。當我負責上半夜時，爲了想利用時間寫作，當孩子在我懷裡偶爾也睡著了，我坐下想寫點文章時，還得一手抱他，另一手勉強寫作。但是，只要他一哭的時候，就必須抱著他起來走動才行。不止一次，我計算抱他時所必須做的全部動作計有：抱、抖動、用手輕拍他的身體、左右搖動、來回走、唱我們家鄉的小兒搖籃曲，一共六個動作必須同時進行，缺一不可。有時偶然少了一項動作，孩子必定立刻哭泣，歷試不爽。這情形使得我和繼之非常疲勞。

某大夫說孩子腸胃患的是一種稱爲四月痙攣的病，是幼兒發育尚未完全時期的現象；至於另種症狀不明熱則不知其原因。照我的想法，不明熱應該也是幼兒神經發育未全之前的現象。後來，我在Dr.Spark所寫的那本 Baby and Child Care 的名著中譯本上，讀到有關幼兒這種病的描寫，確是由於幼兒的腸胃神經發育尚未健全，所以腸胃常常不規律的自行蠕動，形成腸胃痙攣現象，使得小兒腸胃作痛，消化不良。由於這種症狀通常是在嬰兒產後四個月期前發生，而四個月後，腸胃神經的發育健全了，症狀就會自然消除，所以稱爲「四月痙攣」。在痙攣期間，幼兒的腸胃既然不規律蠕動，導致消化不良，所以孩子的大便會形成消化不全的綠色；又由於腸胃蠕動作痛，所以孩子不能安眠而常常哭鬧。這種種情形，使我想起我國民間習慣，在孩子滿月、滿百天，或滿週歲時，都要特別慶祝。其原因應該都與孩子身體發育的階段期有密切關係。

斯勤在滿四個月以前，身體非常瘦弱，面容乾癟，額頭皮膚打縐，實實在在是個皮包骨的可憐老嬰兒，整個人完全像是長期缺少食物的餓殍，絕對不是正常嬰兒那種肥胖紅潤可愛的蘋果臉。親友看過之後，有人開玩笑說孩子的形狀很像那時報紙上所登刊香港調景嶺的飢餓難民。到了四個月以後，孩子漸漸不哭得那麼厲害了，臉孔漸漸有肉，氣色也慢慢好轉。滿週歲後，才長得像一般嬰兒那樣，臉孔變圓，雙頰鼓脹而紅潤，十分可愛。

我常常暗想，家家都要生孩子，但是卻似乎從來沒有看見誰家生孩子會像我家這麼辛苦。我對孩子雖然永遠有說不完的喜愛，但是孩子的幼年期帶給我們夫妻的折磨實在是太多了。民間說「養兒方知父母恩」，眞是一點也不錯。只要孩子能善自奮鬥上進，成爲堂堂正正的好男兒，我們夫妻也就心滿意足了。

五、學業有成的博士

斯勤成長後十分聰明。他的求學經過也非常順利。他讀的幼稚園是國立臺灣師範大學家教系附設的實驗幼稚園，小學就讀臺北市區的私立新民小學，初中讀仁愛國中，高中讀建國中學，大學讀臺灣大學政治系和政治研究所，研究所只讀一年就赴美留學了。最後獲美國丹佛大學政治學哲學博士學位。他從小學一年級開始，直至高中畢業，幾乎獲得所有老師喜愛。每學期成績都列班上前三名，而且每學期都當選爲模範學生，獲局長獎、市長獎；經常被學校指定爲代表，參加校外各種競賽，諸如演講比賽、作文比賽等，而且常常是到場後臨時抽取題目寫作或演說，無不獲獎。所得各種各樣獎狀一百多張。起初我還替他用玻璃框掛起來，後來因爲掛不了那麼多，也就完全不掛了。在建中畢業時，他是建中當年所有各班畢業生的總代表，在畢業典禮上致答詞。大學入學考試時，他是全國聯合招生考試幾萬名錄取者中的丁組第三名；進入臺大後，歷年還獲書卷獎。大學畢業後在成功嶺受軍訓時，當選爲全成功嶺兩個師預訓兵榮團會主席團主席。長官並且指定他發表演說，做成錄音帶，在成功嶺播放給全嶺的人聽連續一星期。他赴美留學前的英文托福 TOEFL 考試獲得最高等級的六百三十多分。抵美不久就當選爲北美青年學人聯誼會秘書長。留美期間，獲政府邀請返國參加一種俗稱爲「小國建」的研討會，他獲選爲該會學員長（相當於級長的任務），爲全體學員服務。在美國丹佛大學修博士學位所寫博士論文，經三位教授分別審查後，不謀而合地一致認爲十分優良，報准學校特許免除口試程序，逕行頒給政治學哲學博士學位（Phd.）。他的中英文都是一流的。

斯勤長得頗爲英俊，求學期間，不少女性對他有好感。現在，他也已經早就結婚了，而且有兒有女了，並且很能傳承我徐家子弟特別喜愛子女的遺風，注意養育兒女。我們夫妻雖然也老了，卻仍健康。感謝上蒼。（讀本文請與本書第四編「拾穗」第拾捌章「新苗的誕生」互參）

陸、輪下餘生

一、禍起家門口

這是一件車禍事故，發生在民國八十八年（己卯、一九九九年）六月五日星期六黃昏，那年我七十五歲。在受盡痛苦後，雖然從此腿折終身成殘，但感謝天祐，總算幸而不死，留此餘生。事情過後，我常忖思，所謂「天有不測風雲，人有旦夕禍福。」確為經驗之談。當時若非肇事者適時煞車，我當必已死於輪下無疑。我寫完此文後，留置一旁；待重讀時，離事故發生時業已幾年，腿傷仍然沒有完全恢復，自坐椅上起立時，或步行時，或上下樓梯時，由於受傷的左腿內所置入的那片金屬長板和四根橫穿大腿骨的大鐵釘，明顯作痛，行進時身子也會微微左右搖擺，仍然不能正常步行，更不能急步。因此，心懷戒懼，不敢獨自外出，只在室內移動。我的日常生活就是坐在椅子上讀報紙、打電腦寫作，以及偶爾看電視。到了事隔五年後的民國九十三年六月，我第四遍重讀這一記述時，腿傷情形依舊，毫無改善。不過，事已如此，退一步想，我還能親自把事情經過用電腦寫出來，寫出來後至今還又活了五年，自覺已經是上天的寬厚和恩賜，我該非常知足而滿意了。

雖然如此，然而我的左腿畢竟自此成殘。世人常有一種說法，認為凡有災禍，蒙受災禍者本人並非全無責任。我覺得這句話似乎過於武斷。我數十年來行路向來小心，尤其此次之受災，自身實毫無過失之可言；完全有如世人所常言：「你開車雖然不撞別人，但是別人的車卻要從背後來撞你。」這種事情實所常有，受災者根本無從防患，何責之有？我此次遭遇車禍整個過程尤頗曲折，最後甚至落得好心不得好報，反而幾受威脅恐嚇。整個事件自始至終全出意料之外。

那天是一位好朋友的兒子結婚榮典之日。這位好朋友已早早兩次電囑，要我從早到場，並指定要我在婚禮上擔任一項任務，而且我也承諾了。所以我與內人欣然穿著整齊，在下午五時前就走出自家大門，準備到木柵路上去搭計程車前往。當走到自家門外和興路口時，看見經常停在路口右邊靠牆那輛黑色舊汽車照例還堵在那裡。我和繼之走路一向小心，兩人急步穿過大約四、五丈寬的和興路面，兩人就緊挨著路右邊那部黑色車子往前走。繼之在前，我在她後面三、五尺。這時有一位少女從我們左前方越過路面向我們走來，也緊靠這部黑色舊車，正對著把繼之堵住不能前進，好像她根本就沒有看見繼之的存在。當時，我腦子裡暗暗有個念頭閃了一下：何以會有如此不懂禮貌的人？這時，忽然就有一個很大的力量從我後面猛力撞了我一下，我根本來不及想甚麼，整個人就被摔了出去。待我定下神來，發現自己已經四腳朝天被摔落在和興路中央地面，並覺臀部作痛。正疑惑間，我舉首略一回顧，看見有一褐黑色破舊自用小客車靜靜停在我身後約丈許處，車上擋風玻璃後坐有兩、三個人默然不發一言凝視著我。我起初還詫異這輛車何以恰好停在我身後，是不是因我跌落街中央而不得不停下來等待我起身離開後再繼續行駛？但旋即忽然醒悟，莫非是我竟已遭遇車禍了？當時我仍然十分鎮定，心裡只是在想，疼痛過兩分鐘就會好的，待稍稍休息一下後就趕快找一部計程車趕去喝喜酒，不宜在此延擱太久。於是我試著想站起來，但卻發現竟站不起來了，這才會過神來，知道自己腿部竟受傷了。這時，內人看見我在掙扎，就過來扶我並且有點生氣地對我身後那部車子大聲叫道：

「你還不下車來幫忙扶一扶？」

於是就有一名身材矮胖，約莫四十歲上下工人模樣的男子走下車來，與內人一起，一左一右把我拉扶起來。我這才明白自己是被車子撞了，而且撞我的就是這位矮胖工人模樣的男子所駕駛的這部灰黑色舊車。我忍痛試著移動步子拖走了幾步，一待到達牆邊那部黑車子旁時，就把上半身趴在那部車子上，本想站直卻不能站直，心裡卻仍在想，待稍微休息一下後，應該就不會太痛而可以找一部計程車趕去婚禮禮堂執行任務。

這時候，那位闖禍男子過來對我說：

「我可不可以先把車上的小孩送到這附近去後再回來？」

我轉過頭去望了一眼，車上坐有兩位婦女，其中一位還抱了一名嬰兒。因爲他提到小孩，而我向來喜愛孩童，所以沒有多所遲疑，就立刻同意了他。不過，我腦子忽然一閃：「他是不是想逃逸？」我生平最恨不負責任的人，在事情還沒有處理完妥交代清楚之前，如果開溜，那是不可寬恕的不道德行爲。至於所謂「處理」和「交代」究何所指，我當時並沒有具體概念，因爲我從來沒有想過遭遇車禍後當事人應該採取一些什麼措施，同時也根本沒有這種經驗，而只有做人做事應有態度的概括觀念；但是，在我的意識中，顯然並不含有金錢賠償問題，不過，他不應就此先離開。所以我又自然反應地對繼之說：「你把他的車子牌照號碼記下來。」同時，我忽然想到要他把行車駕照給我看。他於是從口袋裡掏出一張行車執照來給我說：「駕照沒有帶出來，只有這個。」我於是把他的行車執照收在口袋裡，他就把車子開走了。（後來才知道，車禍後讓他移動肇事車輛是錯誤的。）不過，我這時才仔細想了一下，我這一點點小痛楚，大不了看個醫生，自己有全民健保，必須支付的錢應屬有限，我也不想要肇事人有什麼負擔。

繼之向附近店家借來一張椅子讓我在路旁坐下，這時我才定下神來，並且明確意識到這是一樁車禍，涉及公共安全，應該讓治安當局有一個記錄。於是告訴繼之設法報警。繼之打電話回家給正好在家的我們第三個孩子斯容，要他報警。不久，地區派出所的警察來了，交警隊的警察和一部救護車也來了，肇事車的駕駛人也開著那部肇事車回來了。地區警察向雙方詢問了一些問題，做了一個初步筆錄。同時救護車的人員扶我躺在一塊硬木板的擔架上，推上救護車。這時候，我開始感到左大腿劇痛，而且身體只要受到任何一點震動或是有人觸及我身體的任何部分時，都會牽動左腿引起痛楚，竟會使我忍不住而發出從未有過的叫喊。

二、腿骨折斷

依救護車人員的主張，我被送到距車禍地最近的一家醫院。經醫院急診處照過X光片子後，顯示左大腿骨上方左外側緊靠上關節的地方，有一條很長的橫斷裂痕。這就是說，左大腿的大骨頭折裂了。急診室的醫師說要開刀。但是，這時是星期六夜晚已經七點鐘了，整個醫院的醫師、護士和工作人員，除極少數值班者外，都早就下班了，所以没有辦法執行開刀，最快也要等到星期一才能開刀。一位護士小姐說，如果我不願意等待，也可以轉院。但是另一位護士小姐補充說：「所有的大醫院在週末都同樣没有開刀醫師。」我知道這是實話。這時候，我內人以及我的三個孩子都已到齊在我身邊，我要他們一起商量是否要轉院，以免耽誤開刀時間。經商量後，發現牽涉許多我們不能把握的其他有關事項，所以一時不能決定。我心裡想，退職後久已不使用記事小册，身上根本也不再攜帶任何電話通訊資料，腦子裡也記不得任何人的電話號碼，恰好又遇上了星期六的黃昏，當然也很少有人會留在家裡，結果我們根本就什麼人都找不到，什麼事也都無法接洽，所以只好放棄轉院的念頭，決定就在原醫院七一三號病房住下，等到星期一再開刀。

這件事情，使我又再一次想起從過去多次經驗中所獲得的結論：任何人都是一樣，在某些情形之下，對於所遭遇的問題，有時候是任何他人都幫不上忙，而必須完全靠自己的力量和智慧去解決；縱然是皇帝或是獨裁者，權力再大也有可能會遇上這種困難的時候，誰也不能例外。曾國藩也說過和這類似的話。

當我們被救護車送去醫院急診處時，交通警察要肇事人陳君也隨著同去，他的太太和姨妹也就隨同一起去了。交通警察於是就在急診處向我們兩造問話並且製做筆錄（前在肇事當地做筆錄的是當地的派出所）。這時正還繼續在向肇事車主問話。我卻隱隱聽到附近有低泣聲，稍覺詫異，就揚聲詢問：

「是有誰在哭泣嗎？」

一位少女走近我說：「是我姐姐在哭。」

我問：「你姐姐爲何在這裡哭？」

少女說，肇事男子是她的姐夫，在新店市一家小型汽車修理店做小工。老闆嗜賭欠債很多，所以店裡所有營業收入都被用來償賭債，積欠工人薪資已經半年未發分文；更不幸的是姐姐又患了絕症，不能從事任何工作，天天忙於醫療，家境淒慘。今晚夫妻原是攜帶嬰兒前赴臺中後龍鎮岳家共慶週歲，妹妹隨行照顧，現在竟肇事傷人，大禍臨頭，今後全家將不知如何繼續生存，豈能不哭？我聽後同情萬分，看見肇事人陳君筆錄已經做完，於是招手請他過來。我從病床上忍痛伸出手去緊握他的手說：

「陳先生請聽我說，我現在明白告訴你們，並請轉告你太太，千萬不要哭泣！我年紀已經快八十了，這條腿被你撞成骨骼嚴重折裂，痛得不得了，將來情形如何，會不會成爲殘廢甚或危害生命，都難預知。依常情來說，現在我才應該憂愁痛苦大哭，我太太也年老了，我的兒子們更應該痛哭！但是我全家卻並無任何一人哭泣，而且對你至今都沒有說半句責備的話；但是你家裡人反而在我和我家人面前哭泣，實在不合情理！請替我轉告你的家裡人千萬不要哭！我決不會對你有什麼行動，既不會去法院告你的民事賠償，也不會告你的刑事追究責任讓你坐牢！你現在聽到這些話後，應該可以坦然放心了！你的家人更可以坦然放心了！千萬不要哭泣！」說完後，我再以雙手捧住陳先生雙手。我的寬恕態度，十分誠懇明確。我心裡想，他只是因爲疏忽而闖禍，決非有意。人都有錯，事情已經發生，情形也已如此而無法改變，何不就原諒他。我對他妹妹所說的那一番話，也只是姑妄聽之，並非愚笨到率爾完全輕信；不過就所看見到的他本人以及他家人的情形，至少他確應爲工人階級。

陳君反應遲鈍，聽了我這些肺腑之言後，竟只是淡淡一聲謝謝，隨即離開了，似乎並不領情，令人詫異。不過，我既已決定原諒他了，也就毫不介意。

但是，哭泣聲未歇。過幾分鐘後，他這位姨妹又走來繼續提醒我說，她姐姐還在哭。我聽後沒有說什麼，只是心裡很煩。暗想，事發至今已好幾個小時了，他們明明有錯，這位陳先生和這位陳太太卻始終沒有說過一句抱歉的話，倒反而讓這位姨妹一再向我訴苦。我雖然已經主動表示諒解，陳太太卻仍然不斷在我面前哭泣。這時，我只看了她姨妹一眼，不知道該再講什麼才好。

到了星期一，也就是六月七日早上，繼之向醫院護士小姐查詢後得知，依照他們醫院排定輪值次序為我開刀的醫師星期一上午的工作是看門診，下午則早已排好為三位病人開刀。這表示星期一下午可用來開刀的時間已被前三人佔滿了，不可能再有第四名病患接受開刀，也就是星期一下午輪不到我開刀了；所以我最快也要被擠到星期二才能開刀。我想這是沒有辦法的事情，只好聽他們的安排，所幸腿傷似乎尚非急病。但是究竟是否會因延擱而影響骨頭斷裂處將來的癒合，也只好聽天由命了。不過，再過一個小時後，繼之又從病房的護理站得到消息，原排定當天下午要開刀的三位病人中，有一位不開刀了，所以可以輪到我云云。我想我既然是後補進來，次序上應列第三名，所以開刀時間必定是排在下午四、五點鐘左右或更晚。

大約在這之前一個多月，繼之因為盲腸炎恰好也在這家醫院開過刀，這是她生命裡第一次開刀經驗。她告訴我，病人要開刀，通常都是使用病人在病房裡所睡的原來那張病床推去開刀房，待到達開刀房後，就必需換臥開刀房裡的另一張供開刀專用的床；然後，就要病人側臥成弓背姿勢，使脊椎骨張開，以便利醫師在兩節脊椎骨間的縫隙注射麻醉葯云。我聽過以後，心底產生恐怖的感覺，深知這些動作都會使我痛不可耐，預感這將是又一次大災難的來到。因為任何移動或震動我身體或左腿的動作，縱使非常輕微，也都會使我受傷處巨痛莫名。

常言說：「痛徹骨髓。」我現在正就是這情形。斷腿折骨初期傷斷處之痛，其痛無比，決非普通之痛，非身經者不能了解。現在要我移動和在背脊打針，必將引起我劇痛。因為：第一、我左腿被車子猛撞後，整條腿的骨頭、肌肉和神經，全都受傷了。只要略略碰上左腳任何一部分，我都會痛得大叫。星期六晚間進入病房時，醫師用很長的繃帶從我的膝蓋起，直繞到腳板，綁了兩塊塑膠板夾在腳的兩邊，然後在塑膠板末繫上一條繩子，在繩子下端繫了一塊三公斤重的鐵錘。目的在將左腳拉直，以免腿肉萎縮，也免斷裂的腿骨會移動錯開。現在要進手術房開刀，當然必須先拿掉這塊鐵錘。但是綁上這鐵錘的時候，使我痛苦不堪。拿掉鐵錘的動作，必將使我又一次痛苦不堪。第二、病人從病房去手術房時，習慣都是躺在病房中原用的病床上推去；到了手術房後，要換躺在手術房專供施行手術用的另一張床上。換床時我的左腿必須移動，而移動左腿這這一動作，左腿必定鉅痛，這不是我受不受得了的問題，而根本上幾乎是不可能的事情，我必定痛得無法忍受。第三、在當時那種情形下，為了注射麻醉針劑而要我採取側臥姿勢，當我照此調整我的姿勢時，必定使我感到鉅痛到不可忍耐的程度，也是我根本不可能做到的事情。以上三件事，將使我連續三次痛不可耐，那我如何還能接受開刀手術？當我這樣想清楚了以後，自知將會受不了這種鉅痛折磨。因此，暗地裡打算不要開刀。另外，我雖然不是很明白，但是依道理可以想像得到，我國幾千年來就有人斷腿，但幾千年來都不知道什麼叫開刀治療，而是依傳統跌打損傷的療法，也同樣的可以治好。我似乎可以出院去找跌打損傷醫師。不過，我仍然反覆思量，不開刀是否眞能痛合完好，過去從來没有任何這方面的知識，也没聽人討論過這種事情，所以一時很難決定。事關生命安全與將來能否恢復行動自如，決不能在茫然中冒險亂作決定。我這樣想來想去，總算又一次產生出勇氣，下定決心接受開刀。最後我橫下心來對自己說：「就算是赴湯蹈火下油鍋，也只好下一次油鍋了。橫豎痛死了也都是這一條命。」有了決定以後，心裡也就泰然。但卻暗自歎息，不知前輩子作了什麼孽，觸怒上天，竟罰我這輩子老來受如此沉重的痛苦。

三、大腿裝上鈦板鈦釘

原來以爲下午五時許要去開刀房，但不知何故又提前時間了。下午一時半，護理小姐就來通知我們先作準備，快要去手術房了，而且也來給我在床頭掛上點滴瓶子打點滴。我說，我進醫院時就說過了，我不能打點滴，因爲我每次打點滴都會休克，也就是每次開始打點滴到二、三分鐘時，就會全身先發高冷，冷得可怕，必須蓋上好幾條厚棉被才行；然後轉爲發高燒。所以幾十年來，我都避免打點滴。這也就是我進醫院後沒有照例打點滴的原因。但是這時護士小姐說，手術前照例非打不可。我無可奈何，只好聽之，但仍耽心萬一又休克怎麼辦，豈不是使得開刀不成麼？不過，經我仔細看點滴管子，每分鐘只流下三十多滴，根據經驗，或許是我身體可以勉強接受的速度。結果，這次總算是沒有休克。兩個月後，有醫護朋友告訴我，那點滴瓶裡的藥，並非普通的鹽水葡萄糖，原來就是使我昏迷的藥。這才使我恍然大悟我爲何後來會在手術房裡酣睡三小時。

大約半小時後，我被推進手術房裡的外間。第一個與我見面的是一位張姓麻醉師。我告訴他，我有肺氣腫、慢性支氣管炎和高血壓三種慢性病。另外，我自小喝酒很多，所以每次拔牙時必須多用一些麻醉藥才不會痛。張麻醉師說，很好，他了解這一切了。我又告訴他，希望能先在我左腿打上一些麻醉藥止痛，然後才去除去我腿上的繃帶，再後才把我移換到手術床上去，最後才在脊椎骨上打麻醉針。如此可以將三次鉅大痛楚縮減爲只在左腿打局部麻醉針的一次輕微痛楚。同時，我也希望採用半身麻醉（因爲我聽說，年歲大的人如果施行全身麻醉，常有可能使病人不再醒活過來，或是醒過來後有變成植物人的危險。所以全身麻醉是一種危險度較高的行爲）。麻醉師說，他一定想辦法減輕我的痛苦，本來應該施行全身麻醉，但是考慮到我七十多歲了，畢竟年事已高，所以決定改用半身麻醉，這一切情形他都會斟酌云云。這樣交換過意見後，我就被推入手術房中另外一間眞正要開刀的房間。

這間手術房很大，爲我開刀的那個手術小組工作人員，除了開刀的醫師和麻醉師外，還有四、五位護士小姐。只看見護士小姐們走來走去，她們究竟在忙些什麼，我也看不懂。我躺在手術床上，她們在我胸前放了一個發亮的不鏽鋼板，把我的視線遮斷，使我看不見自己的下半身。我這樣靜靜地躺在那裡大概十多分鐘，始終沒有看見爲我動手術的大夫來到。現在回憶起來，猜想那可能是在等待經點滴輸入體內的痲醉葯發生作用，以便施行手續。後來，我大概已經昏迷了，迷糊中覺得好像有人在我左大腿上觸摸或是做什麼事情，又模糊地感覺有人在我背脊骨上做什麼動作；然後，我似乎是失去了知覺，底下的事情就一無所知了。

待我一覺醒來時，那塊遮住我視線的鋼板還在我胸前，使我仍然看不到自己的下半身，但卻覺得左大腿舒服得不得了，頭腦清明得很，精神也好得很，幾天來的左腿痛楚一點也不痛了。只覺得這一覺睡得非常熟，非常甜美，大概是我最近七、八年來從未有過的酣睡。手術似乎已經結束了，我所耽心的種種痛楚竟全都沒有出現，手術房裡冷冷清清的，好像戰爭結束後的戰場那麼冷清，只有一位護理小姐帶點懶散的神態，在我身邊收拾顯然是剛剛開刀使用過後還沒有完全清理完畢的少數殘餘器材。再過片刻，另有一位護士小姐來把我推到另外一間被稱爲恢復室的房間裡。恢復室裡有五、六個人都躺在床上，也都是手術後與我相同的來到這裡從事身體恢復。恢復室裡冷氣特別冷，護理小姐用了好幾盞大型立燈照射我全身，以增加我的體溫。就這樣躺在那裡大約三、四十分鐘後，護士才來把我推出恢復室。繼之和三個兒子以及兩個兒媳婦都已在門外等候很久了。我怕他們耽心，立刻高興的告訴他們說，過去幾天來的巨痛已經解除了，現在覺得非常舒服。孩子們把我的床鋪推回到病房時，已經是黃昏五點多鐘。我一算，我的手術過程大概花了兩個多鍾頭，加上在恢復室的幾十分鍾，合計在手術房裡大約是三個鐘頭。

我因爲不能彎身，看不見自己的左腿，請繼之察看後告訴我，手術是在我的左大腿正左側，從上往下，直線式地開了一條約七、八寸長的刀口，現在已經縫起來了，並且蓋上了紗布。至於骨折了爲何要開刀，以及開刀後在我腿上做了些什麼事，我們都不知道。醫生從沒有講，我們竟也沒有問，眞是荒唐！

過了大約一個多星期後，我支撐身子，在四腳形助步器幫助下，到這病房的護理站看我開刀後所照的X光片，才知道他們是在我左大腿左外側皮肉下和腿骨上安上了一片約三支手指寬和約一尺長的鈦合金板，合金板上端的二、三寸長部分被釘入腿骨裡面去，其餘部分則靠緊在腿骨上，並且用四根鈦合金釘子，自上而下直線排列釘牢，每一釘子都從大腿骨左側釘入，再從大腿骨右側穿出約半公分，整個釘子都留在腿骨中，用以固定合金板。合金板與腿骨裂縫成十字形交叉，用以上下拉住大腿骨，使裂縫密接而不能移動，以利其自行癒合。

四、住院半月

出院約兩個月後，有一位從事醫護工作的好朋友來看我，告訴我這一金屬片是鈦合金做成，不是純鋼，而且合金片的上端，和下半段的四個 鈦合金釘子，都是在施行手術時，用鎚子用力敲打才釘入骨頭裡去的。這時我恍然大悟，原來這才是必須使我昏睡的最大原因，使得他們有可能在我腿上做任何他們認爲必需做的事情，使我當時熟睡到一無所知也一無所感的地步。而使我昏迷的藥，就是在我進手術房之前，護理小姐在給我所打的點滴藥水中加入的迷葯，並不是在我進手術房後才打的痳葯。

開刀後剛回到病房，原來腳上那塊三公斤重的鐵錘已經除去，只覺得整條腿既輕鬆又不痛，其快活可知。豈知到了夜間七、八點鐘後，痳葯效果漸漸消褪已罄，左腿竟又恢復痛楚。不過，所幸只要我不去移動身體或左腿，也就不會覺得太痛。

我自進醫院以來，都是平躺仰臥，決不能隨意移動身體任何一部分，以免左腳疼痛，大小便也必須在床上進行。但是，對小便勉強還可以如此處理，雖然也曾有過兩次將尿潑流在床上，以致兩次都要更換床墊；至於對大便，事實上根本無法在床上進行，雖經付出最大努力並且忍受莫大痛苦地多次試驗，仍然無法讓大便排出。因此，我已經繼續五天没有排便，使得體溫增高。因爲我多年來有一種易於發燒的毛病。到了第六天，我下定決心，必定要忍痛下床排便，縱然赴湯蹈火也在所不辭。下床時，使用一隻鋁製的四腳助步器幫助我，但下床的過程以及進入洗手間後，左腿一直都十分痛，卻仍然無法排出。我知道下床一次很不容易，所以在我家老二斯儉幫助下，生平第一次使用甘油球，才算排出。自此以後，我每天都如此忍痛下床一次，好在腿痛程度也日漸降低。

從住院第十天起，已可以靠助步器的幫助試行下床步行，每天上下午各一次，在病房走道上走一圈，並且另外也做一些復健師教我的腳部動作，我自己也喫些雲南白藥來幫助痊癒。

在住院那段時間裡，繼之起初是全天候都在醫院照顧我，夜晚也堅持要睡在我病房裡。這家醫院沒有付款租用的小床，只有一種折疊椅，夜間張開來成爲一張不十分舒服的臨時床舖。繼之每晚都睡在這種臨時床舖上；另外，三個孩子互相商量好，每晚還必定有一人輪流留在醫院，睡另外一張長沙發。至於白天，三個孩子之中必定也有一人在醫院陪我。他們母子這種做法，對我固然是很好，但是，那時候他們三人之中有兩人必須每天上班，若常常請假，我並非十分贊成。尤其令我不安的是繼之十分辛苦，自我住進醫院以來，她不僅連日繼續不斷全天候在醫院照顧我，備極疲勞，更由於她天性多憂，常常容易緊張，以致那一段時日裡她身體明顯地日漸消瘦。我起初竭力勸她不必到醫院來陪我，因爲有孩子輪班就足夠了，但是她根本不考慮我的意見；於是我只好退而求其次，主張她也與三個小孩一起四人排班，沒有輪到時就回家去休息。她竟仍然毫不考慮。儘管我們全家父子四人如何勸說，仍難得到她的同意（我永遠記得，她所堅持的無論是任何事情，以前只要我岳母輕輕說一句勸解的話，她就會立刻心平氣和的改變主張。現在，岳母已離人間，很難再有人能改變她的主張。而她的主張，往往都是有損於她本人但有益於他人的）。後來，經過孩子們再四共同勸請，最後總算獲得她的允准，回家去過一、二次，以便洗澡換衣。過兩天，孩子們又想出一個辦法，雇用一位看護，白天來幫助照顧我。這樣才使繼之稍稍寬舒一點。在臺北大家所使用的流行語言中，「看護」一詞與「護士」或「護理師」大有區別，

「看護」所指的是一種沒有讀過護理學校，也沒有經過國家護士考試及格，而只是經過一種一星期或三天短期講習，然後就參加一種專門從事這一行業的公司或是介紹所，與各醫院訂約供應這種人員，讓病人逕行雇用。這些人並非醫院人員，民國八十八年的規定工資是每二十四小時（早晨七時起至次晨七時止）臺幣二仟一百元，每十二小時（早晨七時起至晚間十九時止）工資一仟一百元。這種看護人員，名爲「看護」，不加注意時很容易與那經過國家考試及格的「護士」或「護理師」混淆。這種看護，很多都是工作了若干年，尤其有些是在同一家醫院內爲病人工作，所以經驗非常豐富，具備許多醫葯常識，對醫院內外環境及與醫院人員都很熟悉，而且能爲病人做許多事，實在是一種非常優良的制度。例如爲病人洗澡、擦身子、洗髮、協助病人大小便、餵飯、代打電話、代爲購物、陪病人談話、有事通知護士或醫師等等。這種看護性情大多比較活潑，要她（他）去找什麼東西或是向醫護人員洽詢事情，都很迅捷。他們有男也有女，有阿巴桑也有年青女子，但百分之九十以上都是女性，只偶有少數男性，通常年齡也都在三十五歲以下。病人通常都希望雇用女看護。

護士小姐每天都來爲我在開刀口更換消炎紗布，每天只給我喫一種十分溫和的非抗生素類的消炎止痛鎮熱葯（Scanol），和兩種我要求與腿傷無關的高血壓和便秘葯。這使我了解，開刀後除注意勿使刀口發炎外，就完全要靠身體本身的能力來使斷骨癒合。當我住院第十天時，醫院來通知我出院。但很明顯的是我的左腿還很痛，情形並沒有穩定，完全不知道回到家裡後會怎麼樣，所以我就拒絕出院。到第十五天時，醫院又來通知我出院。雖然我覺得左腿疼痛依舊，心中仍然充滿疑慮，但是至少這些天來並無任何變化，似乎可以說是情況穩定了，所以才辦理出院。

五、原諒肇事人換來困擾

在我住院期間，一位現操律師業的早年學生和他太太來醫院看我，承他關心問到車禍賠償問題。我說對方是一名低階工人，境況欠佳，且有家累，而我既有全民健康保險擔負部份醫療費用，我本人所分擔的部份爲數應該有限。尤其對方只是一時疏忽，所以我打算姑予諒解，不要求任何賠償。律師聽過後有點驚訝，問我何以知道對方境況不佳？我於是簡略複述所見情形。律師聽後更表詫異，告訴我依政府規定，汽車都投有強制保險，保險公司有責任爲肇事人賠償，所以肇事人負擔有限。如果完全免除肇事人賠償，他有可能巧爲安排，還反而可以趁機賺得這筆保險賠償，形成鼓勵他肇事，實在嚴重違背社會正義，絕非所宜！他這一番話義正詞嚴，我深覺有理，於是就委託他爲我處理這件事的代理人與對方洽談。但叮囑他兩個原則：第一、切不可使對方恐懼憂愁。第二、切勿索取過高賠償金，而以保險公司可賠償的金額爲上限。律師說，這樣已經盡失懲罰之意，但也只好聽從我所言行事。他除了同意做我的代理人外，轉而也要求我同意免付律師費用。我也只好同意。

在住院這十五天內，那位肇事的陳先生每隔兩天就來看我。我很明白他的心理，一方面是來問候，另一方面也是來了解我的動靜。他自稱是一家汽車修理店的工人，所以都是在他休息時間來，不是午後一時餘就是夜間十時許。我雖然能夠了解他的困難，但這兩個時間都是我午睡或夜寢時間（多年來我夜間都在八、九點鐘就寢），他每次來都把我吵醒。雖經兩次勸告他，他仍然不改。後來經我直率告訴他應可安心，請他不要再來。因爲事情很明白，我早已表明諒解的態度了，只要待交警大隊對車禍做出鑑定報告，確認責任後，就可以商量和解而善爲結案，決不會爲難他。經如此再度明確告知他以後，他才中斷没有來。後來我出院住在孩子家休養，他又曾去我原住處看我不遇，這才不再來了。

車禍一個多月後，交通警察大隊的鑑定書出來了，確定是陳先生駕駛疏忽肇禍。陳先生曾告訴我的律師，他的車子參加了兩種保險，有了交警大隊的鑑定書件後，就可以向保險公司請求限額的賠償支付。我的律師於是就接受與陳先生進行和解，在和解書中我方聲明放棄刑事與民事告訴權，只要對方賠償相當於保險公司所付賠償金數額的金錢。我並且再叮囑律師對陳先生要和氣。我之所以如此，以及自始時即對陳先生毫無怨恨和責備之意，基本上是因爲他只是疏忽，而非蓄意。加上從他的外表和舉止得來的印象判斷，他應該是屬於低收入者；雖然我完全不相信他姨妹一再強調所說的話。由於我的這種態度，我的律師很快就與陳先生達成協議簽立和解文件了。我確知陳先生所負擔的那一點點微小費用，全部都可以從保險公司賠償金中取回。所以實際上他是完全沒有負擔的。

和解書簽定的次天，夜晚八時許，我夫婦在家忽接到一通電話。拿起聽筒，聽筒裡沒人說話，只傳出一連串婦女啜泣聲。經內人繼之再三詢問，初仍繼續啜泣而不答。良久，才說她是陳先生的太太。並且說：

「以後我們家將不知道要怎麼過日子了！你們應該爲我們設法！」隨即又不斷哭泣。

雖經再四詢問，也決不再有片言。久之，我夫妻只好掛上聽筒。這樣連續三晚來電話，且哭聲之哀戚，一天比一天厲害，我夫妻百般勸慰也絲毫無效。到了第四晚，來電者改爲另一婦女，自稱是陳太太的妹妹，不僅不再哭泣，而且語氣有欠禮貌，用嚴厲口吻說：

「我姐姐就要和姐夫離婚了，家庭已經被你們拆散了，你們有責任！」

第五晚，還是這位妹妹來電話，仍然責備我破壞她姐姐家庭，措詞更趨兇悍。並且說：

「將來發生悲劇，你們要負責！」

我正氣憤間，電話忽然斷了。幾分鐘後陳先生來電話，但口氣平和禮貌，而且都是一些問候致意之詞。但不及兩分鐘後，突以閩南語大聲咒罵一聲：

「×你娘！」隨即卡擦一聲掛斷了電話。

我爲之愕然。第六晚情形仍然如此。

我不勝詫異，更不勝其煩。大腿被他撞斷，已經是無端經受莫大痛苦，而且未來如何變化還不可預料，這已經是非常不幸了；現在肇事人和他家人更不斷騷擾，實非始料所及。記得律師曾經轉告我，和解時陳先生自動對律師說，賠償金全數出自保險公司轉手付我，他本人並無分文負擔。也就是因為如此，所以我才同意照此條件接受，迅速與他和解。我如此善待，於心甚安。但一待和解書簽字後，陳先生的家人次日就立即開始騷擾，而且對我施以威脅，把破壞家庭的罪名加之於我。其無天理，一至於此！天下豈還會有善心人嗎？有友人聽見這情形後告訴我，他們目的至少是想索還那十二萬元醫葯賠償金。對於這種情形，我認為對方於理大有不合，尤其更難接受這種威脅。為了免除他們繼續騷擾起見，只好與律師商量。律師也判斷對方用意是想索回賠償金，按其行為與措詞，性質已屬敲詐了。於是他找到陳先生，面告車禍案雖已和解，但他們家人等這種騷擾與威脅行為，成為車禍案外的新行為，已構成另一新案，不包括在車禍案和解範圍之內，不能誤以為因有和解書，對這種行為就可以免責。如果繼續騷擾糾纏，自當採取必要法律步驟處理。

據律師轉述，陳先生立即悟解，而且答復得很好，說他曾經向許多朋友談到這件事，都認為他的運氣很好，遇到徐先生這種好人，不僅沒有需索很多賠償金，而且從無一言相責，更好言安慰。因此，他內心深為感激。至於連夜電話，實在都是家人獨自行為，無法阻止；而電話裡兩夜都有三字經出現，然後就迅速掛斷之舉，非其本意。他本意只是要來電慰問，但不意妻子在旁橫加干擾阻止，搶奪電話筒，所以他在於氣憤之際，以三字經責罵妻子，並非對徐先生不敬，但竟構成誤會為歉。

他還說，他也問過他的朋友們，大家都認為他賠償我這一點點醫葯費只是限於保險理賠的限額，實在合理，他的運氣不錯，闖了大禍竟遇到我這種寬大的人云云。

陳先生的措詞合情合理，所以我相信都是實話。判斷是他太太不懂事，與丈夫想法不同。這是我有生以來第一次遇見如此荒唐無理而不知好歹的人，對這種情形只有歎息。但是，我的基本原則和態度仍然是諒解，既然諒解，細節也就不去計較了。

民國九十三年（二〇〇四年）重行檢閱本書稿時，自車禍開刀至今已五年半，左大腿內的鈦合金板和四顆大釘的地方，仍然經常發炎作痛，唯一辦法是貼用我兒斯儉從北京同仁堂買來的狗皮膏葯，消炎止痛十分有效。但不知這樣貼膏葯將要繼續到何時？步行不便又將到何時？現在日常除赴醫院看病外，凡非十分必要，決不外出。遵醫囑每外出也必須持帶手杖，並且乘計程車，從不敢搭乘公共汽車，更不能步行。因而個人對外活動百分之九十九都被迫停止，重大影響我晚年生命規劃。有醫師告訴我，這條腿確定已不能復原。至於我自住院開刀以來，除全民健保依規定分擔部份款項外，個人爲此所付出的醫療及有關費用爲數仍不在少。但最主要的是身體所受的痛苦、精神所受的折磨、成殘後所引起的各方面有形無形損失，都不是金錢和物質所能衡量。但我仍心存感念，感念上蒼賜我一息尚存，還能夠頭腦清楚寫這篇諒解他人的文章。

六、臺灣車禍問題嚴重

上述故事看來似乎只是我個人遭遇的個案，但是我認爲實際上並非一個孤立的個案，卻是整個臺灣文化中的一環。一葉知秋，窺一斑而知全豹，今天的臺灣早已經成爲一個沒有是非的社會了。例如民間發生了搶劫案件，搶匪被警察當場擊斃，但媒體竟會照出搶匪母親悲哭的鏡頭公之於大衆，不知何意？是否要大衆同情搶匪家庭之可悲，都來一掬同情之淚呢？類此情形，比比皆是，形成臺灣社會毫無公理正義標準的現象。似乎凡事只要是能夠聳人聽聞者，則行爲者似乎都永遠是對的。流風所及，每當國家興建有利於國民的任何公共設施時，當地民衆幾乎十之八、九都會成群結隊頭綁白布條出來抗議和阻撓，迫使政府最後只好對這群民衆給予金錢補償；否則，政府唯有放棄這一大衆福利設施而後已。例如一九九九年八月臺灣全省大斷電，起因於一座輸電塔架負荷過重而倒塌。事實上，輸電塔架會倒塌，這種事情台灣電力公司早就知道。因爲北部用電越來越多，北部本身發電廠所能發出的電力電量也就越來越不夠，所以必須倚賴南電北運。所賴以將南電北運的就只有既有的兩條塔架線路，以致這兩條線路負擔越來越重，所以早就著手進行建立第三條輸電塔線，把電力從南輸送往北。但長達數百里的塔路，其電線塔架何止千萬？翻山越嶺涉水經過田地，每一塔架都必須經過當地政府公有或民有田地。然而這條線路所經地方政府和民衆，竟堅不同意，政府雖經長達十年的疏通，竟仍不成而不獲架設。終至有朝一日，兩條既有輸電線路中的某一塔架因負荷過重而發生倒塌。今日政府之無力或弱勢，一至於此。我們誠然可以臺灣的民主化而自誇自豪，但社會之散漫無章與脆弱實在已至極點，社會之無是非正義亦已至極點。歲月進展，往後情形更糟，不僅是平民如此，其他方面也是睜開眼睛說謊欺人沒有是非，令人憂心。

從醫院回家後，承親家翁喻兄爲我找了一個治療腿骨斷裂的中藥葯方。我每天照葯方喫一包中葯，約連續半年，除了少數日子中斷休息外，共計吃了一百五十包，覺得非常有效。截至我重閱修改此文時止受傷已八個月了。許多人告訴我說，民間傳統說法是：「傷筋動骨一百天。」意思是要經過一百天才能到達某種痛合的程度。我的情形是，到一百天的時候，受傷的腿確實是好了很多，但並非完全復原。甚至到了八個月後，受傷的腿仍然不算完全正常，坐矮凳子和沙發時，尤其是起身時，左腿仍然有痛，步行時也仍然身體搖擺。所以八個月時，仍然不敢獨自外出。偶爾外出，仍然要有人陪我，也不敢過街。我猜想大概還要三、二個月，或許可能恢復正常。姑且拭目以待。祈求上蒼，希望能夠完全復原，不要變成半殘廢才好。民國九十三年六月，我第四次檢閱這一書稿，並作成通盤修正。此時我的左腿仍然未完全復原，不僅步行有痛，而且稍多使用必定發炎。我想大概將如此終我一生。醫師也曾如此對我說過。

這件事情使我想起俗話所說：「天有不測風雲，人有旦夕禍福。」似乎任何時間任何人因爲任何事情或甚至不因爲任何事情，都有可能發生完全不測的災禍。尤其今日臺灣的交通秩序和交通道德特別惡劣，更是常有晴天霹靂之事發生。車輛撞倒了人，肇事者不僅不救人，反而常把車子倒回去後再往前撞壓，將受傷不及起身的受害人徹底壓死後再開車逃逸，以絕後患。我這次的受傷，如果那晚根本不出門，或是早幾分鐘或是遲幾分鐘出門，都不會那麼不幸巧遇這一災禍，但是仍然感謝上天保祐我，沒有在那一瞬間把我壓死。

這件事情引起我另一種深沉的感慨。臺灣最近若干年來，交通肇事事件過於頻繁，而且造成死亡人數特別多。這其中原因，我以前以爲是法律規定不夠合理，所以不足以發生應有的懲罰嚇阻作用；現在才知道，原來更有執行上的原因，更加深了情形的惡化。

八十八年八月十六日臺北中國時報第八版有三個大標題同時刊載三則有關報導，所占篇幅很大。現在各摘錄其中一小段如下：

民怨如野火　砂石車橫行

受害者抬棺抗議

不滿政府相關單位取締違規砂石車只有三分鐘熱度，致使砂石車違規肇事致人傷亡的情形未見改善，砂石車受害者關懷協會決定今天遊行抗議，將抬棺至總統府、監察院、司法院、法務部、警政署等單位，遞交陳情書，表達不滿。（下略）

冤死車輪下　正義在那裡

犯後態度應列入量刑　苦主才能獲得保障

砂石車肇事案件近年來幾乎成了過街老鼠，人人喊打。但是法官量刑普遍偏輕，緩刑宣告比率太高，已使人民的怒火從砂石車駕駛，逐漸轉到向法官。（下文甚長從略）

惡意肇事致死　司院：從重量刑

砂石車肇事已激起民怨。據監察院調查，目前司法審判砂石車駕駛業務過失致死案件，確實有量刑過輕與擴大緩刑之趨勢。司法院關注此一趨勢，在一個月之內，連下二道函令，「建請」全國法官對惡意肇事致人於死案件從重量刑，並檢討緩刑宣告是否適當。日昨再度通函全國各級法官，對砂石車案件不宜率予宣告緩刑。（中略）

監察院引用臺灣高檢署的統計指出，八十六年間因大貨車、砂石車駕駛業務過失致死的定讞判決案例，計有五百三十三件，宣告緩刑的案件計有四百廿件，比率為七八・八％，未宣告緩刑的案件共一百十三件，比率為廿一・二％。

另外，在五百卅三件中，量刑度不滿二年有期徒刑者共有五百十八件，佔九十九・二％，其中又宣告緩刑的案件為四百十五件，比率高達八十・一二％，刑度在二年以上有期徒刑的判決，僅有十五件，佔整體案件比率只二・八一％而已，且僅有十件未宣告緩刑。甚至還有五件是宣告二年徒刑並宣告緩刑的。（下有兩段甚長從略）

至於肇事後逃逸的車子很多，無統計資料可查。但僅就上述報導未逃逸的案件而論，既係根據高檢署的統計數字寫成，應屬無誤。但讀後實在令我們驚訝和歎息，甚至更是痛心不已！壓死人的大車子五百多件中，竟高達百分之九十九多只對肇事者判有期徒刑不滿二年，已是過分縱容；更可怕的是其中百分之八十多竟還宣告緩刑。這種刑期太短和緩刑兩種寬大處理合併形成的結果，等於是告訴大家說，車子壓死人後實際上大都可以毫無刑責。難怪許多駕駛人都把壓死人視同兒戲了。

報紙上間常報導，有不少砂石車，多部結隊行駛時，常常呼嘯而過，視人命如草芥，前後相互以手機電話聯絡，不僅目中無行人，蓄意將行人或他車撞倒，更有令人不敢相信的是，撞倒之後，更將車子倒車再往前衝，蓄意將已倒地而還不及起身的行人再度壓過，直使其到死爲止，然後才開車逃逸。我這次受傷後，曾經有人告訴我，這種駕駛人的心理，據說如下：如此做法可以不留下痕跡，免除任何責任。因爲在大多數情形下，基本上固然是死無見證，而且當時更常常沒有在場見證的第三者；縱然有時或許有第三者目睹，匆促間也不及記下車子牌照號碼，所以事後無從找到肇事人和車輛。但是，最可怕的是，有時縱然找到了肇事人，也不會對其有何嚴重民刑責任。依車輛肇事保險規定，壓死人的理賠最高限額不過一百二十萬元而已。甚至我曾經親耳聽見一位肇事者說：「大不了一百二十萬元，都是保險公司替我支付，沒有什麼大不了的事。」據說是因此刑事判決對車禍死亡者，其民事賠償最多也只是判賠一百二十萬元而已。

事實上，臺灣交通肇事事件十分嚴重，絕不止於砂石車和大卡車肇事而已，只是砂石車的肇事紀錄特別嚴重而已。另外，還有些行車肇事事件是市區汽車造成的，壓死行人，或是撞了別的車輛，以致本車或他車的駕駛人及車上乘客死亡。除此之外，更有一種是滿街滿巷的摩托車的橫行，以及有些飆車，都常造成死亡事件，是十分嚴重的事情。

問題根源似乎有二：一是法律規定太寬。二是法官量刑更寬。我不知道爲何對殺人者可以輕判？更不知道爲何可以緩刑優待？

像這種社會，如何還能夠稱得上是一個民主法治國家？人民走在街上，無時不懷恐懼之心，這不是一亂民社會麼？還有什麼公理正義與安全自由之可言？

我們說「除暴安良」，現在這種處理肇事車輛的做法，卻是「除良安暴」了。

第三編　四個契機

壹、自修成功的少年文學迷

一、文學開拓了我的生命道路

我終身熱愛文學。十三、四歲時，因常在報紙副刊發表新詩，而被報紙副刊稱之爲詩人。四十歲前，間常在報章雜誌發表文學作品，並且出版過多種文學性質書籍，包括話劇劇本、詩集、文藝評論集等，先後多次獲得幾種不同名稱文學獎。有此紀錄，自稱爲文學迷應不爲過。

最重要的是我少年期不僅是愛好，而且是沈迷於文學，因而也沉迷於寫作，使我終此一生都幸能下筆流暢。後來轉而從事社會科學論文寫作，也得以順利，甚至做公務員後從事公務文書製作，也習慣於精琢細磨文字。以致幾乎畢生的活動，職業，以及生命裡的一些小小收穫，都與文筆有關。所以，寫作實在是我生命的最重要部分，稱之爲我生命的重要契機，毫不爲過。

二、我家族血統的文學性向

我認爲我們吉水徐氏家族的血統具有強烈的文學藝術偏向。遠祖徐穆先生爲明孝宗時榜眼。曾叔祖徐道焜先生是清光緒時進士，歷任翰林院編修、御史。八國聯軍之役，兵臨北京城下，慈禧與光緒出奔，危難匆促之際，任命道焜先生爲北京巡城御史，負責督軍防守北京城，盡忠職守殉城。叔祖徐元誥先生，字鶴仙，早年留學日本研究法學期間即參加同盟會，追隨中山先生從事革命，爲民國初年著名的刑法學家，任上海道尹（即上海市長）。南京奠都，任職最高法院院長，後任訓政時期國府立法委員，爲中華民國刑法主要起草人之一，並參與研訂「五五憲草」；曾發起纂修大辭書「辭海」，初並主持辭海總編務；後因出任公職，才將「辭海」編務煩請舒新城先生主持（早年「辭海」一書序文中敘及此一經過），得暇偶以寒松筆名撰寫小品文。家父母也都喜愛文學。家母，我的兄妹們，都具文學藝術偏向。家父雖研習法學，除喜購藏法學書籍外，並大量購藏國學書籍，也喜歡舊詩。曾外祖父郭〇丞氏出身書香世家，也是遜清翰林，曾任開封知府。基於家傳，家母不僅喜歡詩詞，並且能作舊詩；於料理家務之餘，喜愛閱讀新書。多少年來，都訂閱商務印書館出版的「婦女雜誌」。這本雜誌在民國十幾二十幾年間，是思想比較進步的婦女學術雜誌。我當時還在讀小學，有時也會好奇地拿「婦女雜誌」來試閱。我記得很清楚，那本雜誌曾載過一篇長譯文，題目是：「一個漫步者的沈思」，內容寫的是有關盧梭的治學和思想。後來我在大學讀過政治學以後，記憶中的這麼一個標題，仍能幫助我悟解到盧梭是如何深思熟慮，才能羅織完成他那理論基礎建立於一項假定之上的空中樓閣學說：著名的「社約論」。我七、八歲時，母親常在夏夜月光下教我隨口背誦「木蘭詞」、「孔雀東南飛」和「唐詩三百首」，至今大多仍未忘記。

我大哥徐柏容，遠在抗日戰爭期間，以不到二十歲的少年，就用葉金筆名寫新詩也寫小說，常在長江南岸各知名報章雜誌發表，而且也寄給淪陷後孤島上海出版的文藝雜誌發表。他還寫了許多散文詩，尤爲各方所推崇，終於成爲散文詩的全國性主要代表作家。他的散文詩，經結集出版的有「陽光的蹤跡」，小說集有「原野之流」和「新婚之夜」等。抗日戰爭五十週年時，經正式發布列名爲三三七名「參加抗日戰爭老作家」之一，創辦並任全國最大文藝出版事業之一的天津「百花文藝出版社」副社長兼總編輯多年，實際綜理該社編務；近年以大部分時間從事文學評論、編輯學等方面的研究，並且出版了「書評學」、「雜誌編輯學」和「編輯意論」等專著。其中「書評學」一書，似乎還是那一領域中的先驅之作。一九九一年，國務院授予「突出貢獻專家證書」，成爲國家級學者之一，終身享受政府特殊津貼。一九九五年，榮獲國家最高出版獎的「韜奮出版獎」。現在雖然年事已長，業已退休，卻仍應各方邀約，不辭勞倦，僕僕風塵，經常赴全國各地講學不輟。

我二哥徐有爲也喜歡寫作。他在江西省立吉安鄉村師範學校就學期間，很得到同學們的欽佩。民國二十八年（一九三九年）不幸因病早逝，同學們爲之哀傷，自動爲他舉行了全校性的盛大追思會。學校的音樂老師劉天浪先生那時已是國內知名作曲家，特爲他譜了一首悼歌（歌詞見本書第二編中「貳、國難家變黑暗十年」一文第九節）。

至於我的妹妹們，四妹徐錦榮早逝；五妹徐有功從小喜愛歌唱，畢業於人民大學，後來成爲文工團員，十分成功。六妹歐陽誠（因過繼給我姨父而從其姓）畢業於上海音樂學院，先後任職上海人民廣播電臺和東方廣播電臺，主持音樂節目，卓著聲譽，是上海民間家喻戶曉的人物。

三、從小喜讀課外書籍

我少年時代不僅沉迷於文學，而且曾經兩度決意要去高山寺廟剃度爲僧。其動機並不是因爲信仰佛學，而是以爲如此可以摒絕塵俗獲得安靜以便專心於文學。但終因不忍離棄臥病在床的父親使之陷於絕境而兩度作罷。最後只好退而求其次，抱著類如學佛人士在家帶髮修行的心情，仍想終身從事文學以爲快；結果卻也因人生現實生活的干擾，以致事與願違而未能貫徹。不過，畢竟因爲愛好文學而不斷自我鍾鍊，文筆得以勉強通順，並且終身愛好寫作。後來縱使寫作社會科學方面的論文，甚或製作公務文件，都稍知講究文辭修飾，如此一生與文學結緣不解。數年前之所以自願公職退休，有一半原因是基於想退下來來寫書。結果，退職最初四年之內，已出版了三本書，近一百萬字，而且打算繼續寫作與出版以爲樂（退休十年後第四次檢閱本書時，經重行核計，退休後至民國九十三年七月十年期間，共出版了新書八種，預計年底前將再有一種出版。此外，並可能有一種或可能有兩種在臺灣已出版者，將在大陸另行出簡體字版）。

我愛好文學完全出於興趣與自動，別人看起來以為只是出於偶然；但許多被世人認為只是偶然的事情，實際並非眞正偶然，而是由於那個人身體內本來就具有那種特質和偏向，起初或許沒有發現，甚至他本人也不知道。後來，有意無意間，甚至眞正是偶然接觸到那一事物，就會自覺或不自覺的愛上那事物，啓動了那本來隱藏在他靈魂深處的那分特質和偏向，於是就很自然地逐步發展出來這方面的天份。正有如男女相投合者會一見鍾情；不相投合者雖同處多年也不會相愛；縱或勉強相愛甚或勉強結婚，最後仍難愉快偕老。如果他內心無此天性偏向，則縱然與那一事物相處多年，仍然不一定會愛上那事物。我之喜愛文學，完全是天生性向與文學投合使然。

我在小學時期對算術不感興趣，那位教算術的汪老師是學校的訓導主任，又是我初小時那班的級任導師，雖然年齡不大，卻早就長滿了兜腮鬍子，經常刮得光溜溜的，刮後從耳朵下起半個臉和整個下巴都是一片青紫，使幼稚的心靈很容易想到「青面獠牙」這句話，加上他長年嚴厲陰沉的表情，令人望而生畏。他每次上課時，第一件事就是點名叫七、八個學生上臺，在黑板上演算算術習題，然後把演算不出來或做錯了的學生留在講臺，面對全班同學排成一排，伸出手來，讓他用一條粗大的籐鞭，一個又一個地打下去，每個重重的打七、八鞭。全部打完之後，學生已經一個個都哭喪著臉了，有的被打得手掌破裂出血，十分痛苦。汪老師這才大喝一聲：「下去！」汪老師對那些越是做不出題目的學生，似乎就越要折磨他，越喜歡重複找他們出來演算，學生也就重複的被打得手掌皮破血流。而我就是這批常挨鞭打的學生之一。那令人頭痛的「雞兔同籠」和「龜兔賽跑」之類的算術四則題目，是我童年最恐怖的夢魘。於是，每逢算術課時，我縱然被打得手掌滚燙或流血，但一待回到座位上後，仍然照常偷看連環圖畫或是七俠五義之類的小說，深為著迷，立刻就忘記了手掌的餘痛。課餘並且常常畫些連環圖畫故事中的人物像。有一次，父親偶然看到我畫的一張人物像，以非常驚訝的口吻說：「你不錯啊，將來可以學畫。」其實，當時我還很怕他責備我不該看連環圖畫呢。

至今幾十年來，我仍然厭惡數學，而且數學能力很差。不知道究竟是因爲汪老師的過於兇惡，才使我對數學失去了興趣？還是我天性對數學沒有興趣，才會學不好數學？但是有一件事情我很清楚，嚴厲甚至到達恐怖程度的體罰，對我不僅顯然無效，不能使我洗心革面和改弦易轍去努力向學，反而只有挫傷我的興趣。我並且相信，體罰對大多數別的頑童也不會奏效。我也相信體罰不是一種對兒童教育的良好方法。所以我與繼之兩人，對三個兒子從來都不曾體罰過。

後來，我讀小學六年級時慢慢覺悟到，自己決不能永遠沉迷於七俠五義之類的章回小說中，應該讀點有意義的書；於是，開始讀新文學作品。不過，大哥購藏在家的一些書籍，都是漢譯西洋文學名著，有些我還不十分看得懂，所以讀來根本就沒有太多興趣。但是我仍然硬著頭皮繼續讀下去。依我的記憶，經過大約一年時間，才對新文學慢慢產生興趣。像這種硬著頭皮做超越自己能力的事情，在那以後至今幾十年來，還被動或自動的繼續做過很多次，而且每次都很成功。這種經驗很重要，因爲唯有如此才能不斷進步。

民國二十三年（一九三四年）冬天，我母親棄我們而去。次年夏天，我小學畢業。這時候，我父親從南昌調職去贛東河口鎮的江西高等法院第四分院。於是，我一家八口分居多地。我和二哥被安排先後去吉安外祖父家寄食和老家吉水縣居住。我們兄弟倆住吉安時以及後來住吉水時，連續兩年都同去投考位於吉安白鷺洲的江西省立吉安中學初中一年級，都沒有考上。這是繼我母親過世，命運帶給我的又一次沉重打擊。我和二哥知恥奮發，都下定決心必須考取學校，每天都把自己關閉在自家樓上讀應試的補習教材，只有在疲乏後才偶爾讀點文學作品消遣。

可是，不幸的事連續打擊我，父親在民國二十五年（一九三六年）患病，雖經醫療卻仍變成慢性病以致半身不遂，從此臥床連續近十年，到民國三十五年（一九四六年）才恢復健康而且能夠外出正常行走，並且回復任職司法工作。在他臥病十年期間，母親既已不在，繼母也謝世，兩個哥哥外出求學，兩個幼齡的妹妹因無人照料而過繼給別人，只有太婆、父親、年齡尚小的五妹和我四人在家。而照料父親生活、侍候他的病、日常家務的照料，以及我家所有田地財產的管理，完全由我這個十幾歲的小孩負責，升學的事情根本就免談了。到了民國二十九年（一九四〇年），吉水縣新創辦有史以來第一所縣立初中，我才得以一邊照料父病，一邊就近勉強就讀縣立初中兩年，後來才被迫赴外縣學校就讀。以上這一時期，從民國二十五年到三十四年（一九三六—一九四五年）的十年期間，除了民國三十一年（一九四二年）陞高中後課業較重，必須全力以赴投入學校功課，以致空餘時間太少之外；其他絕大部分時間都是用在閱讀和寫作文學上。

四、化腐朽為神奇的少年期

以上是我個人和家運最惡劣的十年裡有關我學習情形的概述。但在這百般苦難中，我卻仍能化腐朽為神奇，好好的擦拭乾淨這枝筆使我一生受益不淺者，概括言之，得力於兩個原因：第一、家父不幸抱病臥床十年，我不得不輟學在家侍病，因而給予我大量自修時間。第二、我家所藏文學書籍豐富。父親患病最初兩年，將家用現金交給我大哥管理，他有權支配使用，也把錢保管得很好。但是，他有我們家庭傳統的共同愛好，喜愛購藏書籍。所以他在那時期買了大量新舊文學書籍收藏在家。這件事，竟意外地給了我莫大的幫助。因爲在我個人上述「腐朽的」那幾年裡，我得享有幾乎取之不盡讀之不竭的新文學書籍，對我一生的發展，幫助太多。

少年不幸遭逢家變國難，母死、父重病、兄死、妹離家、家貧、國家長期遭遇外患來侵而有戰爭、自己長期失學、家庭災禍連連。我竟能轉禍爲福，化腐朽爲神奇，利用這一命運悲慘期間，爲自己畢生所賴以生存發展的文學打下根基，豈非奇蹟？這似乎符合了易經所說：「禍兮福所倚，福兮禍所伏。」當然，這其中還有個人的努力以爲契機。

大哥所收藏的文學書，廣及那時期我國各書局出版的絕大部分西方文學名著中譯本，也包括了絕大部分我國國人自著新文學出版物，甚至也包括絕大部分我國舊章回小說名著。這些書，使我沉迷痴醉於其中，使我完全忘記了現實生活中的橫逆和痛苦，更使我對這世上文學以外的其他一切都失去興趣，死心塌地的願把自己畢生獻給文學，完全超脫於現實生活之外。如此，對現實世界既已漠然，所以對個人的現實人生也無所謂失望或絕望，更不存什麼希望，甘於就如此安定地過下去，情況既不變壞，也不企望變好。現在回想起來，那時候，我每天只要把日常俗務辦理完畢之後，就拿起書本來或是拿起筆來，內心馬上就完全忘記和離開了那個寂寞又令人痛苦的現實世界，而好像愛麗思立刻就進入了她那快樂的奇境漫遊一樣。

文學書讀多了以後，很自然的後果是內心出現一種強烈衝動，覺得自己也可以寫出所渴望寫出來的東西；這情形，正有如常言所說，完全是「骨梗在喉，一吐爲快。」這就是我這個只有小學畢業學歷的少年，自動拿起筆來學習寫作的起點。

最初是寫短文寄給報紙副刊，大概經過半年不斷的退稿，才開始刊登。很快的，我就開始試寫新詩，而且以後長期對之情有獨鍾，至老不懈。我的詩間常在江西《民國日報》、《大衆日報》、浙江《東南日報》、贛東上饒《前線日報》等知名大報的副刊發表。民國三十年（一九四一年）九月十日，我讀初中一年級的時候，有一首三百一十九行的長詩「老五回來了」在《大公報》文藝副刊發表。除了詩之外，我最熱愛的是戲劇。一九三八年間第一次讀到話劇劇本，第一本是根據托爾斯泰小說《復活》改編仍名爲《復活》的劇本，改編人似乎是田漢。接著又讀到國人夏衍所編抗戰四幕劇《一年間》。讀過這兩個劇本後，使我對戲劇產生了濃厚的興趣。於是就瘋狂似的繼續讀了許多其他劇本。所讀除了當時國人自己創作的大量抗戰劇本之外，更不斷的讀了許多漢譯西方劇作家的劇本。在本國人的作品中，我最喜歡曹禺和李健吾的劇作；外國劇作中我喜歡易卜生。至於莎士比亞的作品，在我感覺裡似乎與現代有些距離了。另外，有些個別的劇本給我印象深刻，例如寫音樂家莫扎特生平的劇本《安魂曲》（很抱歉，竟忘記原作者和譯者的姓名了，但我記得是生活書局出版的）、奧尼爾的《奇異的插曲》、沈西林的《一隻馬蜂》、王爾德的《少奶奶的扇子》，李健吾的「十三年」、曹禺那個俏皮的獨幕劇「正在想」等都是。於是，除了寫詩之外，也深深愛上了戲劇，而且自己摸索，無師自通的學會了編劇。來臺灣後，出版了「煉獄」、「紅樓夢劇本」、「雙殉記」、「荒村之月」等劇本，而且每個劇本都獲得一種名稱不同的文學獎，也都在舞臺上演得相當成功。總括說來，我對文學的愛好，是偏重在詩與戲劇這兩種體裁的作品。

在學習的過程中，我摸索寫了許多劇本。第一個被刊載的劇本是題名《旅社中》的抗日間諜獨幕劇，刊載的雜誌是我大哥所主編，民國二十八年（一九三九年）江西泰和出版的綜合性雜誌《四友》月刊。

五、沈醉於文學迷宮之中

在那十年期間，我對文學沉迷的程度，可以舉下面幾件事爲例來顯示。

第一、少年書痴：在那些年裡，我長年都株守家園，根本沒有機會外出。但是，如果有事必須外出，那怕短促到只有一、二天，也必定都會揹一只自己縫製的灰色大防空布袋同行，袋子裡裝的是上十本厚厚的文學書籍。因爲出發前，每當我選擇書籍裝袋時，總是覺得每本都好，每本都想立刻去讀，所以所攜帶的書最後總是超量；儘管我的閱讀速處很快，但是每次回家時，大概總有一半書不及讀到，但卻總是至少可以讀完三分之一的書。儘管這些書揹在背上很沉重，我卻從來沒有後悔過，也從來不曾認爲自己太笨。因爲我只是認爲，應該充份準備讀物，不使路上無書可讀而感到寂寞；何況，每當讀完一本而要另讀第二本時，竟還能享有選書之樂。所以到了下一次出門，仍然超帶書籍。因爲我在任何郊外地區步行趕路時，都可以一邊走路一邊看書，這種事早就習慣了。至於離家出門但卻是在室內的時間，只要稍有幾分鐘空暇，我也會立刻把書拿出來讀。但是請不要誤會，這絕對不是什麼勤學，而純粹只是深感讀書為莫大的快樂和享受，與許多少年兒童沉迷在以前的連環圖畫和現代的漫畫故事册中的心情完全一樣。有時候，難免會有人笑我痴迷，甚或譏笑我裝腔作勢。我想，只要我快樂而又不礙惹別人就好了，其他就不必理會了。有一個觀念我從小至今迄未改，認為一個人如果太在乎別人的隨口批評，必定會陷入有如祖孫騎驢故事的窘境，不管是祖父或孫子騎了那匹驢子，都會遭人批評或嘲笑，弄得自己不知如何是好。所以在許多（但當然並非所有）情形之下，別人如何說你，你實在大可不必理會。我這種愛書成痴的情形，現在回想起來，仍然不自以為可笑。

第二、一邊走路一邊讀書：抗戰期間，有好些年我家是住在吉水鄉下，每隔五、六天，我就必須步行十五里路，去吉水縣城為我父親購買機器精碾三次的白米，以及中葯、肉食、蔬菜等；並且回太史第老宅家裡取郵件、報紙、雜誌。從我們寄居的蕭家村到吉水縣城這一段路，都是田塍或山徑。走久了以後，路況都相當熟悉了。由於看書是我唯一的享受，也是最高的享受，所以我每次必定一邊走路，一邊看書。我只要同時也用眼角稍稍斜瞄著地上就行了。在那幾年裡面，我從來不曾因此而跌倒過。從城裡回鄉下的時候，我就把攜回的東西用一個長布袋裝好掛在肩膀上，讓東西分成兩部分，分別落在前胸和後脊，並且用一根繩子橫縛上身以固定袋子，我就完全不用再分神去注意它，而可以放心大膽的一路讀書了。我們吉水是個人口稀少民風純樸的多山農業小縣份，山多地多人少，沒有報紙，小小的縣城和近郊一帶，大部份居民彼此都相互熟悉，只要有任何一點值得作為談論資料的事情，都會很快的互相傳說開來。那時候我這種一邊走路一邊看書的事情，每隔幾天就被那一帶農村的人重複看到一次，他們認為有點稀罕，就開始輾轉相傳，說徐家老三一邊走路一邊看書。時間久了，他們弄清楚了事情眞相，就稱許我為孝順好學。

第三、外祖父誇獎：那段時期裡，我習慣於每隔三、四個月給我遠居鄞縣吉安鄉下八十多歲的外祖父寫一封信請安，並且把我家的近況報告他老人家（其實窮苦鄉居生活沒有什麼好報告的，主要是報告我父病況）。雖然外祖父從來沒有回過我的信，我也還是照寫不誤。我想，外祖父太老了，那有精神給我這個少年回信呢？甚至看過信後也許轉眼就忘了，我們晚輩自應諒解老人。但是，幾年後我才知道，事實不是這樣。因爲九姨母有一次談到，外祖父曾用驚訝的口吻特別對她說：淦榮（我的乳名）每隔一段時間就有一封信給他，發現每次信上文詞都比上一次來信明顯進步。我聽了以後並沒有特別高興，倒是有點茫然，因爲我自己不知道有什麼進步。等到我有了些人生經驗後，才知道人的進步常不能自知，而必須有賴旁觀者的客觀觀察。

第四、一日下筆萬言：我因爲整天伏案，不是閱讀就是寫作，所以久而久之，已自我訓練成文筆勉稱通順的地步。我每寫一文，必定事先深思熟慮，不僅把內容要旨等等想好，而且也把全文的結構通通想好，甚至全文第一段的措詞也都逐句想好，然後才筆之於書。我以那時民間傳統的那種紅線十行紙爲稿紙，用毛筆寫作，文思泉湧，筆不停書，常常一天能寫出一萬字的文章來。事實就是這樣，信不信由你。

第五、決定出家專心文學：儘管我有大量時間從事讀寫，但畢竟仍有許多日常生活雜事佔去許多時間，使我認爲影響讀寫生活太大。我中年以前幾十年間都認爲人生許多不相干的瑣屑事情佔去我們的時間，絕對是生命的一種浪費。那期間，我爲這種情形苦惱了很長一段時間。有一天，我忽然想到，如果能去高山寺廟裡做和尚，遠離塵俗，豈不是可以全心全意從事寫作麼？因此，我私心裡曾經先後兩度決定要去做和尚，可是最後仍然未能成行。唯一的原因，只是不忍心拋棄長年呻吟臥病在床的父親。那時期如果我眞的離家了，父親很可能會活不下去。

至今回想幾十年前往事，那時如果眞的上山到一家寺廟裡去做和尚了，我的一生當然會爲之改觀。

首先我可以斷定，父親的命運一定非常悲慘；至於我個人，其他方面我不敢說，但至少在文學方面一定會有某種程度的成就。至於能到達何種地步，那就要看個人的造化以及客觀環境的配合，而非僅憑個人的興趣和努力就可以決定。

第六、寧願挨餓還要買書：民國三十一年（一九四二年）秋，抗戰烽火正熾，我重違父意，堅持去江西泰和縣一家新創辦的「私立建成高級中學」就讀。我去建成中學是出於被迫。因爲我原就讀吉水縣立初中二年級的級任導師兼學校訓導主任彭某蓄意迫害我，詳細經過請參閱本編第貳章「歷次僥倖考取學校」第二節「就讀初中遭遇奇禍」。

建成中學的創辦人是江西政商兩界知名之士余建拯先生，商請那時江西教育界耆宿江西省立第二高級中學（就是江西鼎鼎大名的「二中」）校長車鞫先生兼任建成中學校長。可能是爲了便於照料起見，建成中學的校址也設在泰和縣鄉間一個小鎮外的一個小村中，而省立二中就在鄰村。常常看見車校長戴著一頂拿破崙帽，在太陽下沿著田塍從鄰村步行來建中，或回二中去。我們建中因爲是新開辦，還只有高一學生一班四十人，全部住校。辦公室、教室和學生宿舍，都是借用民間兩棟空屋（抗戰期間，政府機關和學校爲了躲避敵機轟炸，都遷移到鄉間去。在江西，幾乎百分之百是借用民間廟宇、宗祠、空置的老屋。因爲抗戰前，我們江西經過多年政府軍與共產黨軍的作戰，以致人口銳減，所以空屋甚多，尤以贛南爲甚）。我們建中學生晚餐後都步經田塍小道到鎮上去散步。鎮上有一家小小的書店，除了賣文具外，也販了幾十本書稀稀疏疏的平放在桌上充數。非常意外，其中竟有一本是美國諾貝爾獎金劇作家奧尼爾（Eugine O Neill 1888-1953）所著九幕劇「奇異的插曲」（A Strange Interlude）的中文譯本（中華書局版）。書的深棕色厚牛皮紙封面外觀已經陳舊，而且有點破損，內文用的是薄銅版紙，一看就知道是戰前印的，厚厚一册，拿在手上，感覺比一塊磚頭還重。對我這個戲劇狂的窮高中生來說，一方面是令我驚喜，另一方面則覺得其價格不便宜。那時候，家裡不寄錢給我，以至每個月繳膳團的伙食費都有困難，常常餓肚子，那裡還有閑錢去買這種不急的文學書籍呢？但是，儘管如此，我仍然十分不切實際地對這本書具有取得的強烈慾望，那種心情，眞是比追求美女還要熱中和急切（那時候我根本不敢也從沒有追女朋友的念頭）。我每天晚飯後都去鎭上看看那本書是否會被人買去而忽然不見了。我這窮小子就這樣連續看了兩個多月，那本書不僅沒有被買走，而且幾乎是除了我每天愛不釋手地摸摸翻翻之外，似乎看不出有任何他人觸摸過。這段期間，我有空就花腦筋想辦法去找錢買這本書。我想了很久，知道除了向同學借錢之外，似乎一時不會還有什麼其他可行辦法。但是，因爲我巳經欠同學的債久久不還，所有能告貸的路幾乎都斷了。後來還是趕快投稿得到一點稿費，也不顧已經餓了多久的肚子，迫不及待地拿了錢就跑到鎭上去，總算把書買了回來。記得當時手捧著那本書回來時，那種如獲至寶的狂喜與心滿意足之情，眞是莫可言喻。

從以上這些片段，可以看出我對文學的痴迷。我只是對文學充滿了興趣，但卻從來沒有考慮過文學對我是否有何現實價值或是對我未來的生命有何影響。說起來也許有點悲哀，一個十幾歲的少年，竟巳對生命根本不存什麼希望，從來沒有憧憬過未來，彷彿這世界永遠不會改變，將會永遠這樣下去，我也永遠就這樣過著悲慘的日子。我心底下不知不覺的承認，只要能讓我繼續沉迷於文學之中，縱然就是永遠維持這種苦日子讓我活下去，我也就心滿意足了。現在事隔多年，回想起來，那時候的我，是生活在長期絕望後所形成的麻痺心態中，也是長久生活在苦難日子裡所形成的認命心態中，巳經完全沒有鬥志了，十分悲哀！但更大的悲哀是那時甚至不自知悲哀。我之能夠在痛苦悲哀中仍然維持心理安寧，只是因爲有了文學這位密友，所以才能心平氣和認命接受那一切。

六、初中學生在大公報發表長詩

有關我個人少年期的生活背景，上面已經說了一個大概。在那孤寂可悲的環境下，讀文學和寫文學成爲我的生命全部，文學成爲我熱愛的伴侶，而且也是我孤寂少年期中的唯一密友。我除了經常向各報刊投稿，而且十之八、九都被刊登外；值得特別一敘的是上文提到過的，在大公報「文藝」副刊發表了一首三百一十九行的長詩「老五回來了」。

當時我還是故鄉江西省吉水縣立初中一年級的學生，寫作那首詩時的情景，至今還記得很清楚。學校借用吉水北門城外二十華里的醪橋鎮上兩座大祠堂作爲校舍。那年學校新成立，還只有兩班初一學生約一百人，也都寄宿在這借用的兩間大祠堂中一棟的大廳裡。學生的床舖相連而成一個「大統艙」。我白天要上課，當然沒有時間寫作；夜晚本來也有許多作業要做。但是，坦白說，從初中開始一直到大學畢業，就家庭作業這一件事而言，我都不是一個好學生。我經常不繳家庭作業。夜晚，我躺在床上讀文學作品，倦了就和衣而臥；等到同學們都睡熟了，才半夜爬起來寫作。

《老五回來了》一詩寫的是鄉公所裡一名低層幹部人員的實事。我們那個戰時的縣立初中，學生宿舍所在的那個大祠堂就剛好與吉水縣醪橋鄉鄉公所的辦公室緊鄰。我親眼看見也聽見這位老五的故事，雖然他本名不叫老五，只是在詩裡我當然給他換了名字叫做老五。這首詩的題目、內容、結構、大要、甚至部份句子，我都已早就籌之已熟，有空時就獨自沉思，打好腹稿。那夜，我照例半夜爬起來，用一隻小木箱放在地上作爲坐凳，木板床舖就是我的桌子。然後，點了一盞在小瓷碟裡放一根燈草的清油燈，就這樣在「一燈如豆」之下，一口氣寫完了《老五回來了》長詩。寫完以後，身體才感到疲乏，但心裡卻感到特別愉快。抬頭一看，天井上那一小塊四方形的天空已露微明，我才在呵欠連天的睏倦中蒙頭就睡。第二天，上午的課也沒去上，下午起床把那詩抄了一份存底（那時候人類還沒有發明複印機），立刻付郵掛號寄給遙遠的桂林大公報。寄出以後，自忖沒有什麼被採用的希望，所以很快也就不十分注意了。不過，話雖然這麼說，內心卻還是有點惦記。所以仍不免偶爾去圖書室翻翻大公報。大概一個多月後，有一天，忽然看見大公報竟然把我那首詩登出來了，而且幾乎佔了「文藝」副刊的全版。我一陣狂喜，待心情稍定之後才仔細去讀，發現竟一字不漏也一字不改的登出這首詩來了。當時雖然內心歡喜，但外表卻平靜如常若無其事。我不是要摹仿劉備「喜怒不形於色」，而只是由於多年住在閉塞的鄉間又辛苦地侍候父病，多年受盡了折磨，而且生活在極端孤獨之中，有了任何喜怒哀樂都無人可讓我去傾訴或與之分享，習慣於只有留在內心獨自享受或忍受。這種特殊的生活經驗使我悟解：感情產生於人與人之間的互動交流，表情則是基於其內心有此感情，更要身外有可傳送感情的對象才有發生「藏乎內而發乎外」行爲的可能，所以表情是人與人之間互動後的結果，或期望引起互動的行爲。因此，表情是唯有在社會生活中才會產生的一種行爲，無社會生活即無表情。如果沒有社會生活，沒有群體，甚至沒有第二個人，只是生活在孤獨的環境中時，既失其對象，表情則鮮有發生可能，縱然發生，也變成毫無意義。例如魯賓遜居住在別無他人的孤島，時日既久，他的情緒無論有任何變化，有任何喜怒哀樂，決不會獨自狂笑或獨自哭泣，也不會獨自憤怒。因爲這些情緒的流露失去對象而成爲沒有意義；除非他是瘋子，才會獨自作出喜怒哀樂的表情。但他不是瘋子，所以就會把喜怒哀樂情緒留在內心，自知而已。我那時候雖然處身人多的學校，但卻因爲多年生活在寂寞孤獨中，養成類如魯賓遜那種脫離社會人群的心情，已不習慣於表情了。當我看見我的長詩發表了以後，過了十幾天，收到大公報社掛號寄來刊有那首詩的一件剪報後，我才忍不住拿給最要好的幾位同學看。同學們對於我常在報紙上發表文章的事，早就知道；但是，他們這些鄉下孩子卻完全不能了解，在這種全國性大報紙上一次把一首三百多行的長詩登載出來所表示的那種特殊榮譽，尤其作者竟是窮鄉僻壤鄉間初級中學一名十幾歲沒沒無名的一年級學生。不過，我當時心裡想，橫豎只要自己知道就好了，正如孔夫子所說：「人不知而不慍，不亦君子乎？」當然，由於我當時常常在各報寫詩，在大公報廣大讀者之中，還是會有部分人知道，那個筆名「菲明」的人，就是被某些報紙副刊稱之爲「詩人菲明」的人；更何況也有極少數家鄉人知道，「菲明」也就是徐有守那個小孩。後來，果然得到事實證明，過了不多天，忽然接到那時在國立第十三中學高中就讀的吉水同鄉劉宗錕兄的一封賀函，他信裡有一句贊美我的話，說我的詩「不似有些詩那樣有如天馬行空而看不懂。」宗錕兄後來讀政治大學外交系，我來臺半個世紀後才偶爾有人告訴我，他畢業後在大陸上迻譯過許多文學作品，聲譽卓著，成為名家；但是我不知道他是不是用了一個什麼筆名或是仍用本名發表他的譯作。

無論寫詩或是編劇，我都習慣於事先在腦子裡想很久。做事時會想，喫飯時會想，走路時會想，睡在床上或半夜醒來時更會想。白天想，夜晚想，一定要想許多天許多次，才把全篇作品內容想好。除了把整體結構想得很清楚之外，甚至絕大部分作品第一段的第一句以至全段的每一句的具體句子都會想好。我的經驗是：一篇作品無論有多少萬字或只不過是幾百個字，方法都是一樣，只要依先後次序把：（一）主要內容，（二）大體結構，和（三）第一段文章的具體句子，這三者都想得相當清楚，整篇文章就會非常迅速順利的寫出來。有些關於內容細節以及寫作技術細節的安排，都會在寫作進行中像流水一樣順勢轉折，自然解決。俗話說「文思泉湧」，實在形容得很恰當。因為當寫作已經成為習慣後，只要先作好了上述三件事，文章確實就會像噴泉一般地源源不斷噴出，有時確實是迫不及待筆之於書，有時甚至實在來不及寫出來，幾秒鐘後，那一段文意轉瞬間竟會飛走而忘得乾乾淨淨，再怎麼樣也想不起來了。幾十年來，許多文章我都是這樣打好腹稿才落筆，只要一落筆就寫得非常快，眞正說得上是文思泉湧，迫不及待地筆之於書。不過，後來當我做了公務員，常常奉命寫自己不懂或沒有興趣的文章時，雖然也能寫得還好還快，但是卻並不如此順利流暢。

這種寫作習慣是在抗戰期也就是我二十歲以前少年時期養成的，後來寫作政治學、行政學、人事行政學，甚至製作公務文書，我都是依此三個步驟也是三個要項從事準備，幾十年來未變。不過，所不同的是以前還有些不良慣癖，例如坐椅和桌子的高低、所用紙張和文具、周遭環境等等，只要與經常習慣稍有不同時，腦子就僵硬了，好像有什麼東西阻塞了水管一樣，文思竟流不動了，根本就寫不出來了。

後來做公務員做久了，經常在人多的辦公室工作，紙、筆、墨、硯、桌、椅、環境，都不是自己所完全能夠把握控制的。於是，久而久之，竟能革除早年那些惡習，成爲無論在多麼嘈雜的環境裡，無論隨手抓到一枝什麼筆，無論是否在不舒服或不習慣的環境和設備下，我照樣都能寫作。我能夠在這個辦公室裡寫這一種文件未完，於進入另一兼職的不同辦公室後，又寫另一不同的文件，在思慮上不相干擾。唯一不同的是我做公務員久了以後，文思雖然仍然暢達，公務界同仁更都知道我有一枝快筆，但卻只有我自己知道，寫作速度則大不如少年時期了。因爲公務文書既不是抒情文，也不是發表個人見解的創作，是在依法規來闡明公理正義和理性，而且每一用詞用字，不僅都會影響執行的後果，更涉及責任問題，所以不得不特別慎重製作和選詞嚴謹。我做公務員爲時既久，製作或核閱公務文書數量太多太忙，因而根本多年無暇寫作個人喜愛的文學，結果，寫作文學時的思路敏捷迅速的習慣，也隨同一併消失了，而養成一種新習慣，對選字措詞的細心謹慎要求，優於對寫作迅速的要求。

抗戰時期物資缺乏，大陸上大家所用的都是手工製造的毛邊紙。毛邊紙不十分適宜寫鋼筆。那時候還沒有發明原子筆，所以，我寫文章是用毛筆寫在毛邊紙印上紅線條的一種十行紙上。文思流暢的時候，常常一天能寫出一萬字二十多張十行紙。我的習慣是一篇文章寫就並經仔細作第一次修正檢查後先放在一旁，而且暫時忘記它。等到過了十天八天半月甚或一兩個月後，才又拿起來從頭到尾細細修改，然後又放在一旁。再過十天半月一月，又再拿來自己修改。如此反覆多次，最後直到自己認爲沒有什麼瑕疵後，才算定稿。當每次自己修改時，常常會改得很多。有時候竟發現對原來的一些句子，連自己都看不懂。究其原因，大部分是由於落筆時太快。這樣自己改自己的文章，多年下來，到最後，文句洗練多了，也週密妥切多了，竟常能在初次落筆寫出來後，文句就很乾淨，而沒有錯、別、漏、贅字，因而漸漸修改得較少。

事實上，我在公務界雖然無暇從事文學讀寫，但是從文學方面所得來的流暢寫作技巧對我從事公務實在有很大的幫助。舉例而言，我先後替高級長官寫的專業性重要長篇分析報告，由他們親自在國民黨總裁前和中央常會中宣讀，以及替銓敘部部長寫的演講詞，在總統前據以演講，都十分成功。以銓敘部名義提出的「人事制度改進方案」把原有的簡薦委制度與職位分類制度合併為一，而消滅原有的兩種制度，不僅這一方案的設計構想是出自我多年研究結果，而且原始方案全文每一個字也都是我在銓敘部那間小小辦公室裡親自執筆寫出來的。後來為了要把新制度變成法律條文，所有有關幾十種法規也都是我主持一百多次會議討論定案的。其中有許多條文是我參酌與會人員所發表的相互不一意見，當場寫成法律條文的。許多重要公文也都是經我親自動筆徹底整修後定稿的。甚至到老來我還寫了一本名為「做一個成功的公務員」（商務版）的書，裡面三篇中有一篇是專門討論如何寫好公務文書。

不過天下事常常是「失之東隅，收之桑榆」。我如果持續堅持熱衷文學，有否成就，實在也不是我自己所能完全決定的，必然還受制於外界因素。以我這種不願意巴結權力的性格來說，事實已經証明常得不到外界助力。天下任何事情幾乎無一不受到各該範圍內的權力或勢力支配，文學似乎也不很例外。

以上就是我在百般困苦中自修學習寫作的經過。原來只是因為喜歡文學，後來竟因為把自己練成落筆輕快，而使終身所從事的職業都與文筆密切有關，實非始料所及。

七、成長以後的寫作生活

民國三十四年（一九四五年），抗戰勝利之年，我僥倖考入國立中正大學政治學系。學校從贛南的泰和近郊杏嶺遷往江西省會的南昌西郊的望城崗。中正大學是抗戰期間在贛南後方新創辦的學校，尚無自建的永久性校舍。創校之初，曾決定將以廬山為永久校址。勝利之初，當然還來不及在廬山建築永久校舍，所以遷往南昌也只能算是過渡性質，只好找現成房舍暫時供用。結果在南昌市西郊十五里地的望城崗，新建縣縣境，找到了日本軍隊留下來的磚造平房軍營一批，供作教室和學生宿舍；另外由學校加建一、兩棟簡便的木柱泥牆瓦頂平房，做爲辦公室之用。這個地方沒有樹木，只有少量的草。其地名爲望城崗，確是名副其實的一堆紅土平矮「山崗」；名不副其實的則是並不能眞正「望」得見南昌城或是座落在南昌市中心區的新建縣縣政府。

我就讀正大四年期間，正值國家大變動的過渡期，內戰激烈，戰火日漸擴大，加上戰後的貧窮，社會到處洋溢不滿情緒，全國各大學幾乎無一不發生學潮，局勢十分不安定。中正大學也不例外。而我個人因爲家庭經濟情形不好，根本不能接濟我讀書費用。所以求學期間，大都在校外任職賺點學費和零用錢。曾先後在南昌兩家新聞報社擔任外勤記者，跑社會新聞和省市要聞，和專任文藝副刊主編。這段期間，我也寫了一些詩。

民國三十八年（一九四九年）我讀完大學四年，來到臺灣。第一年在省立員林中學教書，利用暑假寫了一個話劇劇本「煉獄」，也寫了一些詩；民國三十九年（一九五〇年）調職位於臺南市的臺灣省立工學院（後來改制成爲現今的成功大學），一直到民國四十三年（一九五四年）期間才離職。在臺南市這段期間，利用工作餘暇寫得不少，分別在各雜誌發表。其中除了有一部分是詩之外，也寫了一些話劇劇本，大部分劇本都獲得當時張道藩先生所主持的國家文藝獎金會的獎，小部分也獲得一些其他獎。這些劇本都已出版成書，而且上演得非常成功。

離開臺南市後就讀政治大學研究所兩學年期間，因爲學期論文作業太多，所以閱讀和寫作文學作品的時間有限，大部分時間都是寫政治學和人事行政學的論文。而且就是從此開始，將自己在文學方面訓練出來的寫作能力，轉移到寫社會科學論文方面了，對文學方面也就接觸得很少了。這是一個重要的轉移，影響到我那以後的發展。有一件事值得一提，就是在這段時期裡，我讀到英文本的「花鼓歌」小說，給我很大的誘惑。內心裡興起了用英文寫作的念頭，準備待有時間要設法先下一番功夫把英文學好。

民國四十五年（一九五六年），我從政治大學政治研究所畢業後就業，第一個職務是在教育部。機關長官是張其昀先生，感謝他對我很照顧。大約一年後，轉任中國國民黨中央黨部中央宣傳工作指導委員會秘書，頂頭上司是我在政治大學就讀期間的老師陳雪屏先生。他很瞭解我的情形。有一天對我說：「我聽說你很想用英文寫文學作品，而且也知道你在文學方面有抱負，這都是好事情。不過你還年輕，前途大有可爲。我看我們一起來爲我們的工作而努力，你也應該爲你的事業前途而奮鬥；所以我勸你似乎可以考慮不再把時間用在文學上面。等到有一天，你退休了，晚年有許多時間，人生經驗也豐富了，那時候再來致力文學也不遲，而且一定能夠寫得更好。」我聽了之後，深覺有理，所以就接受了他的勸告。從此以後，我不僅絕少有時間寫文學，久而久之，甚至根本連文學作品也很少有時間去閱讀了。稍有時間，也只是寫作有關政治學、公共行政學以及人事行政學論文。以前，我在每一段時間裡只要沒有寫出一點文學作品來，或沒有閱讀任何文學作品時，都會自責浪費生命。但自從與我這位老師兼長官談話後，縱然幾十年不讀文學作品也不寫作文學，卻仍然心安理得毫無愧疚之感。因爲我打定主意，待年老退休後再來專心從事文學。但是，世事多變，當初絕未料到竟會從那以後，與文學的關係越來越遠了。

由於受到雪屏先生善意勸告的影響，暫時停止了與文學親密的接觸。直到老來退休近十年後，才眞正有點要回到文學身邊的行動。以致我可以毫不慚愧地說，儘管我自認具有文學天才，但也要毫不自諒地說，我在文學上至今沒有明顯成就，實在可惜。至於以我八十歲以後餘年而言，是否會出現奇蹟寫出一點動人傳世之作來，那就要看天意了。

不過，儘管如此，儘管我停止了文學寫作多年，但因所受文學訓練對我影響深遠，所以作用永遠存在，只不過是常常變換外貌出現而已。我的文筆在我公務生涯上發生了很大的作用，與我接觸較深的同事和長官無不知道我有一枝快筆，而且擅長寫作長篇報告和方案。又由於天性以及創作文學所培養出來的創新能力和習慣，使我在公務上也常有新意。我的公文寫作雖不敢自誇一流，但是在機關裡應該也算是小有名氣。我中年以後雖然有秘書，更有許多機關裡各司科的專業幕僚相助，但遇有重要或必要時，有些文件還是我自己執筆。我自己的演講稿和對外發表有關公務的文章，固然從未假手於人；而替長官捉刀寫演講詞和口頭報告，更成爲我的部分職業。他們在國家元首前的講詞或重要發言，很多是照我寫好的底稿念出來的。前文說過，銓敘部於民國六十二年（一九七三年）提出以及以後兩度再提出來的新人事制度改革方案，不僅方案內容是出自我的構想和設計，而且更都是我執筆一個字一個字寫出來的。

民國八十三年（一九九四年），我年已七十。雖然政務官並無限齡退職的規定，也就是只要兩相情願，我可以不受年齡的限制而繼續任職以至八十、九十之齡而無礙，但是那一年我仍從公職上辦理自願退職。在退職之前，內心十分興奮。因爲對於多年來所憧憬的下列多項夢想將可成眞，而有時間付之實現以了心願，覺得快樂：

（一）學會電腦中文輸入法，以到達能使用電腦順利無礙直接寫作爲目標。

（二）重新投入文學懷抱，準備恢復寫詩、寫小說、考慮也寫劇本。

（三）論述考銓制度以及有關考銓實務上的一些問題、發現與淺見。

（四）寫個人回憶錄。

退職至今業已九年，經檢討結果，在以上四項願望中，除第（二）項現仍在繼續進行外；其餘（一）、（三）、（四）等三項不僅都做得很快，而且大致也做得勉強還可以。

關於上列第（一）項學電腦中文輸入法，完全如事先所作規劃，我用了整整三個月時間學會。在這三個月裡，除了偶有其他必要事情佔去我少量時間之外，其餘所有時間都專心用來學打電腦，就這樣學會了大易輸入法。學習的過程看起來好像有點辛苦，但由於我充滿興趣，所以並不以爲苦。在開始的半個月裡，我一小時竟只能打出十個八個字來。因爲每打一個字時中間的每一步驟，所需判斷和行動，對我都有困難。例如打一個「徵」字：

第一步，必須知道這個字的正楷寫法，但卻是怎麼寫也寫不對。直到無可奈何的時候才去查字典，發現是把其中山字下的一橫寫漏了，因為我幾十年來，都不曾寫過正楷而只寫行書，而寫行書時就從不曾寫過這一橫。又如歲字，我有生以來，寫歲字都是上面寫「山」字頭，從來也沒想到正楷是「止」字頭。其他許多字的情形也與此類似。只要有任何一筆不對，電腦上就不會顯示出那個字來。

第二步，是要依我所採用的「大易輸入法」規則，把這個字拆成幾個字根。我當然一時還記不清楚有些什麼字根。經過幾次摸索和錯誤嘗試仍然不成功；最後，只好查閱書本上的大易規則。

第三步，要知道各個字根各用一個什麼英文字母為代表。這也是要完全靠記憶力的事情。年老人最大的缺點就是記憶力很差。但是，為求訓練自己記憶力起見，也是不到無可奈何的時候決不去查書。

第四步，雖然知道了各該字根的英文字母代號，但是每一英文字母在字盤上的位置卻是一時記不清楚。以前少年時雖學過英文打字，但是已經有大約四十年都是別人替我英文打字，所以早就已經忘記得乾乾淨淨了。不過，我也還是要在實在沒有辦法時才會去查看字盤，找出每一字母的正確位置。但事實上是，學電腦的最初期間對每一個英文字母都要查看字盤。

必須完全解決上述四個步驟困難之後，才能正確按鍵。這就是我最初階段一個鐘頭只能打出十個或八個字的原因。經過三個月之後，我才可以不必再逐字查對字典和規則，比較順利的打出字來，成為每分鐘可以打出十幾個字的初步成績。後來，我再用大約一個月時間，學會了不再是用電腦字盤抄錄手稿，而是可以把腦中思想直接敲打電腦鍵盤輸入，成為文章在螢光幕上顯現出來，完全實現了多年來的美夢。

中文輸入法本來有許多不同系統，學習的時候有難有易。而最容易學的一種方法似乎是國語注音符號拼音法。七十多年前我還是六、七歲在江西南昌讀小學時學過國語注音符號，至今仍記得百分之八、九十，只要略加溫習，就可以完全恢復。注音符號輸入法雖然比較容易學習，但是每打一個字，都會先拼出十個八個以至幾十個同音字來，必須再從中選擇一次，才能取出那個我們所要的字來；所以，必定比其他方法要慢些。至於大易法，在學習過程中雖然比較困難，尤其是對記憶力衰退的老年人來說，實非易事；但是，學成之後，則可以一舉而打出正確的字來，速度上比較快些，實屬一勞永逸之道。七十歲以上學電腦中文輸入的人，實在不多。我自從民國八十三年（一九九四年）學成中文輸入法以至於今，已經用電腦輸入中文手段寫了幾百萬字的文章，其中有一部分約二百萬字並已成書多種出版，這些書的書名是「考銓新論」、「考銓制度」、「考試權的危機」、「棣華詩集」、「王雲五與行政改革」、「做一個成功的公務員」、「出版家王雲五」、「紐布隆斯威克的斜陽」，和本書「我的危機和契機」等共九種約二百三十萬字。其餘尚待陸續成書的還有不少。這種成績證明學習電腦中文輸入一事，我執行得相當迅速有效。

關於前述第三項我退職時所打算要做的事情，寫作有關考銓制度結構以及考銓實務上一些問題的論文，這件事情我也做得很好。上列九種書中有三種近一百萬字都屬於考銓制度的論著。在這方面我有兩個重點，第一個重點是基於政府在臺最近三十年來，考試權被侵蝕情形以及考試權應如何振興的討論；第二個重點是我多少年來都注意到的考銓實務學術化與理論化的研究。因為當今各大學以及學者們所從事有關人事行政和人事管理的研究，幾乎都是按照西方學者和西方教科書內容和方法從事，而且過於理論導向，同時縱然涉及實務，也都是依西方國家的狀況和條件設計，對我國多不切實用。因之，學生縱然熟讀西方人事管理書籍，進入我國機關從事人事管理實務時，從書本上所學來的那些知識根本用不上。因之，我退職至今所已寫的上述三本書，內容都是有關考試權振興之道以及對考銓實務學術化所作的努力。

關於前述第（四）項寫個人回憶錄一事，我也做得還算不錯，也就是你手上已經有的這本書了。本來已經寫就約五十萬字的初稿，後來覺得似乎太長，而且涉及他人，因而遲遲不能定稿。後經考慮再四，決定把其中部份抽除，避免涉及對別人評論的事項及言詞，而成為約四十萬字左右的回憶錄，並曾初步給書取了個名字，叫做「危機與轉機」，後又改名爲「激流」。不過經多次反覆考慮，總覺得以上兩個書名都不好，而且內容也不週全，於是在二〇〇四年夏季又重加編輯，把業已編入另册而且經已印二十本分贈家人兄弟兒子的「源遠流長我徐家」一書，酌加刪選，編入本書，並且補寫若干段落章節，再對全稿加以檢查修訂。最後成爲現狀這本書，書名則定爲「我的危機與契機」。

我必須說明我寫作這本回憶錄的幾個基本觀點：*1.*原諒他人，不去敘述他人陷害我的事情。*2.*因爲我自知不是大人物，所以我決不妄自誇大去學時下那些本來實在並不怎麼「重要」但卻自以爲很「重要」的人們那樣，專談自己的政治經歷。反之，我只是談這個大時代裡我這種因遭受時代潮流沖激而中落的世家，其子弟如何求生存求發展的辛苦經過，談個人生命裡有趣的事情。*3.*我必須誠實敘述自己。

關於前述第（二）項恢復對文學的寫作這件事，雖然也是退職後四個美夢之一，卻是至今都還沒有做好，我做得很慢，而且還有些使我傷心的事。

退職後，我懷著高度的熱忱，想實現前述我幾十年來耿耿於懷的這些願望，文學是其中之一。但是，我很快就發現，時下臺灣文壇已經不再需要甚至不再能容納我這種人了。如果依他們的觀點來看，我似乎是落伍了；但如果依我的觀點而言，我打從心底就不贊成時下臺灣文壇的取向和風格。大致說來，個人對時下文壇流風，至少有兩方面不能苟同：第一、關於作品內容與題材方面，描寫性和怪異太多，許多作品幾乎每十頁八頁就寫到性交，而且過於直接，動輒使用「插入」一詞，把世間男女寫成似乎視性交爲家常便飯，似乎人盡可夫或人盡可妻，性和色情過多（他們還掩耳盜鈴的故意發明了一個新名詞「情色」，用以取代原來的「色情」一詞，以爲如此就可以沖淡色情的顏色）。此外，許多作品也充滿了怪異。第二、表現技巧方面充滿了怪異。尤其是新詩，刻意製作晦澀，以令人難懂是尚；遣詞用字常常以荒謬艱澀而自鳴得意，不僅是每行詩看不懂究竟是何意思，而且通篇也看不懂是何意思。詩之目的是傳達心意和感情以引起共鳴，現在既然叫人看不懂，當然也就不能達到傳情達意的目的，而失去詩文的意義了。我想，我是絕對無法追隨這種風尚的。但是孤掌難鳴，內心卻自感十分悲哀。現在，我與文學的緣份雖已更遠，但並没有也許根本不可能完全告別文學。因爲我覺得仍然可以我行我素，未必一定要遷就那種我所反對的潮流。

以上就是我與文學緣份的始末。簡明說來，幾十年來，我從文學獲益太多，文學是我生命裡一件十分重要事情。我最後仍然不會放棄。

至今爲止，我已經出版的文學性和非文學性的書籍如下：

1. 煉獄：四幕劇劇本、自由青年社多幕劇劇本第一獎，自由青年雜誌社出版，臺北，一九五一。
2. 雙殉記：三幕劇劇本，國家文藝獎金會獎助，與文齋書局出版，臺南，一九五二。
3. 荒村之月：獨幕劇、國家文藝獎金會獎助，與文齋書局出版，臺南，一九五三。
4. 生之戀歌：詩集，人文出版社出版，臺南，一九五五。
5. 紅樓夢劇本：四幕劇劇本，臺灣商務印書館出版，臺北，一九六六。
6. 藝文沉思錄：文藝批評集，臺灣商務印書館出版，臺北，一九七二。
7. 道南從師記：傳記文學，臺灣商務印書館出版，臺北，一九七七。
8. 公務職位分類的理論與實務：人事行政學論著，正中書局出版，臺北，一九六〇。
9. 美國合作聯邦主義論：政治學論著，臺灣商務印書館出版，臺北，一九七二。
10. 行政的現代化：行政學論著，臺灣商務印書館出版，曾獲中正學術著作獎，臺北，一九七二。
11. 行政學概要：行政學論著，財政部財稅人員訓練所出版，臺北，一九七七。
12. 中外考試制度之比較：人事行政學論著，中央文物供應社出版，臺北，一九八四。
13. 我國當今人事制度析論：人事行政學論著，臺灣商務印書館出版，臺北，一九八四。

14. 政治學概要：政治學論著，警察專科學校出版，臺北，一九八八。
15. 考銓新論：人事行政學論著，臺灣商務印書館出版，臺北，一九九六。（自此以下均退職後出版）
16. 考銓制度：人事行政學論著，臺灣商務印書館出版，臺北，一九九七。
17. 考試權的危機：人事行政學論著，臺灣商務印書館出版，臺北，一九九九
18. 棣華詩集：新詩集，徐柏容與徐有守合著，臺灣商務印書館出版，臺北，二〇〇〇。
19. 王雲五與行政改革：行政學論著，臺灣商務印書館出版，臺北，二〇〇三。
20. 做一個成功的公務員：人事行政學論著，臺灣商務印書館出版，臺北，二〇〇四。
21. 出版家王雲五：傳記文學，臺灣商務印書館出版，臺北，二〇〇四。
22. 紐布隆斯威克的斜陽：長篇小說，臺灣商務印書館出版，二〇〇四。
23. 我的危機與契機：傳記文學，臺灣商務印書館出版，二〇〇五。

當然，我還將繼續有書籍出版。

八、把文章寫好的方法

成功的道路不止一途，天下許多事情都可以是「條條大路通羅馬」的。寫好文章的方法也很多，但是根據自己幾十年來的淺薄經驗，下面的方法也許很不錯，應該值得參考：

（一）要多多的和大量的閱讀，無論是速讀或精讀甚或背誦好文章，或只是讀小說，只要量多，都有效用。我認爲多讀小說似乎比背誦古文有效得多，多讀小說，十分有助於文思的開展，似乎是最好的一種方法。

（二）必須多多寫作，最好自己命題寫自己所最熟悉的事物。不一定要寫什麼了不起的偉大題材，

而且最好是先從一些身邊熟悉小事寫起，更容易訓練文思的流暢和表達的技巧。

（三）必須不斷自己修改文章，而且要十分細心的字斟句酌。如此長期反覆進行，以後寫文章就熟能生巧，下筆時自然會免除過去犯過的錯誤；更由於習慣於寫作，以及事先的腹稿準備，所以久而久之，自能下筆如有神，不致於思路艱澀。

以上所述練習寫作的整個過程，我認爲大概也可以構成所謂「錘鍊」的功夫。彷彿一塊鐵被燒紅以後放在鐵砧上，被鐵匠翻來覆去地反覆猛力錘打一樣。久而久之，豈有仍不成鋼之理呢？

貳、歷次奇蹟考取學校

一、歷次陞學考試都很艱辛

立足我國現今社會，除非具有特殊能力或有特殊際遇者外，在一般情形之下，大學畢業學歷似乎是求生存求發展所必需的起碼資格；否則，在競爭時將會十分喫力。但是，如果要大學畢業，則自小學以至大學的每一次陞學考試，都是一道重要關卡。這道理，臺灣的每一家庭都知道。

我的求學過程頗爲艱辛。小學時期的我，雖非太保學生或阿飛學生之流，但卻是個喜歡玩耍而成績不十分出色的頑童。只有到小學畢業時，最後一學期的成績從以往幾乎固定列爲全班最後幾名，忽然跳躍到全班第三名。記得我的大哥曾經解釋這一現象說，並非由於我的成績變好了，而只不過是其他同學不努力而已。那時我聽了這些話只是疑信參半。現在冷靜回想當時實際情形，大概是我六年級時頭腦清楚了一些，也就是俗話所說的開竅了，稍知努力。至於大哥的話，當然只不過是在勉勵我不可自驕而已。

從小學畢業以後，我之進入初中、高中、考取大學，以至於考取研究所和出國研究，每次入學考試或競爭考試，幾乎無一不十分艱辛。當然，每一考試也無不關係我的前途和發展，成功後也無不成爲我生命中的重要契機。結果，竟十分僥倖，每一次考試我竟都考取了，而且幾乎每一次都出現奇蹟現象。其中尤以大學入學考試，更是我生命中的大事，其經過也更是特別奇妙，那情形實非常人所能想像，但卻無一不是事實。這些事情使我不得不認爲，人生的命運，冥冥中似乎確有一隻看不見的神的手在主宰。如若不信，可以我的故事爲證。

雖然我平生考試從不作弊，但是我在此也並不吹牛說我每次重要考試都是靠眞本領過關的。而卻都過關了。那我是如何過關的呢？完全是僥倖，完全是天老爺幫忙我過關的。實在出乎神奇！神奇得你可能不相信，但是你必須相信，因爲這都完全是事實。

本書這一篇章所寫，都是歷次考試入學的經過，而且對考進大學的經過寫得比較詳細。

二、就讀初中遭遇奇禍

自民國二十三年至二十六年（一九三四年至一九三七年）三年期間，我的家庭和我個人都發生了鉅大變化。我小學畢業了、母喪、父調職、家庭四散、隨即父病、父親辭職、抗戰爆發、全家回到家鄉吉水縣居住，隨之我必須在家侍候父病，因而失學在家六、七年，唯有努力自修。歷經上述種種逆境，在苦難磨鍊下產生智慧，頭腦才稍稍開竅，略知世道艱難。

好不容易適逢其會，我家鄉吉水縣新開辦一間吉水縣立初級中學，我才十分勉強的得以就近入學。我在校兩年，成績優異，成爲全校學業成績第一名的優秀學生，也是學生自治會主席。但最後卻飛來奇禍，教師兼訓導主任彭某對我的誤會並轉變成私怨，偷偷地批示我應「勒令退學」，使我不能繼續就讀。眞是一場噩夢。

這名教師對我如此深仇大恨，是出於嚴重誤會後所產生的一種嫉妒。彭某是我們吉水縣人，長得很醜，而且已經結婚生子了，西南聯大畢業，在我們學校教數學，也教我這班的數學，又是我這班的導師，更是學校的訓導主任。據他對學校同事們說，他父親只有他一名獨子，又因他伯父無子，依我們家鄉風俗，他不能完全過繼給他伯父，但卻可以同時成爲他親父和伯父共同的兒子，承傳兩戶的香火。這種情形，我們家鄉稱之爲「一子承兩祧」。這種承兩祧的男人，可以討兩位妻子，都是正太太，一如俗稱的「兩頭大」，分別成爲他親父與伯父兩方的兒媳婦，兩位太太所生的兒女，分別成爲兩個祖父的孫輩，分別延續兩個血統。這位彭老師那時候儘管已經結婚，但是根據上述風俗上的理由，他不願放棄享有兩個太太的豔福，所以還想再討一位太太。他迷上了我們班上一位王姓女同學。但是，那位王姓女生年輕貌美，還只十四、五歲。他雖然想盡了辦法，王女當然不願意嫁給比她大很多而又禿頭黑臉的彭老師，更何況嫁過去以後，實際上只是姨太太，所以對他公開的和暗地的種種示愛表情一直裝糊塗，完全置之不理。當彭某到我們班上來上課時，那種目不轉睛盯牢王女，片刻也不放棄的急色神態，看在我們全班同學眼裡，都忍不住要笑出聲音來。每次都是下課鐘響了很久彭某才無可奈何走了。當他跨出教室大門才兩三步時，同學們立刻忍不住就爆出大片哄笑聲來，高聲大叫和口哨聲響成一片。王女也羞得馬上奪門而出，躲到什麼地方去了。王女雖然從來沒理會過他，他仍然迷得要死，並不死心，小動作很多。後來竟成為傳遍全校學生無人不知的最大新聞。當時我家大嫂也在我們吉水縣立初中教書，教音樂兼任校女生指導教師。彭某在滿腔熱愛表達無門之餘，最後竟厚顏把一子承兩祧的風俗告訴我大嫂，公然要求我大嫂做媒，替他轉達愛意於王女。大嫂是現代女性，當然是一笑置之，不會替他做這種事情。

那時候，我是全校風頭最健的學生，學業成績第一名，又是學生自治會主席，而且大家都知道我常在報紙上發表文章。王女是南昌來的學生，比較開朗，同學們都是來自我們家鄉農村的土包子，沒人敢追她，而我卻是從小也在大都市的南昌長大的，於是大家就起鬨（少年人那種無理取鬧的起鬨），硬把我和王女說成是天生一對。但是天理良心，我實在沒有這個意思，也看不出王女有這個意思。事實上我們兩人之間毫無來往。當時我的家庭境況不好，勉強能夠進入這個學校讀書，已經算是天大幸運了。尤其小小年紀，那裡有心思去談戀愛？這種開玩笑的說法，同學們其實也都知道不過是「姑妄胡扯」的鬧著玩玩而已。但是誰知道卻傳到彭某耳朵裡去了，而且被這位彭老師誤會了，把我當作情敵，不僅大為嫉妒，更對我恨之入骨，時時在課堂上藉故羞辱我，他的神態並且明顯表現出來是蓄意要做給王女看。上課時，一定問我問題，或是叫我上去在黑板上做習題。更糟糕的是他所教的這科代數，正是我最差勁的一科。我常在黑板上寫不出來。他於是就借題發揮，每次都冷嘲熱諷地臭罵我一通，而且每次都必定借機折磨我，惡毒狠辣，極盡侮辱之能事。這情形同學們也都心知肚明，知道是怎麼一回事。我以學生的身份，當然只有喫悶虧，那敢還手？而他卻似乎必欲除去他錯覺中的情敵而後快。在這種情形之下，我想，我只要不做違反校規的事，他也奈我不何。同時，我們的校長是由縣長兼任，從來不到校治事，所以特別設置了一位校務主任，成爲雖無校長其名卻有校長全權之實的代校長，代表眞正的校長處理全部校務。當時的校務主任是陳皎先生，是我們吉水縣一位老教育家，爲人正直，對我這位傑出學生更是欣賞有加也愛護有加。在這種情形之下，這位彭老師一時無可奈何，自然無從下手加害我。

這種誤會形成的責任無論誰屬和誰是誰非，但以一名毫無人生經驗的十幾歲初中二年級學生，受到他就讀學校的訓導主任兼本班導師的教師的嚴重仇視，尤其是這名學生被誤會爲與他爭奪同一名少女的愛情，當這種形勢一經形成，其結果將如何？誰贏誰輸？無待多言。但當時我少不更事，懵懵懂懂，自以爲我實際既沒有與你爭奪王女，也不犯校規，你又能奈我何？另一方面，就我的個性而言，要我向他作什麼解釋，我覺得實在有點莫名其妙，没有必要。當然，我少年氣盛，決不會十分順從，表面上也没給彭某好臉色看。

没想到這名彭姓小人竟然機關算盡，必定是早就籌之已熟，陰險毒辣地只是在等待時機，採用這種卑鄙手段。到了暑假期中學校寄發學期成績報告單時，他既不事先向掌管全校校務實權的校務主任陳皎報告或商量，更不依規定先提訓導會議討論通過，只是在全校學生的學期成績報告單送經訓導主任會閱時，他就親自用毛筆在我的成績單上逕行寫上批示：「該生不守校規，應予勒令退學」幾個大字，並且在學期操行成績欄寫上「丁等」兩個字，就這樣在兩分鐘內，憑他獨自一人，不費吹灰之力，開除了一名全校成績最優的學生，企圖置我於死地。這種例行而又普通的文書，通常是不需經過代校長核閱的，只依全學期已有資料抄列，所以也就這樣發出了。恰好我有一位叔叔在學校教務處任職，親眼看見彭某這一行爲經過，於是就偷偷地把事情經過告訴了我。

我再一次沒有經驗行事，竟不知道在接到成績報告單前去找校務主任陳皎申訴，也沒有在接到成績報告單後依正常程序向學校提出申訴。在自覺無路可走之下，最後就想到以同等學力的方式去報考高中一年級入學考試。

這時候，各校招生考試大多已舉行過了，只還有一家新開辦的私立建成中學還沒有考過。於是我就只好去報考這間學校。

三、千辛萬苦考取了高中

我在無可奈何之下，只好以同等學力去報考遠在泰和縣的建成中學高中一年級新生入學考試。我考學校十分辛苦，縱然是區區一點報名費對我也構成沉重負擔；出外考試如果要住旅館，對我而言根本是不可能的事，而每日的餐飯費用更是問題，那怕是去最小最簡陋專給挑擔子窮人才去的飯店喫兩碗粗菜淡飯，我都没有錢去支付。所以我只有事先轉彎抹角向親友洽妥，介紹我去他們的親友處免費借住。所幸那時是夏天，只要能有一個家庭肯讓我借一塊木板夜晚放在露天的地上，我就可以酣睡一夜了。至於一日兩餐（不是三餐），我想出一個辦法，在家裡自己親手做好許多米果，也就是把白米磨粉摻水搓成像湯圓那樣一個個小圓球，放在蒸籠裡蒸熟，然後就裝在布袋裡隨身攜帶出門，每天上下午都吃幾個，再喝點冷開水，就算是解決一頓飯了。不過後來才發現，這一辦法在夏天卻是做得很勉強，因爲米果隔夜就餿了（臺灣話說是臭酸了），而且很硬，不僅味道不好，有酸臭味，而且會引起腹瀉。所幸我年輕，身體抵抗力不錯，僅有小瀉，忍耐一下，過幾天我回家吃點止瀉藥也就好了。我當時切身體驗而且悟解到，「窮」一定「苦」，難怪習慣上總是把「窮苦」兩個字連在一起用。那幾年我眞是嘗遍了因窮而招至的各種各樣的苦。

結果，那個暑假總算考取了建成高級中學。這家學校是由一位江西企業家余建拯先生出資，那年新創辦，並且聘請當時在江西教育界深負盛名的江西省立第二中學校長車軥先生兼任校長。爲此，車校長就在其二中校址臨時所在地附近的泰和鄉下一個小村中，找了兩間民間祠堂做爲建成中學校舍，以便兼顧。那年是第一學年，學校只招收一班高中一年級學生幾十個人，我在那裡只讀了一學年或是一個學期，現在記不清楚了。這一個學年給我最大的好處，是有一位教國文的涂老師（江西豐城人），有一次在我作文簿上批示：「草率足以掩爾長才，慎之！」我因爲多少有點自恃文筆流暢，每次作文都是匆匆應付了事，與寫作投稿文章時之十分細心的情形完全不同。涂老師的批語，當時使我悚然心驚，深自慚愧。從此不僅寫作文不敢馬虎，而且做許多縱然自認爲並不重要的其他事情，也都徹底改變態度，都很盡心，使我終身受用不盡。我常常想：涂老師說得很對：「草率足以掩爾長才！」何況我自知並不是什麼長才，點點滴滴都是刻苦耐勞磨鍊得來的，草率最後必將招致失敗。

我離家去外縣讀建成中學，完全違反父意。他一向反對我出外求學，所以我去建成以後，他不寄錢給我，使我在建成中學常常無錢繳膳費而餓肚子，實在窮困不堪，深感如此下去不是辦法。因此，在建成中學讀了一年高一後，次年暑假，我就只好又再去投考國立十三中學。因爲十三中不僅是全部學生都免繳學雜費，而且還是全部貸金制度（名爲貸金，實際是只借不還的國庫錢），免費給喫給住，還兼帶免費借給教科書，一切都不收分文。我只需要自籌極少數最必需的零用錢和夜自修的燈油錢，我如果考取了，那一切問題就都解決了，就可以讀下去了。這對我幫助太大，並且有助於我畢生發展，是生命中的一個大轉機。

去應考時是夏天，學校免費讓我們住在青原山十三中校園裡。暑假期間，大部份學生都已離校，所以許多寢室都空著，考生願意住的可以隨意自行選擇鋪位住用，不必付半文錢，也不需辦什麼手續。作爲十三中校址的青原山處於四山環抱的一塊山谷平原上，夜來奇冷，但是我事先並不知道。那天睡到半夜，竟被山中的寒氣凍醒了，醒來後，頭腦雖然十分清醒明白，全身卻冰涼僵硬，完全不能動彈，只覺得自己身體就像是一塊冷凍的臘肉，完全失去了感覺地被放在那幾塊床板上，甚至連麻痺的感覺都沒有。經過極力掙扎很久，最後，四肢才能慢慢恢復觸覺和移動，就好像從死亡中活轉過來一樣。那天夜裡，就這樣三度被凍醒。所幸那時候年輕，身體頑強，雖然如此，卻仍能若無其事而不生病。年輕之可貴，在於身體健康而能受苦耐勞。我不僅不曾因此而患病，事過以後隨即暫時忘懷。這對老年人來說，是完全不可能受得了的事情。這種少年時的特殊經驗，幾十年來永遠不忘。

我去投考國立第十三中學，原是在走投無路情形下知其不可爲而爲之，抱定考不取仍懵懂一試的心理。但完全事出意外，結果竟考取了。十三中是當時東南半壁十分著名的中學，由教育部直接辦理，目的在容納戰時東南各省流亡學生。但因所能容納名額有限，每次報考人數都非常多，而錄取的人比率太小，所以很不容易考取。經考取的學生，確實都是當時流亡學生中的精英。我之去應考，根本是擺明在做白日夢，完全是因爲窮途末路，認爲唯有這個免費學校才有可能讓我這名窮學生讀完三年畢業，因而完全以一種自我開玩笑心理姑妄試之而已。考試不取，我也不會有任何損失；但若萬萬分之一僥倖考取了也說不定。我因爲從小遭遇到無力解決的問題太多，到沒辦法解決時就聽天由命，卻常常出現意外而得天助。所以凡事都抱持希望，決不輕易放棄。因而我養成一種習慣，認爲人間常常會出現奇蹟。這一次，我在完全不懷希望之下，竟果然又出現奇蹟而考取了，我覺得是天老爺在憐憫我。

我在吉水縣中成績全校第一，但是外出考試又常自知難以考取，這兩者間似乎有點矛盾。事實上我在初中成績好的道理有二：第一、我的文史和社會科學課程確實是不錯，而且考試時常常還可以拿滿分。第二、我對數理化基本上是沒有興趣，並不是笨；但是每逢校內考試，無論是月考（現在似乎稱爲段考）或學期考試，我都能開夜車自行惡補連續十天八天，尤其是對數理化，我必定把平時荒廢的弄懂，所以考試總能過關，而且成績不是很差。但是一待考過了，我就完全忘記了，是眞正徹底忘記了。至於去校外考試，由於命題範圍太大了，太廣泛了，我根本無從臨時惡補。

我事後研究再四，認爲這次能夠考取，可能與我使用我大哥在江西心遠中學初中畢業證書有關。因爲我初中沒有畢業，當然也就沒有畢業證書，雖然可以同等學力報名，但依規定對同等學力報考人所要求的入學考試分數有較高標準，而且錄取名額也有不得逾總額百分之五的限制。因此我就拿我大哥心遠中學初中畢業證書並且也冒用我大哥的名字去報考，但實際到考的當然是我而不是我大哥。好在兄弟面貌差不了太多，證書上的照片也不必更換。我考取後細想，十三中的校長是我尊敬的陳穎春先生，是心遠大學畢業的，就出身背景而言，他是心遠系統在江西的代表性人物，心遠除有中學外，過去一度還短期辦過大學，是我們江西的名校，培養出許多人材，不少心遠校友都在中央和江西政壇或其他方面都位居要津。但在全國政壇上，陳穎春先生則屬於那時被大家稱之爲CC系統（二陳系統）駐留江西的重要人物，多年來都是國民黨江西省黨部委員兼組訓處長。他是眞正能幹的教育家，恰好其時教育部長正是二陳之一的陳立夫先生，所以就將開辦和主持國立十三中的重責交給他，他也眞的把十三中辦得很成功。我之能進入十三中，是否得力於我大哥這張畢業證書，被學校當局看中而從寬錄取？我不知道。這也是我在十三中兩年期間學名爲徐柏榮的原因。但知終有不妥，後來我以同等學力應考中正大學時，就乘機恢復使用我徐有守的本名。

四、抗戰勝利前後

我常常覺得，世上有些人畢生平順，從無任何風險；另外，世上每個人至少都會有一次奇遇給他帶來幸運，只是通常少爲人知而已。而我這一生的意外事情很多，包括好的與不好的，其中更有若干次確實可以稱爲奇遇。僅就求學方面而言，每一次通過陞學考試幾乎都有點像是奇蹟，例如上述進入國立第十三中學的事。但最特別的是考取大學這一關，更是奇蹟中的奇蹟，關係我一生發展者十分重大。在學業上，我的長處是文史和社會科學課程，成績絕對不比一般同學的平均水準低；缺點則在數理化方面，平時在學校應付數理化的考試，雖然靠開夜車和臨時自我惡補都能夠應付過關，但實際上對之興趣缺缺，考過後也就完全忘了。可是，幾乎在每一陞學考試中，數理化都佔了很大的計分比率，數理化成績不好是很難考取入學考試的。所以任何一次入學考試，對我都是一個難關。

民國三十四年（一九四五年）夏天，我在國立十三中學讀完高中二年級後，暑假回到吉水縣城老家太史第。每年暑期我的例行工作不少：侍候父病、花將近一個月的時間巡迴去幾個田莊收取田租、向政府繳納田賦稅（繳納實物稻谷）、料理家務等。那年夏天當我下鄉巡迴收取田租後，更出現了一件非常特別的事情，美軍密集的兩次在日本投下原子彈，日本軍閥只好宣布投降，第二次世界大戰迅速結束，我們的抗日戰爭連帶也終於獲得勝利。但是，就在戰爭結束前，正有如通常所說黎明前的黑暗，我們贛南反而遭遇了抗戰八年以來一直倖免的日軍蹂躪。這時候，在我國境內廣東方面的日軍，越過南嶺山脈進入贛南，沿贛江順流而下迅速向北逃竄，以便與其華中日軍集結。我們吉水縣城地處贛江東岸，整個縣境被贛江分成東西兩半，爲日軍北竄必經之地，所以縣境內臨近贛江兩岸地區包括縣城在內的縣民，都遠離贛江往東西兩邊山區走避。日軍來得很突然，過去得也很快，日軍爲避免我軍追擊，所以逃竄行軍急如狂飆。

我家的問題也是我個人的難題，是要趕快把臥病在床多年的父親送往鄉下安全地區。當時我們吉水城內徐氏族人，都以縣城以東四十里地的汀江爲暫避目的地，因爲我們有一位遠房家族曰聰嬸嬸家在汀江鎮上開了一家雜貨店，店房後進有些房屋可以暫時借住容身。但是，我所面臨的主要問題有二：第一、由於父親臥病在床不能步行，所以去汀江必須要有交通工具。第二、錢的問題。

關於交通工具問題，就陸路而言，吉水縣去汀江雖有一條可以行走汽車的泥土公路，但並沒有可供大衆使用的公營或私營汽車，也沒有可供出租的小汽車，整個吉水縣根本就沒有一部汽車。所以這條公路通常都是供步行以及手推獨輪車行走之用，行李和傢俱等物件，通常都是用人力挑運。至於水運方面，有一條在地圖上稱爲烏江（又名恩江）的河道（很奇怪的是我們當地人對這條河卻沒有給予一個名稱），是贛江的支流，從吉水縣東邊一百多里地的山區，向西經過汀江鎮流入贛江。先父既不能步行，唯一辦法就是坐船。

可是，整個吉水縣城供交通運輸用的只有兩條小帆船，平時是吉水縣與吉安縣之間民營不定期的載客運輸船，而且船身很小，每船承載量也不過十多二十人。我跑去找船老闆接洽時，才知道兩條船早都已經給別人捷足先登了，結果是我沒有交通工具可用，也就是我父親離不開吉水縣城，這將構成生命危險。

關於錢的問題，也是一籌莫展。我們家庭那時候根本沒有任何一個人從事生產。我們一家的情形是：太婆老了，長年念經拜佛；父親臥病在床；大哥在外求學；我和五妹在家侍候父病。全家生活所需，都仰賴祖宗遺留田產所收的一點田租。在繳納戰時沉重的田賦稅之後，我膽大妄爲地自作主張，硬是每年勉強扣留下極微少的一點稻谷維生。每當我們需要一點現金來維持生活時，就出賣三兩擔稻谷，此外別無任何其他收入。現在，我們要逃離縣城去汀江，必需支付船資和準備在汀江的生活費用；但是，當時我是兩手空空，並無現金供用。那天夜晚，我整夜焦思苦慮，最後仍照我經常處事的習慣，在一張小紙片上寫下了一個非常簡明的分項備忘錄，按優先次序寫了五項籌款方法，每項都只有三兩個字，例如：「5.向　爺爺借。」第二天，我一早就出門，依紙片上所寫次序項目，逐項行事。第一項是詢問稻米店是否能買我一點稻谷。我走了好幾家米糧店，老闆所說的都是同一句話：「三少爺，這種兵荒馬亂的時候，誰還要買稻子放在店裡呀？」當然，第一項辦法已證明是行不通了，於是改試第二項，第三項，竟一一失敗。最後，只留下最後的第五項，向同族一位富裕的遠房叔祖父借錢。這位叔祖父不僅向以善於理財著名，而且也確實有錢。我到他家以後，他坐在廳堂上方，從容不迫慢條斯理地抽著水煙袋，從他的態度看來，似乎無意與我細談。他也沒有吩咐我坐下，只讓我站在廳堂下方靠著一張放雜物的桌子講話。我起先是與他扼要談時局，以及日軍即將過境吉水縣。他十分機警，一聽之下大概就暗暗了解我的來意，立刻一再深深歎氣，若懷重憂，並且說了許多有關他如何拮据痛苦的話。而且他一反平時言詞簡短的常態，這時說的話很多，像瀑布一樣滔滔不絕地直瀉，但卻都是些廢話，使我根本無從插嘴，更不要說是談到借錢了。我站在那兒聽他長篇大論約莫半小時的訴苦之後，儘管我的請求還沒有提出，但是他的答案卻已經十分清楚了，所以最後我只好無言告退。感謝這位長輩，最後還熱心地訓勉我說：「要好好照顧你父親。」我當時沒有說什麼，心裡只是尋思：「看樣子，這一次我們家是死定了。再過幾天，日軍來了以後，我和我家幾口都必死於日軍刀槍之下了，我還如何去照顧我父親呢？我父親也不需要我照顧了。」

我快快不樂的回到太史第，走進我們那寬闊的四合院，在院子中庭站住仰望長天，只見蔚藍長空上白雲靄靄，一朶追逐一朶，不快不慢地悠悠飄飛。贛南的八月下午，熾熱的豔陽照在我臉上，我一籌莫展，徹底絕望，完全不知道該怎麼辦。我輕輕地歎了一口氣，茫然地望著長天暗想，心裡的確是這樣對自己說：「多麼平靜美麗的世界！但再過兩、三天後，日本軍閥就要來到，我和父親、太婆，以及五妹，共計四個人，將都不再活在這世上了。事實擺在眼前，毫無辦法，上天已判我們四人死刑了，只等待日本軍閥來執行。但是，眞令我難以相信，如此美麗的世界，眞的會發生這種悲劇嗎？我們四個人究竟又犯了什麼重罪呢？」

雖然如此，我的內心卻仍然非常平靜，並不恐懼，也不恐慌。這並不是因爲我有什麼過人的勇氣和修養，而實在是因爲自己在多年持續的折磨下，早已麻木了。從十歲半母親去世時起，十年來，以一個毫無人生經驗的幼童或青澀少年，承擔太多非我年齡所能承擔的家務管理與外來挑戰，受盡艱難困苦和折磨，不僅沒有任何人給我同情和慰問，反而只招來太多的冷漠和欺侮。更痛苦的是沒有任何人可以讓我去傾訴，更沒有任何人可以讓我去請教和商量。在那麼一段十年漫長時期中，我十分孤獨。無論遭遇到了任何大小事情和問題，起初常常是慌了手腳，茫然不知道該怎麼辦，等到盡力冷靜下來後，仍然還是只有自己設法解決。我從不恐慌，從不緊張，也從不流淚或哭泣。因爲我不知道早已恐慌、緊張、流淚或暗地哭泣過多少次，但是經驗告訴我，不僅絲毫無助於問題的解決，反而只會擾亂自己冷靜的頭腦和清明的思路。這一段少年期的悲慘經驗，培養出我畢生堅強不屈的毅力，使我畢生從不恐慌或緊張。這種習慣，在少年時期本來只是因爲別無選擇，無可奈何；而待我成人後在社會上處世接物，自己慢慢的找到了合理的解釋：如果理性的思考和辦法不能解決問題，那也只好勇敢去面臨和承受任何結果；如果這結果將給予我致命的傷害，那也唯有接受；如果是要死，那也只好去死，不能逃避。因此，我爲何要恐慌或悲泣呢？

事實上是太多苦難和折磨，也早已經使我麻木了。我所遭遇的横逆和侵犯已經太多了，久而久之，當然麻木了。

回到家裡後，我並沒有把這些情形告訴父親，因爲父親對許多事情向來根本就不過問，他向來認爲一切我都會想辦法處理。這麼多年來，許多事情我也不去告訴他或問他的意見，他也從來不曾主動問過我，而到最後我也確實都處理得很好，從來没有發生過問題。我之不告訴他，是因爲他精神不好，並不能爲我出什麼主意。我如果主動告訴他，除了徒然使他睡在床上空自煩惱之外，對解決問題没有任何實際意義。父親是學法律的，决非糊塗人。他之所以如此態度，我當時年輕少識，總以爲他是馬馬虎虎。但是現在自己年紀也老了，回想起來，揣想絕對不會是馬馬虎虎。父親應當是因爲對我家的環境和一切條件都了然於胸，而自己既已癱瘓在床，一籌莫展，當然也只好聽天由命，放手讓我這個少不更事但既負責任而又膽大妄爲的少年去去面臨問題；否則，他又有什麼辨法呢？到最後，大不了也就像我所說的一樣，要死就死罷了。所以那天我在外面接洽失敗回家後，只好一邊做家事，一邊還獨自在心底下再盤算是否有什麼其他活路可走。那天夜晚，我通宵不能成眠，仍然想不出任何辦法。天亮後，我一早就出門，只是茫然無目的地東家走走看看西家聽聽，不知如何是好。

不過，實際上我也不是完全茫然。因爲我雖然年少識淺，但畢竟多年來受盡折磨，經驗過不少別人不曾經歷過的事情和心情，發現世事常常會出現意料之外的發展，甚至有時會出現奇蹟，奇得叫你完全不能想像。我想，固守在家裡坐困愁城畢竟不是辦法，出去看看聽聽問問也許會遇到什麼意外的好發展。當我去過幾家之後，看見家家都忙著收拾行李準備逃難，根本就沒有心思和我談話。後來，我來到遠房的曰信叔叔家。曰信叔爲人忠厚（是我上文談到的那位三爺爺的長子，做個小公務員獨自在外賃屋而居，子女衆多，家境清貧，卻與他父親性情完全相反。大家都知道，三爺爺從來不曾有過任何財產或現金補助他），了解我的情形後，忽然說：「那你們就跟我們一起走好了，和我們擠一擠。但是，因爲船太小，放不下太多東西，所以請不要多帶行李就行了。」我聽了眞是喜從天降，立刻答應少帶行李，而且想到可以把行李雇人力挑運另外走。待我問清楚了以後才知道，曰信叔的船就是本縣城裡僅有兩條船中的一條。他也只是與原來包船的另一家庭商量分得一點船上空間，那家本來就不需要一整條船，有人分擔一半船費也未嘗不好，所以也就答應了。曰信叔因爲充份了解這種種情形，所以敢於邀我家同船。後來經他與那家商量，那家也答應了，並且變成三家分擔船費，事情就此確定。而錢的問題，由於我只要負擔船費的三分之一，所以也勉強還可以支應。就這樣，我家算是度過了這一次難關。我當時心裡想：當著天老爺還沒有決定要我們死的時候，就會出現這種絕處逢生的大奇蹟和大貴人。

我們太史第家裡，除了鍋盤桌椅等日常生活用具外，實在沒有值錢的東西留在吉水縣城太史第住宅內。但是，住宅樓上畢竟還有稻谷和食油根本不及也不曾搬走。當我把太婆、父親和五妹三人送上船，並且拜託曰信叔嬸替我照顧上岸安頓他們的事情後，我自己並沒有伴同上船，而獨自留下在太史第收拾家宅。我的工作是把一些必需的日用家具集中在一間房子裡，特把那間房子的門窗用釘子釘牢。當夜，我獨自一人住在偌大一棟太史第屋子裡，感慨很多。第二天一早，天不亮就起床，用長釘把那座四合院的東南西北四道大門都釘牢，才獨自一人步行經小東門出城。等我進入那條通往汀江的向東公路後，只見逃難的人潮洶湧，男女老幼，扶老攜幼，挑著行李趕路。我擠在人群中默默地跟著人流走著，去和父親他們會合。

我們在汀江大概只住半個月。有趣的是，那些日子裡汀江郵電不通，所以沒有信件也沒有報紙，與外界完全斷絕消息，只有極少量的口頭傳聞，也無從判斷其眞僞。但是街道熱鬧如常，每隔一天當墟一次如常。當墟之日，鄉民照常挑了東西來放在街頭叫賣，另一方面也湧來大批採購油鹽香燭和豬肉等日用品的民婦。農人個個精神勃勃，農婦也打扮得乾乾淨淨，男男女女，大家並且都藉此機會和不常見面的親朋就站在街頭寒暄，非常愉快。街道上熙來攘往，摩肩接踵，人聲嘈雜，彷彿根本就不知道世上還有戰爭，更不知道日本軍閥要流竄途經吉水境北逃。

但是，事實上是日軍勢如狂飆，從贛江上游迅速飛竄各縣，也越過吉水縣城。當然竄越吉水的情形我們很快地就知道得非常清楚。日軍只在吉水住一夜，次日就離去。當日軍離開吉水縣城當天，我們在四十里外的汀江就聽到消息了。

我耽心留下在太史第樓上賴以維生的少量稻谷被亂民拿走，所以我覺得仍有從早回城去查看的必要。於是，第二天一早天不亮我就出發，步行到中午前就到達太史第了。我一看，稻子依然存在，食油則連那隻大油缸都不見了，家裡其他桌椅等等也都有很多不見了。我到附近人家去看，足跡所至，到處都空無一人。但發現竟有些我家的傢俱被搬到他們家去了；我又到城裡僅有的那條彎彎曲曲的街上走了一圈，整條街也空無一人，房舍裡也空無一人，我這才忽然發現，原來吉水縣城這時候竟是一座除我一人之外完全無人的空城，使我這個向來大膽的人，在這陽光燦爛的大白天裡，忽然也與起一種莫名的恐怖。我縱目四望，街道、房屋、樹木、池塘，都靜靜地蹲在燦爛的陽光下，無聲無息，整個世界寂然沒有任何聲音，只有微風吹過偶然引起的物件碰擊聲。世上竟會有無人的空城！這眞是一種十分特殊的經驗。而池塘水面和道路兩旁，到處都是日軍遺棄物以及豬牛內臟和頭顱蹄子等，到處髒亂不堪也洋溢著腐肉的臭氣。種種劫後荒涼破敗的景象令人悲傷欲泣。

不過後來我看見那倒塌的籬笆上，仍然有漫然一大片又一大片的紫色牽牛花，精神勃勃地燦然開展，迎風飛舞，顯現出無限的生機。我佇立凝視良久，內心十分感動，精神爲之一振。當天夜晚還寫了一首以「牽牛花」爲題的短詩如下：

不屈不撓的
堅強的意志
透露紫青色的
希望的光輝
開一大片完整美好的花
在破爛枯焦的瓦礫堆上

劫後的園林只剩下一堆灰，一片黑
腐臭掩沒了黎明帶來的清香
誰還忍心停步摒息佇立凝望
八月的荒草敗絮殘磚斷瓦擠不出半滴淚水

妳，牽牛花
今天竟還在和豔陽競賽

東邊山上彩霞堆擁，紅光似火
西邊籬笆飄飛妳片片紫色彩裙
看誰起得最早最美麗
始終漲溢著希望和不屈

五、大奇蹟考取了大學

劫後小城的秩序恢復得很快。第二天，縣民像潮水似地都湧回城裡來了，縣城最熱鬧的菜市場也恢復到平時狀況了，像劫前一樣的有小吃也有菜賣了；街上店舖也有買賣了，整個城市很快就有生氣了；郵電也恢復了，積壓多天未送的信件也一次補送來了。這一天，白天我忙著清理和打掃太史第，夜間才有空休息一下，獨自一人住在那棟太史第大宅裡。我設法弄到一片瓷碟和一些燈草和油，點燃起一盞如豆孤燈，放在房間角上一只小木机上。另外又找了幾塊磚頭疊起來權充坐椅，就著這微弱的燈光，一邊吸煙，一邊慢慢地讀郵寄來的報紙。就這樣讀到很夜，覺得有點疲倦正想就寢，最後瞄見報頭底下有一條小廣告，本已經沒有精神再看，但卻不經心的看見廣告標題是「國立中正大學招生」，那是我們江西境內的唯一大學。我放下報紙，吹滅了微弱如豆的油燈，在臨時權充床舖的地上木板面躺下來了，閉上眼睛準備入眠。但是這時腦子裡忽然一閃，我雖雙眼緊閉，卻見一點似燈火又似巨星的晶瑩白光在我眼前不斷跳躍閃耀，那則招生廣告也在這光亮照耀下跳了出來。我霍然起來重新點燃那盞如豆油燈，拾起報紙找出那招生廣告來重新閱讀，經仔細讀了又讀，這才清楚地知道報名日期很迫近，而且報名截止後二、三天就要考試，報名和考試地點都借用省境內樟樹鎮上的省立樟樹中學。樟樹鎮地處贛江東岸，是我們江西省南北的中點，也剛好在我們吉水縣與南昌市兩地的中途，距離這兩地各約一百八十華里，有輪船可達。但是，由於我們縣城沒有輪船碼頭，所以我們住在吉水縣城的人要步行到城北十里外過贛江一個名叫三曲灘的小鎮去上船，我看完那則招生廣告後，立刻就很想去應考，但是再經具體一想，困難很多，時間又如此迫促，因而又躊躇起來，便躺在床上靜靜地細想。這樣想了很久，發現種種實際困難確實很多，都想不出可行辦法來解決。於是只好決定放棄，滅燈閉眼就寢。但是卻久久睡不著，潛意識中仍然不捨得放棄這次機會。我在那塊硬木板上翻來覆去很久，思緒就像落入一個急速的漩渦那樣，不斷地在旋轉，越轉越深，直向漩渦底尖裡鑽。最後失去了理性，只剩下了一股極端熱衷的意志和衝動，不顧一切的橫下心來，決定必須前去一試。因爲我很早就有一種想法，爲了免除高中三年期滿畢業後去考大學時怯場起見，亟有先去見習一下的必要。而見習的最好方法，就是去參加一次考試，雖然明知考不取仍然值得。正好明年就要畢業了，而現在，見習的機會來了，爲何不去呢？

既然任性地作成了決定，賸下來的只是如何實現的技術問題。我於是又爬起來，再點亮了那一根微弱的燈草，一邊抽煙，一邊靜靜細思。到後來，煙灰碟裡堆滿了煙灰和煙蒂，一包十枝裝哈德門牌（Hatman）的紙煙也已經抽完了。哈德門是一種英國廠牌，那時暢銷於長江南北的大衆化紙煙，中等品質，價格合理，雅俗共賞。我於是把那紅色圖案的哈德門軟紙盒輕輕撕開翻轉過來，仍依我解決難題的老習慣，用半截鉛筆在盒紙上寫下了三項急務和七條籌款辦法。三項急務如下：（一）準備家庭教師證明書。（二）籌款。（三）準備短期旅行數天簡單必需用品。七項籌款辦法的每一項都只有兩、三個字，橫豎我自己看得懂就好了。

關於「家庭教師證明書」一項，依政府規定，必須在高中修業期滿二年，並經家庭教師具名蓋章負責出具書面證明，證明確曾在其指導下接受其家教滿一年，並認定具有與高中畢業同等學力，始得以同等學力資格報名應試。第二天一早，我首先就辦這件事。特別跑到全縣城唯一的那間小小的電信局去，打電話給遠住在安福縣城我在十三中的國文老師王孟達先生，請求同意爲我出具這一證明。那時大陸上幾乎沒有誰家備有家庭自用電話，所以電信局定下的辦法是必須由安福縣電信局在接到我電話後，派專人去王孟達老師家請他赴電信局接聽這一電話，這一切都由我照規定計費辦法付費。如遇受話人不在家，電話就白打了。那天我很幸運，王老師竟在家，而且居然不辭辛勞親自步行去安福縣電信局接電話。當我報告一切後，他立即欣然應允了，但問題是時間迫促，來不及等待他寫好這張「家庭教師證明書」寄來。我於是進一步要求他准許我替他刻製一顆名章，代爲在我代製的這一證明書上蓋用，並且保證絕不作任何其他用途，一待考試完畢我回家後，再將原印章奉還。感激王老師很信任我，竟慨然答應了。問題算是初步解決。

關於籌款，我規劃的第一項辦法是上街去詢問稻米店是否願意買我的稻谷；另外幾項辦法仍然是向這個或那個借錢，但不再是向我的家族借錢。當我從電信局打過電話出來後，我就按計畫所列次序，逐一進行籌錢，直到中午，從第一項到第六項辦法全都失敗了；於是，我就只好進行第七項辦法了。第七項辦法是到北門城外二十五里地一個名叫西坑的我家田莊去賣稻子。我把它列爲第七項的原因，是它應屬最無希望的辦法。因爲，第一、一點點稻子可能被日本兵燒毀了。第二、稻子縱然不毀於日軍，也許在村民逃避期間也可能被亂民搶奪一空了。第三、在那裡賣稻子只能賣給當地農民。當著這種大家逃難剛回來的時候，鄉下村民很可能也沒有錢來買稻子。但是，我那時已經是無他路可走，最後只好仍然姑且一試。於是，爲了趕時間，也來不及喫午飯，立刻起程步行去西坑。下午二時半左右到了西坑田莊莊屋，我們的守莊人劉佳可全家都在，我家倉庫裡的稻子也絲毫無損。佳可告訴我說，由於西坑村離開公路有五華里，而且地處山谷，只有一條羊腸小徑與外相通，已經是公路外的山地了。村民如果要再逃遠一點，那就必須逃到高山中去了。但是當此日軍急於自己也要逃命北竄的時候，似乎也沒有時間來擾這山谷中小村。所以西坑村的村民根本就沒有遠逃，日軍也眞的沒到西坑村來，村民毫無損失。我聽了大喜，就把我想去應考大學而需要賣稻子籌措旅費的事和他詳說，然後告訴佳可說：

「現在，請你替我做兩件事情：第一、替我去買幾斤牛肉或豬肉或雞鴨，和一些乾粉絲，拿回來請你太太替我炒一大鍋米粉；另外，還要買十幾斤老冬酒來，準備與大家一起喝幾杯。第二、請你斟酌情形，看看有那些人家勉強可能買我的稻子。這時買稻子，完全是為我救急，所以只要他能夠湊得出錢，那怕買一石或半石都行，而且要請他們現在就帶現錢來，當面交付給我帶走。不過，今天我行程很急迫，來不及把稻子交給他們，必須等我考試完畢後回來，大概最多半個月後，我才能再來西坑村交稻子。」

由於我以前每年來收田租都很坦率親切，我尊重他們，他們也尊重我，相互間完全保有我們家鄉那種敦厚的人情味，佃農們當然都比我年歲大很多，但是我們相處如兄如弟，彼此沒有任何隔膜。這種種情形，佳可平時看在眼裡都很清楚。佳可聽了我的話後，十分欣然地說：

「去考學校是一件好事，猜想大家一定肯盡量想辦法促成三少爺的心願。」

過不多久，佳可先把米粉、牛肉和酒買回來交給他太太先炒，然後再出去。不到一小時，佳可回來了；同時陸陸續續來了七、八位村人。於是我們就在院子裡露天圍坐一桌。農人們都沒有穿上衣，有的甚至就只是穿著下田時的破褲子。我與往年來收租時一樣，這時也脫去上衣，光著上身，全身只穿一條土布短內褲。我把一隻腳板踏在板凳上，一邊喝酒，一邊坦率地與他們詳細說明原由，並且說出了一個合理的價錢。我們家鄉人向來普遍尊重讀書人，他們又向來都知道我好學不倦，所以衆口一詞都說，讀書是好事，他們都很願意買稻子。只是一時間手頭錢不多，所以有的只能買一石，有的只能買一籮（就是半石）。於是大家就紛紛把錢掏出來，我就請佳可替我一一登記。待我把錢收好一算，全部紙鈔折合銀元大約十幾塊錢，心裡估算一下，已經足夠支應我的報名費、來往旅費以及住旅館等等費用了。於是，我就與大家痛痛快快地放懷暢飲，喝了不少老酒才散。待步行回到吉水縣城到家時，已經是夜晚九時許。第二天，我一早又步行去汀江報告我父親。第三天步行回吉水縣城。第四天就步行去城北十里路外的三曲灘趕搭輪船，恰好趕上。

上船一看，也是要去應考的同鄉同學胡明玖等十幾個人竟先在船上，原來他們是先一天到我們吉水縣上游的吉安城去上船的。巧遇之下，我十分高興。

隔天船抵樟樹鎮，我們找了一家最便宜的小旅館住下，然後我立刻就上街去找刻字攤去刻印章。因爲我必須趕快刻製一顆王孟達老師的私名章，用以製作「家庭教師證明書」，然後才能去報名。

全國性的八年大抗戰剛剛結束，街上到處都是大批穿草綠制服的人，包括士兵、學生和公務員，秩序不很好，情形有點混亂。八年抗戰期間，由於綠色是防空的保護色，所以幾乎各種各樣的人都穿著草綠色中山裝。但是，文職公務員和學生兩種人的綠色制服，與軍人不同之處有二：一、軍人左胸口袋上方佩有布質軍籍符號，公務員與學生通常沒有。但是也有少數學生因爲實施軍訓或軍事管理，偶爾也佩有同樣的布符號，只是布符號上所寫的字有些不同，要仔細看清楚後才能夠分辨。二、軍人和學生都戴草綠色帽子，有時都不戴帽子。但是軍人在軍常服上衣外面束有橫腰皮帶，公務員與學生都沒有橫腰皮帶。不過軍人著軍便服時也和學生一樣，只把襯衫塞在褲子裡，和學生就沒有分別了。但這兩種區分都不準確，因爲阿兵哥縱然穿軍常服時也不一定綁腰皮帶，反之，學生受軍訓時有時也綁腰皮帶。總而言之，軍人與公務員之間比較容易辨別清楚，一看就知道；而軍人與學生之間卻不容易很快辨別清楚。

抗日戰爭事關全民生死存亡，各省地方軍隊也都出動作戰，難免有軍紀良莠不齊的情形，使得老百姓大多都有點畏懼阿兵哥。另外，大學生常常因政治立場有左右派之別而鬧學潮打群架，而且戰時也有很多坐霸王車的流亡學生等等情形，所以老百姓心目中的學生也不是個個都那麼斯文。由於「兵」字拆開來是「丘八」兩個字，所以大陸上習慣稱阿兵哥爲丘八。丘八固然是難纏的族群，而接下來學生也不是好惹的族群，所以學生的外號是「丘九」。老百姓就把阿兵哥與學生算成了難兄難弟。現在加上這兩種人又都穿草綠色制服，所以老百姓把他們都看成是穿兩尺半的同一類人而不表歡迎。所謂「兩尺半」，指的是那一時代軍人、公務員和學生都穿而外表都差不多的那種制服的統稱，大致說來，這三種人都不是老百姓十分喜歡的人物。

以上所敘這種丘八與丘九魚目混珠難以明辨的情形，這次被我利用了，幫了我一個大忙。

樟樹鎮不大，我在大街小巷到處找，找了很久，才發現那幾乎是全鎮唯一的一家小刻字攤擺在一個街角。我走過去很禮貌的請他刻印章，誰知我連講了好幾遍，那位老兄卻連頭也不抬一下，猛低著頭只顧刻字，完全沒有反應，根本不睬。這不僅使我覺得他太沒有禮貌而生氣，而且感到問題很嚴重。如果他不肯為我刻印章，明天我就報不成名，那我這之前所作的一切努力都白費而前功盡棄，就根本不能參加考試。我沒有辦法，只好繼續用好話求他，但是他卻仍然無動於衷，完全置之不理，看也不看我一眼。我沒有辦法，內心不停地在動腦筋和盤算，心想窮則變，變則通，成敗在此一舉，非常時期和非常事件必須使用非常手段才能解決。於是我把心一橫，拉下臉孔，伸出拳頭猛搥他的桌子，大聲呼喝一聲：

「你不理人是不是？」

他大喫一驚，抬起頭來朝我翻翻眼睛，愕然地問：

「你是那一部份的？」

這是戰時詢問對方身份的一種流行用語，詢清楚對方是那一個單位或機關的人，以便斟酌評估對方勢力，然後決定採取什麼態度和方法來肆應。我於是說：

「我是那一部份你管得著嗎？很簡單，老子只是要你刻一顆小小的印章，而且照你的定價付錢。你要是不刻，老子就打翻你的攤子。」我特別拉高了嗓門猛然厲聲大叫：「你刻不刻？」

他似乎是被嚇了一跳，有點驚恐地停下來張大眼睛仔細打量了我好一會兒，大概腦子裡也在盤算。他看見我穿的是一身草綠色制服，摸不清我的來路，但所要求者甚小，只是一顆小小印章，也沒說要他免費，所以態度似乎軟化下來了，但卻又不肯立刻投降，竟又低下頭去刻他的印章。為了表示勇敢起見，故意裝成滿不在乎的神氣，只不軟不硬地輕輕說了一句：

「老大哥，我有幾百個部隊的印章要刻，他們限期要我交貨；我實在是沒有時間替你刻，並不是不替你刻。可不可以請你去找別人刻？」

我摸不清楚他到底是不是真的要拒絕我，於是不容分說，就發潑地用腳猛踢他的攤位一下，使得攤位也移動而且搖擺了兩下。我大叫：

「你刻不刻？只要你說一個不字，我現在就打翻你的攤子。」

他看見情形有點不妙，這才慌了，抬起頭來趕快說：

「我刻！我刻！我刻！不要生氣！請問要刻一個什麼樣的印章？」

我說：「我只要刻一顆小小的木頭印章，不過三個字，隨便你刻什麼字體都行。但是明天上午我一定要。」

他似乎輕鬆一點了，就說：「我刻！我刻！三天後交貨好不好？」

我發潑地說：「剛剛說過了明天非要不可，什麼三天五天的？」

他苦笑了一下只好答應了，要我把名字寫在他的本子上。我心裡想，我雖然稍微霸道一點，但畢竟只不過是強迫他替我刻「一」顆木頭小印章而已，而且完全按他的定價付錢。

第二天上午，我付了錢順利的拿到了印章，也順利的報名妥當。

幾天後，我也順利的參加了考試。不過自覺考得十分不好。

這次入學考試共考兩天七科，第一天的上、下午和第二天的上午都是各考兩科，第二天下午只考一科。七個科目如下：國文、英文、三民主義、數學（包括大代數、解析幾何、三角）、理化（包括化學、物理）、歷史（包括本國歷史、外國歷史）、地理（包括本國地理、外國地理）。其中外國史地、大代數、解析幾何、化學等都是高三的課程，我這時還只讀完高中二年級，還沒有讀到這些高三才有的課程。更妙的是我在初中也只讀兩年，列爲初三課程的外國史地和化學也沒有讀過。因此，我這次大學入學考試時，只要一見到這些科目的題目，就一概置之不理而不作答，打定主意放棄。好在這次我根本不指望考取，所以內心也不覺得有什麼難過。

考試時，在每兩節中間那十分鐘的休息時間裡，我們參加考試的十多位吉水同學都圍在教室走廊上互相查對答案是否正確，我也參加。他們一個個都熱烈發言，幾乎個個都興高采烈表示答對題目了。我一聽他們所說的答案，與我所作答案不同時，心裡就知道自己可能做錯了；至於對那些我沒有修過的課程，我既然已經放棄那些題目不作答，所以根本也就不去聽他們那種得意的談話了。因此，我雖然也在聽他們的討論，卻自始至終未發一言，既不高興也不難過。

在場的吉水同學們看見我那模樣，心裡有數，有人就安慰我。我說，我本來就是高中沒有畢業，只不過是來繳報名費奉陪討個經驗罷了，所以根本談不到會有什麼難過。

考完回到吉水以後，我就忘記這件事情了。不過，對於參加大學入學考試是怎麼一會事兒，我已經了然於胸，知道並不如自己以往所想像的那麼恐怖。所以我覺得去考了這一趟還是很值得。內心篤定的想到，明年眞正去應考時，決不會有絲毫慌張。

似乎是考過後二十多天時，忽然收到一封國立中正大學大號信封的掛號郵件，信封不很薄，我自己當然早就知道是這是沒有考取的通知，並且把我那張自己一手製造的「家庭教師證明書」寄還給我。我漫不經心地把信封打開來看，卻並沒有那張證明書，而只是兩三張通知，大喫一驚。待仔細一讀，發現竟是告訴我說我已經被錄取了！以及何月何日開學，我應該繳些什麼錢和多少錢，以及一些入學注意事項等等。我看完以後，並沒有高興，完全不相信這是眞的，獨自啞然半晌，眞正呆住了！然後又把那幾張紙反覆再看清楚，沒發現任何錯誤，確實是給我的。我站在我家那寬敞的庭院裏，心中只在揣量，這種事情應該不會弄錯罷？想了半天，確定這是眞的而不是在做夢。這樣，內心才興起一陣歡喜，匆匆忙忙跑進房裡去告訴爸爸和太婆，說我考取大學了。太婆聽後笑了笑，點點頭沒說什麼。父親聽後沒有什麼特別反應。在這兩位長輩心目中，我們兄弟能讀書，而且一向都薄負虛譽，他們都早就知道了。所以現在我考取了大學，在他心目中可能認爲也是理所當然的事情。他們卻完全不知道，我只是國文和史地以及社會科學等科目的成績好，至於數理化則向來奇差，差到會使我絕對甚至永遠考不取大學。

但是，現在竟然提前一年考取了大學，眞是天下大奇蹟！人家說美夢成眞，我是原本連這個夢都沒有，現在竟是飛來美景！我眞的不知道究竟是怎麼一回事！我怎麼竟會考取的？不知道學校是怎麼算錯分數的？當然，我決不會神經病地去問學校說：「你們要不要查一查，是不是弄錯了呀？」送上門的幸運沒有理由要拒絕。

不過那個夜晚我確實是考慮到，很有可能明天或是過幾天，學校忽然又來了一封緊急信件，聲明是製作通知時的錯誤，現經查對後發現我實在是沒有考取的，所以原來那張通知無效，請原諒云云。我想到，在此情形下我應該如何處理。我想了很久，最後決定我決不放棄。理由是：公務文書應堅守誠信原則，既然已經發出，就必須要信守公文書上所言。豈可又以另一公文予以輕易取消？如果原來確實有錯，那也是公務機關（學校）內部的事情，其錯誤應由機關（學校）自行負責解決，不能以內部的錯誤據以變更對外的誠信。因此，無論如何，我必須手持學校給我的原通知前往學校報到。如果學校企圖阻止我，我必訴之於法。

對於我居然考取了這件事，我想了好幾天，始終覺得十分莫名其妙！我自己太清楚了，我的國文一科考得非常好，英文也馬馬虎虎；至於本國史地雖然答得應該不錯，但是因爲各與外國史和外國地理同列一個科目，各爲一張試卷，而我又完全放棄外國史地不曾作答，所以本國史地部份縱然答得再好，也只是答了各該考卷的一半，而這一半也不見得百分之百答對了，再好也好不到那裡去，再好也不可能給我滿分的各五十分。至於我的數理化，多少年來就很糟糕，這次來考之前，從鄉下逃難回來，根本完全沒有溫習準備，所以無論我已作答和沒有作答的部分，合起來講，實在是糟透了。如此情形，怎麼會考取呢？這不僅過於奇妙，而且更是過於荒謬！但是最荒謬的事情是那十幾位與我同船去應試而且都是三年高中正規畢業的同鄉同學中，竟然只有很少幾個人考取！

六、在夾縫四年中讀完大學

從民國三十四年秋到三十八年秋（一九四五年秋到一九四九年秋）期間四年，我在江西南昌的國立中正大學法學院政治系就讀，剛好是在抗日戰爭勝利當年到大陸政權變色之年期間四年。在這期間，雖然國家政局動盪劇烈，烽火連天，戰事遍及半壁河山，但是我們江西省境之內卻勉強尚無戰爭。因此，我眞是何幸，得以在這一國運夾縫期間，完成大學四年高等教育。但又何其不幸，竟在畢業之年不能參加畢業考試以順利作一正常結束，而不得不流亡離校。然後卻又何其僥倖，得獲參加教育部破例措施，爲所有流亡學生舉辦大陸來臺戰區大專應屆畢業生統一畢業考試，而終於圓滿畢業。這一過程眞有點像是「山窮水盡疑無路，柳暗花明又一村」。

而這一曲折的過程，發軔於民國三十四年（一九四五年）我之參加中正大學的入學考試。這原來不過是我企圖汲取試場經驗的一次嘗試舉動，豈知弄假成眞，結果竟決定了我其後幾十年的生命道路。世事之不可測有如此者，而生命之偶然性所居成份竟有如此之多。

如果我遲一年進入大學，也就是說，假如當年我沒有破除萬難去參加那次大學入學考試，或是雖然參加了考試卻並未考取，或是雖然考取了但卻因爲種種原因而未赴校報到入學，都會使我不能在民國三十八年（一九四九年）秋讀完四年大學課程。則我是否會在民國三十八年（一九四九年）離開學校流亡赴臺灣，就大成問題。上述這一連串的假設性情形，無一不關係到我那以後幾十年的命運與發展。但是我畢竟在民國三十八年（一九四九年）完成了我的大學學業，其間和其後雖然也曾經有過一些曲折，所幸都經我主動或被動有所作爲，而獲順利度過。例如考取了以後，還曾一度想先工作一年再入學，但幸好被我的中學校長阻止而仍如期入學。

上述經過中的一個關鍵是暗中得到貴人幫助才能被大學錄取這件事，直到我畢業來臺後才偶然獲知眞相，姑且暫時留在後面再講。現在先就我考取後本想工作一年後再入學而又受阻的經過一述。

我何以會想先去工作一年再入學呢？主要是當時太窮。我讀書除了依賴家庭供應外，沒有任何其他經濟來源。但是我的家庭那時還是很窮，難以支援我。戰時國民固然普遍都窮，而我家卻是無任何一人從事生產和賺錢，所有用度，都僅賴本應繳納田賦稅而未依規定完全繳納清楚所扣留下來的一點點殘餘田租收入，而且還有一位臥病多年的父親天天要喫飯更要喫葯，所以比一般人家更窮。

在如此窮困情形之下，我不忍心要家庭支付我的大學學費，而很想設法自給自足。

中正大學快要在南昌望城崗開學了，我抵達勝利後不久的南昌，準備入學。正在爲籌措學費苦惱的時候，偶然聽見朋友說，駐在南昌某一部隊的文化工作隊（那時的部隊還沒有政工部門，卻都有這種從事演劇、唱歌、宣傳工作的單位，稱爲文化工作隊），正在擴充增加隊員，如果能夠找人介紹，很容易被接受。聽到這消息後，心裡想：我寫過許多劇本，向來喜歡戲劇，中學時期常在課餘從事有關戲劇活動，也導演過戲，還自己演過戲！現在若能以此爲職業，可以充實這方面經驗。如果先去做一年，節存一點錢後再來入學，就可以不必向家裡要學費了，豈非一舉兩得？依規定學校方面是准許申請休學一年的。我這樣考慮再三，覺得事情聽來似乎很美，只是問題要點我到那裡去找誰介紹呢？誰認識那個部隊呢？爲此，那幾天我經常在躊躇思量。事有湊巧，有一天我在南昌市區東湖邊沿著湖岸正低頭步行的時候，抬頭一看，忽見我們國立十三中學校長陳穎春先生坐著他那部專用亮亮的黃包車，迎面飛馳而來。那時候大家都知道，陳校長是江西省黨部的紅牌委員兼組訓處長，是國民黨中央黨部組織部二陳（CC）

指派在江西所最倚重的要員，在江西是鼎鼎大名有權有勢的人物。國立十三中學校長雖然只是他的兼職，他卻至少有三分之二的時間在學校辦公，而把學校作爲專任職務十分認眞的在做，而且對學生十分關心和愛護，所以學生們都十分尊敬和喜歡他。

我因爲曾經擔任過全校學生膳食委員會主任委員，也曾擔任學校裡最大也最具聲譽的學生社團「藝風社」社長一年，因事曾經多次與他單獨接觸過，有過多次對談。依我那時腦子裡閃出的第一個天眞念頭就是他應該認識我。但是，腦子再一轉，我又想到，我們學生們都知道，我也知道，他常常以一些官場習慣來對待同學。久而久之，經過同學們事後反覆研究查證，才恍然大悟知道了其中秘密，他是故意如此，用以訓練學生應對社會事務的能力。所以他縱然認識你。但當你面對他的時候，他也不會表現得與你一見如故那樣親切，因而會使你不知道他對你到底有多熟悉。不過，當你與他談話後，越到後來，他就會變得越溫和。而且你如有所請求，十之八、九是有求必應。

因此，當我望著他的車子飛奔而來時，腦子不免轉了又轉而自問：我眞的應該上去攔住他的車子嗎？因爲又覺得實在無從了解他是否會認識我。

我大概只遲疑了一秒鐘，靈機一動，覺得這是千載難逢的好機會，實在不應該考慮太多，於是就一個箭步跑上去攔住車子，並且大聲叫著：

「校長！校長！」

他望了我一眼，就叫車子停了下來，照例用他在學校裡那種有名的習慣性嚴厲聲音問道：

「什麼事呀？哼？」

我於是迅速直率地告訴他，我是十三中學的學生，叫什麼名字，已考取了中正大學，但是因爲家庭在經濟上有點不方便，所以很想先工作一年，存一點錢，然後再去讀書。現在知道有一個軍中文化工作隊要招收隊員，聽說只要有人介紹就可以進隊，所以想請校長出面介紹。

他一聽完，毫不考慮，立刻就訓斥說：

「在這種兵荒馬亂的時代，抗戰剛剛勝利，能夠考取大學已經很不容易了。不知道抓住機會好好讀書，趕快畢業，還要三心二意想去做個什麼文化工作隊的隊員，這是什麼意思？」

我楞住了，一時啞口無言，正在考慮如何再說明時，校長立刻又說：

「趕快回學校去報到，不要三心二意，回學校去！快回學校去！」說完後，就用力蹬了人力車的踏腳板一腳，對車伕說：「走！」

車子飛快地走了。

我們同學們都知道他心地很好，只是不肯讓你看穿他。所以他的話聽來似乎也可以解釋為搶白了我一頓，我倒也不生他的氣。不過，畢竟是要求不遂，我當然還是很有一點懊惱。回去想了一夜，冷靜下來，覺得校長說得也沒錯，好不容易考取了大學，何況是連自己都不知道是怎麼莫名其妙考取的，得來實在不易，為何還要三心二意不去念呢？至於錢的事情，天無絕人之路，畢竟還是可以想其他辦法呀！抗戰期間身無分文又無任何親友奧援的流亡大中學生不知凡幾，不都活過來了嗎？我本人雖然還不至於無家可歸，但與流亡學生也差不了多少，不也在千方百計之下還在學校讀書嗎？經這樣想過後，我才絕了去文化工作隊的念頭，也絕了休學後先去另尋工作的念頭，下定決心去學校報到。

在以後四年大學生活裡，有一大半時間我是在南昌的報社兼任新聞記者或文藝副刊主編的工作，賺取一點薄俸來補貼我的學費。好在那四年期間，政府對所有公立大學學生都是實施全額公費制度，免繳學費、宿費和膳費，學生只需要自己負擔書籍和文具費用以及自己的零用金，所以清貧學生也可以很節省的維持學業。我知道有些同學口袋裡常常會一兩個月沒有半文錢，除了上課和在膳廳用餐之外，就只有坐在寢室裡或是圖書館裡讀書，根本沒有錢去從事任何其他活動，我也有過這種日子。我覺得如此貧窮的人竟還能夠依賴政府支援而接受大學教育，而政府在戰後財政百般困難中，竟仍能勉力而為，實在是最大德政。我從高中開始，就是全靠政府公費供應的學生，飲水思源，不能不感謝政府。

七、揭開當年考取大學之謎

前文曾經說到，因爲自己入學考試考得非常不好，卻竟能考取中正大學，所以自己都是糊里糊塗的不明其究竟。直到四年後畢業流亡來臺，在一個偶然的機會裡才獲知眞相。

我於民國三十八年（一九四九年）夏讀完國立中正大學四年課程但未及參加畢業考試，隨即來到臺灣。當時是一名身無分文的流亡學生，人生地不熟，無親無故。我與幾千名同爲流亡學生的青年人，最初都住在臺灣省政府教育廳免費供應的一棟三層樓空無一物的建築物「七洋行」裡。那房子在現今臺北市火車站東邊附近，本來是一家名爲七洋行公司的用屋，公司倒閉未久，房子空在那裡。不知經過什麼手續，臺灣省教育廳獲得支配權拿來供給我們流亡學生免費住宿。每日三餐也由省教育廳免費供應。住在這七洋行裡先後上萬弟兄中，後來大部分都成爲國家各方面知名人士和社會菁英。依我多年來的了解和分析，其所以能如此者，應該是因爲這些人都是有眼光，而又具有獨立、勇敢、創造、奮鬥和腳踏實地精神。由於他們具有這些特質，所以才能夠在學校讀書時，在毫無任何現實目的與報酬情形之下，全憑滿腔熱血，就肯爲國家挺身而出，冒險犯難，有時甚至可能遭遇危險也在所不惜；及至河山變色，他們更以少年學生身份，毫不遲疑，毅然拋棄父母家庭，離別故鄉，自願流亡到這舉目無親的陌生異鄉臺灣來。這些行事情形與精神，我認爲似乎有點類似當年英格蘭到北美洲新大陸去的那些清教徒移民，能夠篳路籃縷辛苦奮鬥地把美國建設成一個舉世第一的富強國家。

與許多七洋行弟兄一樣，我當時整天無所事事，只是到處打聽找熟人。後來知道我在中正大學一年級時教憲法的陳戚鵬教授在臺灣大學教書。於是就常常在晚飯後去他家小坐，一方面聽聽消息，另一方面也順便拜托他爲我注意工作機會。去了幾次以後，彼此談話也就輕鬆些。有一次，陳師母問我的特長是什麼，我說：

「我沒有什麼特長。如果勉強要說，大概文筆還算通順，馬馬虎虎能夠寫點東西。」

陳師母追問我何以能夠寫作。我就把從小自習文學以及我在各報章雜誌發表文章和詩的情形，扼要告訴陳教授和師母。師母就進一步問：

「你的國文這麼好，那平常是讀些什麼書？」

我也就把我從小讀書的經過，據實詳細說出來。陳師母聽得似乎很感興趣。陳教授那時正在吃飯，這時慢慢把飯碗放下來，若有所思地沉默片刻，然後才問：

「你是那一年考進中正大學的？」

我告訴他是抗戰勝利的民國三十四年（一九四五年）。他停了一下，忽然放下筷子來說：

「你這麼講，使我想起來，那一年的招生委員會裡發生了一件使我印象深刻的事情。」

陳教授於是詳細說出了下面這一段故事來。

陳戚鵬教授也是那年招生委員會委員之一。在招生委員會最後一次會議時，一切都照會議程序進行完畢，應錄取的學生也都已經決定。這時，作爲會議主席的蕭蘧校長就詢問會議是否還有任何事項需要提出。委員之一的文學院院長王易（號曉湘）先生馬上說：

「我有一個臨時提議，要耽誤大家幾分鐘。」

於是，他從容不迫的從他帶來的一個袋子裡掏出一份考卷來說：

「這是一份國文考卷。這個學生成績不錯，我提議應該錄取這個學生。」王院長把卷子送給主席，主席打開卷子仔細看了一會兒，就傳給左右的委員看，一直到全體委員傳閱完畢，陳戚鵬教授也看過了。發現本來評分是八十多分，經過另筆修改爲一百分。還有人讀了一下卷子裡一兩段文章，並且說文章果然是寫得不錯。但是校長和委員們都不明瞭是怎麼一回事。校長就說：

「曉湘先生，你要不要說明一下？」

王院長就把這張卷子的來由敘說一遍。他因爲那期間恰好事忙，所以幾乎是最後一個閱卷完畢的人。他閱的是國文卷，那天在閱卷室閱卷，時間已晚，閱卷場沒有任何其他老師了，只賸下他一個人。管卷的職員也都已經把卷子收拾整理完妥，有的還打了包，只等待王院長閱完就要打最後一包。後來王院長也看完卷子了，手持看完了的國文考卷走向管卷人員，覺得好像有什麼東西絆住他的腳，低頭一看，看見地上有一份考卷，就拾了起來，隨手翻開卷子一看，竟也是一份國文考卷。由於他是文學院院長兼中國文學系系主任，今年的國文試題是他命題的，他更是那年國文閱卷小組的召集人，於是很自然的就停步站住，看了看這份考卷的幾行作文，發現文句不錯，竟不知不覺地讀完了全文，覺得全文寫得十分好，竟是難得一見的好卷。待再一看，評分是八十多分，分數雖然算是已經很好了，但他卻覺得仍然不夠，就不自覺地坐下來隨手改批爲一百分，然後把它交給管卷人員收好，並且訝異地責怪管卷人員不應粗心把這份卷子掉在地上。管卷人員一看，稍加查明後說，那不是粗心掉落的試卷，而是淘汰不要的棄卷，應連同其他棄卷一併包裝另存，不知何故漏落在地上。王院長聽了更是大不以爲然：

「這就奇怪了，如此好的考卷，怎麼會是被淘汰不要的卷子？」

經管卷人員說明，因爲此一考生的全部各學科評分合併起來看，有一學科是零分，已屬於依規定條件不錄取的考生，所以其各科考卷都應予淘汰，僅僅國文一科成績再突出也不能錄取；所以這份卷子才會掉落在地。

王院長聽了大不以爲然：

「那有這種事情？這卷子寫得這麼好，必定是報考我中文系的學生。剛剛你說這份卷子你們既然並不必要保存，是不是可以暫借給我代爲保管一段時間？讓我想想看怎麼處理，過後我會還給你們。」

他是院長，年高德劭，望重一時，是國學大師，是蔣經國的國學老師，是我們中正大學的一寶；當然，也是現任本校文學院院長，兼本次召生委員會重要委員及國文組閱卷召集委員。他是在行使職權，並非仗勢徇私，所以管卷人員不能有異議。於是，王院長就把這份國文卷子帶走了。不過，他還親自簽名留下了一張保管這張試卷的字條。

這就是這份卷子在他手上的原因。整個會場這才恍然大悟。

主席於是問：「那麼，曉湘先生的意思是怎麼樣呢？」

王院長才鄭重地說：

「我與這名學生素不相識，也不知道他貴姓大名，卷子還是密封的。現在，我想請求先查明一下，這名學生是不是已經在我們剛剛通過的錄取名單之內？」

經查明後，職員大聲說，這名學生並不在錄取範圍之內。這時全場默然。

王院長就說：「我相信他一定是報考我們中文系的，可不可以再查一下他報考的是什麼系？」

經當場查明後，職員又大聲宣稱，他不是報考中文系，而是報考政治系的。這時，校長和整個委員會都鬆了一口氣。校長似乎像是放下了一副重擔，帶著一種安慰王院長的口吻說：

「曉湘先生，他不是考你中文系的。」

豈知王院長竟毫無尷尬表情，而且不肯罷休，他又站起來說：

「雖然這名學生不是報考中文系的，但是以這樣好的國文成績，我還是要請求委員會作一個決議，專案錄取這名學生。等他入學以後，我會要他轉到我中文系來，我替我們學校也是替我們中文系要了這名學生。」他停了一下，加強語氣鄭重的說：「請主席和各位委員支持我的提議，替學校錄取一名好學生進來。」

全場都有點意外，彼此面面相覷，但卻沒人發出任何聲音來。校長聽了以後，坐在主席座上表情現得有點困惑，只是身子動了動，似乎有點不安，然後後默然掃視了會場一圈，會場卻沒有任何一位委員說話，沒有誰方便發表意見。王曉湘先生是我國研究中文音韻學的當代權威，中正大學創辦之初，經創校校長胡步曾（先驌）先生憑私交情商特別請回家鄉來擔任文學院院長。曉湘先生是江西南昌人，既是爲鄉梓服務，所以也就同意來了。同時，他又是當時全校年長的教授，平日爲人平和，正直無私，但是愛才如命，人人皆知。另外，蔣經國先生自俄返國不久後，經江西省主席熊式輝先生邀請來江西省府任職，並奉蔣總統命，指名聘請曉湘先生爲經國先生的國學老師。以他在國學上的這種特殊聲譽與地位，現在作此請求；尤其這名學生與他從不相識，他顯然只是愛才而有此要求，毫無私情私意，所以會場上的人沒有誰好意思開口反對。但是，另一方面，這種事情顯然超乎常理，僅憑一份國文考卷而不顧其他學科成績，置法規於不顧而予以錄取，完全異乎共同標準。在這種兩難之下，校長一時竟不好處理。不過，雖然如此，但在當年大陸升學競爭尚非那麼激烈的社會裡，有些事情常容許有若干彈性，學校在這類事情上也有若干決定權。爲了愛才而專案錄取一人，還不會嚴重到構成違法。只要招生委員會正式通過並加說明，教育部通常會寬諒而免予追究或批駁的。而且，作最惡劣打算，充其量教育部也不過是批駁而已。

整個會場沉默了好幾分鐘，最後，畢竟還是有人開口說話：「王院長是想替學校招收一名好學生，用意極好。我們是不是可以考慮通過王院長的提議呢？」

會場立刻發出了一陣低低的嗡嗡聲，經大家交頭接耳一陣以後，很多位委員並且點頭，好像是戰時防空警報解除時那樣，大家都鬆了一口氣。校長了解到這一情勢，於是也就從善如流開口說話了。

「各位委員看看，這件事該怎麼處理才好？王院長與這名學生素不相識，但因爲覺得這名學生國文特別優秀，所以基於培養人才的宗旨，而提議以專案予以錄取。我們國家辦大學的目的也就是在爲國家發掘和培育人才。現在既然很難得經王院長爲我們發現了這一人才，除了感謝王院長之外，如果沒有特別不同的意見，那我們可不可以將王院長的建議列爲臨時動議？仍然以王院長的名義爲提案人？我們委員予以通過？並且當然還是依學生自己報名所列系別錄取為政治系學生？」

王院長立刻就說：「當然是由我提案。」

會長揚起了一片贊同之聲，齊聲說：「贊成！」

陳戚鵬教授把上述經過講得很詳細，至此才告一段落。我彷彿是在聽別人的故事一般，聽後確實為之神往久之，就問：

「那個學生叫什麼名字？老師還記得麼？」

陳教授說：「我就是記不得名字。但是，現在我要問，你們那一年班級政治系同學中誰的國文最好？」

我說，那一年的政治系只有我那一班四十多人，大家公認在班上同學裡國文最好的有兩名，一名姓劉（就是後來一九六〇年代及七〇年代大陸上全國知名的大詩人公劉）；另一名就是區區在下我。但是，這位劉姓同學與我同是國立十三中畢業，他比我高一個年級，是高中正式畢業考取中正大學，而且他在十三中時各科成績都還不錯，所以他應該不是其他學科考不及格甚至有一科考零分而本應淘汰的那名依專案特准錄取的學生。因此，這名專案錄取的學生很可能就是區區在下。我又把我以同等學力應考，以及許多學科的試題根本空白不曾作答的情形說給陳教授聽，並且說我心知肚明，憑我這些情形而論，當然是不應該考取的，但是卻莫名其妙的被錄取了。我一直認為，若非考試工作人員在手續上犯了什麼錯誤，把確實不該錄取的我誤列入錄取名單之內，就是另有什麼其他我不知道的原因弄錯了，把我錄取了，事後竟一直沒有發現，甚或雖然久後發現了，但卻因為生米已成熟飯，只好將錯就錯，不肯承認，以免反而惹起糾紛；否則，我是決無可能考取的。

經過師生雙方如此對照說明後，故事的整體和眞相都呈現出來了。使得在場三個人，本來都是各只知道故事一半的人，現在變成同時獲知一個如此奇妙的全盤情節。不僅我四年來的謎團，至此才恍然大悟；陳教授伉儷更是深感興趣，就問我記不記得當時國文卷的內容。我說，我記得很清楚，那一年的國文考試只考一篇作文。題目大意是：「孔子認爲應教而後養，管子認爲應養而後教，試申論兩者之異同。」至於我所寫的詳細內容，雖然現在都已記不清楚了；但是，我的主要論點是說，兩者同樣都是主張治國應教養並重，只是在階段施政上有重教或重養先後之別。但事實上，在施政實務上不可能先僅僅單獨執行教或僅僅執行養一項任務而後才去執行另一項任務，而必須是兩項任務同時並進。不過，由於階段施政重點既然有別，所以在預算、人力、物力、注意力等方面涉及資源的分配上也必定多少有別。不過，我認爲這種在資源分配上的實際差異，應屬有限。所以這兩種說法的眞正意義，應該只是在表現觀點上的不同，不在施政實質上的不同。這種分別，正是儒家思想與法家思想不同之表現云云。但是，我倒是印象很清楚，而且內心深自得意，我還在試卷上引用了不少孔子和管子的話原文，用以證明我的上述論證。關鍵是在，平時我決沒有熟背大量孔、管之言，但我卻能在考卷上大量引用孔管原句，實在是出於一種偶然機運。因爲，我從孩提時開始，就養成一種習慣，每上廁所必定閱讀閑書或報紙，而且常常爲之忘記時間。這次參加考試本來就自定爲絕對考不取，所以根本就不作任何臨時抱佛腳的加工努力，因爲顯然加工也無實益。因此，在應考的先一天，恰巧就在這種情形下，我說得非常清楚，我在廁所裡讀了當天的江西「民國日報」一種似乎名稱爲「新文化」一類的副刊所載的一篇有關民族倫理與民生主義的長文，那時期江西黨政當局正在推行三民主義新文化運動。該文旁徵博引，引述了許多孔孟管和中山先生之言，內容豐富，當時讀得津津有味，印象深刻，自然而然地無意中暫時記住了那些好的引文和好的句子。孰知第二天就剛好被我用上了，眞是天助我也。可見得像我這種向來不重視熟讀教科書去應付考試，但卻沈醉於讀自己愛讀的書籍之惡習，有時也會帶來意外的好處。這是否就是所謂「爲無爲而後能有爲」之意呢？

上述種種經過以及王曉湘院長這位大貴人對我的照顧，我在畢業來臺以前多年來都毫無所知。當我進入中正大學就讀以後四年之中，也從來沒有任何人來勸說我轉讀中文系。不過，現在回想起來，有一件事情似乎有點不十分了解，就是王院長的令郎王運綱兄也在中正大學讀書，比我高好些班，畢業後留校任助教。當我就讀正大期間，他似乎是在訓導處工作，擔任學生課外活動輔導任務。我因爲喜歡從事課外活動，所以與之相熟並且私交十分良好。有些地方他總是幫我的忙，但卻從來也沒有提到上述那段經過或勸我轉系。現在我猜想，大概當時王曉湘老先生只不過是基於一片提拔人才的熱心腸，在招生委員會議席上堅持過後，可能事過也就忘了，或者是不方便主動來找我轉學。不過無論如何，長者風範如此，能不令人感激？

我在正大讀到第四年，大陸局勢動盪，戰火燒遍全國。民國三十八年（一九四九年）四月，我們提前離校了。我因爲讀大學一年級時，恰逢臺灣光復之初，曾經讀到一些介紹臺灣的報導和照片，很嚮往臺灣熱帶風光的綺麗。沒想到畢業後就到臺灣來了。如果我民國三十四年（一九四五年）沒有去考中正大學，或考而未取，或是雖考取卻無陳校長的訓阻而竟去軍隊文化工作隊工作，不去報到入學或延遲一年兩年入學，在那種世局大亂而我又窮困不堪的情形下，其可能後果之一，極有可能不回學校去念大學了；可能後果之二，我如果去文化工作隊了，延到次年入學，則我在民國三十八年（一九四九年）最多也只是讀完三年級，就很有可能留在學校繼續讀四年級。以上兩種可能中無論是那一種，其後果將是很可能我不會來臺灣，也當然不會在臺灣遇見我現在的妻子並且與她成婚，也不會有我現在三個正直的兒子和這些孫子孫女們，我的下半輩子生活道路也將完全與今不同。

回顧這一生各階段學校教育，我之能進入初中就讀，是有幸巧逢家鄉剛好新創辦了一所學校。我之以同等學力進入高中，卻是不幸遭遇惡師打擊，在我初中只讀兩年的時候，以其私意偷偷地把我開除，使我在無路可走之餘，被迫只好以同等學力去投考高中，而僥倖被私立建成高中錄取。我猜想那是因爲該校新辦，名聲不著，投考者少，所以比較容易錄取。後來又因無錢繳交膳費，不得不另謀解決，次年才冒險報考名校國立十三中學，因爲那是一所完全免除學膳費的的學校，竟又僥倖考取了。我高中只讀兩年，而又能夠以同等學力糊里糊塗加上莫名其妙地考取大學，完全是奇蹟，竟出現了一位彼此毫不相識的貴人暗中力助，得獲破格錄取。我雖然考取了大學，又得免因一念之差而自動失學，則得力於我中學校長的訓勉。這一連串一而再、再而三的意料外經過和奇異遭遇，決定了也造就了我的一生。在這一連串的奇蹟中，只要有一次不成功或有一次錯失，我畢生命運都將爲之改觀。人生的奇妙，有太多的偶然，一至於此。其中最神奇者，當數我考取大學這件事。

至今回想，我一生中如果稍有成就，絕大部分都是我辛苦奮鬥得來，當我所獲得的與他人相同時，上天卻必定已要我付出較他人爲多的努力，而且在獲得的時間上常比別人遲緩很多。但是，上天畢竟還是公平的，卻也給了我上述這許多別人沒有的關鍵性的奇蹟幫助，給了我這許多偶然和僥倖，使我度過重大的人生難關，則又不能不特別感謝老天爺的厚恩。

參、關鍵性的大學研究所教育

一、棄職報考學校以求深造

研究所教育，對我的意義是多方面的，我從而取得了碩士學位，對我那以後在社會上競爭時，在某些情形下產生了基本性的重大幫助。此外，還使我得到下列各種具體好處：

（一）訓練我獲得更好的治學方法。

（二）加強我對政治學、行政學以及人事行政學的興趣，確定了我那以後治學的主要方向。

（三）使我認識了政治大學的一批名師，對我那以後事業的發展，發生了直接的影響和幫助。

所以，考入政大研究所，對我有特殊意義。

我之考取政治大學政治研究所，雖不再能稱爲奇蹟，卻也有點僥倖。

民國四十三年（一九五四年）秋，黃葉飄落將盡之際，我大學畢業已經七年。那時我任職於臺南市區的「臺灣省立成功大學附設工業職業學校附設工業職業補習學校」教導主任。該校校長一職由成功大學校長兼任。但是，由於成大本身的校務已經很繁重，所以歷任校長對這一兼職的校務工作，向不親自過問。爲了解決校務管理上的實際問題，於是特別在補校設置了一個教導主任的職務，不僅兼管教務和訓導兩部份工作，而且更在校長授權下，代表校長全權處理全部校務。所以我這個教導主任，就成爲實際執行校長職務並直接統理教務和訓導工作的人。好在全校只有大約十個班和四百多名學生，所以我勉強還能勝任。這種補習學校是日人治臺時留下來的一種學制，依當時臺灣省教育廳規定，我們學校職員每日工作時間是上午八時到十二時以及下午五時半到九時半，每日上班八小時。而學生上課時間則是經我斟酌當地火車班次時間，配合火車通學生便利，規定為晚間五時四十分到九時十五分。學生實際在校上課三小時三十五分鐘，亦即二百一十五分鐘。每晚排課四節，每節上課五十分鐘，每兩節課中間只休息五分鐘。至於我本人的工作時間，實際上常常要到夜間十時半或更晚才能離校。我那時還沒有結婚，上下班都是騎一輛自備腳踏車，騎車回到幾里路外的單身宿舍時，通常都在深夜十一時後。洗過澡和做點雜事後，精神仍然十分好，毫無睡意，習慣都會斜倚在床上流覽白天上班時無暇看的各種報紙，常常要看到一、兩點鐘才就寢。第二天早上通常快到七時半才起床，也不想喫早餐，就匆匆忙忙的去上班，要到十二時多才下班。在單身宿舍吃過午餐後，下午則好好地飽睡兩個鐘頭，所以晚間上班精神充足。

我在補校連續工作了四年，剛去時十分辛苦，經過一年就很快的駕輕就熟而勝任愉快；而且由於那時我的人事背景強硬，所以也很安定。我是教育廳推薦的，每去臺北，必去教育廳面謁廳長陳雪屏先生報告校務和請示，加上我做事的正直和年輕強悍作風，所以一切都相當得心應手，沒有任何人事上的苦惱。依理說，我應該很快樂才是。但是，到了後來卻越來越厭倦這份工作。原因在於我本人的下列幾點情形：第一、我十分清楚，這一工作雖然在一定時期內很安定，不會有人把我的職務拿掉，但我還年輕，個人似乎也很難有什麼發展。第二、做夜班很疲勞。我做任何事情，向來都很負責，必定全力以赴。又因一向行事穩健週到，所以也就事必躬親，十分細心。由於這種作風，使得自己相當忙碌（我一生也都因此而十分忙碌）。大凡做過夜班工作的人，無論是大夜班或是小夜班，大概都體驗到夜班比日班易於使人疲勞。第三、夜班做久了，除了把所任職責的事情做好之外，很難再有精力去做自己興趣上的事情。如果還想從事所喜愛的業餘寫作，似乎是很少可能了。因為夜校那種分上午和夜間兩段時間上班的方法，已經把一天的時間割裂了。割裂後所賸下的下午時間，既然必須要睡覺，當然就很難有系統的運用去做什麼事情。所以實際上整天都沒有時間處理個人事情。我除了只能隨意讀點消遣性書刊，以及零零碎碎辦點個人日常必要的事情外，那幾年在知識上毫無長進，更不要說是想做學問或是寫作什麼文章或作什麼打算了。

對那些熱衷於陞遷的人，我雖然倒也並不反對，但我自己並不熱衷謀求職位迅速陞遷，更不是善於奔走鑽營的人；所以，工作上只要沒有太多糾紛和煩惱時，就會常常安於久任一職而不求更換；唯有工作環境發生不快或是人事環境不好，使我不能安於其位時，我才會想變換工作。我在這間補習學校做了幾年，並沒有發生環境上或是人事上的任何不快。縱然也確曾有過一些，但是每次最後都是我佔上風。只是我卻覺得如果繼續擔任這一教導主任職務，除了安定之外，別無長進，至少在可預見的一段時期裡，前途無所發展。可是我還年輕，似乎不應該貪圖安定而就這樣不長進，於是，我有了另謀他去的念頭。我曾經向一些朋友和長輩表示這種願望，他們卻大都用一種訝異的表情答覆我而不表贊成。他們認爲，以我的年齡而論（我那時三十歲），雖然名義上只是主任，但實際上是一間公立中等學校的主持人，應該差強人意。當我漸漸了解週圍人的這種觀點之後，知道希望別人支持我更換工作的可能性不高。

歷史似乎在重演，像我投考大學前的情形一樣，這次又是在夜晚閱讀報紙使我的生命發生重大轉變。那天夜裡，我從學校下班，回到單身宿舍後，照例很快就斜躺在床上補看當天一大堆的報紙。最後讀到中央日報，才看到國立政治大學研究所招考碩士班新生的啓事，距離考試日期大概只有三、四個星期。我照例又是幾乎徹夜未能成眠，輾轉反側，前思後想，考慮是否宜於辭職去重做學生，一時竟遲疑不能決定。直到夜半後三、四點鐘，仍然不能有所決定，最後只好暫時放下這件事，迷迷糊糊的睡了一會兒。

我考慮的主要問題有二：第一、我再去做學生，將沒有收入。目前手頭雖然略有一點小節餘存在郵局，但可能不到一年就會用完，底下日子將無以爲繼。第二、我辭去現職，將來學業結束畢業後，是否還能再找到如此一個不好不壞的職位，難以預料。

儘管睡眠不足，第二天起身時仍然自覺朝氣蓬勃。用冷水洗過臉後（我一輩子不用熱水洗臉，老來不改），更感到頭腦很清楚。似乎已倦於苦苦思考，在洗臉的時候，腦子裡興起了一個簡單明瞭的念頭：「我應該去報考！沒有什麼值得顧慮。為了治學的興趣與前途，那些小事情實在不值得去考慮。事情本來就很少有十拿九穩的，人生總是要不斷前進才對。」很奇怪，這件事情竟就如此決定下來了。我事後檢討，所以能如此迅速決定，是因為自己對求學深具興趣。從此我也悟解到：當你對一件事情有了高度興趣時，自然就會有勇氣。而有了決定後，自然就會放棄枝枝節節的考慮而勇往直前。

也就從這一次開始，我更得到一個重要的經驗，舉凡面臨重大事情時，都應該在夜間考慮；但卻最好要留到早晨去作決定。因為夜間慮事比較細密、週詳和深入；而早晨則因朝氣蓬勃和理智清明，而心態上較為勇敢和果斷，能夠擺脫細節的羈絆而作成開朗、宏觀和積極的決定。

政大招生考試的日期十分迫促，我迅速以郵寄方式辦妥報名手續，應考行政管理研究所（一年後，這個所改名為政治研究所，至今幾十年來未再改變。只是後來陸續增辦其他新的研究所時，也增加了一個公共行政研究所，但與原來開始時的行政管理研究所無關）。至此，我首先要做的事情就是要趕快溫習功課，做些準備。可是，我每天仍然都要照常辦公，實在沒有時間去準備功課。同時，我是與本校二十多位職員們共同使用一個大辦公室，並沒有個人獨享的辦公房間，在辦公室看應考書籍實在很不方便。後來，我想出一個辦法，就是把我辦公桌當中那個大抽屜裡的東西清理一空，另外只放兩三本主要考試科目的參考書。當我只要稍能抽出一點時間時，就拉開抽屜來讀一會兒書；一待有人走近來找我時，就立刻把抽屜關上。這樣才算是每天勉強能讀幾頁書。我之所以如此，目的在避免同仁可能猜到我是去應試。如果將來考取了，當然是沒有話說；但是，現在身為人師，學生眾多，老師和同事又這麼多，如果沒有考取，自己雖然可以不在乎，但是萬一引起同事和學生們的譏笑和輕視，就可能影響我的領導聲譽，增加我工作上的困難，似乎不值。

這樣，每天看書的時間就很少，而且也看得不安心，實效很差，畢竟不是辦法，但卻無法改善。後來只好請了假在考試的前三天就去臺北，住在我姑母家足足看了三天的政治學科的書。大概也是上天注定了要我再去學校讀書，所以又一次運氣很好，臨時抱佛腳讀的書，在臨場時竟全都用上了。我記得很清楚的是，政治學那一科四道試題大部份出自薩孟武先生所著的那本「政治學」書上（我猜想可能是他命題），而我因爲時間有限，考前幾天根本就只讀了薩先生這本「政治學」（這本是當時中文版政治學的權威著作）。至於其他學科，就靠多年殘留下來的一點記憶來作答了。但是最重要的是，考政治研究所不需要像考高中和考大學那樣要考數理化。所以正好避開了我的最大弱點。考完第二天我就回到臺南，眞是神不知鬼不覺，誰也沒有注意到我爲何請假去了臺北四、五天。

我這次考取政治大學，雖然不再能說是奇蹟，但至少也是僥倖。考中正大學原本是絕對不會取錄的，後來竟有天上掉下來的貴人，豈非奇蹟？這次考取政治大學而且是考了個最後一名（我們學生語言稱之爲「坐紅椅子」或「揹榜」），證明倒是靠本事考取的，並非天上掉下來的大奇蹟。當然，說本事，也不過是考取最後一名的僥倖本事而已。

二、名列榜末考取政治研究所

過了個把月，報紙上忽然登出榜示來了，我居然考取了，是政治研究所的最後一名。我這補習學校的同事以及許多教育界的朋友都十分驚訝，疑惑那個報上的「徐有守」是否同名同姓的另一個人，有的並且跑來當面問我。都說怎麼没有聽說也没有看見我去應試？印象中只是看見我每天在辦公室工作得很勤懇負責，爲何又忽然要去做學生呢？我在那時候的臺灣中等學校教育圈子裡有不少朋友，看了報紙以後，還都紛紛來電話或來信關懷查詢，大部份人都不相信那個報上的「徐有守」會是我。

不僅他們想不到，就是我自己也想不到，我這次拋棄老師不做而自願又去做學生，竟是我生命中最重大選擇之一。我下半生事業的開展，完全是建基於這次毅然決定再做學生。因爲：第一、我因而脫離了不易脫身的中等教育教學工作圈。第二、我得以離開外縣市的臺南，而來到人文薈萃以及政治和學術中心之地的臺北。第三、在政大認識了一些欣賞我、提拔我、幫助我的老師。第四、確立了我對政治學、行政學以及人事行政學的研究興趣。

政大開學後，我發現當時全校四個研究所五十六名同學中，大約有過半數的人情形與我相同，是來自大陸的流亡學生，都是單身無家無眷、自給自足、自求生存者。來臺工作幾年後，現在重作馮婦又來做學生；另有一小半則是當年或先幾年在臺灣的大學畢業的青年，都是有家庭父母支援的。我們這種流亡學生背景的人，再做學生後，立刻失去了工作也就沒有經濟來源了。學校雖然每個月給每名學生新臺幣三百元的公費，但顯然不足。繳付每月伙食費一百五十元後，所餘只有一百五十元零用。只要接到兩張朋友的婚禮喜帖就成問題。那時的習慣，一般交情是對每張喜帖最起碼也要送賀禮新臺幣一百元，一個月收到兩張紅帖子是很普通的事，那就最少要送二百元，那我們的公費就不足應付了；何況每個月每個人當然都有許多其他生活必需用費。因此，很多同學在無可奈何情形之下都只好去找個兼職維生。依教育部規定，碩士修業年限至少二年，兼職的同學們大多不能在兩年內完成碩士學位學業。我是那時少數不兼職的學生之一，專心做學生。但在讀完第一學年時，我的那一點點積蓄很快就補貼淨罄，立刻就變成窮得不得了，但卻從不曾向任何人借錢或求助。可是我仍然咬緊牙關，在兩年內讀完學位畢業。我的窮苦以及咬緊牙關的詳細情形就不贅述了。

三、成績優異但幾乎因貧輟學

不過，我永遠不能忘記這期間一段特別經過。當我在政大讀完第一學年後的暑假期中，曾經一度動搖。我當時窮得不得了，自覺實在很難繼續讀下去了，幾乎天天腦子裡都在反覆盤旋思考這一問題。暑假期間，大部分同學都離校他去或返家了，只剩下十幾名無處可去的同學在宿舍，我當然是其中之一。

整個學生宿舍非常寧靜，有時甚至令人覺得冷清。那一天夜裡，我半夜忽然醒來，彷彿有什麼人把我從睡夢中喚醒似地，醒後就一直思索下一學年是否要繼續讀下去的問題，輾轉不再成眠。後來無可奈何，只好索性起床，隨步走到寢室外，只見一片清純亮麗的月色，繁星滿天，整個宿舍靜謐無聲，地上被月光照得有如白晝。我坐在臺階上細想了很久，然後又繞著我們宿舍漫步，一圈又一圈。這樣經過了大概兩個鐘頭，人似乎也有點倦意了，最後決定還是應該去找一個工作，如果可以兼職最好，否則，如果必須要專職，就暫時休學一年再講。打定主意後，心裡也就安寧了。這樣才回到床上去睡覺。

沒睡兩個鐘頭就醒了，天早就亮了。起來洗臉，回想昨夜所作的決定。儘管昨夜沒有睡夠，畢竟盛年，此時卻並沒有疲倦的感覺，倒是因爲洗臉時經過冷水沖洗後，頭腦變得十分清醒，並且忽然興起一個新念頭：「繼續讀書！」心底下對自己清清楚楚地一句又一句說：

「我爲什麼要去找工作？爲什麼不能繼續讀下去？這麼多同學也都很窮，不也在熬嗎？他們有些可能比我更窮，不也在過嗎？我們全體五十六個同學裡面，沒有聽說任何一個因爲窮，就發生重大變化而中途離去，爲什麼我就不能熬下去呢？徐有守啊！你竟然如此沒出息，不中用嗎？你怎麼會比不上別人呢？你眞是如此不中用嗎？不能奮發一點嗎？」

奇怪！就在這一剎那間，也沒有像昨夜那樣經過幾個 小時的細思慢想，竟就在片刻間把昨夜所想到的種種困難和理由完全拋開不理，而在一剎那間就此決定：

「繼續專心讀書！決不去找工作！更不休學了！」

這時並且立刻就想到同學裡的老齊來（昨夜爲何就沒有想到他呢？）。他是我們同學中年歲最長也最窮的人，那時候已經四十一、二歲，比我大十歲，已經有了九個孩子，都還在學校讀書，自高中以至小學不等，所有家用和學費，完全依賴太太擔任小學教師所得不到千元的微薄薪俸支持，拮据不堪。老齊每個月在政治大學所得三百元獎學金，除了必須以其中一百五十元支付每月膳食費外，每個月還要乘車回彰化去看看家庭，多少還要留下三塊五塊錢給太太聊表心意，以助太太養家。他的窮，比我更大有過之。他不也就過了麼？而且還在過麼？

教育部規定碩士研究生最少要在校研究兩年，我總算沒有中途休學，而於民國四十五年（一九五六年）讀完兩學年如期畢業了，獲致法學碩士學位。

回顧在政治大學兩學年期間，我是眞的放下一切雜念，全心全意在眞正讀書研究。因爲沒有經濟來源，所以我非常節省，非有必要，縱然週末也絕不進城（去臺北市）。我總記得，三座毗連的學生宿舍，每到星期六夜晚，就沉浸在一片黑暗和靜寂中，因爲大家都去臺北訪親友或看電影了。但是，常常仍有三個窗玻璃上還有燈光，表示還有三個人在讀書。這三個人固定是徐有守、楊樹藩和馬起華，都是我們政治所的同學。我上文也說到，我們之中也有些畢業不久的年輕同學，他們比我們活潑，有的還是「舞林高手」，那時候社會提倡「克難運動」，跳舞還被列爲禁止的奢侈行爲。但是他們忍不住還是要跳（我認爲這是青年人的正常狀態）。他們大概平均一個月跳一次，都是自己去商借小學教室或是家庭客廳，還要借唱機唱片和邀女舞伴。每次他們都於午間休息時間在宿舍走廊上七嘴八舌哄咚哄咚地討論籌劃半個月才開成一次舞會，然後又哄咚哄咚地檢討半個月。當然，也難免會討論到那位女士是否大方，服裝如何，以及舞藝如何等等。我們這些老大哥當然是不會跳舞，但卻也大多樂於洗耳恭聽。因爲他們常常就站在我的窗下走廊上大聲討論，所以我也就推開窗子放下書本和筆來靜聆。我們大夥兒年齡上雖然有些差距，但好在大家都很懂事，相互頗能尊重，所以在校期間以至後來畢業幾十年來，相互之間十分愉快。

第一學期下來，我發現自己成績還不錯。幾個學科的考試都不採臨堂做問答題的試卷，而是用寫學期報告論文方式，正可用上了我之所長而避開了我之所短；更妙的是再也沒有那枯燥乏味的數理化一類科目了。我記得教我們全校四個研究所共同必修科目「中華民國憲法」的是當時最高法院院長謝瀛洲教授，他寫了一本「中華民國憲法新論」，頗爲各方所稱道。書中和上課時，他都直言現行我國憲法名爲奉國父遺教而制定，實則是「掛半頭，賣狗肉！」毫不客氣。他這科學期論文的命題是「我國中央政制與各國中央政制的比較研究」。這個題目很大，於是我整個寒假半個多月都特別搬到市區我姑母家去住，以便在臺北市找參考資料。我結結實實地寫了整個寒假，什麼其他事情都沒做，寫成了一篇約三萬字的論文交卷。第二學期上課時，謝先生在課堂上輕描淡寫地說了一句：

「各位上學期的學期論文我都收到了，還沒有仔細看完。初步印象我覺得大致還滿意。」

我後來知道，那一批全校五十六人的論文裡面，以我這篇寫得最長，而且給同學們知道了以後，也被傳開了。幾年後，我這篇文章送給當時頗爲嚴肅的一本「政論週刊」（張其昀主持）全文發表。以後又收入拙著「美國合作聯邦主義論」一書中作爲附錄。

我因爲在中正大學期間飽受學潮防礙我們讀書之苦，所以現在能夠再入學讀書，特別覺得寶貴，因而不肯參加任何課外活動。但是入學後第一個學期過了一段時間，學校當局感覺與學生間缺乏一個溝通的機制。那時期禁止各校學生組織學生自治會（至今半個世紀後仍然如此），但准許各大學組織一種名爲學生代表聯合會（代聯會）的組織，以爲同學服務。但是那時候我們政治大學還沒有大學部，全校只有研究部四個所共四班五十六名學生，於是由學校主動發起組織一個「研究生幹事會」的機制，由每班各自選舉產生班幹事一名（即班長或級長），另由全校四所五十六名研究生普選產生總幹事一名，由這五名幹事和總幹事合組而成研究生幹事會，由總幹事主持。選舉結果，我雖未競選，但卻以最高票當選爲總幹事，一直做到我畢業離校。

兩年期滿舉行畢業典禮時，承副總統陳誠先生親臨主持頒發畢業證書，學校指派我爲畢業研究生代表接受畢業證書。

畢業四、五年後，我一度很想赴美留學。由於學校每學期給我們的學期成績報告單上不像過去中小學校那樣會把每一學生成績在全班位列第幾名載明。我為期有助於申請美國學校獎學金起見，特別請求學校發給我載明名次的四個學期成績單。這樣我才知道了我兩學年的總成績名列政治所同班十六人中兩個第一名之一。但是入學考試評分，我是被取錄的全班十六名中最後一名。

四、奉行個人自定的出處四原則

畢業後，經仔細檢討，對於自己今後的道路方向，確定了四項行事原則。直到半個世紀後的今日，我早已退職而且年歲也已老，仍然覺得我堅持的這四個原則是十分正確的：

㈠決不離開臺北市。
㈡決不再專任學校教職。
㈢決以行政工作為畢生主要職業。
㈣決不離開中央政府。

我畢業後運氣很好，承好些位老師和同學關心我的工作。

第一是承我在政大研究所就讀一年級時的訓導長，後任國立藝專校長的賀翊新先生，要他的親信也是我的好朋友劉桐山兄來通知我去做他的教務主任（專科學校的教務處負責人不稱教務長而稱教務主任）。我於是趕快跑去看他。當時賀先生說的幾句話，五十年後仍然一字一句記得清清楚，令我十分感動，終身不忘。他說：

「目前我權力範圍內能夠給的最好職位就是這個職位，現在給了你，希望你能夠來幫忙。」

但是，由於與上述三個原則中的第二項不合，所以我只好歉然婉謝了。

第二是承政大訓導長吳兆棠老師要孫殿柏教授來通知我，希望留校在他訓導處做教師兼課外活動組主任，因為這也與我上述四原則中的第二原則不合，所以我也婉謝了。

第三是我的同學（政大外交所）張元兄的親戚時任臺灣省府社會處長，機關的辦公處所在南投中興新村，託張元兄轉話問我能否去該處任職，說他的親戚將會照顧我。也因爲與上述四原則中的第一原則不合，所以我也婉謝了。

第四是中央電影公司總經理李葉先生。當我在政大研究所讀一年級時，承同學李厚白兄的令尊李崇詩先生介紹，中影買了我所寫的一個電影劇本，在公司裡排隊等待拍攝，並且約定我畢業後去他公司工作，原則上是做電影編導。我對於戲劇電影本來具有高度興趣，對於能做編導職務，既屬興趣所在，認爲是一個適當的職務，所以原先本也充滿了期待。但是待我快到畢業之前，經再仔細檢討這件事情，覺得中影公司的編導職務，與我上述第三個原則不合，所以我也婉謝了，覺得很對不起李崇詩老伯和李葉先生。

五、毛遂自薦進入教育部工作

那時候我在考試院方面的朋友告訴我，他們院裡盛傳我將去銓敘部工作云。事實上我並不知道有這一回事，而且後來始終不見有人來徵詢我的意見。我那時一直還在忙於應付我的碩士學位口試。等到口試過了，我也及格了，心裡安定下來了。靜心一想，這才注意到別的同學有些已經就業了。因爲剛剛就業，所以還是住在學生宿舍裡沒搬走，每天早出晚歸上下班來去。我這才發現自己把幾個工作都婉謝了，但卻還無去處。不過我並不恐慌。

細細檢討了一下，知道自己應該做的是行政工作，也就是該做公務員。不過，我在臺灣舉目無親，也沒有任何奧援，臺北的中央公務機關也不認識我是老幾，我也實在不願意厚顏低頭去拜託長輩朋友幫忙找工作。好在我頭腦開通，我深深贊成西方社會那種公開申請工作的習俗，我更厭惡國人把毛遂自薦視爲不光彩的觀念。因此，我做了下面兩件事：

第一、找出幾本自己已出版的得獎劇本和一本詩集，寫了一封信，一並寄給當時教育部的張其昀部長，說明我現已在政治大學政治研究所畢業，尚待就業。

第二、寫一封信給老總統。說明我是革命實踐研究院某期結業研究員，前曾承特別召見後，並指示應多多讀書，有事可直接寫信給他。現在我已於此畢業，尚待就業。

給張部長的信和書都寄出後，我就暫先丟開找工作的事，舒服了一個多星期。我從小就學會煮飯炒菜，悟解出一些道理來。道理之一是，有些飯菜不能夠爲了著急就都用大火去煮。例如要把生米煮成熟飯，或是要把生肥肉做成紅燒肉，都只能用大同電鍋或用細火慢燉。如果用烈火去燒，很快就會把水都燒乾了，而生米還是生米，生肥肉還生肥肉。

也許是半個月後吧，那天晚上快九時了，孫殿柏教授忽然走到我宿舍房間來，說老校長陳百年（大齊）先生叫我立刻去一下。這已經是下班後的夜晚了，我詫異是否又出了什麼差錯，問孫殿柏兄，他不肯說，要我去了就知道。我只好去了老校長的官舍。老校長告訴我他在教育部開了一整天的會，會後晚餐，現在才回來。他問我是否寫了信給張部長，我說是有這事情，並且還寄了幾本拙著給他，目的是想要找工作。校長笑了笑說：

「很好，有消息了。」

他於是告訴我說，張部長發動我們政治大學在臺復校成功後，繼續對學校的發展十分關切，並且每一個學期結束後，都要邀集校長和教務、訓導、總務等三長和各研究所所長等高級負責人舉行會議檢討和規劃繼續發展事項。這種會議，每次都是上、下午一整天，然後晚餐。老校長說，他還是剛剛才從教育部晚餐回來，孫殿柏教授因爲搭他的便車（孫兼教學組長，所以也列席會議），所以就請孫去通知我云。我說：

「校長整天開會太辛苦了！」

老校長微微搖了一下頭，彷彿說，他意思不是要告訴我他今天多辛苦。就隨即說：「你聽我說。」於是就源源本本地把事情經過說給我聽。

上午在開會致詞時，張部長對學校兩年來辦理的情形表示很滿意，說了一些鼓勵的話。後來忽然還非常高興的提到，說他接到有一個姓徐的本屆畢業生，寫了一封信給他，並且還寄了幾本這位學生自己寫的劇本和新詩著作給他，這些劇本還都是得了獎的作品。他覺得很意外，沒想到這所學校才辦兩年，就教育出這種學生來。說到這裡，校長還說：

「這還不打緊，話沒說完，他竟說你們等一下，我去拿來給你們看。於是就離開會場自己走上前座房屋的二樓去他辦公室把信和書拿來，交給會場的人要大家傳閱。」

講到最後，校長說，到了下午晚餐時，張部長在餐桌上對校長說：

「我要用徐有守。我們部裡正要加強推展社會教育，剛剛新成立了一個電影事業輔導委員會，正在找這方面的專家，請百年先生告訴他這一兩天內就來部裡見我。」

校長講完了，笑了笑說：「你明天就去見張部長罷。」

我說：「我確實是對電影戲劇有興趣，很高興接受這一工作。不過，我與張部長素不相識，儘管有如此一個經過，畢竟不方便自己拿了名片去求見。還得請校長出面寫一封介紹信 我拿去比較適當些。校長覺得怎樣？」

校長想了一下就說：

「也好。那這封信就由你自己替我起個稿來給我看罷。」

隔了一天，我帶著老校長的信，早上八點鐘多一點就到了教育部見張部長。談了幾分鐘後，張部長就說：

「你今天就可以來上班了，而且參加今天上午正好要舉行的電影事業輔導委員會的委員會議。早點熟悉熟悉。」

我說：「我還沒有奉到書面派令，先上班方便嗎？」

部長說：「沒有關係，我會告訴他們。」

就這樣我做了教育部的職員，開始我那以後近半個世紀的公務行政工作生涯。

由於我那時還沒有經過公務人員考試及格，所以還不能合格任命爲公務職位。我在教育部先做了一名薦任級額外專員。但是這一工作完全符合我上述四個原則。而很湊巧的是，我在教育部職務所辦理的竟是電影事業輔導委員會業務，仍與電影直接有關。到職後不久，就在教育部的會議上與電影界大亨中影公司總經理李葉先生見面了。李葉先生大爲驚訝，當面對我說並且以後還對李崇詩先生說：

「這件事情事前我一點都不知道，一點都不知道。」

這時我才發現自己那時候畢竟年輕，經驗不夠，太疏忽了。我要去教育部之前甚或剛去之初，禮貌上起碼應該先去李葉先生處奉告他，但我竟沒有去，十分愧疚。

我至今仍然十分感激當年這許多師長和長官對我的器重和照顧。

至於上文還談到的我曾上書總統　蔣公一節，必須從頭說起。民國四十年（一九五一年）我在臺灣省立工學院（現國立成功大學前身，位於臺南市）任訓導員職時，奉調參加陽明山的革命實踐研究院講習，在院成績優良。於　蔣公循例個別召見面談時，承　蔣公當面指示說：「你的根底很好。」並且詳細詢問我的工作狀況。後來院裡的工作人員告訴我說，可能是因爲　蔣公讀到我一篇在院的讀書心得報告，頗爲贊許而留下記錄云。我記得那篇心得報告是討論變化氣質的問題。結業回工學院任原職後，隔年春末，工學院長秦大鈞先生某日上午忽接到臺北總統府來電，囑轉知訓導員徐有守，奉總統指示於明日上午十時在總統府召見徐君，希徐君於九時半前先到府靜候云。秦院長立即轉告這一訊息給我，並囑遵命前往云。我當時不知何事，但也並不緊張，當日就乘火車去臺北，次日晉見。同批奉召的同期研究員同學長連同我共有四人，但卻是逐一個別面談。　蔣公與我面談時，除了問我工作現況外，並且詳問我平日讀些什麼書，然後特別問到我英文程度如何。我據實答覆說，可以讀英文書，但會話和寫作英文的程度則不好。總統聽後似乎有輕微失望的表情，停了兩秒鐘後，又追問為何會話和寫作會不好。我解釋說，是因為過去沒有機會實用和練習的關係。總統才點點頭說：

「英文很重要。作為一個現代國民，必須了解國際情勢，能夠好好運用英文的幫助，就比較方便很多。以後要多多讀書，也把英文讀好。」

然後蔣公又點點頭，注視我片刻後，表示要結束談話了。但又說：

「很好！以後有事情可以寫信給我。直接寄給我就可以了。」他想了想，又特別提醒我說：「我的意思是說，你的信可以不必請託什麼人轉，直接寄給我收就可以了。」

我點頭說：「是。」

這次談話就此結束。但是我那以後多年都想不出有什麼事情應該寫信給　蔣公，所以我從來沒有寫過信給他。我當時年輕沒有什麼經驗，完全不了解他為何問我讀些什麼書和英文程度的原因，以及為何又勸勉我要好好讀英文，而且還可以寫信給他。我只確知一點，那時期政府剛來臺灣，以前在大陸上時，人與人間原來的那種關係網都破壞了，對許多來到台灣的大陸人的背景和歷史都不了解。於是　蔣公就常常自己直接發掘和尋找人才。例如民國三十八年他下野在奉化隱居期間，散步溪口小街逛小書店時，看見有一本商務印書館出版的崔書琴教授著：「三民主義新論」，他購讀之後就記住了這個人。來臺灣後，他發動國民黨改造，就把崔先生找來賦予中央改造委員會的改造委員重任。來臺灣後，他常讀報紙雜誌，每讀到確有見地的文章，常會在上面批示著屬員去尋找其人。總而言之，他是亂世多失軌，所以本乎「窮則變，變則通」原則，採特別辦法隨時親自注意人才。此外，後來也有政壇經驗豐富的前輩告訴我，那時候總統身邊的一位機要秘書剛好出缺，主要職務是每日為　總統讀中英文報紙。我的英文不好，所以使他失望。

等到民國四十五年秋我在政治大學政治研究所畢業時，離開這件事情已經五年了。憑良心講，雖然我急於找工作，但是仍然是有所不為，不肯饑不擇食地違背我所定的四個原則。這時想到了　蔣公指示可以直接寫信給他的話。

我耽心自己的毛筆字不好，所以擬好信稿後特別跑去拜託我們學校的文書組長山東人秦先生，請他幫忙代為抄繕。我記得當時他是答應了，後來也確實替我抄繕了，不過我印象很深的是他答應得很勉強，那表情似乎是覺得我有點神經病，竟上書總統要工作。但是，縱然是半個世紀後今天已經八十歲的我，還是認為這件事我沒有做錯，我決不神經病。不過，由於這封信秦先生辦得很慢，所以來不及寄發，我就已經確定要去教育部上班了。

六、屢次規劃深造不成

事實上，我曾經多次規劃再去讀博士學位，但卻終於不成。

首先是我於民國四十五年（一九五六年）讀完碩士學位後，學校就決定要在那年秋天在政治研究所開辦一個博士班，招考博士研究生一名。但是那一年我發現自己在過去一年裡因趕寫碩士論文過於勞累，身體多少受了一點傷，精神很差，不宜再繼續操勞過甚，所以我確實沒有報考博士班的打算。進教育部工作後，承部裡給我安排在臺北市基隆路一所被稱為留學生招待所的房子裡居住。那是一所簡單的單身平房，大概有十個房間左右。我搬進去的時候，裡面只住了兩位自法國回來的留學生，還剩下很多空房，所以就叫我們幾位新進部的政大同學去暫住。我除了上下班外，假日和晚間所有空餘時間，幾乎都是留在這冷清清的宿舍裡，躺在床上休息養神，很少外出活動，甚至連我所最喜歡的電影也很少去看。這樣大概休息了將近一整年，身體才好轉些，但並非完全健康。

畢業後次年秋天，我還在教育部工作。學校政治研究所繼續招考第二年博士班研究生一名，我去報名了。我打算考取後申請保留學籍一年，讓身體完全復原後再復學讀書。我並且去向我碩士論文指導教授王雲五先生特別報告這一行動和打算。聽說博士班的入學考試成績評定，主要是採取碩士論文成績、碩士班兩年在學成績總平均、以及現在博士班入學考試各科評分等幾種成績，綜合平均而成。而我碩士班在校兩年成績很高，碩士論文評分也不低，如果現在博士班入學考試我也考好一點，那這一個名額就非我莫屬了。

我報名博士班研究生的事情很快就在同學中傳開了。我也聽說另外還有那幾位也報了名，但是我不去理會那些，仍然只是照常每天辦公。

學校很快就出榜了，我沒有考取。我倒也沒有十分介意。不過很快就聽到有人傳話說，我的成績相當好，但卻不錄取我，是經王雲五先生同意的。因爲雲五先生也是這一考試的委員之一，在討論究竟該錄取誰的關鍵時刻，雲五先生主動的說，不必錄取徐有守，因爲他報名應試本來就不是眞正要來讀博士班的云。以雲五先生的聲望和他是我的碩士論文指導教授兩種身份來說，而且是主張不必錄取我，不是主張要爲我爭取什麼，大家當然得尊重他的意見。但是這種事情我當然不便去問雲五先生查證。不過後來再過一年到了民國四十七年，雲五先生奉總統命主持總統府行政改革委員會，我成爲會中工作最忙的人（當然忙的只是文書性的工作），根本沒有心思去想個人讀書的事；那年七月後，雲五先生出任行政院副院長，就私下先預約我等改革會十一月初完全結束後去他辦公室工作。於是十一月我去了行政院任簡派參議，事實上是工作很忙走不開，所以我就沒有再去報考那年的博士班。就在我去行政院工作之初，有一天，我們在談過工作上的事情後，雲五先生雖然沒有明白提到我先一年報考博士班沒錄取的事，但是卻有意無意地說了一句：「讀不讀博士學位不要緊，我們還是一起來爲事業努力罷。」

我在政治大學畢業後，從民國四十五年秋天起以至民國四十七年冬，先後在教育部、國民黨中央黨部、總統府行政改革委員會和行政院等四個機關工作（另外還在中日合作策進委員會兼職）。行政院之前的三個工作期間二年又三個月，每個工作平均為期只有九個月。但除了去教育部是我自己要求的之外，其餘三次變動工作都不是我主動的。我那時眞是運道不錯。

然而，在教育部和中央黨部期間，我還常常規劃出國深造的事情。我還曾經不斷申請過美國的學校。結果是歷次都得到很多學校的入學准許（admissions），但卻沒有學校給我獎學金。沒有獎學金的支助，我是不可能在美國活下去的。我不是不能像別人那樣去餐館做侍應生，但是兩手完全空空，我認爲太冒險了。我以爲餐館侍應生工作也不是保證隨時都找得到的。而我申請獎學金之從不獲准，是有下面幾個原因：第一、我沒有在大陸時就讀中正大學四年的成績單，教育部所存我的成績也不全。第二、我在大學四年的成績也不好。第三、只好用政治大學研究所兩年成績來替代。我至今還不是很了解這樣是否不太適宜。

我去行政院後，工作一直很忙，所以就不再想過繼續深造的事。到了民國五十二年（一九六三年）冬，行政院改組，雲五先生掛冠告別政壇，我於是得便重拾原已暫時擱下的聯合國邀請赴美考察研究計劃，而於次年元月起程赴美。

我依照與聯合國原約定期間研究考察完畢後，也確曾考慮留在美國繼續讀博士學位。但考慮至再，最後終於放棄這一念頭。原因有二：第一、事先我自己也不知道，我竟然是一個如此戀家情深的人。我在美國訪問途中，夜宿旅館，竟常常夢到我那還不滿兩歲而多病的長兒斯勤和不滿一歲而深受溼疹之苦的次兒斯儉，並且亟思早回國。第二、依政府規定，奉派因公出國研究考察的公務員，於期限完畢後，應即返國回到原工作崗位，不得留外不歸而申請離職。這一年我四十一歲。

那以後，我一方面是年歲漸增，少年時那種不顧一切斷然行事的意氣已經稍稍消磨；另一方面是家累日重，我似乎已不可能拋家棄子獨自出國讀書。我深知讓內人繼之獨力撫育、照料和管教那時尚僅有的兩個幼兒是不可能的事，而且太累了，我也不放心。

肆、建立國家人事制度

我於民國三十八年（一九四九年）讀完大學四年課程後，隨即來臺，同年八月正式就業。所謂正式就業，指與我大學生時期同時又在報社任職有別。那雖然也是專任職務，但我的身份還是大學生。在報社工作，只是爲了賺錢維持生活，內心並不把它當作我生命事業的開始。

我從來臺後當年正式就業時起，直到民國八十三年（一九九四年）九月十六日以政務官身份自願退職時止，爲期四十五年。其中除了兩學年是在政治大學研究所專業就讀的學生，以及大約三年在商務印書館專業從事文化事業外，其餘四十年都是任職公務員（至於其中一年在美國進修，但因爲是奉政府指派帶職帶薪，所以仍然還是法定全職公務員身份）。而在這四十年公務員生涯中，自民國六十一年（一九七二年）九月一日至考試院銓敘部任常務次長後，連續至民國八十三年退職時止，爲期長達二十二年有餘，職務雖有更動，但都未曾離開考試院範圍。從銓敘部常務次長而政務次長，再調任考選部政務次長。不僅成爲我生命中任同一考銓性質工作最長的一段時期，也構成我生命中對國家和社會稍盡棉薄的主要時期。

在任職考試院所屬考銓兩部的二十多年中，自問對國家和對考銓制度不無貢獻。本章是專就這方面概敘經過。

一、所致力的考銓工作內容

在任職銓敘和考選兩部的二十多年裡，我工作的努力重點，在建立公平合理的考銓制度，以及維護考銓制度不遭受破壞。至於工作內容，可就其較爲重要者舉述六類如下：

（一）廢除原有簡薦委制度及職位分類制度。
（二）創建兩制合一的公務人員新人事制度。
（三）配合社會進步實況，大量修正人事制度法規。
（四）代表考試院、或代表銓敘部（或後來代表考選部）出席立法院、或行政院、或司法院召開的有關會議，嚴正表達人事制度公正立場，以維護人事制度不遭破壞，並維護考試權的尊嚴和不被侵蝕。
（五）在銓敘部內部主持會議，審查各種法律草案或修正草案或銓敘個案並作成決定，或以個人職務身份依授權規定核定案件，不令違規人事案件闖關，以確保人事制度的公正公平。
（六）至於作為一個全國銓敘業務最高主管部的副首長所必須從事的許多例行或非例行的其他工作，更是當然責任。同樣仍必耗費時間去處理，同樣應該慎重從事，不能有錯。

因此，我的工作量十分龐大。其中以在銓敘部二十二年期間，尤其自民國七十三年（一九八四年）任政務次長後，以至民國八十三年（一九九四年）的十年期間最為勞累。這一段期間的工作情形，我只能分項提要簡敘，雖不完整，但仍可得到一個概括印象。

二、創建更新公務人員人事制度

我在銓敘部任職二十三年期間，最重要的工作是構想、設計、創制、起草法律和推動通過法律，並且實際主持監督完成實施官職併立的公務人員新人事制度，並且廢止原有守簡薦委制度與職位分類制度。由於我曾在拙著其他書中詳敘經過，所以在此不多述，但請參閱本書第五編「自述年譜」中民國六十一年至六十六年，及七一、七三、七五、七六等各年記述。

三、自勉信條

在沒有敘述事實之前，先簡敘一下那一段期間我所注意把握的幾項辦事原則，也是用以自我期許的信條。我要很高興的說，我也確實做到了這些期勉於自己的要求而無愧。

（一）我必須永保廉潔：我自民國三十八年（一九四九年）八月二十五歲任公職中學教師以來，就告訴自己應該終身廉潔。因為有些人固然是存心貪污；另外也有些人只是日常生活中不注意不檢點，疏忽大意致構成貪污敗德事實而不自覺。所以，每遇所任職務較多便利時，更容易使人無意之中越份享用公有財物之利，所以尤其也要注意這種由於疏忽大意所招引來的錯誤。我自做公務員以來，直至退職，從不曾違規使用過公家金錢或任何物資和便利。例如縱然是為了公務，我也不曾支用公家的金錢宴客。至於一些細節，我尤其注意。

（二）我必須依法辦事：公務員常常會遭遇難題，應如何妥善解決，是一個重要的問題。最重要難題之一，是來自各種不同人際關係的壓力，使公務員不能依法秉公辦事。另一類困難是有些問題根本不易真正解決。我國歷史悠久，官場累積了許多肆應公務困難的經驗，尤其是一些所謂紹興師爺的格言和信條，就私人的便利立場而言，其中有很多好像都值得研究參考，但究諸實際，只是對公務員個人逃避責任的一些取巧手段而已，並不符合奉公辦事的道德與行政倫理。對於這類問題，多少年前我就曾經仔細考慮過。最後，我參考別人講過的話略加修正補充後，成為下述句子，作為自己的行事規條。後來我還把它寫在我那本「做一個成功的公務員」（民國九十三年，商務版）書中。現在我在此再酌加修正後如下，以供讀此書者參考：

有法依法，無法依規；無規依例，無例交議。
議必有據，懸為定例；公平公開，奉行不移。
議無結論，申請解釋。此心如秤，無私無必。

公理正義，各憑良心；精誠所至，可鑒天地。

這幾句話，並非文章，是依據實際事實與經驗核證後而成的準則，有助於解決許多實際困難。例如我在主持會議時，經常遇見一些人，旁若無人，充滿自信，大放厥辭。如其所說無理，我們就不必去談它了；但有的聽來卻確實有「理」。不過我認爲，當我們討論公務時，首先就講道理是很不適當的。因爲這個「理」字是很難說的，你有你的理，我有我的理，他有他的理，大家的理不同，主張也就不同了。另外，又有的聽來很合乎人「情」。但是，這個「情」字更難說，也是你有你的情，我有我的情，他有他的情，各人都有不同角度的情，因而主張也就不同了。結果，不知究竟誰的理對？誰的情又可採？而且，用了甲說，乙必反對；採了乙說，丙又反對，使你莫衷一是，不知如何是好。到了最後，無論是聽了他們之中任何一位的意見，都常常會使主席所作成的決議陷入錯誤和困境。我們必須明白，他們之所以講「情」或講「理」，是因爲他所主張者在「法」上找不到根據，甚或根本違法，所以只好不講法轉而去講情講理。如我們一時不察，或心腸太軟，聽信而採取了任何一種只是「合情合理」但卻不合法的主張，當然就構成了違法的決定，必定自陷於違法困境。請注意：違法的決議最後必將成爲無效的決議。自己腳根既然站得不穩，自然很容易被人推倒。

於是，我想到了一個聽來似乎是老生常談的道理：公務員必須「依法辦事」。因爲法律是一個正確的標準，既可以在衆說紛紜中成爲穩健的指標，給你一個解決問題的具體方法，不僅可以爲你當場解困，更可以使你以後也立於不敗的基礎之上。因爲在執行法律時，法律是只可以遵守執行不可以辯論的。所以，還有誰能擊倒你呢？進一步說，韓非子有言：「國無恆強與恆弱，守法者強則強，守法者弱則弱。」公務員依法行事，更有助於國家富強和維護社會正義。所以，無論從任何一個角度來看，依法辦事都是一條正確的道路，無論對自己、對別人、對社會、對國家、對正義，都是最適當的辦法。我在銓敍部工作二十多年，堅持依法辦事，而且以身作則，自己一舉一動無不守法，使我永遠堅強，而且確實給了我莫大的幫助。在會議席上，遇有必要時，我會對那些大放厥辭的人說：「你說得很有理，但是你有什麼法律根據呢？你準備引用什麼法律的那一條來支持你呢？請你具体說明以供大家參考。」當他說不出來時，聲音也就不再那麼大了。

曾經有一位長官公開不指名批評我這種做法是「自私」，只知道保護自己立於不敗之地，而不顧案中當事人的請求不獲允准時的痛苦云云。這眞是駭人聽聞的邪說謬論，實質上純粹是歪話。對於持這種說法的人，我認爲才眞正是自私。因爲他只不過是想幫助那「一」位當事人（姑不論是什麼原因使他願意熱心幫助那「一」位當事人），所以寧願置法律與公平正義於不顧，反而認爲那位當事人雖不合法，但卻仍然值得同情。殊不知，他自己已經違法而且涉及私情了，如何還有資格來批評我呢？若每一位公務員於執行公務時都懷抱著這種觀念，對每一違法者都用自以爲得當的「大慈大悲」態度來處理其案件，寧願一家笑而一路哭，卻不肯一路安寧心平，結果必將法不成法，國不成國，社會事務沒有標準可資遵守。瞻循狡黠取巧者得志，強樑者橫行，完全符合上文所引韓非之言。這豈是治國之道？

不過，在有些情形之下，也會發現找不到可資依循的法律，所以只好退而求其次，依「規」（行政規章）來辦理，因爲依合法程序制定的行政規章也是法律的一種。但當可資依據的行政規章甚至也缺乏時，則只好再退一步而依「例」。所謂「例」，是指經依規定的公正程序確認，對同類案件公開普遍共同適用的既有成例而言。以上所說的「法」、「規」或「例」，都是人人可得遵行的固定標準，畢竟比個人一己之見漫無標準者較爲公正。但若無法、無規、又無例可資遵循時，那就只好交給大家來共同商議，以資集思廣益，在既有法規或釋例中尋找出可以比照適用的結論來。而這種交經大家共同商議得來的結論，行之如妥，應該就成爲新的「例」，也就是成爲新的辦事標準，繼續遵行。不過這種創立新釋例的行爲，只有主管機關或法定有權的機關才可以做，其他機關是無權自行創建新釋例的。在這種情形下，這種無權創新釋例的機關就必須依程序向有權作成解釋的機關請求解釋。

原則上，國家的民法總則被尊爲萬法所宗。我國民法總則第一條說：「民事，法律所未規定者，依習慣，無習慣者，依法理。」我上述處理公務的十六句六十四字，符合我國民法總則該條精神。

有一種情形應該略予討論。任何時代都會有一些過時的法律，也會有一些不公正的法律。遇此情形，會使人產生究竟是否還要遵守這些法律的疑惑。我個人認爲，當然首先應當努力從早去修法；但是，在尚未完成修法之前，如果確有合法的過渡時期方法，例如能暫行擱置以待修法完成或待權力機關作成解釋後再處理，當然最好；否則，似乎只有依法辦理。因爲畢竟「惡法亦法」以及「惡法勝於無法」。

（三）我必須負責盡職：時下人士常常提到使命感這個名詞，但我確實從不覺得自己有什麼了不起，我從來沒有這種使命感，所以也從來不用這一名詞。只是從小具有一種觀念，認爲世上有些東西是神聖的，諸如天倫、公理、正義、忠忱、是非、責任、守法、情義等等，都是很神聖的觀念，我們對之只有尊崇，並爲實現這些價值而奉獻，全心全意實踐履行，決不能有任何代價和報償的觀念。我有生以來，對所從事的工作和任務，無論是社會課之於我的，或是我自己擇取的，都必定全力以赴，盡其所能，克盡責任。不過，我更覺得，如果僅是盡責，只求心安，有如常人所說「盡人事而聽天命」，固然已經算是不錯，而且事實也只能如此；但是，這種心態似乎還是稍嫌消極。所以我更要求自己不僅要盡責，不僅要盡其在我，而且還要務求其成。這樣，努力才不會浪費。唯其有此務求其成的意念，所以更眞正能夠貫徹盡其在我，而且眞正常能帶來較多成功的機會。盡責後的成功是一種最高享受，當然更是一種快樂。助人固然是快樂之本，成事更是快樂的湧泉。

因有此盡責務成觀念，所以我每做一件事情，總是比別人辛苦很多；但事成後帶來內心的快樂也比別人多。這種情形，只有自己明白。

由於我在銓敘部任職期間所負責任較多，也比較確定，所以我的辛苦與成功後的愉悅，也同樣要多些。但是，這些都完全是精神上的，不是物質上的。

（四）我必須對所掌理業務及有關法律專精：我在銓敘部先後擔任常務次長和政務次長連續二十二年，很多人稱我是人事制度專家，尤其是能融合理論與實務於一爐的專家，也有人說我是機關組織法專家，或是考銓制度專家。事實上，我確實相當專心於我國考銓實務和考銓法制的研究，這是因爲我任職考銓工作二十多年期間，適逢我國公務人事制度與法制變動很大，都是我這名政務次長在負責規劃，以致不得不專心從事。因而念茲在茲，久而久之，不專也非專不可了。事實上，自我於民國六十一年九月初到銓敘部任常務次長之日開始，我就奉命研擬建立官職併立的新人事制度。在我的全盤規劃下，歷經十多年連續不棄的努力：簡薦委制度和職位分類制度終於全盤廢止了，我新創的官職併立人事制度也終於實施了；其他退休、撫卹等等法律也都修正更新了。這些制度和法律的新創和廢止，都是經過我主持一個又一個專案小組和二百多次會議，仔細討論研究的結果。尤其新人事制度的全套制度結構的創意和具體設計，都是出自我的胸臆和構想。其有關的每一法律和每一規章的每一條文，也都是經我主持會議字斟句酌反覆研究後定稿。其中每一法律草案，也都是我代表考試院赴立法院逐條說明和協調，爭取同意通過而形成法律。所以，對於我國現行考銓制度，我不僅是熟悉，而且深知其道理和背景，很難拒絕說我不是這方面的專家。

但是，我眞正要說的並不是這些，而是我初到銓敘部任職時，對銓敘實務並不嫻熟。我之所以能夠很快就熟悉考銓法制，完全是在實務中自我訓練和自我研究，勤懇努力磨練出來的。我在政大的碩士論文主題雖然是人事制度，而且離開學校後也一直在繼續研究我國考銓制度，並且常常寫作有關考銓制度的論文，內容都不是空談理論而是討論現實制度的；然而，儘管如此，畢竟與眞正從事實務工作大有不同。記得在我要去銓敘部就任常務次長的前二天，原來就已任職銓敘部的同鄉好友龔乾升兄還特別打電話來告訴我說，在我到職的第二天，就有一個名為銓敘審查委員會的會議要舉行，例行應由政務次長主持，但因政務次長有病請假住在醫院了，應由我這位常務次長代為主持。這種會議每星期固定召開例會兩次，每次的議案都是有關任用、俸給、退休、撫卹等方面銓敘實務上的個案難題（惟其為難題才要提出來討論）。各業務司長覺得處理時有須特別研究的必要，不宜逕行擬辦，所以就提案到這個會議上來，請次長主持，大家一起來研究決定。龔乾升兄耽心我因實務生疏而臨場困窘，勸我屆時可以不作決定，而交付小組審查。如此，我就可以避免顯露外行人的馬腳。我非常感謝他的指點，但是我還是先一天仔細研究了那次會議議程中的每一議案，並且查對法規，詳慎斟酌後，作成初步結論。為免在會場上忘記起見，並且還把研究所得要點和結果用紅筆寫在議程上，以備會議時參考。第二天，我總算是應對過去了，而沒有讓與會人員認為我是外行。我知道，公務人員處理實務與學者討論課題，兩者間最大不同之點至少有三：第一、處理實務必須依法合法，不可自定標準。第二、處理實務必須所主張的辦法可行，也就是要行得通，不能光是好聽。第三、處理實務所提辦法要財力和人力上都可以負擔，而且切赴時效。從那以後，我在銓敘和考選兩部連續工作二十多年，直到自願退職時止，舉凡是我主持或是參加的會議，無不事先充分準備。由於部內外會議太多，以致辦公時間絕大部分都用在會議場上，在辦公時間內都不暇研究各種會議議案，所以必定把議程帶回家來研究。我從不自負，但向來對自己有信心，那是因為我充分準備；我更不掩飾我所不知，願意聽取他人意見，反而能博得他人尊敬。但對於我業已研究清楚和了解透澈的案件，也決不輕易被與會人員的輕詞浮議所動搖。我常常把我記滿紅墨水筆記的議程在會場高舉亮給大家看，並且說：「我昨夜三時起來，花了兩、三個小時才研究清楚這議程上的每一案，所以各位所提出的每一觀點，所說的每一句發言，我都能充分了解。」當我這樣講時，起初，銓敘部的資深人員有時還會說一句表面上是恭維實際上卻是嘲笑的話，認為我對考銓制度法規似乎太生疏。但是，知之為知之，不知為不知，我毫不在乎，依然我行我素。到後來，他們才倒過頭來不得不佩服我勤懇認眞的敬業精神，因爲他們從來沒有看見有過他人是這樣做的。從此以後，儘管永遠都有不同意見，但敢在會議上信口開河的人減少很多，他們都知道我對考銓法規和制度絕對熟悉和專精。

我做常務次長十二年後，調任政務次長，會議更多，公務也更繁忙。白天幾乎百分之九十都是在會議桌上度過，下午五時散會後，還要把當天的公文看完才能回家。由於工作實在繁重，以致我雖盛年體健，但回家匆匆喫過晚飯後，人竟也感到十分疲乏，只好八點多鐘就倒在床上就寢。睡到夜半後三點鐘左右起來，把有關法規放在一起對照，研閱次日上下午會議的議案。爲免忘記，仍然必定在議程上寫滿了紅筆筆記。待研究完竣，天已大亮，我才進行每天早晨的盥洗和簡單的早餐。由於長期如此在夜半三時起床，於是習慣成自然，退職後十年來，雖然極少參加或主持會議，當然更不需要研閱議程，但卻仍然每到夜半三時左右就會自動醒來，三時後再行入眠就很困難。

（五）我必須具有道德勇氣無所畏懼：我實際所做的銓敘工作，按照案件和事項的性質，主要可以歸納爲下列幾類：

*1.*對本部某些政策性的事項，依授權規定作成決定。

*2.*對有關銓敘法規和制度事項，通過會議方式，作成初步決定。

*3.*對涉及爭議的大量銓敘個案，依分層負責規定，在以政務次長職務身分批閱公文時予以裁定，或以會議主席身份經由會議方式作成決定。

*4.*代表考試院或銓敘部參加其他院部所邀集的大量會議表示意見，其中數量最多的是立法院法制委員會所召集的法案審查會議。

在上述四類案件中，*1.2.3.*等三類多屬下列兩種情形案件：第一種是各機關所提出的要求，內容違反考試權基本立場與職權者。第二種是個別當事人企圖違背銓敘法規以達成其個人願望者。這兩種情形案件，並非偶然出現，而是幾乎每日出現，並且一日多次出現，而且背後無不挾有大小不同的支持力量。甚至更有循上列第4類的立法途徑，企圖經由立法方式以表現的支持力量最大，以致我在肆應立法委員的卓見時，當然也特別費力。所幸立法委員先生們可能是鑒於我的直率與誠懇，所以我的說明常能博得他們支持。因而有委員說我是「考試院的大把門」（足球賽場上的守門人），有的說我是「考試院的靈魂人物」。無論國民黨或是民進黨籍的委員，對我都很諒解。至於在出席其他各院部所召集的會議時，或與其他院部代表同時列席立法院的委員會議時，其他院的代表通常對某些事項十分堅持。例如某次某院的副院長堅持要將其所屬機關某一副首長職位破例列為特任官；又有某機關代表在我所主持的會議上，堅持要求我同意刪除公務人員俸給法上有關銓敘部的俸給權條文；更常常有機關要求我同意在其組織法上明文規定，其人員可不必考試及格任用；還有一次，在某院召集的法律草案審查會上，主席（一位政務委員）帶點強迫意味要我同意撤回已由考試院函請立法院審查的公務人員保險法修正草案；也有某位副院長直接打電話到部裡來，限我必須將某一職位改列較高職等。諸如此類事情經常出現。這些要求，不僅有違憲法規定，或違正義，或違法律、或違考試院的基本立場，而且有些根本不是我職權地位所能表示同意的事項。不過，不管怎樣，如果遇到這些要求正式出現時，我從不馬虎或和稀泥，我必定盡責加以說明，並且明白表示反對或拒絕。似此情形，我的日子當然不好過。所以無論是在銓敘部內主持會議，或外出參加會議，我幾乎十次中就有八、九次都是抱著作戰的心情在奮鬥。

我常常心底暗想，我是在為誰而戰？又為何而戰呢？很明白，我是在為維護和建立公正良好的考銓制度而戰，也就是在為公理正義而戰，為中華民國而戰。

最重要的是：肆應這種種情況所需要的是勇氣，而且需要長期和持續不斷的勇氣，不厭其煩的道德勇氣。有一次，我的好朋友立法委員盧修一兄在法制委員會審查會議上公開發言說：「徐次長以一個政務官身分，也不怕丟官，連行政院院長送來的案子也反對。」其實，我並非反對行政院，更非反對這位院長，因為我根本沒有想到什麼院，也沒有想到是那一位院長；我只想到：這個草案的某一條文的規定不合理，所以我要反對。至於後果如何，我也沒有去想；我只想到該做的事就去做，根本也沒有想到什麼道德勇氣。我說的這些，句句都是實話。

（六）我必須以維護考銓制度爲己任：我任職考試院後，很快就產生兩種強烈感覺：一方面是，考試院自國民政府奠都南京以來，在戴故院長季陶先生高瞻遠矚和精心規劃之下，樹立了正常規模，個人內心十分敬仰；另一方面則是，考試院來臺以後備受挑戰，也就是考試院的兩大任務：考試用人以及銓定公務人員資格這兩者都遭受到挑戰。許多機關經常想盡辦法要跳出考銓制度範圍。所以我認爲，既然：*1.*考試院是憲法和法律規定設置的國家機關。*2.*憲法又明定了考試院的職責。*3.*國家更任命了一批人員在考試院專職執行憲法和法律所賦予的任務。則政府各機關及其人員，應該都共同來維護和發揚考試權的功能；任職考試院及所屬機關的人員，更應該依據憲法和法律以維持考銓制度爲己任。而我既然也在考試院工作，當然不能例外。進一步說，由於我常常代表考試院在外開會與各院折衝，與立法院來往尤多，常常是第一線接觸到某些挑戰的人，這更會激發我的責任感。

更由於任職考試權機關爲時既久，對考試權在政治制度中的價值了解既深，我這種維護考銓制度的熱忱，也更與日俱增，不僅在職時如此，縱然延伸到退職後仍不少改。所以退職後所寫有關闡揚和維護考銓制度的書籍和文章，已不下一百萬言，自認必須以維護考銓制度爲己任。

四、我如何工作

我連續任職銓敘部二十多年期間，究竟是如何在工作，現在提要概括敘述於下。

（一）我每年主持和參加會議五百多次：在尚未實施每週休息二日制度之前，有一個短時期曾經是每隔週休息二日，再前幾十年來，我國行政機關是每週工作五天半，全年三百六十五天中，於扣除五十二個週末（每週末一天半，包括星期日整天及星期六下午半天）、各種國定假日、以及公定民俗假日後，每年全年實際辦公總時間約為二百七十多天，亦即大約五百四十多個半天。我有一位很好的秘書林琴芳小姐，與我共事十六年，舉凡我出席的會議和我主持的會議，她都事先為我登記，也事後為我錄記。多年來，每至年度終了，她都會給我一份我個人主持和出席會議的分類統計表，使我了解我所主持和出席的各種會議，共計每年都超過五百次。每次會議通常都是佔用了整個半天，也就是：使用了上午九時到十二時或下午二時半到五時的時間。也就是我每年大約有五百多個半天或二百五十個多整天是在會議場上，所餘只有二十多天或大約五十個半天不必參加會議，通常都留在辦公室看公文或與本部同仁商量公務或接見外來洽公人員。

在上述五百多次的會議中，按會議性質予以粗略分類後，歷年各不同類別會議次數大概如下：

*1.*我僅為出席人員之一者：這種會議不是由我主持，我只是出席人，我只要出席並在會場聆聽而不必發言也不用花腦筋去思考，每年大約五十次左右，約居全年會議總數百分之十。這類會議包括下列各種會議：每年元旦在總統府大禮堂舉行的開國紀念會及團拜（總統主持，全國黨、政、軍、民意機關及地方行政機關正、副首長、委員等人參加）、雙十節在總統府大禮堂舉行的國慶紀念大會（總統主持，參加人員大致同上，但似僅限於中央部分）、每年雙十節在總統府大門外廣場舉行的閱兵典禮或慶祝遊行（通常由立法院院長主持，全國黨、政、軍、民、學校首長，及群衆數萬人參加）、總統府召集的國父紀念月會（總統主持，並由政軍民意機關正副首長參加。以前老總統時期是每月一次，經國先生任總統後期改為兩個月一次）、考試院的動員月會（院長主持，並由考試院以及所屬銓敘與考選兩部全體職員一律參加，似乎是兩個月或三個月一次）、考試院（不定期）舉行的各項典禮和紀念會，以及本部部務會議（本部部長主持，次長以及本部各一級單位主管及參事參加，不定期，每年大約五、六次）、本部的榮譽團結會（比照軍中辦理，簡稱榮團會，由部長主持，本部全體同人參加，似乎是兩個月一次）、公務人員保險監理委員會（銓敘部部長兼主任委員主持，該會全體委員、顧問、職員、中央信託局局

長、其所屬公務人員保險處經理及職員等參加，每三個月一次），以及一些其他類此會議。

2.出席考試院外其他機關邀請的會議：這種會議全年約有一百次至一百二、三十次，居總數百分之二十至二十五。通常是列席立法院的委員會（主要是法制委員會）的法案審查會議，或出席行政院（通常都由一位政務委員主持，部分由副院長主持）、或司法院（通常都由副院長主持）召集的法律草案協調會議或審查會議。

3.我自行主持的會議：這種會議次數最多，全年共有三百次至三百五十次左右，居總數的百分之六、七十。由我召集各有關機關代表來部舉行，或由我召集本部各司長參事等人員在部舉行。

在上述1.2.3.三類會議中，除了第1類會議我只要坐在那裡，儘管仍然要耗費我寶貴的時間，但畢竟不必操心外；其餘2.3.兩類會議幾乎無一不是需要殫精竭慮以赴，甚至毫不誇張的說，幾乎每次會議都有如一次戰鬥，十分辛苦。

由於我的會議如此繁多，所以上班時間實際都被會議佔用。散會後回到辦公室都已經是下班時間了。當秘書們告訴我有些什麼人來過電話，我都無法立刻回電。因爲中午對方絕大多數已經下班；黃昏五時後，對方固然多已下班，而且我自己桌上經常更有大堆公文待看；等到明晨上班時，我仍然不是在外面參加會議，就是在部內主持會議，所以很少有空暇回覆別人電話。至於每次會前一點點時間，我必須用來作一些會議前有關準備工作，也只能偶然抽時間打一、兩個電話。回到家裡以後，也不便打電話去別人家庭談公事。至於私人朋友間的交往，我更是疏忽，許多親戚朋友間應有的例行禮俗行爲和聚會，也常常不能參加。有的人因此責罵我荒唐，覺得我疏慢。對此一切，我是百口莫辯；自己也知道幾乎已成爲六親不認而不像個人了。這種種痛苦，實在是有口難言，那裡是我所願呢？

我常覺得自己在官場上以及在很多其他方面都很失敗。檢討起來，第一大原因就是只注意做事而不注意做人，不注意人際關係，不講究處世方法。至於當今一般公務員所最注意的所謂「公共關係」（實際上是「私人關係」），我更是根本不用頭腦去想，也沒有時間去做。第二大原因則是過於堅持依法辦事與維持是非正義原則。第三大原因則是個性太過直率，這是許多朋友以及甚至尚非朋友的人都批評過我的話。少數人甚至還說，像我這樣的人，現在已經很少了。這在我聽起來似乎有點恭維之意，我暗地裏自認爲已經是「稀有動物」了。在他們心底下則很可能是一種譏諷。

（二）我每日例行公務生活：如果我是要去參加部外（臺北市區）召開的會議（常常是立法院和行政院的會議），爲了避免路上塞車造成遲到起見，常在早上八時走出家門，以便在九時前到達會場，而可以正常的出席九時的會議；如果是參加部外下午（通常是二時半開始）的會議，就一定會在下午一時半從部內出發（因爲我中午不回家，而在部內用午餐，並且就在辦公室內小休片刻）。如果沒有部外的會議，我通常每日早晨八時半左右到達辦公室，稍加料理公務後，通常必於九時前幾分鐘先到達會場，而百分之九十九次會議都要到十二時才能散會。會後準十二時在部內午餐。午餐後關起自己辦公室門，在長沙發上睡一小時。請起身稍作料理後，就去會議室主持下午二時三十分開始的會議。下午的會議也無不要到五時才能散會。由於我從小痛恨擺架子的官僚作風，所以凡是由我主持的會議，我本人幾乎都是在九時前或二時半前五、六分鐘到達會場。也就是說，一般會議主席都是等到與會人員到齊以後，要在九點多鐘才進入會場，也就是讓與會人員先在會場等候主席；但我卻總是先到會場等候與會人員。必定要到下午散會回到辦公室後，我才能夠開始核閱當天的公文。

我曾經聽過一個笑話，老師問小學生說：「你爸爸是做什麼的？」小學生說：「我爸爸是開會的。」這笑話表示，現代臺灣公務員生涯中會議太多。我在那些年月裡常常暗自思量，並非每一位公務員都有那麼多會議。但是請相信我，我的會議比任何一位臺灣的公務員要多，我的職業就是名符其實「開會的」。

每天下午五時會議結束後，我回到辦公室時，堆在桌上等待我看的公文通常總有百件上下。不僅數量多，而且其中經常會有許多難以處理而令我頭痛的公文。我們機關實施分層負責制度，依規定流程在流達我手之前，許多較次要的公文業經我之前的常務次長、司長，或科長代行核判發出了；尤其是機關內部管理、事務性、金錢財務性和福利性的公文，也都完全由常務次長核決，根本不送到我這一程序來。所以到我手上的公文，全屬業務性。其中內容複雜或不易處理而傷腦筋的公文很多。到我手上的公文，大約有三分之二依分層負責辦法規定，該由我作成最後決定，不送部長核閱。對這種公文，我當然更是特別慎重。據記憶所及，其中最費心的有三類公文：第一類是明顯違法違規，但卻顯然有各種不同背後原因支持，使承辦人和我之前歷位所有經手核閱人員都不便批駁或准許。所稱不同背景，包括外界或本機關內部種種有關人員。第二類是案情和所涉法規規定都非常複雜，必須抽絲剝繭，逐步解題，才能求得正確結果。第三類是部外頗有勢力的大機關不符法規規定的特殊要求，部由很少有人敢予以批駁。我對銓敘業務和銓敘法規雖然熟悉，但因我的核閱公文，長年都是在別人巳經下班回家而我還留在辦公室的有限時間內進行，實在難以對每一公文都做到既迅速又細心的地步，但事實上又不容許自己馬虎從事，所以通常都是每見上述任何一種複雜而不宜迅速作決的公文，立刻將之先放在一旁，留待明後天得便時另用較多時間專心核閱。縱然如此，儘管我們規定是在每天晚上五點鐘下班（那時全國都還沒有採行彈性辦公時間制度），但我每天晚上最快也要看到七點多鐘才能勉強離開辦公室。回到家裡，草草喫過晚餐後，坐下來稍憩半小時，己經是夜間九時左右，竟巳困乏不堪而必須就寢。幾十年來，我的習慣是上床後先取閱床頭書催眠。這種書，向來大多是中醫葯書和命理書兩種。我選這兩類書的原因，固然是因爲興趣，但也是因爲其性質不難不易而有催眠作用。命理書與中醫葯書都比較艱澀難懂，但卻又不像易經之類那麼必需深入思索，所以讀不久就會使人昏昏入睡。反過來，如果讀小說書，則由於其引人入勝，反而會令人失眠。少年時我讀命理或中醫葯書，大概最多讀上三十分鐘一定會閉眼入眠。我之能懂得中醫葯又會算命，固然是從小到少年時曾經另外花了不少時間去研究，但得力於幾十年來夜眠前床上零碎閱讀的幫助實在不少。後來我在銓敘部工作越來越忙，睡前在床上無論閱讀什麼書，都會不到五分鐘就睡著了。而且每夜都能夠一口氣先睡足六個小時才會第一次醒來，正好到凌晨三時左右。醒後立即起床，在此夜深人靜無人打擾時，詳細研閱當日上、下午兩次會議的資料，而且必定一一查對有關法律和其他參考文件，把案情弄得十分清楚。如果是我自己主持的會議，我對會議的每案都必定冷靜而依法作成初步決定；如果不是我主持的部外會議，我也必定對每一案研究透徹後，先行作成具體主張。而且無論是那一種會議，我都會逐案逐項把所作成的決定腹稿附具理由，用紅筆扼要地密密麻麻分別寫在各該會議議程上，以免忘記。如此研閱會議資料，通常都要到天亮後七時前才完畢。這才盥洗和喫簡單的早餐，然後就去開會。

在我的公務員生涯中，早年有時會帶公文回家開夜車趕辦。但後來有一天聽到有人談到他人的一次痛苦經驗而忽然悟解，才耽心萬一有朝一日不慎失落公文，無論其爲重要或不重要，都是嚴重問題，頗不值得。所以從此以後，尤其自從任職國家安全會議後，直至在考銓兩部工作，繼續到自願退職，幾十年間，我決不帶公文回家。但卻必定帶會議通知和隨附的會議資料和有關法規回家，以便在凌晨三時許起身後詳研。天亮後，就帶這通知和資料到本部或部外機關去開會。所幸從來沒有再失落過任何文件或資料。

（三）我頻繁赴立法院參加會議：代表考試院或銓敘部去立法院（大多是法制委員會會議）列席，從事說明和備詢的任務，或去其他院部出席會議，理論上當然是政務次長的任務。但事實上，我在常務次長任內也常常奉命去立法院或其他機關參加會議。民國七十三年（一九八四年），我改任政務次長後，本部對政務與常務兩次長的任務分工已經明確固定，所以我出外參加會議的次數尤其頻繁，舉凡立法院、行政院、司法院，爲了有關人事制度或組織法規舉行的協調會議或審查會議，都必須邀請考試院或銓敘部指派代表出席。而考試院與銓敘部都固定指派我這位主管法制與銓審業務的政務次長代表前往。這些會議，以立法院法制委員所邀集的最爲頻繁。

考試院指派我代表前往，有其一定程序如下：立法院某一委員會（百分之九十都是法制委員會）逕行函知考試院，說明何時在立法院何一會議室舉行全體委員會議審查何一法律草案或某一法律修正條文草案，並檢附草案及有關資料，請指派人員屆時列席會議說明及備詢。考試院收到公函後，視法案內容如屬與考選部職掌有關者，就指派考選部的政務次長代表考試院前往列席；如屬與銓敍部職掌有關者，就指派銓敍部的政務次長代表考試院前往。如屬與兩部都有關，則指派兩部的政務次長前往共同列席，就各該部職掌部份分別表示意見及答詢。考試院經決定指派人員後，迅即以院函逕行復知立法院該一來函委員會，並同時以副本逕行通知被指派的政務次長遵辦，並不經由部或部長轉知，以資迅捷。考試院幾十年來傳統都是如此處理。多年來，立法院通知考試院派員列席的法案，百分之九十八、九都只與銓敍部職掌有關，所以通常都是指派銓敍部政務次長前往，所以我就必須常常列席立法院法制委員會會議，屆時持同考試院上述院函副本前往。政務次長常常在會議日期先一天傍晚才接到考試院的副本通知。考試院之所以指派政務次長前往，原因有二：*1.*第一屆立法院法制委員會資深委員們十分重視體制，他們認爲如果部長太忙不能前往，則必須指派政務次長而非常務次長代表列席，以表對立法院的尊重。以前曾有經驗，政務次長因另有要公以致不能前往立法院，偶有一、二次指派常務次長前往，法制委員會正式表示拒不接受。第二、事實上，法制事項屬政務性質，在部內亦屬政務次長負責主管事項，所以政務次長對此當然比較熟習。如指派常務次長前往，理論上難免有所隔膜。

立法院每年兩個會期，每會期各四個月。會期中常常一星期裡有二、三天都要我去參加會議。尤其自從第二屆立法委員任職以後，新選出來的委員平均年齡大爲降低，幾乎每位委員都身強力壯，精神飽滿。所以無論是立法院的院會或是委員會的會議，常常都是每開就是一整天，有時甚至還買晚餐便當把人留在會場繼續挑燈夜戰。這與第一屆委員到後來因爲年高德劭，只在上午開會而極少下午開會的情形比起來，大相異趣。我去立法院參加的只是委員會會議（依規定，立法院除每一會期開始時邀請行政院院長、副院長、政務委員，及其所屬部會首長們，列席立院院會提出施政報告及接受及答復質詢，以及在提出預算案時行政院及機關首長應邀在院會作成口頭及書面說明外，其他討論議案時間，立法院院會不允許其他院部機關任何人員進入會場。但縱然是進行上述程序，而於報告及質詢完畢後，也不允許行政院及所屬機關及其他院部機關官吏停留在院會會場。新聞媒體人員也只能在會場二樓欄杆邊憑欄旁聽，而不得進入一樓院會會場）。我常常一星期中有好幾天整天都在立法院，所以我有時會對法制委員會辦公室的朋友開玩笑說：「你們立法院實在應該為我準備一間辦公室才對，因為我一星期幾乎有一半時間在你們法制委員會上班，已經是法制委員會的一員了。」在會議進行時間內，我們列席的政府官員不能離開，必須自始至終在座以備問到時隨時答詢。

至於立法委員，雖然常常整天開會很忙，但比起我們列席的政府官員，行動要自由得多。他們在會場簽過名後，可以在會前及會議進行中途自由來去，或抽空到另一委員會去發言，或到院外去辦事。如果他有意的話，然後也可以又回到這個會場來（這種種情事，實際上都可溯源至世界上第一個國會的英格蘭國會古老傳統）。自從第二屆立法委員選出後，我很強烈地發現他們太忙。他們為了選票以及種種原因，所以每日都必須應付選民拜託的事（流行用語是「為民服務」），也必須盡可能的參加各種不斷如流的宴請。有些委員還常常要早上從中南部（高雄、臺南或臺中等地）坐飛機、火車或自備小汽車趕來臺北出席立法院的會議，在臺北忙了一整天之後，晚上還要把飯局等應酬事項做完，又趕回中、南部自己選區去，每天如此。

立法委員的這種生活，給我印象最深的是飯局特別多。我們考試院和考銓兩部是請客最少的機關，通常只是一年請一、二次客，極少情形下才偶爾也有過因特別新法案而另請。十多二十年來，就憑如此稀少的宴請經驗，我發現除了有過一、二次，所請委員能夠到齊外，通常都很少到齊。而且常常是或早或遲到場，坐上二十分鐘或半個鐘頭，向主人和在座客人敬過酒之後，喫兩三個菜，禮貌性談談話，然後就告罪先退了。因爲他們通常一個晚上常有三、四場甚至更多飯局要去。這樣一個晚上下來，雖然是參加了好幾處宴會，但回到家裡時，卻可能肚子還是空空如也，必須設法再喫一碗麵或其他食物才行。這種工作情形，與以前第一屆資深委員時期完全不同了。這顯然說明一件事情，現在的立法委員，非身強力壯的人很難眞正勝任了。

（四）我列席立法院委員會議的一般態度：從第一屆資深委員任期內開始，直到第三屆委員期間，前後持續十多年，我幾乎每星期都有二、三次要代表考試院或銓敘部列席立法院法制委員會會議，爲法案作說明或表示意見或備詢。

每當我接到考試院答復立法院指派我代表前往列席會議函的副本後（副本中說明，即以該副本作爲考試院給我的正式命令），我就必須就該法案與本院部有關部分，迅速研擬說明和基本意見，並且依立法院的要求寫成書面印出數十份，屆時在會場分送，以利立法委員參閱。對於這種文件的研擬，我的處理方法是斟酌配合我們機關的公務文書處理習慣和程序，在收到考試院公文副本後，立刻將之交本部主管司迅速研擬書面意見初稿。爲求迅速起見，我通常都是直接交給司長本人收辦，經司長與其司內同仁完成此一書面寫作後，並仍由司長逕行送我，也就是說，不依日常程序經由主任秘書和常務次長再轉到我手的平時程序。

我收到後也立刻閱讀，不僅對基本方向、所涉政策、所涉條文必作基本性的深入研究考慮後作必要修正，並且還要逐字逐句仔細修改損益，然後逕行送呈部長核定（也就是不經秘書等人之手）。以上這些做法完全都是爲了爭取時間。但事實上，縱然採取如此跳躍式的程序，常常仍嫌太慢。因爲在通常情形下，收到考試院給我的公文副本後，時間總是非常緊迫，尤其從第二屆立法委員任期起，常常是今天下午甚至今天黃昏我才收到考試院的公文副本，第二天早晨就是會議時間。所以常常立即通知文書科留下人員加班，並且只能在匆忙中交主管司寫一個初稿，經我改正後，就以這種潦草的原稿送呈部長核閱（通常這時部長已經下班了），同時另行影印一份先交打字。但是有時候我收到通知公文實在太晚，打字人員也早已下班，我就只好把司裡的初稿帶回家，等我凌晨三時起身詳閱改正，再電告主辦司長或科長在天亮後早早來我家取去，送到部裡交給先一天已約好來加早班的打字員打字並印好送我家，或逕行攜往立法院在會場交給我。但請司長或科長在部裡另以一份打字本替我送給部長核閱。這一過程，時間上都相當緊張，長年累月都是如此處理，否則必定誤事。也就由於經常如此緊張，漸漸也就習慣於緊張，並且把緊張當作正常。這使得我幾乎長年都生活在緊張中。

我這種供會場委員參閱的書面說明文件，通常都不會很長。一般情形下都只是二千字左右。唯有特殊重要和複雜的案件，需要特別詳細的書面時，才必定事先早早準備好。我雖然有了這一書面說明，卻並非就可高枕無憂於議場。事實上，當委員會對每案初階段進行廣泛討論時，不少發言都有點海闊天空，幾乎是無所不談，也無所不問，舉凡與考試院有關的事項，我都必須即席作答。而每一句話，都會被記錄下來印在立法院公報上課我以責任。所幸我向來都非常勤慎，對於過手的每一公務案件，無不詳細研閱，並且查對法規條文。這雖然使我倍加辛苦，但積年累月下來，我對法規條文和制度內容，實在比任何人事人員都要熟悉。尤其到了民國七十三年（一九八四年）我任政務次長以後，由我們銓敘部主管的法規，幾乎百分之九十以上都是新訂的或新修正過的，而這些修正與新訂工作，無一不須先後兩度經過我所主持的專案小組和法規委員會，逐條逐句推敲討論修正通過，才完成草案。許多法規中的不少條文，甚至都是我在會議場上參酌大家意見，予以裁定後，當場親筆寫成。所以我不僅對這許多法規的條文熟悉，而且還可以滔滔不絕說出許多道理來，所以在立法院法制委員會會場上我能夠應付裕如。另外，也由於我天性直率，不知迂迴繞圈子，有問必答，而且「實問實答」，既不閃避問題，也從不說假話。同時，立法委員們又漸漸側聞我在銓敘部內部及參加行政院和司法院的會議，都是完全站在維護法制的立場，直言無隱，所以我的信譽得以漸漸建立。久而久之，很博得立法委員們的尊重。又由於我去立法院過於頻繁，成爲那些歲月裡政府機關官員列席立法院委員會議次數最多的一人，致使凡是參加過法制委員會審查法案的委員，沒有不認識我的。我看見許多其他部會機關的部、次長，每次去參加立法院委員會會議，莫不隨行官員如雲，二、三十人坐滿了半邊會議室，氣勢喧赫，看來的確很容易使人感到他們的重要。而且當部、次長在臺上備詢，每有一立法委員提出任何問題時，這些陪隨的官員就會十分殷勤迅速有效的在小紙片上疾書答案，爭相遞給臺上的長官參考作答。結果等到所有委員發言完畢，部、次長手上的小紙條早已累積盈寸。

那時期委員會會議的慣例，在一般情形下，除非有委員聲明要雙方交叉對話即時作答外，都是待所有已登記的委員發言詢問完畢後，才由行政機關官員綜合答覆，以示對行政官員的優待。在第一屆資深委員時期，大都很能給行政機關官員留一點餘地，而很少要求交叉詢答。後來辦理增、補選立法委員（仍屬第一屆委員）後，尤其是舉行改選而產生第二屆委員後，新選出來的委員性子比較快捷，風氣漸變，很少肯讓政府官員享受綜合答覆的便利；如果偶然還用綜合答覆方式，就是表示對那位官員的特別優待。當採取綜合答覆方式時，首長手上所持便條紙太多，匆忙之中要逐一檢閱，一時根本還消化不了；如果採交叉詢答，由於首長對所詢問的許多實務細節或是個案，常常不知其詳，要靠部下臨時遞送那些紙條上那幾句簡單說明來幫助，實效有限。有些首長副首長平日處事細密，只要稍得部屬小紙條幫助就能答覆得很好；但很多首長副首長因爲平日不親細務，所以到時候就難免茫然。不過，一個人既能身爲首長或副首長，十之八九都當然具有高度智慧和相當經驗，有其肆應這類小危機的機智與能力。例如，他們在無可奈何時，大都知道繞圈子不對題作答，也知道避重就輕作答，成爲立法委員那時候流行使用的一句形容詞：「實問虛答。」

我天性收斂，不敢誇張，更不講究排場，也厭惡官場上的虛浮誇張和裝腔作勢的排場。起初去立法院都是獨來獨往，不邀我銓敘部的任何官員與我同行。對於委員的任何詢問，也都是由我自己針對所問直接對題作答。但是，後來我漸漸發現，如果有一位同仁與我同往，好處很多。茲舉述如下：（一）可以請其回部後替我寫出席會議報告，免得我事忙拖延，俾可迅速遞送給部長了解。（二）因此，可以減輕我文書上不必要的負擔。（三）出席會議報告出自第三者之手，常常更能取信於人，增加其眞實性而不隱匿眞相。（四）在會場如果臨時有偶發事項時，可以依我指示，請其代我外出打電話或洽辦。（五）隨我同行者，必定是本部有關各該案件的主辦司長或科長等，可以讓他們在場直接了解議事經過，有助於他們來日辦理與此有關案件作成正確處理。（六）立法院雖有公報刊載會場所有發言，而且相當完整詳細；但是，很多人都不肯花時間去看這種記錄，而且更寧願聽信記錄以外他人編造的挑撥性謠言。我有同仁在場作証，不怕有人造謠挑撥打擊我。

公務員都知道，政海險惡。我心底下常常覺得，幾乎每一機關內部都經常是處於一種我稱之為「矛盾統一」的狀態中。所謂矛盾，指的是機關內部永遠存有人與人之間的私人利益鬥爭；所稱統一，指的是儘管如此，但是仍能在明爭或暗鬥下，繼續維持大致正常的工作。公務員人人憂讒畏譏，常常需要有人在必要時為他的清白和正直作證，我也絕不例外，因為常常有人編造謠言說我說了些什麼不應該說的話，或是做了不應該做的事。與我同行的同仁應可為我在立法院會場的言行作證。作為行政機關副首長的人，大概都知道這種自處避嫌之道。尤其是就我來說，幾十年來，我的工作環境永遠都有小人環伺。所以更不得不慎，以減麻煩。我這裏的這一段話，顯現了我公務環境的惡劣。我必須努力工作以期無負於國家和個人信念，但更必須長期注意暗箭傷我。這就是機關副首長（老二）的常有痛苦。

不過，請注意，我之邀本部同人與我同赴部外會議，對我雖有上列許多好處，但卻無意要他們為我提供應答會場詢問資料的用意，而且事實上也沒有這個作用。原因是答案資料，百分之九十九都在我的腦中，我無此需要。因此，與我同行的同人常常說，與我同赴立法院很愉快，因為他們不用緊張的聆聽委員發言，更不必匆匆忙忙寫紙條替我擬答案，他們在會場上完全不會有壓力。而徐有守在發言臺上面對立法委員，也態度自然，從不緊張，所以他們也不會因我緊張而使他們出於同情也為我緊張。

概括我赴立法院的工作方式大致如下：如果委員會所審查的法案是我們銓敘部所起草提出，也就是我們所主管的，則委員會第一次會議審查時，禮貌上應由部長代表考試院列席說明；以後各次會議才都由我代表考試院列席；如果是其他各院送去的案件，則從第一次審查會議開始，就都是由我代表考試院去列席。通常第一次審查會議所進行的是「廣泛討論」階段（立法院內部慣用口頭術語又稱之為「大體討論」），也就是就法案的政策性、原則性與立案精神等大方向討論。這種討論，發言的委員很多，許多不是本委員會的委員也常常來登記發言。他們與本委員會的組成委員，在地位上主要異同之處有三：（一）發言權平等；（二）不列為構成本委員有效開會人數；（三）不能參加表決。

但是，這種委員仍然熱心來本委員會會議發言，目的通常有二，當然都是好事：（一）希望影響本案的結果。（二）累積委員本人業績。所以每案發言委員常常眾多，而且發言內容十分廣泛，舉凡與考銓制度及考試院職掌有關者，我都需要一一答覆。這種大體討論，通常都不是一次會議所能完成，而要連續幾次甚或多次會議才能進行完畢，端視法案性質以及委員支持或反對程度而定。具體而言，下列幾點是其決定因素：（一）是否涉及政治性？（二）是否有特殊重要性？（三）是否涉及何種特殊利益？（三）是否有何利益團體（西方人或又稱之為「壓力團體」（Pressure groups））在背後運作？

我赴立法院參加會議的過程，通常上午的會議我總是從家裡出發，在八時半前到達會場。簽過到後，就把我所準備好的一疊幾十份書面說明，依立法院的習慣，放在進門簽到處的桌上。桌上通常另外還有本委員會所準備的本次會議議程和參考資料，以及其他機關所準備的參考資料。委員們和新聞記者們習慣上都是在進入會場時自行取用這些放在桌上的資料。等到本委員會委員的簽到人數到達法定人數時（委員簽到後可以不一定在場但仍視為出席）就開會，過去資深委員時期，都是準九時開會。如屆時人數不足，主席一定徵求在場委員同意後，宣佈延遲十分鐘或三十分鐘開會；如屆時人數仍有不足，主席會徵求同意後再延長半小時或多少分鐘。屆時如人數仍然不足，主席常常會宣告另行定期舉行會議。但自第二屆委員起，常不能準九時開會，而且要延遲會議開始時間時，主席也不正式徵求在場委員同意，只是大家心照不宣的等待人數到齊法定人數。

我如果是去參加下午的會議，通常都是在一時許從本部出發，而於二時許到達會場（比其他人早到），在會場等待到二時半開會。如果是上、下午連接舉行同一次會議，我中午當然不回部也不回家，而在立法院餐廳買午餐喫。飯後無處可去，偶爾會到法制委員會的會客室沙發上小坐或打盹，但大多數時間都是坐在我的座車裡，把車門和窗子關起來假寐。然後參加下午會議。

立法院委員會議會場座位佈置，從主席座位面對會場看，政府官員的座位和發言檯都設在主席臺右手，委員發言臺則在主席臺左手。到會委員們坐在主席臺對面台下的左半邊，政府機關一般人員坐在主席臺對面台下的右半邊，新聞記者們則隨意坐在左右兩半邊的後排。每案第一次審查會議開始後，先按照議程進行例行報告事項，然後開始討論當日主題議案。首先由提案院的代表官員說明全案背景與內容要點，然後由其他職權有關院所派代表官員大體說明意見。由於法制委員會所討論的案件大都與考試院有關，所以考試院都必須應邀指派代表列席。通常這時就是由我代表考試院上臺說明，照準備好的書面內容，就有關部分和條文表示具體意見。俟各機關意見表示完畢後，即開始本案的廣泛討論。有的時候，雖然許多發言都與考試院職掌無關，但我仍然必須坐在那裡聆聽，不能走開。不過，因為我去立法院次數太多，所以熟能生巧，我會利用委員們長篇大論發言的時間，走下座位來游走會場，與不發言的委員或熟人寒暄，當然也與在場的新聞記者談天。好在如果委員發言涉及我的工作範圍時，我在場仍然聽得很清楚，可以迅速上臺去答詢。但是我當然知道不宜於常常在會場遊走，所以常常只好靜坐在座位上觀察。這聽起來似乎是有點在浪費時間，但我常常想到「化腐朽為神奇」和「廢物利用」的觀念，所以當我實在無所事事在會場靜坐時，也能有一種「萬物靜觀皆自得」的收穫，只要你有心。

不過，時間久了以後，我漸漸覺悟出另一種道理來了，值得順便在此介紹給初做公務員的人參考。公務員生涯中，確實常會有些看來似乎是浪費生命的事情，例如許多教授從政以後，非常厭倦那永無休止而又毫無效率的太多會議，使他不能利用這些時間去多讀一些有價值的新書。又如一個初任公務人員的年輕人，分配給他的工作可能只是每日例行的收發公文，或重複製作一些簡單而且不需要多少知識就可以做好的工作。這對他本人實在完全沒有意義。既用不上他在大學課堂所學的那些高深學理，更不能帶給他絲毫成就感。這些感觸，原則上當然是對的。不過現在我的看法是，人生浪費時間的事情太多，你如果能夠找個時間仔細檢討一下你某一天整天的生活，你一定會發現，用在你認爲有意義事情上的時間，所佔全天時間的比率常常不是很多。又如有時候你用許多時光去追逐一個目標，最後卻完全失敗，這難道不是最大的浪費麼?人生這種事情太多。反過來看，如果每個人所付出的每一份努力都能公平得到結果和合理報償的話，那這個世界必定會變得非常可怕，因爲如果有一萬個人同時都在全力競選總統，最後當然只有一個人當選，其餘的人都沒有當選，我們說這是正常情形；但是，依公平原則來說，既然那一萬個人競選的人，因爲他們都已同樣努力以赴，所以就應該公正平等的給他們同樣的報償，也就是應當一律當選，而產生了一萬個總統，這豈不變成十分可怕?所以我說，失敗和浪費時間，也是人生正常現象之一種。明乎此理，我們也許可以活得快樂些。人生許多事情似乎都無法過於斤斤計較。

每次從立法院散會回到銓敘部時，都快到下午一時或下午六時。至於遇到會議有時要挑燈夜戰，則散會回家更無定時。像這樣幾乎把每天睡眠以外全部時間都奉獻給公務，而不能有自己時間的情形，我並不認爲很合理。這也是臺灣以前有一段時期，很多學者教授不肯做公務員原因之一。不過，我認爲既然做了公務員，固然就應該爲職務有所犧牲，但並非就要把我們所有時間都要完全犧牲。至於有人過分抱怨會議太多等等，我卻認爲似乎有點苛求。會議是否有效率，以及應如何改進，那是另外一件事情；

但不能因爲辦公時間內會議太多就有所埋怨，因爲那時間本來就是公務時間。如果你對這種會議繁多的生活不感興趣，自可不必做公務員。不過，最近十多年來，風氣丕變，許多學者教授一變而成爲十分樂意甚至熱衷從政了，不再抱怨佔去他治學的時間了。我認爲這種觀念上的改變是進步現象，因爲世界上總得要有些人肯犧牲；否則，豈不都注定公務員這一職業都只有讓那些不治學的人去做嗎？治學固然是好事，但是從政爲國爲民服務難道就是不好的事嗎？我倒不以爲然。

五、我列席立法院審查會議的工作內容

概括我赴立法院參加委員會會議的工作內容，主要有二：

（一）爲我任職的銓敘部所起草並主管的法規草案列席說明並備詢：例如由銓敘部起草新訂或修訂，並屬銓敘部主管的人事法律草案或行政規章，呈由考試院以院函送請立法院，其爲法律草案者，自係依法送請立法院審議；其爲行政規章者，本係依法「送立法院」（並非送請審議，亦非送請備查）。但無論其爲法律或行政規章，如經立法院院會一讀決議交付委員會審查（立法院稱這一行動爲「付委」），依立法院委員會（尤其是法制委員會）習慣，第一次審查會議時，應由原提案之院指派該法主管部部長代表該院到委員會作一般性說明並備詢，政務次長奉陪。但自第二次審查會議從事實質審查起，則都由政務次長列席說明並備詢，已見上文說明。

（二）代表考試院爲其他院送請審議的法律或法規案列席表示意見並備詢：當立法院依上述程序付委，而在委員會會議審查時，我奉派代表考試列席表示意見並備詢。這類案件，百分之八、九十都是行政院所函送，偶爾也有司法院或監察院所送新訂或修正法案（大部分是機關組織法律的修正案，小部分是有關人事制度的法律或行政規章草案）。依立法院的議事習慣，都必定邀請考試院指派人員前往列席會議說明及備詢，俾委員會得以了解主管人事考銓業務的考試院的意見。這種法案，每年數量頗多。由

於絕大多數法案內容涉及考試院所掌理的銓敘業務，所以考試院幾十年來的傳統習慣，都指派銓敘部的政務次長代表考試院前往法制委員會列席。

順便說明，依照法律規定，只有法律案才應送立法院審議，各機關依法律授權或依職權自行制定的命令（行政規章），則由行政機關制定後逕行發布施行（生效），但是當然應當讓立法院知道，所以「中央法規標準法」又規定，這種規章應「並即送立法院」。這個「即送立法院」用語的意思是說，行政機關發布後應立刻「函送」一份給立法院，並無請「審查」或請予「備查」之語，當然也就沒有此意。但是，立法院議事規則另有規定，如果行政規章經「並即送立法院」後，當列入議程提立法院院會報告時，如有委員提議交付審查（請注意並無委員人數規定，也無必須有委員附議的規定，所以實務上成爲只要有一位委員提議交付審查，就已符規定），則應交委員會審查，並依審查法律的程序進行審議，但審議的最後結果，則明文規定不得修正其條文或決議廢止其全案，僅能同意或「建議」原送院依法修正該規章。但在未修正前，該法規仍然有效施行。在這種情形下，行政規章也變成法律草案一樣，立法院可以審查了。以前立法院第一屆委員時期，非有特殊原因者，院會都是決定「交（有關的）某某委員會。」這一決定文句尾沒有「審查」二字，暗含有如無意見可予存查之意。到了第二屆委員以後，絕大多數行政規章都有委員提議交付審查，院會對這種案件作成決定時，其措詞爲「交（有關的）某某委員會審查。」

由於行政院送去的這類有關機關組織的法律草案或修正草案，幾乎十之八、九都有一些不很合理的條文；所以我基於職責所在，也就很少沒有意見。由此，有人就認爲我的意見太多。後來有人（我知道是誰）研究出一種方法企圖用來對付我，當法案經行政院院會決議，指派一位政務委員主持審查會議進行審查時，審查會議除邀他們行政院所屬有關部會機關指派代表出席之外，並且一定函請銓敘部指派代表人員參加。銓敘部所指派的代表，都是我這位主管法制的政務次長。據我長期觀察的結果，我發現此舉眞正目的就是要把我找去參加會議。據我側面獲知，原始的想法是，行政院將來就可以說：這一案在起草階段既經邀請銓敘部指派代表徐次長有守參加審查會議，已經給予銓敘部表示意見的機會，應該算是經過協調了，而且會議結論也是銓敘部代表徐次長有守在座時所作成，因此，無論會議決議是否與銓敘部代表所發表的意見一致，銓敘部都應該尊重這一決議，而不得再有不同意見。據此，當法案由行政院送到立法院審查時，銓敘部或考試院代表應已喪失表示不同意見的地位，所以也就不得表示不同意見云云。以上這種說法，看來似乎言之成理，但實際上是不合理的，只不過是一種自圓其說的巧詞。因爲事實上，行政院的這種審查會議或是協調會議，經常是在聽過我的不同意見發言後，多仍照行政院原意作成決議，置我的意見於不顧。所以我之去參加他們的審查會議，根本是掉入了他們的陷阱。這個陷阱是誰設計的，我也很清楚，而且並非行政院院本部人士。最初一段時期，設計者似乎很得意，認爲其計得逞，我也有點無奈。但是，後來當我詳加研究明白其中道理後，終於知道自己可站在合法合理立場振振有詞，予以破解。

當仔細研究過參加行政院審查會這一行爲在法理上所具的效力之後，我心裡有數了，只是在等待機會來揭開我的底牌。後來，機會終於來到。有一次，當行政院有一案在法制委員會審查時，我上臺去提出反對意見。接著，行政院的代表某機關某位副首長上臺去，終於亮出他們長久以來伺機亟想使用的武器了。他以一種一看就知道是故意假裝出來的那種大表驚訝的口吻說：

「剛剛聽見銓敘部徐次長的意見後，我們覺得十分意外。因爲我們在行政院研討本案過程中，曾經舉行過審查會議。我們知道這一案的內容與考試院有關，所以審查時除了有本院各有關機關代表出席外，還特別邀請了銓敘部指派代表與會，以表示對考試院職權的尊重。當時的代表正也就是今天剛剛發言的考試院代表徐有守次長。」

他這時高高舉起手中一件文卷並且在空中揮舞了兩下：

「這就是那次行政院的會議紀錄，有徐次長本人的簽名。現在我們正在討論的法案，每一條條文都是經過那天會議討論後才作成決議的，也就是說，擺在我們面前的每一條文，都是徐次長在座時作成決議的。所以我們認爲，徐次長今天應該不要提出不同意見來才對。」

多年來，我都認爲這位發言的行政院代表是我的好朋友，我認爲我們間私交應該不錯，他的性情本來也很和善，想不到此時竟對我迎頭猛擊，說出這樣的話來。當然我也知道他們也如同我一樣，一直在等機會亮出他們這一自以爲得意的的秘密武器來，給我痛擊，絕不是他與我個人之間的恩怨。我看得出來，他發言完畢後面有得色，以爲這一下對我迎頭痛擊，終於打中我的要害，我必定啞口無言而敗退了，他甚至回去後可以大爲得意宣揚。在場熟悉我的立法委員當時似乎也覺得我已陷入窘境，顯出替我著急的表情，有一、二位並且睜大了眼睛看我究竟是否有何辦法脫困。豈知由於我早就籌之已熟，而且一直在等待著這一時刻的到來。當時我沒有什麼表情，只很冷靜的裝出一股似乎無奈的表情上臺去說：

「剛剛行政院代表所說的話有一部分大致没有錯，這一案行政院的確是曾經邀集過審查會議，而且本人也的確曾代表銓敘部去參加過那次會議，我也當然在出席簽名簿上簽了名。這些條文，也的確是那天我在座時作成決議的。這些說得都没有錯。不過，很重要的是，我那天在會議上就已經對這些條文一再提出了不同意見。今天我剛才在此地所提出的意見，正也就是那天所提出的意見。但是，那天行政院所召集的審查會議並没有接受我的意見，只是照行政院自己的意見逕行作成決議，而且我從來也没有表示過同意他們的決議，所以我今天必須再度提出我的意見，供各位委員先生參考。

現在，我很高興今天在大院能有這個機會讓我特別提出三點申明如下：

第一、我那天是以銓敘部代表身份去參加行政院的會議，今天是以考試院代表來貴院參加會議，我兩次所代表機關不同。我今天是奉考試院指派，代表考試院參加這一審查會議第一次表示意見，與那天代表銓敘部的身份有別。

第二、如果認為我因為參加了行政院的那次審查會議，就必須同意行政院不顧我當時所提反對意見而逕行作成的決議，這種說法我不能同意。因為對我們考試院所屬的銓敘部來說，行政院的審查會是協調性質，我去參加行政院的會議是代表銓敘部，我並不受行政院的指揮監督。我已依法當場表示了不同意見，行政院審查會似乎不能以逕行決議的方式消滅我提出的意見。

第三、如果認為，因為我參加了行政院的審查會議，我就從此再也不能表示意見，那立法院今天依法徵詢考試院的意見便形成多餘，今天立法院也就沒有邀請我來列席備詢的必要了。但是，現在立法院既然認為有此必要而邀請了，我當然就應該代表考試院誠實的表示意見，決不因為我參加了那個會議就消滅了我的合法發言地位，也更不能因為我參加了行政院的那個會議，就使立法院今天邀請我來此列席的這一行為變成沒有意義而多此一舉。我認為我在立法院審查會議上仍然可以依法表示意見。最重要的是無論我們考試院或銓敘部，都從來沒有簽字或口頭表示過同意今天行政院所提的這一案件。我雖然去參加了行政院的會議，也沒有同意你們的決議，而且聲明了反對的意見。」

我說完以後，立法委員沒有人認為我無理，謝謝行政院的代表也沒有再上臺說明。由於這一次機會，我得以澈底破解了這一設計的陷阱。

(三)行政機關所常提出的要求事項：在各行政機關新訂或修訂送立法院審議的所屬機關組織法律草案中，所常出現而且又是我們考試院或銓敘部所不贊同的事項，主要是下列幾種：

1. 提高職務列等：其所列職務等級，常有比已發布全國統一施行的「職務列等表」所列為高的情形。

2. 要求辦理任用資格考試：對機關內原不具任用資格的人員，要求考試院為其單獨辦理一種「公務人員考試法」所未有的任用資格考試，以便這種人員輕易取得任用資格。這種考試，以前曾經權宜辦過，漸漸成為一種惡例，所定報考資格特別寬鬆，錄取比率也特別高，不是一種公平的考試。有時部分立法委員甚至還在法制委員會的審查會議上要求考試院同意舉辦並且承諾從寬錄取。

3.放寬任用資格：行政機關進用人員，依人員性質之不同，分別適用「公務人員任用法」、「技術人員任用條例」或「派用人員派用條例」或其他特種人員任用法律。但常有行政機關提出一些不符體制不合法律規定的要求，以圖方便進用不符合法律規定資格的人員。例如：要求事務官職務改以不需任用資格的政務官任用；行政機關的行政人員適用「教育人員任用條例」聘任；行政人員（非技術人員）適用「技術人員任用條例」任用；甚或要求由機關自定其個別的任用制度並且由該機關自行審查其所任用人員的任用資格案。凡此種種，都是爲了企求可以不必任用考試及格人員。但違法違憲，至爲顯然。中華民國憲法第八十五條明文規定：「公務人員……非經考試及格者，不得任用。」第八十六條規定：「左列資格，應經考試院依法考選銓定之：一、公務人員任用資格。」

4.其他一些不符法律體例的事項。

（四）我在立法院工作順利的原因：我至今內心仍然很感謝立法委員們給我的支持和信賴。我在立法院所提出的意見，都很能獲得立法委員們的了解，而且大多都被接受。所以我每次赴立法院參加會議，心情都十分愉快，絕無某些官員那種惶恐緊張的情形。我之能夠如此，似乎得力於下列幾項原因：

1.我的直率性格：我向來是知之爲知之，不知爲不知，而且有話直說，決不迂迴含糊。

2.實問實答：我從不逃避問題，必定針對所問切實作答，決不避重就輕或虛答。

3.不說假話：我從不說假話，縱然因而開罪人也在所不惜。

4.依法說話：我所提意見，都是依據法律所定；凡見違法條文，我必定提出不同意見；對不當條文我也必定提出修正意見或反對意見。如屬新修法條，我也必定依據法律正義發表意見。

5.法規嫻熟：我對有關考銓的各種法規十分嫻熟，幾乎是有問必答，不須任何人給我寫小紙條或任何提示。而且爲了取信起見，我發言時，經常翻開法規書來，要求委員們閱讀第幾頁第幾條，我並加以宣讀。

許多人都以爲立法委員太注意選票。我想，注意選票是當然的事情。但是，時間久了，我漸漸發現，這種說法並不十分正確。他們注意選票固屬當然之事，但仍然很有是非感。我發現他們內心裡評論行政官員時，也參考官員平日爲人處事的態度。從平時與他們偶爾談話中我才了解，我在銓敘部內部依法辦事作風，他們知道得很多。這對我有很大的幫助。因爲這使他們對我的主張和發言信而不疑，他們縱然因爲種種現實上或見解上的原因，可能不贊成我的意見，但是，他們絕對信任我的正直。立法委員們對我的稱譽，並無黨派之分。有一次報紙上報導說我在立法院能獲國、民兩黨立委同時相信云云。於是，有一位與我很熟悉的國民黨女立法委員那天遠遠地瞄著我說：「眞的有這種事麼？國民黨和民進黨都相信你？」行政院某首長曾說我是「機關組織法專家」（我不同意這一說法，而且也不以此爲榮，因爲這一名詞顯然不足以概括我之所長），行政院和考試院都有人稱我爲「考試院的靈魂人物」，立法院某重要人員稱我是「考試院的大把門」（足球賽中把守球門的球員）。

現在舉兩案爲例來說明實際情形。

「法院組織法」草案，原來是依舊有制度規定，只訂有簡薦委任三個官等，經函送我們考試院表示過意見送還司法院後，有官等也有職等的官職併立的新人事制度才付之實施。司法院於是後來自行加列了職等，但卻沒有再會詢我們考試院的意見，逕行送請立法院審議。那時候司法院業已改組，院長已經是林洋港先生了。立法院法制委員會（會同司法委員會）進行審查這一法案，費時很長。從民國七十七年十一月十四日舉行該案的第一次審查會議起，斷斷續續地前後共舉行審查會議六次，而到七十八年六月二十九日最後一次會議才審查完竣，歷時七個半月（見立法院公報七十八卷三十二期，七十九卷九期、三十九期、四十三期，八十卷二十八期、二十九期）。我在該案審查會議中發言幾十次，絕大部份意見都爲會議接受並據以修正原草案。我在第一次審查會議中把我的意見全盤說明了一遍。除了一些原則性的意見外，並且還對幾十條有關職務列等的條文都表示了具体修正意見。其中最主要的是三個問題：第一、幾乎每一職務都跨列四個職等，與任用法最多只能跨列三個職等的基本規定不符。第二、幾乎每一職務都列等偏高，與法定的「職務列等表」規定不符。第三、將太多地方法院職務列至簡任第十四職等（唯有常務次長才列居的職等，而且爲職等表中最高職等），十分不妥（見立法院公報七十八卷三十二期頁二三七至二四九頁）。後來第五、六兩次會議從事逐條討論時，我也幾乎每條都表示了意見，爭執得相當熱烈，最後，我的意見百分之九十七、八都承立委諸公欣然接受（見立法院公報八十卷二十八及二十九兩期）。

還有一案，是在第八十六會期中，民國七九年十二月十二日法制委員會全體會議審查行政院送去的「行政院退除役官兵輔導委員會榮民工程事業管理處組織規程修正草案」。有部份立法委員們認爲，榮民工程處所採用的用人制度是行政機關的公務人員簡薦委官制，足證該處是行政機關而不是事業機構。既爲行政機關，就應該以法律而不是以行政命令的組織規程來規定其組織始爲合法，所以現行該處組織規程不合法；因此，榮民工程處現在也就是個非法組織。爲期納入正軌，應從速研訂組織法律，現行之該處組織規程應予廢止云。但是誰都知道，榮民工程處是一家載譽國內外的一流大規模工程公司，新式建築設備衆多，技術優良，營業額鉅大，經營十分成功，顯然不應憑空裁廢。今天，如果決議廢止該組織規程，該處就會成爲一個沒有法律根據的組織，也就等於是決議要撤銷這一機構，十分可惜，問題很嚴重。

政府範圍裡有無這一公營事業機構，與考試院應維護的人事制度與制度正義無關，本來事不關我。我之在場，原本只是代表考試院說明我們對這一組織規程沒有基本性意見，只是對其有些職位列等編高有意見，但並沒有對全案表示正反方面的積極性意見。我的這一立場，在會議開始時就已經說明了，但依規矩不應中途先行退席，所以只是留下來奉陪。殊不知竟不斷有委員發言，認爲規程有問題。我仔細聽後，發現委員們上述一連串的主張，環環相扣，而其起點在於：榮工處適用行政機關之公務人員簡薦委官制，證明其乃一行政機關，並非公營事業機構。既是行政機關，就應該有組織法律，而不能用組織規程來設置。這一連串說法，看起來似乎很有道理。對此，行政院所指派的在座代表退輔會官員所提出的答復理由則：堅持主張榮工處是「一種特別特別的行政機關」，與其他「一般行政機關」有所不同，所以必須用組織規程來規定其設置云云。這種說法，不僅是理由很勉強，完全缺乏說服力，而且根本與事實不符，也與法律不符，絕對是一種錯誤說法，當然是無法取信於立法委員們，所以委員們繼續不斷上臺發言，爭論不休。看情形，似乎很可能當場一氣呵成就做成決議把榮工處廢了，有點危險。在此僵局之下，與我面對同座的一位首長徵求我的意見，希望我能公正表示。我說，照立法院的會議規則，我無權自動舉手要求發言，必須主席指名要我上去發言才可以。你們下次在檯上發言時，當然可以向主席作此請求。後來，他照我的話做了，在發言檯上說：

「有關機關組織的事情與考試院職權有關，可不可以請主席要在座的銓敘部徐次長表示意見？」

於是，主席立刻要我上去說明。

我就上去說明，大意如下：

「我根本反對退輔會代表們剛剛所說榮工處是『一種特別特別的行政機關』。行政機關就是行政機關，沒有什麼特別不特別的分別。何況特別也好，不特別也好，都還是必須要依法設置，沒有任何法律規定可以有法外的做法。如果榮工處是行政機關，當然就應該從早訂定組織法律送立法院來審議，這是絕對沒錯的主張。但是，事實上榮工處根本就不是行政機關；無論就法律規定上或事實上來看，榮工處都是公營事業機構。因爲榮工處是國軍退除役官兵輔導委員會轄下的一個公營事業組織。」

這時候，我高舉著那本打開了的法規書大聲說：

「這本書各位桌面上都有，請各位翻到第若干頁看，依據『行政院國軍退除役官兵輔導委員會組織條例』第十六條規定，退輔會『得設各種附屬事業機構，其組織由會擬訂，報請行政院核定之。』現在請再看這本書的第若干頁上的『榮民工程處組織規程』，第一條就開宗明義明文規定該處是依據剛剛我們所宣讀退輔會組織條例這個第十六條法律設置的，兩種法規的兩個條文加在一起來看，榮工處明明白白是依法以行政規章設置的公營事業機構。法律既然規定他是事業機構，當然就是事業機構。今天怎麼可以隨口說成它是什麼『一種特別特別的』行政關呢？以上說的是法律的規定。

「另外，再從事實上來看，榮工處自設置至今也一直是在國內國外從事工程營建，做的都是事業機構的事，有目共睹。它不是事業機構是什麼？至於如果說因爲它的人員適用了行政機關的公務人員簡薦委官制，就據以認爲它是行政機關，這是一種誤會。因爲從來就沒有任何一種法律規定公營事業一定要適用那一種人事制度，沒有任何一條法律規定簡薦委人事制度只有行政機關才可以適用，也沒有法律禁止公營事業機構不得採用簡薦委制度。站在國家考銓主管機關立場，我們考試院倒是十分歡迎非行政機關也多多採用簡薦委制度，以免人事制度過於紛繁分歧。

「所以，回過頭來講，法律既經明文規定其爲公營事業機構，我們就不能以其採用簡薦委人事制度爲理由，而誤以爲榮工處就是行政機關而不是公營事業機構。至於有委員主張退輔會應該把現在我們正進行審查的榮工處組織規程廢止，這與大院議事規則第八條規定似有不符。請各位看這個紅色小本子第若干頁上大院的議事規則。依第八條規定：委員會於審查各機關送來的行政命令後，『如認爲有違反、變更或牴觸法律者，或應以法律規定之事項而以命令規定之者，經議決後，通知原機關更正或廢止之。』立法院只能通知原機關採取行動，不能自己逕行行動。以上淺見僅供參考。」

我發言完畢後，有些委員上去引用我的話支持退輔會，終於定案，化解了一次危機。事實上我並不是要幫退輔會的忙，只是照我一貫原則，依法直率說眞話（立法院公報八十卷一〇三期，頁一九五－二二〇）。（本章尾有有關附錄兩種，請參閱）。

類此情事歷年來很多，時有發生。以上兩案只是舉例說明我的正直（其實這種格調在官場並不好，只不過是迂獃罷了，我並非不知）。

六、出席行政院有關法律草案協調會議情形

除了列席立法院委員會的會議之外，我參加得最多的是行政院邀集的審查會議。在我任銓敘部次長職務的二十多年裡，所參與行政院審查會議審查的法律草案，爲數當近百件，而且每一件都不是一次會議可以討論完畢，少數特別重要或較複雜的案件更要經過多次甚至上十次會議討論。這種會議，案件重要性高者，常由行政院副院長主持；絕大多數的一般性案件則由一位政務委員主持，都邀請其本院所屬有關機關代表參加；如果是涉及地方省、市的案件，也會邀省、市政府代表參加；涉及其他院的，也邀請各該有關院指派代表參加。而有關考試院職掌的案件，絕大多數是與銓敘業務有關，所以就常常函請銓敘部派員參加，銓敘部照例指派政務次長參加。行政院視案情必要，有時也同時函請考試院指派代表參加，考試院通常指派其院本部一位參事或主管組組長參加。事實上，行政院目的是希望我參加，藉以在全案函請立法院審議前，先與銓敘部有所協調，以便在立法院審議本案時可以減少一點不同意見。我在行政院審查會議中發言所表示的意見，經常都是對草案中有關職務列等過高的條文，以及企圖不必經過考試用人的條文，均見前述。其中尤以後一問題最使我頭痛，常常必定依法力爭。這些案件，在行政院內部定案後，都要送到立法院去審議。所以我對這些案件是先在行政院範圍內傷一次腦筋，將來到立法院還要與同一案件再見面一次，也就是再傷一次腦筋。

在那些年裡，給我印象最深的案件，除了部分機關組織法之外，是「省縣自治法」、「直轄市自治法」、「臺灣地區及大陸地區人民關係條例」（簡稱兩岸關係條例）及各該施行細則、「教師法」、「公職人員選舉罷免法」、「公職人員財產申報法」及其施行細則等。其中極少部分法案更是從主管部

邀集的初稿研討會開始，一直到行政院審查完畢，時間跨越半年甚或經年，每一法案會議次數不下十餘次甚或數十次之多，我都始終其事一一參加，例如兩岸關係條例即是如此。有的法案更是提經討論後，一再更新其全部條文再提會討論，例如「教師法」即是如此；有的法案部分特殊條文爭議較多，所以討論特別費時，例如「公職人員財產申報法」即屬之。有關各案詳細情形在此不贅述。

至於機關組織法方面，我最痛苦的是幾十年來存在行政院方面隱隱不斷的那種一貫力量，總是希望有關科學技術職務的任職人員可以不必經過考試及格進用。這種力量常在他們新訂或修正個別機關組織法規時出現。亦即一種情形是在組織法規初訂時列入這類意思的條文；另一種情形是在修正有關任用法規時列入類此意思的修正條文。這種情形不是偶然出現，而是再三再四累累出現，每年多次。到後來若干年，更有許多機關蓄意修正其組織法明文規定其人員可以不必考試及格任用。更有一些機關，甚至強力要求公務人員脫離考試權的銓敘與任用的管轄，或要求立法授權由各該機關自行設計自行決定其個別人事制度，或要求在其組織法中明文規定其職員得適用不需要考試及格用人的公立學校教師人事制度。諸如此類破壞體制違背憲法的要求，歷年來不僅層出不窮，而且情形越來越嚴重。每遇類此情形出現時，我在行政院所召集的會議上一定正式表明反對，且為此常常與部分人員間弄得彼此有點尷尬。我每提出時，態度必定明朗，但卻絕對沒人知道我內心也相當痛苦。因為每當提出反對意見，雖然是基於崗位上的職責，於心甚安，卻仍非願意經常表示與人不同的意見。所以每次提出意見時，內心都要費很大力氣，實在很累；不過，如果我默爾而息，豈非尸位素餐，有虧職守，而置國家憲法與法律及個人職責與良心於不顧？所幸大家都明白我只是為了維護國家制度的公平，並非個人好事，所以除了極少數胸懷狹窄的人員以外，還沒有人因此而對我個人存有敵意。我常常心底暗想，國家明明有憲法規定，「非經考試及者，不得任用。」卻有人完全視若無睹，究竟何意？我又常常想，這是我的命苦，才會做到這種苦差事而遇到這類情形。

這類審查會議或協調會議的主持人大多是政務委員，他們當然因囿於本身職務立場，對我不是很了解，所以我也很難得到他們的支持。不過，也有部分擔任主席的政務委員很合理，在未獲得會場一致意見之前，決不強行作成決議。例如有一次，那位主席為了希望我放棄反對意見，而同意他們對某一行政機關人員能適用「教育人員任用條例」，藉以免除考試及格條款的限制，竟在其所主持的協調會議會場上，公開明言請我幫幫忙。另外有一次，一位我很尊敬的政務委員在主持會議時，委婉曲折的說了一段話，措詞雖然很友善，但實質意思是在勸我說，我們從事考銓工作的人，似乎可以不必過於「斤斤計較」機關組織法中職務列等高低這類細節，而應有彈性云云。又有一次，我誠懇的私下詢問一位鄰座高級人員，對我常有與他們不同意見一節，觀感如何。他沒有答復我的問題，但只說：「你說話算數。」這位先生在我心目中是頗有正義感的。像這麼幾位先生，都是平時與我私人之間十分友善，但仍然如此不注意制度，這些都使我印象深刻。處於這種情形下，我在會議場中有時會覺得很窘，但卻從來沒有人看得出我隱藏的這種心態，我也從不曾因窘而放棄依法發言的立場。

有一次，某政務委員主持審查會議，我因為須先赴司法院參加另一會議，所以就請我們部裡一位司長暫先代我參加行政院的會議。後來司法院的會議先結束了，我一看還只是十一點鐘，還有一個小時才下班，所以就趕赴行政院參加會議。抵達會場剛坐下兩分鐘，會議主席就說：

「徐次長來得正好。為了使全民健保制度有適當時間研議起見，我們正在討論請考試院將已送立法院審議的公務人員保險法修正草案迅速撤回。」

我聽後，決定必須拒絕他，就趕快詢問我那位司長同事是否已曾就此表示過什麼意見。他說他已經說了，要回去向長官報告云。我覺得他這樣說不妥，我們必須當場拒絕，所以我就說：

「這件事情恐怕有點困難。第一、公保法這次修正，與全民健保還沒有什麼關係，也不妨礙你們全民健保法的研議。更何況我們的案已經立法院法制委員會審查完竣，很快就可以順利二讀再三讀通過，頗不容易。如果要撤回，不僅會得罪立法院，使立法院譁然，而且等到下一次再送去審查，又要遷延一段很長時間，我們不能這樣拖延太久。第二、我今天是代表銓敘部來大院討論全民健保法草案，我被授權所代表的任務不包括討論我們撤回公保法修正案的行為。第三、考試院送去立法院的公保法修正案，是經過考試院院會通過的。我只是銓敘部的次長，實在無權無視於考試院院會的決議而在此承諾撤回院會送去的法案。所以我不能在此承諾。」當時，那位主席似乎有點霸道，相當堅持要照他的意思作成紀錄，我也十分堅持說，我只代表銓敘部來參加會議，不代表考試院來參加會議，根本無權同意作這種決定。如此他才作罷。

我最高興的是在行政院的會議裡，也有志同道合的朋友。那就是行政院法規委員會以及法務部的與會代表。他們的發言，十次之中大概有八、九次都是站在法制立場，因而常與我類同，而彼此發生某種程度的共鳴作用，成為我精神上莫大的支援力量。我心底下對他們總是存有莫大敬意，每次我到會場後，一定先用眼光巡視搜索會場，查看這兩個機構的代表人士今天是否業已到場，以及到場的是誰。

七、出席總統府及司法監察二院協調會議情形

總統府因為本身不執行政務，所以不必邀集各機關去開會討論什麼問題。有一種會議稱為「五院秘書長會談」，只是談話會性質，根本連會議的名稱都不肯使用。原因就是在於這一機關並不執行政務。不過，畢竟還是有些非屬執行政務的會議舉行。我參加的只是有下面兩類：

(一) 各種慶典：元旦舉行的慶祝典禮、雙十節國慶典禮、雙十節府前廣場閱兵或慶祝表演，

(二) 國父紀念月會：老總統時期每月一次及後來每兩月一次的總統府國父紀念月會，每次都是由總統親自主持，參加人包括執政黨中央黨部高級人員，政府機關中央五院及各部會次長以上正副首長，省主席及議長，直轄市長及立法、監察兩院各委員會召集人，軍中高級將領等，共數百人。月會中，逢

有政務官新到任，則在會中舉行宣誓，由總統親自監誓。我從常務次長調任政務次長後也是在這一月會中宣誓。除此之外，會中習慣都是每次指定一位部長以上官員或學者演講，總統必定坐在臺上靜聽；後來也偶爾會請知名企業家演講。當演講人是官員時，講詞內容通常是工作報告性質，老總統至少也是利用這個機會考核官員的工作。老經驗的人都知道，當報告人所報告內容充實有價值時，老總統會用手頻頻輕撫下顎，這就是滿意的表示；如果不滿意，則會用手掌從上額往下直擦以至嘴巴，摸個滿臉，這就是不耐煩的表示。先後曾有兩位部長，到任後奉命在月會上報告，我當場覺得報告內容不怎麼高明，也看見老總統果然有不滿意的動作表示。事後不久，側面傳聞，老總統會後生了氣，說怎麼會找到這樣一位人士來做部長云。而且這兩位部長的任期也都不長。

除了上述兩類會議之外，我曾在官職併立的新人事制度實施之初，奉邀去總統府對他們全府同仁參加的動員月會作過一次演講（也在國民黨中央黨部的動員月會上講過一次，由黨秘書長主持）。講題是新人事制度的設計和意義，由總統府秘書長主持。另外，行政院人事行政局對我們銓敘部推行的官職併立的新人事制度的性質，在理論上有不同的主張，而這種主張，關係到總統發布官員任命令的內容問題。因而總統府破例邀集我們兩部局和他們府內有關單位舉行過兩次會議，邀我去說明。

爭議的事項是這種新人事制度的名稱（也就是其實質）究竟是「官職併立制」抑或「官職分立制」？人事行政局說是官職分立制，我說我設計這一制度之初就已將之定名為「官職併立制」，怎麼忽然會變成官職分立制呢？官指官員和官等，原是品位制度的簡薦委制度結構中的基本要素，都附屬於人身；職指職務（位）、職等、職系，原屬職位分類制度結構中的要素。我們現在是將簡薦委制度與職位分類制度兩種制度結合成為一種新人事制度，兩種要素都溶納了，相互配合存在，所以是兩者併立，而稱之為官職併立的制度，又稱為兩制合一的制度。依這種制度所規定的運作設計，官與職不分離，每任命一人以某一職位（務）時，由於每一職務早已定位為某一官等和某一職等和某一職系，所以於任職之時必併同予以任官並任命職等和職系。統言之，任職即任官，兩者合一，絕無其中任何一者單獨任命。反之，當一官員免職時，則其職位（務）既免，則附屬於該職位（務）上的官等、職等和職系也同時一併都被免去。所以要言之，任職同時即任官，免職同時即免官。官隨職來官隨職去，兩者如人與影，影隨人在，影隨人亡。但畢竟人與影爲二，官與職原分屬兩套不同制度的兩套要素，今予以結合於一體運用，但非化爲一體，故其性質僅爲兩者併立於新制度一體之中而非合一。故名爲官職併立，而不稱官職合一。但絕非官職分立。官職分立者，任官未必同時任職，免職亦未必同時免官。我國現行軍官與警察人員所行官制，都是官職分立制，明文規定於各該有關法律中。因之，其任官與任職可分別單獨行之，免職與免官也可單獨行之。事實上即有無職軍官，例如某無職上尉軍官（軍中稱爲附員）；也有無職警官。現公務人員新人事制度如誤爲官職分立制，則將來也有可能出現免職不免官的情事，徒增各機關糾紛。殊非建立這一制度的本意。

以上意思，我曾自行寫成書面文字，在總統府秘書長所主持的會場上分發，自行宣讀後併再略加說明。在座人員很容易都明瞭了，竟無人再持不同意見。最後，會議主席總統府秘書長沈昌煥宣告照我所說明，確定這一人事制度名爲官職併立制度。人事行政局長卜達海與我比鄰而坐，這時對我說：

「恭喜你了。這雖然不是立法院立法，但也是總統府決議確定你的官職併立制度了。」

因爲這個會議沒有其他議案，竟只是爲這一案而專門召集的。至此，也就宣布散會了。

過了一個星期，總統府再召集會議，與會人員很少，只是總統府第一局的局長劉垕兄和府中少數幾位同仁和我。只是研究隨同新人事制度的施行，將來總統發布全國官吏任免命令時，令文的措詞問題。經我本於官職併立制度的精神，表示了一些意見後，會議決定了令文格式。舉例如下：

任命令：「總統令：任命〇〇〇爲銓敘部簡任第十二職等司長。此令。」

免職令：「總統令：銓敘部簡任第十二職等司長〇〇〇應予免職。此令。」

這個令文中，官員是○○○，職務是銓敘部司長，官等是簡任，職等是第十二職等，但職系沒有列入令文。這是因爲職系不涉及官職的地位，只在人事管理上有其意義，所以可予省略。這兩個令文體例，顯示出任職隨同任官，和免職隨同免官的官職併立制度精神。

至於我參加監察院所邀集的會議最少，二十多年裡總共也不超過十次。主要是參加「監察院組織法修正案」的討論會。由於我們考試院與監察院歷來相互融洽，而且監察院所擬修正條文沒有對我們考試權職掌及所主管的法律規定有什麼挑戰和違反之處，所以非常愉快。

至於去參加司法院召集的會議則稍稍多一點，其中有一、二年連續去過大約二十次，主要是參加下列兩個法律草案的審查會：(一)「司法人員人事條例」草案。(二)「法院組織法修正案」。當然，另外還參加過一些其他較單純法案的審查。上列兩個法案內容比較複雜，司法院開始研議這兩案都是在黃少谷院長任期內，每一案都舉行過一連串不下十次會議。會議都由他們的副院長主持，參加會議的機關和人員包括司法院自家的大法官、院內各廳廳長、單位主管、參事、最高法院等各種法院和委員會、各級普通法院，法務部代表，以及我所代表的銓敘部。我自始至終每一次會議都參加。一般而言，司法院的法律草案比較少有逾規破例的情形，所以很少有可以在此特別敘說的題材。但是其中「法院組織法修正草案」一案卻是在司法院審查會會議之後，發生了一些特殊情形，在此不妨略述其經過。

關於這個修正案，我在上述參加司法院內部審查時，在會議中曾經表示過一些具體意見，而且大致也都被會議接受了，其中最主要的是有關職務列等的各個條文。但是，全案討論完畢後，不知何故，竟久久未送立法院審議。也不再聽見下一步任何有關行動。

後來有一天，我們考試院院會上，忽然有兩位原曾任職司法院的考試委員提到這件事情，並且提議應請司法院將全案送考試院表示意見。由於各機關組織法應否送請考試院表示意見一節，各院與考試院有不同的觀點。而法律上有關規定也不明確。所以考試院這一期望，應如何表示出來，頗費拜酌。爲了避免太過生硬起見，這種話不方便由考試院去一個公文提出，也不方便由誰打個電話去講這種事；同時，如果萬一司法院不同意，考試院也有點不太好下臺。用什麼適當的方式表達爲妥，這在技術上是個小小的問題。考試院院會中大家想了很久，有人知道我曾在黃少老麾下工作過，所以後來有人公開提出要銓敘部的徐次長有守去謁見當時司法院長黃少老當面報告。我們考試院的孔德成院長在主席座上問我：

「徐次長看這樣做方便嗎？」

在這種情形下，我當然只好承諾。過幾天，我去司法院晉見老長官黃少老，大家都知道我說話做事向來直率，見面後我一開始就開門見山談這件事。少老聽了以後，只輕輕的哼了一聲，似乎是表示知道了，但沒有說什麼，然後就主動換了話題談別的事情。因爲我們也已經有兩、三個月沒有單獨見面了，所以談了大約四十分鐘。最後，我雖然還是不知道他的答案是什麼，但畢竟已把話明確說到了，未便追問。我只好起身告辭。少老站起來送我到辦公室門口時，才輕輕說了一句：

「至於我們司法院組織法送請你們考試院徵求意見的事，這不是什麼大事情。」

後來，司法院果然把草案以正式公文送來了。經我們考試院院會討論後，並沒有提出什麼不同意見，就還給司法院了。但這一還去後，又久久不再聽到下文。

一直又拖延到黃少老已辭卸司法院長，由林洋港先生接任後，才在七十八年送立法院審議。直到立法院法制委員會邀請我列席審查會時，我才知道他們要審議這個案。我接到立法院附送的該修正案全文，才發現其中有關職務列等的全部條文，都已經面目全非，內容與我們當時會議討論的結論以及前曾送我們考試院徵求意見的條文，都完全不同，並且將每一職務依規定都加列了職等規定，但是所列的職等都高列了許多。我當時十分詫異爲何有這種情形，後經從旁打聽，才據說是在我所參加過的那一連串會議之後，司法院內部有人十分不贊成我們共同做成的原結論，而主張要把職務列等全部重新研訂，於是又再從事院內討論改訂，結果就成爲送立法院那種內容的版本了。

修正案全文共一百一十五條，其中直接規定職務列等的條文有三十八條，所列職等實在全部過於偏高。例如地方法院法官，以前在實施簡薦委制度時期，都是列爲薦任官。依照改行職位分類制度時的統一體例，舉凡薦任官改列職等，以六職等到九職等爲範圍，從無逾越。現在我們於七十六年實施的官職併立新人事制度中，仍有職等的使用，對於薦任官換列職等一節，仍維持以第六職等到第九職等的範圍。但是司法院這次送立法院的修正草案，卻將地方法院法官列爲可高至簡任第十四等。按、第十四職等是職等體系中最高的一個職等，其代表職務是中央各部會的常務次長或常務副委員長或五院的副秘書長；此外，幾乎就不再有列爲十四職等的職務。現在要把所有地方法院法官都列爲第十四職等，對整個列等結構的平衡穩定必定發生重大破壞作用，無待多言。

在此情形下，我別無選擇，只好逐條提出修正意見。很難得，法制委員會議中絕大部分委員都支持我的意見，甚至最支持司法院原案的吳委員延環這位我一向尊敬的政大前期老大哥，也承他寬諒沒有與我多事計較；尤其十分感謝司法院的代表王秘書長甲乙先生，他雖然也每條都上臺去說明，希望能維持其原條文，但卻並沒有因此而不諒解我。

不過，討論到最後某一條時，我照例上發言台表示修正意見後，吳老大哥終於發作了。別的委員還來不及發言支持我時，他就在原座位上聲音很大的說：

「我實在已經很遷就你們了，但是，這一條再怎麼說也不行了，決不能改！應該照司法院原條文通過。」

那還是立法院第一屆委員在職期間，法制委員會十幾位委員中，除了一、二位是增選補選的新委員外，其餘都是繼續在職已經幾十年的資深委員，而且都是多年固定參加法制委員會的老友。他們戲稱自己是法制委員會的「常務委員」。歲月既久了，儘管在政治見解上甚至政治立場上以往不完全相同，但彼此間確已有了兄弟般的感情，很能互敬互諒，所以大家發言意見儘管有所不同，但決不會傷和氣。現在，吳委員說了上面那幾句罕有出現的重話後，在座的委員們看見情形不妙，大家都愣住了，一時誰也不好意思再講什麼。會場一時間變得十分寧靜，鴉雀無聲。至於我，平時與吳大哥相處不錯，而且承他還常常支持我，這時候我以列席的政府官員身份，更是不好意思再上去發言了。主席等待了好一會兒後才說：

「這一條有沒有委員要發言？有沒有委員要發言？有沒有委員要發言？」

依例詢問必須重復三次，主席停了片刻看見沒有人要發言，才又說：「沒有委員發言！沒有不同意見！」

於是，他敲下了議事槌：「照原條文通過。」因爲依規定，主席在連續詢問三次後仍無人發言，就可以照原文定案。

底下的條文都不重要，於是，很快的通過了全部條文。

結果，我在那半天會議裡，除了三十八個直接規定職等的條文我無一不發言修正外，還有對其他十多個條文我也發了言，共發言表示意見幾十次，而經委員同意完全照我的建議修正通過者也有幾十條。我不知道類似這種情形，立法院裡以前是否曾經出現過？以後是否何時也會再出現？

現在我想扼要補述一下本案重大爭議點的內容。司法院所提把地方法院法官列爲第十四職等的理由，和我反對的理由。司法院說，對訴訟案的審理，第一審最重要，就好像醫師診病初診最重要的道理一樣，常對案件具有重大的決定性。因此，初審的法官也最重要，必須讓那些資深的法官來擔任地方法院的法官，所以也當然必須高其職等，以示崇隆云云。這話聽來似乎有理，但是我認爲很難接受，因爲這根本是一種不切實際和不能執行的空洞理論。扼要說來，我的理由如下：第一、我國審判案件實施三級三審制，上級法院有權否決或變更次級法院的判決。如上級法院法官學驗不優於次級法院法官，則焉克執行如此重行審決重任？則何可將最好法官均配置於地方法院？亦即何可將最高職等賦予地方法院法官？第二、職等結構體系爲第一職等至第十四職等，第十四職等爲最高職等。如將十四職等賦予地方法院法官，則試問高等法院及最高法院法官究應列何職等始爲妥當？縱亦同列爲第十四職等亦不妥當。第三、法官審案雖然是獨立審判，並無上級法院指揮下級法院和高職等法官指揮低職等法官的情事，但職等的高低，究爲學識、經驗、資望、責任等之表徵。如上級法院法官職等不能高於次級法院法官，亦即其學識、經驗、資望不能優於次級法院法官，則上訴法庭之有權否決次級法院原判決之機制即爲不合理。第四、完全違反常情常理。第五、此種說法爲一根本不能實施的空想。

經我再四堅持和會議頗爲詳細的討論，最後，有關地院法官列等規定的該組織法第十二條通過的現行文字，經折衷如下：「第十二條　地方法院置法官，薦任第八職等至第九職等或簡任第十職等至第十一職等。」

過了兩個星期，我在行政院參加另一個會議，當時行政院法規委員會主任委員黃守高兄也在座，他對我說：「次長，你在立法院的公信度怎麼這樣高？」我知道他說的就是上述這件事情。因爲立法院有兩種出版刊物，一種名爲「立法院新聞稿」，另一種名爲「立法院公報」。前者經常每天出版一次，把先一天立法院所舉行的各種會議紀錄，尤其是院會和各委員會的法案審查會議發言錄，照現場情形刊載出來。這種文件，一般人當然都不暇閱讀，但是我是常常必須要抽空閱讀，而黃守高兄身爲行政院法規委員會主任委員，而且在司法院和法務部曾任參事或主任秘書等職有年，當然也有必要去讀；尤其他以前還曾任職司法界有年，所以對司法界當然特別關心。至於後一種則常需要在一兩個月等甚至半年後才能把新聞稿中刊載的資料刊載出版。我料想，守高兄一定是從新聞稿上讀到上述那次會議的發言錄。

八、在銓敘部內部會議中工作情形

前文曾說，我在銓敘部任政務次長期間，每年所主持及參加的會議都在五百次以上，其中大約有三百三、四十次是在銓敘部內部舉行的。依據我的秘書林琴芳小姐每年所作統計，我所參加的這種內部會議，大致可以分類如下：

（一）參加別人主持而我可以完全不必發言的會議：由本部部長主持而我只要參加，常常幾乎可以不必說任何話。這種會議每年大約二十五次左右。包括本部部務會議、本部榮譽團結會、公務人員保險監理委員會，以及一些其他會議（各種會議組成見前文）。參加這些會議時，都是快樂時光，因爲我只要在座奉陪洗耳恭聽就可以，根本不必說半句話也不必花腦筋。如果懶惰，甚至有時可以閉目養神。事實上我是常帶公文去看。

（二）別人主持而我常須發言的會議：這類會議全年大概有八十次左右，包括考試院的院會，院長主持，副院長、全體考試委員、兩部部長均出席，以及院秘書長、副秘書長、兩部次長、院參事及指定的人員列席，每週四上午定期舉行一次，每年約五十二次；考試院舉行的各種個別案件審查會議，通常由一位考試委員主持，間或由副院長主持，審查考選或銓敘兩種性質案件以及院部共同性質案件，每年約二十餘次。本部政策小組會談或特別召集的個別事件會議，本部部長主持，兩位次長、主秘、全體司長、全體參事參加，不定期舉行，每年約十次。這些會議我不僅都要出席，而且絕大多數我都必須發言表示意見，甚至要作說明甚或從事辯論。

（三）我主持的會議：這類會議大概每年有二百二、三十次，耗費我的時間和精神最多。這類會議又可以細分爲兩小類如下：

1. 法定由我主持的定期會議：包括下列各種，全年約一百三、四十次：

(1) 銓敘審查委員會例會：政務次長爲法定召集人及會議主席，每星期二、五各一次，全年約一百次。這個委員會是依據本部組織法明文規定所設置，是銓敘部善盡職責和發揮功能的一個最重要組織。顧名思義，部既以銓敘爲名，而這個會也同以銓敘審查爲名，則其所負任務恰即爲這個部的主要部份，無待多言。舉凡有關全國公務人員的任用、俸級、考績、調任、陞遷、降任、獎懲、保障、褒獎、撫卹、退休、養老、公保等案件，一概由本委員會依據各該有關實體法律法規審定。本會之組成也載之於本部組織法，由次長、各業務司長與副司長、全體參事、室主任、主任秘書、全體業務科科長都任法定委員，另外還有指定人員（通常都指定公保監理會執行書、本銓審會總幹事、及各業務司專門委員等），共計五十多人。確能發揮意見公開和集思廣益的功效。

(2)法規委員會會議：政務次長爲本部法規委員會法定主任委員並爲會議主席，本部各業務司司長、全體參事及指定的人員參加，不定期舉行會議，全年約十次左右。凡遇本部主管的任何法規之新訂、修正、廢止、疑義解釋等事項，除先經另依一般程序邀集部內主辦及有關單位，或並邀部外有關機關共同商討，獲致結論後，應將此已獲結論之全案提出法規委員會會議，就法制立場詳加討論。具體言之，就是從檢查法規本身的適法性、立法技術、有無與其他法規矛盾或衝突、法規本身各條文相互間有無矛盾或衝突、法規製作技術等方面研究。這是一個法定的權力性會議，只有法定人員出席。我是個十分重視法制的人，認爲當所討論者涉及法制時，就只有法規這個唯一的標準，我們只能討論應如何才可符合這一標準，只能依法說話，不允許發揮一己之見，決非妥協折衝的場所。這個委員會的工作，與案件提出本會前的邀集部內外人員討論時之會議偏重在事實、內容實體、意見協調與技術性安排者，性質迥然有別。所以曾經多次有人建議邀請部外人員或學者專家來參加我這一法規委員會會議，我從不同意。法規案件經這一會議討論定案後，視其性質，應即簽請部長提部務會議討論後，由部依規定體制分別報院核奪或由部發布施行。但由於部務會議不常舉行，爲免延誤起見，故常於事後提請部務會議追認。部務會議向來鮮有修正。

(3)訴願委員會會議：法定由次長一人任主席，經指定由政務次長主持，部內主秘、各業務司長以及全體參事參加，遇有訴願案件時舉行。平均大約每一個月舉行一次。

(4)本部與人事行政局會談：這一會議固定是由銓敘部與人事行政局的聯合會議，每月一次，全年十二次，由部的政務次長及局的第一副局長輪流主持，會議並在輪值主席的任職機關舉行，會後並分別輪流由部長或局長做東，共同聚餐。雙方的另一次長及另一副局長、主任秘書、全體參事、全體司、處長都出席；並視每次會議議案內容性質，由主席指定與議案有關的人員一併參加。會議目的在加強部、局聯繫溝通，每次由部、局就共同有關事項分別提出報告事項及議案，共同商討，以免公文往返費時。

2.按性質分工由我主持的會議：經配合兩位次長職權分工後，指定由政務次長主持的會議，都是有關銓敘法制性質的會議。遇有法律及法規之新訂、修正、廢止及法規解釋事項，分別視需要，先就其實質及技術等方面，召集部內各單位研商，就其原則交換意見、研究、並起草條文；或邀集其他機關來部協調。此類案件，有時一次會議即可獲致結論；但大多需用二、三次會議始可。若干比較重要案件，且常組織專案小組，繼續在一段時期內甚或超過一年甚或二年，每星期集會一次。這種專案小組不少，例如新人事制度專案小組、職務列等表研訂專案小組、退撫改制專案小組、科技人員任用條例專案小組、各機關職務列等小組、以及其他種種專案小組，難以罄述。這些小組，通常不僅由本部各業務司長及全體參事一體參加，且幾乎均邀請人事行政局副局長一人及其全體業務處處長共同組成。部分專案小組更邀請其他各有關機關指定固定代表參加，例如退撫制度改革專案小組即邀有人事行政局、國防部、財政部、教育部、行政院主計處、臺灣省政府、臺北及高雄兩市政府，以及其他機關共同組成。這種會議所討論的案件，都與銓敘制度及法規有關，係適用於全國者；會議的工作性質則為研究、協調、審酌、甚或起草條文，屬於法規實質研究工作，所以也必須集思廣益，並儘可能接納和綜合各有關機關意見。例如凡涉及財務者，即必須財政部之支持。這些小組，依其案件複雜性之不同，設置期限之長短也有別。有的長至逾年，會議次數繁多。例如退撫制度改革案和新人事制度案等案的小組，都是持續一、二年之久。

這些小組舉行會議時意見也多，有時必須肆應有方，有時必須態度堅定。例如曾有某機關代表，在我主持的一次修訂公務人員俸給法的會議上提議，要把有關公務人員俸給法規定之俸給主管職權，由原定為屬於銓敘部的條文，改為由他所代表的機關主管，或至少要把該條文刪除。他三次起立提出同樣主張，而且態度相當堅決，看情形是有備而來。我覺得這一要求不僅明顯違憲，而且屬於一種侵略行為，忍無可忍，最後只好冷靜的說：

「老兄，這種事情不可能在我主持的這個會議中作成同意你的決定，因為我沒有如此大的權限作此承諾。如果有別的人支持你，你就在別人主持的那個場合再提出罷，我主持的會議是不可能接受你這一提議的。」

我心理雖然非常生氣，但外表仍然保持相當冷靜。他看見我如此堅定，而且還話中有話，才悻悻然的不再繼續這種發言了。我當時暗想，在我主持的會議上提出這種違憲違法和違背是非公理的主張，而企圖挾強力迫我接受，這是一種欺侮人的行為，十分可惡。當然，這種奪取他人法定職掌的重要事項，決不是他個人的主張，更必定是奉他機關之命而為之。至於我說的「別人」，並非無的放矢，而是意有所指的。

又例如另一次，由於立法委員提出意見並且做成決議：在以前一黨獨大的時期，某些依法不得參加公務人員保險的民間機構，我們銓敘部卻被壓迫而准許其參加，而且至今仍繼續參加，顯然違法，應予改正，銓敘部應限期令諸此機構退出公保云。銓敘部無可奈何，只好由我召集這些機關來部會商，公開說明這一經過，希望在座各機關諒解；並且請就我們已想到的幾種善後方案中，表示意見。殊不知有一位機關代表不僅說了一些無理的話，而且公然譏諷我。在他的發言中，竟莫名其妙的夾帶了一句很可惡的話：

「黃泉路上無大小，大家早晚都有那一天。」

我知道他是在罵我甚至威脅我。但是我想，我固然應該不要中他的計，所以決不可動怒；但也不應該讓他稱心快意，甚至以爲我畏懼，所以當討論到初步告一段落，我在作階段結論時，就態度強硬的說：

「大家都知道得很清楚，而且也不是什麼秘密，本案所涉及的十三個機構，每一個之參加公保，當時都是執政黨中央先作成決議，然後才通知我們銓敘部的從政黨員同志執行辦理。當初我們銓敘部也同意大家參加公保，也是一片好心。但是，現在時代變了，立法委員已作成決議認爲那是不符合法律規定的，要各位退出公保。爲了希望能維持各位繼續留在公保，我個人並曾在立法院有過多方面的努力，很抱歉的是沒有發生作用。個人的力量畢竟敵不過有組織的力量。這些情形各位也許有人知道一些。不過，我們畢竟是個法治國家，現在只好這樣做，尤其我們銓敘部也畢竟是政府機關，不能不依法辦事，所以才邀請各位來商量善後的方法。

「剛剛有人說『黃泉路上無大小，大家早晚都有這一天。』我現在只有很抱歉的說，今天我們都還沒有到黃泉路上，我們不僅是都還活著，現在還好好的坐在這裡開會。這件事等不到將來在黃泉路上去解決，今天在這裡就必須要解決。這裡是中華民國的政府機關，是銓敘部，我既然今天還在這裡任職，我還必須善盡我的職責。」

我覺得，爲了執行公務，受一點點小委屈是常有的事；但是，表現我合法合理的堅強態度，維持我們依法執行公務者應有的尊嚴，也同樣是必要的。會議主席固然不宜與出席人員吵嘴，但是也無必要聽令無理者稱心快意作無理的攻訐。

現代的公務員，要參加的會議太多。而且很多會議的情形也確實是有如某些人所描寫：「會而不議，議而不決，決而不行，行而不果。」我常常看見許多會議主持人事先毫無準備，甚至事先根本不研閱會議資料，或是沒有讀懂資料。到了會場舉行會議時，也不懂會議主席的職責爲何，而且會議進行得散漫混亂，正如他頭腦裡只有一片糊塗一樣，聽任與會人員浪費時間說許多與議題無關的廢話。會議就像污水亂流一樣，聽任如此流了兩個小時後，匆匆作成結論，或者根本沒有結論，或者似有似無結論，而糊裡糊塗地就宣布散會了。會散了，大家心裡似乎覺得問題也隨著過去了，問題不再存在了，所以從此也不再有什麼行動了。將來如果有人追問時，他會面不改色的說：「對於這件事情，我們開過會，邀請大家來談過，仔細研究過。」在我看來，像這樣的會議，開與不開並無不同；但是他們似乎認為，只要開過會就算是處理過這一問題了，所以當然與沒有開會大有不同。我一生腳踏實地，痛恨這種虛晃一招的官僚作風。所以我主持的會議決不如此，必定進行得有效率、有結論，而且結論明確，會後必定執行。我常常說：「不解決問題的是官僚；製造問題的是政客。」

九、在考選部工作一年半

我在考試院所屬銓敘與考選兩部先後任職合計二十二年又十五天，其中先在銓敘部二十年八個月，後在考選部只有一年四個半月。我初於民國六十一年九月一日到銓部任常次，七十三年七月一日調任政次，八十二年五月一日調任考選部政次，八十三年九月十六日在考選部申請自願退職。

由於在考選部時期太短，自認為只能算是該部一名匆匆過客，談不到什麼特別的工作成績。但是我向來是一名負責盡職的公務員，所以作為考選部政務次長所應該做的一般事情，自信還是都已經做好了，只是似乎不值得多談。現在只是就記憶所及，把我在考選部短短一年多裡，對考選工作的印象略作敘述；此外，並選擇自認為比較有意義的三件事情略作說明。

（一）工作數量比在銓敘部時少：就整個部的工作型態而言，考選部與銓敘部大不相同。銓敘部所管轄的業務項目與數量都較多，在憲法第八十三條所列舉的「考試、任用、銓敘、考績、級俸、陞遷、保障、褒獎、撫卹、退休、養老」十一項職掌中，僅有考試一項是考選部的職掌，其餘十項概括都屬於銓敘部職掌（後來有了公務人員培訓暨保障委員會，才把保障和培訓二項職掌從銓敘部劃出給保訓會），而且還加上憲法未明文列舉的公務人員保險等事項也屬於銓敘部職掌（銓敘部歷年來都主張公保職掌源自憲法第八十三條的養老和保障二項規定；但我卻認為應是源自憲法同條「等事項」一語所作的概括規定），以及依據「人事管理條例」所主管的全國人事機構及人員的統一管理職掌，和依職權性質發展出來的一些職掌。僅就考試這一項職掌而言，考選部確已相當忙碌，終年都在連續不斷的舉辦考試。最近若干年來，每年舉辦考試都是三十多次。

舉辦考試這一任務的實際工作，百分之八、九十都是試務，也就是事務性質工作；至於極少量涉及政務性質的事項例如每一考試的錄取標準與名額的決定等，則又是典試委員會的責任。典試委員會直屬考試院，不在考選部責任範圍之內。所以我常常覺得，儘管這個機關稱之為考選部，實質上不過是一個「國家考試常設試務處」。全部同仁，整年都直接間接在為三十幾次考試的試務而忙碌。而試務工作的內容，從調查職缺和舉辦考試公告開始，一直到試後榜示而全程結束，每一次考試的過程都類似。考選部同仁雖然辛苦，但所做的都是重複性工作，大家都十分熟悉，把他們一個個都訓練成試務專家。我常常說，中華民國最好的一批試務專家就在考選部。對於這種專家群，實在是用不著我這名試務上大外行的次長再做什麼事情。

至於試務以外的工作，就公文一端而言，複雜的、涉及政策的、或有關制度的都不多，大多是只要敘明事實就可以。此外，我任職銓敘部時，大部分時間和精力都耗費在主持會議、訂擬法規和構思制度等事項上。到考選部後，這情形也大有改變，這些工作幾乎變得根本沒有了，會議少了很多，法規也很少要修訂，制度沒有什麼變更，很少時間需要去立法院作何奮鬥。做的都是一些沒有挑戰性的例行平淡事情。固定由政務次長主持的會議有：法規委員會、公職候選人檢覈委員會、上校以上軍官外職停役轉任文職檢覈委員會、四種專技人員的檢覈委員會，訓練委員會等，我是這些委員會的兼主任委員或召集人。這些會議都不是定期頻繁舉行的，而是遇有案件來到時才舉行，而且案件不多也不很複雜。至於有關法規修正的事情，在提法規委員會前所召開的實質研修會議，固然也還有一些，但是數量很少。所以總而言之，平均每星期的會議雖然也有四、五、六次，大致只有在銓敘部時的一半。至於赴立法院和其他各院參加的會議更是不及銓敘部時的十分之一，尤其挑戰性的會議及工作都較少。

（二）主持修正「專門職業及技術人員考試法」：這一法律修正案已於八十八年十二月經立法院三讀通過，並於同年十二月二十九日公布施行。在該法全文二十七條中，原有十一條都規定某些事項應由考選部或考試院「會同」行政院或關係院訂定「辦法」辦理；現公布施行的修正條文則已全部修正為由考試院或考選部訂定辦法辦理，不再有「會同」他院訂定的規定，以回歸憲法正途。這一修正，完全出於我在考選部主持該法研修會議時我的堅定主張。我之所以如此，是基於對憲法的認識。依據憲法規定，考選權為考試院獨立單獨行使的職權，所以依法制定有關辦法章則，無需會同他院而可依職權逕行制定。所以在我主持修正時，就把該法中原有「會同」他院訂定的句子全部刪除。當時考選部裡有人認為，如與他院會同訂定，可資溝通，似仍有其必要云云。我認為「徵詢」關係院及關係機關意見，不僅確有其必要，並且應該敞開胸懷，儘量接納良好的意見，以達成協調配合的目的。不過，「徵詢」他院或其他機關意見，與「會同」他院訂定，性質迥然有別。因為所稱「徵詢」意見，對意見取捨的最後決定權仍操之在我，在法律地位上不受他院牽制，處於權力獨享地位，他院意見對我不具強制力；但「會同」則不然，當他院或他機關堅持其意見時，本院不能有效抗拒，不具此種最後決定權，在法律上處於權力分享地位，顯然有違憲法規定及五權分立原理。無論在政治制度上或行政制度上，權力分立，自有其制度上的道理與必要，不可以與協調配合混淆。應分立而獨享權力者而不依規定執行分立，是為破壞制度與失職。治國理政，辦理公共事務時，懦弱與無定見，沒有眼光，均絕非美德。這是因為有些機關常常會為謀本身便利而提出不公正的措施，將之納入法規制度中。

（三）制訂「國家考試偶發事件處理規定」：這一處理規定是一種現仍在繼續施行的行政規章，全文十九條，是我短期任職考選部所主持制定的重要法規之一。這種只是事務性的行政命令，看來似乎並不值得特別注意，實則不然。因爲辦理考試常有一些偶發事項，不僅涉及應考人的權利，而且對大量不同的試務人員，也必須給予公開一致的處理指針，以免因臨時事發而倉促不知所措，或措置不當，以致影響考生的權益或造成不可補救的後患。這些偶發事項，諸如考試時遺失一份試卷，或監場人員對考生作出錯誤說明，或考試中途發生防空事項，或考試期間遇有颱風地震火災等天災人禍等等事件，都必須有明確處理的規定，以免發生時議論紛紜，莫知所從。我是個腳踏實地的人，認爲這種具有高度實用價值的規章，比那些抽象概括性的籠統法律要有價值得多了。

（四）制定「辦理典試工作注意事項」：辦理典試工作所涉細節很多，應有統一公正適當的規定，以資遵循，而免有誤、失當或紛岐，致失公正，但是考選部多年前就想制訂，卻因爭議太多迄不能訂定。我在任期內力排阻撓，主持訂定。全文十三項，十分具體，也是具有高度實用價值的重要規章。連同上述偶發事件處理規定，這兩種規章均屬重要，但無論在現實環境阻撓的克服方面或立法技術方面而言，完成制訂工作當時均頗爲不易。

十、二十二年來的工作成果與感想

我在考試院所屬銓敘、考選兩部連續工作二十二年，是生命裡擔任同一性質工作時間最長的地方，而且也是奉獻了我生命裡最好一段時光的地方，最後並且在這一地方自動結束我公務生涯而退職。在這二十二年裡，我奉獻了全副心力，花了許多心血，自認爲國家爲社會做了一些事情，覺得也還對得起自己的良心。當然我也有一些感想和感觸。不過，這裡也只能擇要舉述。

（一）我主持新訂或修訂的重要法規近百種：在我任職銓敘部政務次長十多年期間，由我主持的專案小組會議或我主持的個別會議，所進行新訂或修訂的重要考銓法規，經考試院編入八十八年版常用考銓法規彙編一書和後來考選部編入所印考選法規中者，現列舉如下。這些法規，當然是我們銓敘部內部各主管司起草初稿，再提出我所主持的會議詳加討論定稿。或由其他機關起草送銓敘部會商，而由我主持會議議定。我之主持會議修訂或議定，並不是像一般會議主持人那樣，只是做個維持會議秩序的會議主席而已，我是深入案中，主導法制的取向，衡酌法規的實際內容及其所規劃的制度，作成決定。而且有許多法規的實質內容和架構，都是出自我的構想和設計；有些法規條文，也是我聽取了會議人員的意見後，當場或事後親筆斟酌寫成文字。其爲法律者，於送立法院審議後，在立法院法制委員會審查階段，也是我在會場一一說明，並且與立法委員討論協調而獲得通過。其爲行政規章者，如提考試院院會討論及交付審查，通常大多順利獲得通過，甚至一字不改照案通過。例如八十三年九月五日修正發布施行的「公職候選人檢覈規則」，事先是經我主持會議修正後，由考選部報考試院，經院會討論交付審查，再提報院會，直到最後院會通過發布施行，完全都是照我的初稿，一字未增，一字未減，一字未改。當然，也有些法規並非出自我的設計，但我仍然負責盡職加以詳研，務求其圓滿而減少缺點。對於法制工作，我常有「一分精神，一分事業」的感覺。

下列各法規中，部分爲銓敘部主管或考選部主管，另有部分爲其他機關主管。屬於後者的法規是轉送銓敘部會商，而經我主持會議詳慎研討確定本部意見，經依程序予以納入。

銓敘部組織法
考選部組織法
公務人員退休撫卹基金管理委員會組織條例
公務人員退休撫卹基金監理委員會組織條例
公務人員保險監理委員會組織規程
公務人員請假規則

銓敘部處務規程
依法考試及格人員考試類科適用職系對照表
特種考試外交領事人員、外交行政人員暨國際新聞人員考試規則
後備軍人轉任公職考試比敘條例施行細則
公職候選人檢覈規則
專門職業及技術人員考試法
專門職業及技術人員考試法施行細則
辦理典試工作注意事項
考選部委託辦理試務辦法
命題規則
國家考試偶發事件規定
測驗式試題計分辦法
人事管理人員會報辦法
各機關職務代理應行注意事項
公務人員任用法
公務人員任用法施行細則
職組暨職系名稱一覽表
職務列等表
行政、教育、公營事業人員相互轉任採計年資換敘官等職等辦法
現職人員陞任甄審辦法

現職人員改任辦法
現職公務人員職系專長認定要點
司法人員人事條例
關務人員人事條例
關務人員人事條例施行細則
政風機構人員設置條例
駐外外交領事人員任用條例
駐外外交領事人員任用條例施行細則
警察人員管理條例施行細則
技術人員任用條例
技術人員任用條例施行細則
專門職業及技術人員轉任公務人員條例
專門職業及技術人員轉任公務人員條例施行細則
公立各級學校教職員職務等級表
雇員管理規則
臺灣地區省市營事業機構人員遴用暫行辦法
公務人員俸給法
公務人員俸給法施行細則
現職公務人員換敘俸級辦法
現職雇員換支薪級對照表

新進派用人員敘薪要點
銓審互核實施辦法
臺灣地區省市事業機構人員薪給暫行辦法
公務人員考績法
公務人員考績法施行細則
考績委員會組織規程
交通事業人員考成規則
臺灣地區省市營事業機構人員成績考核暫行辦法
人事專業獎章頒給辦法
公務人員品德修養及工作潛能激勵辦法
公務人員領有勳章獎章榮譽紀念章發給獎勵金實施要點
公務人員保險法施行細則
退休公務人員公保養老給付金額優惠存款要點
公務人員退休法
公務人員退休法施行細則
公務人員退休撫卹基金管理條例
政務官退職酬勞金給與條例
政務官退職酬勞金給與條例施行細則
警察人員警正以下具有危險勞力等特殊性質職務降低退休年齡標準表
退休公務人員一次退休金優惠存款辦法

退休公務人員赴大陸地區定居申請改領一次退休金注意事項
政務官退職酬勞金優惠存款辦法
公務人員資遣給與辦法
司法官退養金給與辦法
早期退休支領一次退休金生活特別困難之退休公教人員發給年節特別濟助金作業要點
各機關辦理公務人員延長服務案件注意事項
公務人員撫卹法
公務人員撫卹法施行細則
公務人員登記規則
人才儲備作業要點

以上共七十七種。

此外，還有下列十一種法規，係由行政院、司法院或立法院（立法委員）研提草案，其中有些我參與較遲，也有些我都代表考試院或銓敘部自始全程參與。對於這些法規，不論是自何時起參與，我都提供了很多意見：

省縣自治法
直轄市自治法
臺灣地區及大陸地區人民關係條例
臺灣地區與大陸地區人民關係條例施行細則
戒嚴時期人民受損權利回復條例
公職人員財產申報法

公務人員財產申報法施行細則
公務人員財產申報資料審核及查閱辦法
教育人員任用條例
全民健康保險法
教師法

以上兩部份共計八十八種，實已包括現行公務人事制度中各部份的重要法規。其中很多都關涉到人事制度的重要變更和改進，例如有關現行官職併立的新人事制度全套法規，新退休與撫卹制度的全套法規等。都是有關人事制度革新的重要法規。

（二）我堅持依法辦理銓審任務：我任職考銓兩部期間，個人所秉持不移的最大辦事準則，就是「依法辦事」。這聽起來好像卑之無甚高論，但事實不然。因為當今之世，如此行事者業巳不多。我這樣說，決無意說是他人不守法而我自鳴清高，事實上是完全依法辦事行之不易，依法辦事確實常難把事情辦通，才迫使許多人不得不另想辦法，目的原只是想把事情辦通，並非有意違法舞弊。

但是我卻不畏艱難，幾十年來仍然堅持依法辦事。我之如此，並非出於冒失或迂執，而是經過慎重考慮後的堅持。我的考慮過程如下：第一、在我到銓敘部任次長之初，就想到了今後必定遭遇許多人情上或事實上的壓力，常有可能不能照自己的自由意志處理問題。為免誤入歧途，所以必須先建立一個長久堅持的自我辦事標準。經過仔細考慮後，決定採取「依法辦事」的方針。從那以後二十多年直至退職，迭經困難而從不易其志。在那之前，我固然也是依法辦事，但在我心目中卻並不如此明確；那以後才變得非常明確堅持，而且常常公開表明這一基本信念和立場，絕不遲疑。第二、我作上述決定的理由如下：就大道理而言，在目前這種政治和社會都在鉅變中的臺灣，完全依法辦事常非肆應危機和困局的最好方法。我曾親耳聽見一位最後在五院院長之一的職位上退職的大官說：「如果事事都要依法辦理，那將會沒有任何一件事可以辦得通。我們必須要變通和靈活一點才行。」這話聽來雖然有點怪，我絕不贊成，但不能說不是熟透現況的經驗之談。如果完全依法辦事，不僅事情常常辦不通，而且也會得罪許多人，失去許多朋友。但我經反覆研慮之後，仍毅然如此選擇，是基於一種良心和道德勇氣，深知知識份子對時代和國家應有的責任。韓非子說：「國無恆強與恆弱，守法者強則強，守法者弱則弱。」我向來奉行這種觀念，久而久之，人人皆知。但卻受盡了痛苦和折磨，得罪了很多人，阻礙了我的事業發展，甚至還有我的長官公開指責我這是一種自私自保的做法云云。若非我有絕大勇氣，實難貫徹始終。反之，我卻也因此而聲譽卓著，受到很多人的讚許，知道我是一名廉潔正直的好公務員。第三、就小道理而言，依法辦事也是一種最好的辦事方法，使你不致陷入困境，永遠有一個明確的辦事指針供你遵循。因爲無論你主持會議，或是面臨任何難題的時候，必定會遭遇到種種困局。有人談「理」，而且十個人就有十個不同的「理」，而道理卻又是沒有公認的判斷標準，所以無論你採取那一種「理」，都很難同時取信於意見不同的各方；另外，也有人說「情」，而且也有正方和反方種種不同的「情」。如此你有你的「情」或「理」，我有我的「情」或「理」，各有各的「情」或「理」，形成有這許多不同的「情」與「理」，一一陳現在你眼前，令你不知所從。但是，無論任何一方的「情」或「理」，絕大多數都是與法不合的；縱然其中可能有一種「情」或「理」與法相合，但卻也不能僅憑「情」或「理」取信於各方。你如果接受了其中任何一種「情」或「理」的主張，必定就會開罪其他不同主張固不待言，而且最重要的是自己也站不穩腳跟，正有點像是從了姑意違嫂意，早晚會受到挑戰，甚至陷自己於犯法境地而不可自拔。但是，若依「法」辦事，則由於「法」是白紙黑字，標準明確劃一，而且規定應該共同一體遵行，具有公信力，也具有公權力的強制性，不僅腳跟絕對可以站穩，公平公正，而且當你困惱於衆說紛紜時，它永遠能給予你合法明確的標準，永遠可以立即幫你做成正確的決定。由於你做了正確該做的事情，所以事後也心安理得。何樂而不爲？我常常看見一些朋友，在衆說紛紜中，爲「情」所牽，為「理」所困，把自己陷於苦惱中而不知如何脫困。其實，最簡單的方針就是：「依法辦事」，則何來苦惱？

（三）落花流水去無痕：我於民國八十三年九月十六日自願退職，到我寫這句話時候的八十九年三月時止，為時已經五年半。退職以後，由於既無外來職責的約束，也不追求任何名利，所以很快就恢復了少年時代那種自由自在的情懷。當天清氣朗的早晨，或晚霞滿天的黃昏，我安閑漫步在田野上或小溪旁，和風拂面，有如仙境。只覺得自己身輕體健，神清氣爽，心無罣礙，舒暢無比。對塵世凡俗，已完全忘懷而不知其為何物。自覺幾十年來，已付出個人之所能，也竭盡微薄的心智與勞力，自問似尚無愧於心。在這種毫無任何現實目的情形下，我卻仍然如此關心考試權的處境。與在職時有所不同者，現在只是冷靜的觀察和了解，最多也只是當有人偶爾來索求文稿，慫恿我寫作的時候，我會依然沒有修養，絲毫不能忍耐，仍然會寫點有所期望的話語，湊成文章送出，至於別人看不看我的文章，則非我所問了；但我決不會採取任何有效的爭取性行動去推動我的主張實現，因為我覺得那已經不是我該做也不是我可以做的事情了。

近年臺灣社會和政局都變化得很快，考試權也隨著在轉變，考試制度內容也變得很多很快。三、五年來，許多法規都修改了，許多新的法規也在進行立法程序中，有的更已制定施行；甚至許多個案也改辦了。套用一句話：時代在變、潮流在變、是非標準更在變。近年流行一句話：「民意如流水。」我們不妨模仿其意說：「正義如流水。是非標準也如流水。」昨非今是，昨是今非，彷彿有點像是日新又新，日異又異。而世事更如落花流水去無痕。眞像蘇東坡所說：「大江東去，浪淘盡千古風流人物。」也淘盡千古盛衰興亡風流事物。往事俱逝，恍如雲煙過眼，無影無蹤。當年的一些汗水、淚水，甚至血水，對世道似乎毫無補益；對流光匆匆中的個人，更不過是一場春夢。驀然醒來，搓揉雙眼，所見只是一片虛幻，發現已無實質意義。

我在考試院所屬銓敘、考選兩部工作二十二年有餘，主要工作大致可以歸納爲兩部分：一部分是修法和立法以建立制度：上文所列舉我主持修訂的幾十種法規，都屬於這部分的工作。另一部分是在銓敘業務的執行上維護制度和維護公平正義：這主要指的是我主持銓敘審查委員會時，或主持其他有關會議時，或從事公文核閱時，對許多案件所做成的准駁決定，以及我外出參加會議討論有關考銓法規案件時，爲維護公平與正義所作的努力。現在，我退職多年，情勢變化得很快，關於上述第一部分，許多考銓法規都改定了或新訂了，其內容所包含的價值觀念和取向，都與以往大不相同。但大致說來，基本架構還算沒有重大變形。至於關於上述第二部分，則許多個案完全反轉了。我以前被別人形容成是「大把門」，把得很緊，我承認，但我是完全依法辦事，對於違法違規的個案，必定盡全力防守其闖關，不使得逞，以期發揮「守法者強則國強」的功效。我常常在會議上公開述說我自己想出來的兩個譬喻。第一個譬喻說：如果你同意通過一個違法的個案，以爲不過是偶一爲之的個別案件，應不至於損害制度，那就錯了；因爲那情形就像放了一條黑狗跑進本來有秩序的公平正直世界裡來，結果就會造成有如孫悟空大鬧天空的情形，把這個公平正直世界弄得大亂。而且，最該警覺的是，既有此一黑狗得逞，則隨即必定就會有黃狗（更多違背法規的個案）比照援引，跟隨在黑狗尾巴後進來；然後又必定還會有白狗以及繼續有許多不同的花狗，每條都咬著前面那條狗的尾巴，一條一條跟著進入這一公平正直的好社會，使你再也無法防堵情形繼續惡化，最後必至將這一社會徹底破壞爲止。我的第二譬喻說，制度有時候又好像是一隻堅實正常良好的大水桶，本來是規規矩矩滴水不漏；但是，由於你例外地通過了一個違法違規的個案，這就好像你在這桶子不注目的地方挖了一個小到幾乎看不見的洞洞，你以爲是無關宏旨，殊不知整桶的水便都從這小洞潺潺不斷地外流罄淨了。像這樣，水桶（法規和制度）縱然再堅實也是枉然，因爲它已經只是徒然賸下好看的軀殼而無實體內容的廢物了。這兩個譬喻，我的銓敘部同仁大都能夠轉述。

我確實希望在職時不被人指責，退職後留有清譽，我願意獲得實至名歸的榮譽，但我平時卻從不會也不曾去蓄意追逐虛名。所幸我在考試院兩部任職二十二、三年，自問崇法務實，勤愼清廉，恪維體制，堅持原則；但仍爲所當爲，勇往直前，從不後人。結果是無愧於世，個人於心很安；在考試院和銓敘、考選兩部裡，長官和同仁對我的工作能力、負責，和品德等方面都無閑言，而且頗有好評。在與我有過職業上接觸的行政、司法、和監察三院，也沒有人對我有過不好的私人批評。其中與監察院接觸較少；與司法院歷任首長及大法官間關係良好正常，雖然在部份公務上，因彼此職務立場不同而難免時有不同見解，但卻彼此都了解那是因爲各人職責所在，不得不爾，所以沒有不快。

至於行政院方面卻是接觸相當多，而且相互常有不同意見。概括說來，基本上是行政院所屬機關衆多，經常有機關在用人資格和條件等方面遭遇到困難，而希望個別或局部放寬規定和限制；而經常由我前往行政院參加會議所代表的考試院，則認爲顯然與法規規定不符，表示反對。而行政院方面與我接觸最多的是行政院人事行政局人員，與經常主持我也常應邀參加的行政院有關審查會議或協調會議的一些政務委員，以及部份有關部長。我十分明白，他們內心對我間常有公務性的不快。但是，由於我的立場正確，考試院的長官和考試委員們，二十多年來，事前或事後，無論公開或背後，正式或非正式，從來沒有過任何一位有過半句不贊成或疑惑我的片言隻語；雖然的確有過一位我的長官，對我之不肯向行政院妥協，而使得他受到行政院方面抱怨，曾對我單獨示意，甚至還有過一次在衆人參加的大會中公開不指名的表示不贊成「依法辦事」的原則，但是我卻還是沒有改變態度。因爲我畢竟是依法辦事和立場正確。在這種情形下，我在負責與行政院以及任何一院接獨時，我的代表性相當穩定堅強。公務員之道就是這樣，當你立場站對了，腳跟站穩了，別人就不得不承認你和接受你。我還敢大膽地說，更由於我爲人正直，衆所皆知，所以行政院方面的朋友們儘管未必喜歡我，但卻沒有誰懷恨我。

在所有機關裡，我接觸最多的是立法院，尤其是法制委員會。在資深委員時期，法制委員會的那十多二十位老委員的高風亮節，確實令我欽敬。他們堅持以維護五權憲法體制爲己任，也就是發揮立法與行政等權力間的制衡關係爲己任，以盡監督政府之責。這些位委員，幾十年來都年年守住這個立法院中的冷門委員會，決不更換到別的熱門委員會去。他們從不向行政機關或我們考試機關介紹人員，從不與機關談人事問題，從不兜攬介紹工程。政府機關中與法制委員會關係最多的是考試院與考選、銓敘兩部。委員中有些是過去政壇上所稱的CC派人士，其中更有幾位是政治大學我的老師、前輩、或學長老大哥，對我都很好；另有些位是被稱爲青年團的背景，或是例如政學系等其他政治集團或者根本沒有什麼既定集團背景人士，他們都頗有長者風範，相互之間絕不再有往昔的派系之見，對我也都很好。不過這種所謂對我好，只是一種正義立場的理性關係，有其嚴肅面。在處理法案時，他們與我相互之間都決不會有何遷就。委員吳延環還是我們政治學校時期第一期的老大哥，他有一次主動對我說：「我看你這不錯，到我們立法院來，既不得罪人，也不和稀泥。」至於張子揚委員更是我敬畏的前輩校友，我只要有時被客觀環境所迫，對事情稍有遲緩時，他有時就會私下對我直率表示一句不同意；但對我公私分明一絲不苟的處理法案態度，倒是很願意聽我的意見。

我的這一切情形，在一旁冷眼看得最清楚的，莫過於固定跑法制委員會的新聞記者朋友了。我看得見和聽得見的，她（他）們也都看得聽得見，我看不見和聽不見的，她（他）們卻都看得見和聽得見。而且憑她（他）們敏銳的新聞眼和新聞耳以及新聞筆，所寫出來的報導，當然常能顯現要點和神采，比政府機關文書之以四平八穩爲第一要義者傳眞傳神得多了。這些記者朋友們都是無冕帝王，無需忍耐任何人，所以常常月旦時人，秉筆直書。但是感謝她（他）們卻從來沒有任何一位對我有過微詞。在那長長的十多年裡，更謝謝她（他）們常常在許多種報紙上、雜誌上和電視上寫我，報導我，使我得以增加知名度。她（他）們把我看得最清楚了。我現在只轉載一篇中國時報名記者夏珍小姐的文章，以及立法院官式會議紀錄（摘要）二件，附在本章後面，以便與新聞報導對照參考。夏小姐寫得簡明得要，比起官式會議紀錄來眞是傳神得多了。她一再用「超穩定見解」這個名詞來描寫我的行事精神（謝謝她的苦心，避免用「固執」一詞）；也用「超穩定結構」這個名詞來形容我爲之奮鬥努力維護的考銓制度。我當然懂，這就是我長年累月工作所給予他人的印象，對某些事項我是很固執，這是事實，我確實就是這樣。甚至我現在還要說，當面臨正確當爲之事時，就應勇爲之，不要怕別人反對。事實上，我並不保守，例如我不是還發明了而且奮鬥十幾年才實現了兩制合一的公務人員新人事制度的改革麼？

當然，我沒有什麼了不起，更不是聖人，絕對有人罵我。不過，我很尊重他人。世上許多人的想法不盡相同，人人都有照他自己觀點行事的權利。世上絕對不是只有我們自己的觀點才正確，別人的觀點有時也許比我們更正確也不一定。所以對於上述時代鉅變的現象，我當然坦然。我無論同意或不同意，內心卻仍能尊重這種客觀事實。我自己行事固然相當執著，但我的性格裡實際也有另一種長處，當我已經不生活在責任範圍之內時，我能灑脫。這正如孔夫子所說：「不在其位，不謀其政。」總應該容許一個老人在其畢生盡責奉獻之餘，勉強也有一點時光度其殘年，愉快地眺望窗外燦爛多彩的晚霞罷？

本章附錄

附錄(一)

四兩撥千斤敢言又敢當(中國時報民國七十九年十二月十五日記者夏珍文)

徐有守以專業立場強調「制度觀」
朝野立委對他的素養也頗肯定

自從資深委員退出，增額立委全面接棒後，向來冷門的立法院法制委員會突然間熱門起來，過去被人疏忽的文官體制，突然間備受朝野立委的重視，考試院的陳年積案紛紛從箱底翻掏出來，在這股熱絡的氣氛中，考試院銓敘部政務次長徐有守堪稱兩院折衝的靈魂人之一。

目前考試院擺在立法院亟待審議的法案高達十五案之多，個個攸關公務人員的權益。如已進入院會等待二、三讀的公務人員任用、俸給、考績三法修正案，只要完成三讀程序，立刻使公務員考績獎金大幅提高一倍。又如待委員會審查的公務人員退休、撫卹二法，攸關整個退撫制度的全面改革。在這種情形下，自稱是「爲考試院法案在國會打仗的先鋒部隊」的徐有守，不得不卯足了勁，在朝野增額立委間周旋。

一夜之間，「徐有守說」成爲法制委員會最常聽到的言語，而徐有守以他浸淫人事行政以及考銓業務數十年經歷，使得極其刻板枯燥的法條，能權變得相當自然，也能適時發揮四兩撥千金的作用，爲行政機關解圍。

以榮工處組織規程查照案為例，朝野立委幾乎矛頭一致指責榮工處搞特權，以行政命令訂其規程迴避法律監督……，徐有守一句「組織規程部份職等偏高，有不當但不違法」，順利化解榮工處組織規程有可能被退回或擱置的危機，還備受民進黨立委盧修一等人稱讚為「敢言，有擔當的政務官」，三十年公務員生涯，似乎反而是在民進黨立委入主法制委員會後才顯得重要起來。

徐有守早年一路追隨王雲五，從總統府行政改革委員會秘書，行政院參議，行政院經濟動員計畫委員會主任，國安會組長，……從民國六十一年起出任常次，直到六年前陳桂華從行政院人事行政局長轉任銓敘部長，徐有守才得以「升任」政次，其久任常次長達十二年，大概創下中華民國常次最高階文官任職年限之記錄。

在這漫長的歲月裡，陪伴徐有守的只是被一般人視為枯燥無味的法條。他個人是職位分類的專家，在他手中又完成簡薦委與職位分類「兩制合一」。儘管這個重大變革在人事行政領域猶有見仁見智的爭議，但是過去十數年，他的專業配合考試委員的支持，確實為文官體制創造一個「超穩定結構」。在法制委員會「專業資深立委」張子揚、何適口中，「聽聽徐有守怎麼說」，也是一句經常掛在嘴邊的話。而徐有守就法條論制度的「超穩定見解」，也經常成為行政院欲權宜行事的最大阻力。

即使政治風氣丕變，過去謹守文官角色，避免與媒體多打交道的徐有守，也開始學會遊走會場，主動與記者溝通觀念，他的「制度觀」卻一點也沒打折扣，因此面對日漸坐大的退輔會榮工處確不客氣表示：「即使立法院通過榮工處組織規程查照案，我還是要說，部份職等偏高者，考試院一定還要再商量。」面對行政院大陸委員會這個超部會重要機關，他也不保留指出「除了國防部外，全國政府機關無副首長是特任官之例。」含蓄卻也直指陸委會「因人設事」的事實。

結果堪稱保守的徐有守，除了軍系立委周書府曾罵他是「從小處著眼挑毛病，攪局，吹皺一池春水」外，倒是大受朝野立委的歡迎，在考試院也備受考試委員的肯定，認為確實做到為考試院立場辯護。

不過，在權威解體時代，任何「超穩定結構體制」免不了要受到鉅大衝擊，考試院也不例外。立法院今三讀通過「教育人員任用條例」第二十一條修正案，修正學校職員考試法源，是例子之一；法制委員會審查通過「公務人員考績法」，拉齊甲、乙等的考績獎金，不讓徐有守有分辯機會，是例子之二。可預見的，隨著法制委員會相關官制官規搬上檯面審議，這個過去不被挑戰的「超穩定體制」及他個人的「超穩定見解」勢必受到更多衝擊與考驗。(印附原剪報於次頁)

附錄一 原文

分類	其他
編號	
日期	79年12月15日
報別	中國時報
版次	第二十二版

■文／夏珍
■圖／陳明仁

四兩撥千斤 敢言又敢當

徐有守以專業立場強調「制度觀」，朝野立委對他的素養也頗予肯定。

自從資深委員退出，增額立委全面接棒後，向來冷門的立法院法制委員會突然間熱門起來，過去被人疏忽的文官體制，突然間備受朝野立委的重視，考試院的陳年積案紛紛從冷宮翻將出來，在這股熱絡活潑的氣氛中，考試院銓敘部政務次長徐有守堪稱兩院折衝的靈魂人物之一。

目前考試院擺在立法院亟待審議的法律案高達十五案之多，個個攸關公務人員權益，如已進入院會等待二、三讀的公務人員任用、考績、俸給三法修正案只要完成三讀程序，立刻使公務員考績獎金大幅提高一倍，又如待委員會審查的公務人員退休、撫卹二法，拉開整個退撫制度的全面改革，在這種情況下，自稱是「身為考試院[illegible]部隊」的徐有守，不得不卯足了勁，在幹員增額立委間周旋。

一時之間，「徐有守說：」或「[illegible]」[illegible]聽到的言語，而徐有守以他浸淫人事行政及考銓業務數十年經歷，使得極其刻板枯燥的法條，能講變得相當自然，也能適時發揮四兩撥千斤的作用，為行政機關解圍。

以榮工處組織規程查照案為例，朝野立委幾乎矛頭一致，指責榮工處搞特權、以行政命令訂其規程迴避法律監督……，徐有守一句「給付規程部分職等偏高，有不當但不違法」，便化解榮工處組織規程可能被退回或擱置的危機，這使民進黨立委盧修一等人稱讚為「敢言、有擔當的政務官」，卅年公務員生涯，似乎反而是在民進黨立委入主法制委員會以後，才顯得重要起來。

徐有守早年一路[illegible]，從總統府行政改革委員會秘書、行政院參議、行政院經濟動員計畫委員會主任、國安會組長……，從民國六十一年起出任銓敘部常次，直到六年前陳桂華從人事行政局長轉任銓敘部長，徐有守才得以「升任」政次，其久任常次長達十二年，大概創下中華民國常次最高階文官任職年限之記錄。

在這漫長歲月裡，陪伴徐有守的只是被一般人視為枯燥無味的法條，他個人是職位分類的專家，在他手中又完成簡薦委與職位分類「兩制合一」，儘管這個重大變革在人事行政領域猶有見仁見智的爭議，但是過去十數年，他的專業配合考委員的支持，確實為文官體制創造一個「超穩定結構」，在法制委員會「專業[illegible]」，[illegible]口中，「徐有守[illegible]」，也是一句[illegible]的話，而徐有守就法條論制度的「超穩定見解」，也經常成為行政院斟酌權宜行事的最大阻力。

[illegible]使政治氣候大變，過去[illegible]角色，避免與媒體記者多打交道的徐有守，也開始學會遊走會場，主動與記者溝通觀念，他的「制度觀」卻一點也沒打折扣，因此面對日漸坐大的退輔會榮工處，毫不客氣表示，「即使立法院通過榮工處組織規程查照案，我還是要說，部分職等偏高者，考試院一定還要再商量」；面對行政院大陸委員會這個超部會的重要機關，他也毫不保留指出，「除了國防部外，全國政府機關無副首長是特任官之例」，含蓄卻也直指陸委會「因人設事」的事實。

結果堪稱保守的徐有守，在立法院除了軍系立委周書府曾痛罵他是「從小就看著眼挑毛病、攪局、吹皺一池春水」外，倒是大受朝野立委的歡迎，在考試院也備受考試委員的肯定，認為徐有守[illegible]考試院立場[illegible]。

不過，在權威解體的時代，任何「超穩定結構體」免不了要受到鉅大衝擊，考銓制度也不例外，立法院今三讀通過教育人員任用條例第廿一條修正案，刪除學校職員考試法源是例子之一；法制委員會審查通過考績法，拉平甲、乙等的考績獎金，不讓徐有守有分辯機會是例子之二；可預見的，隨著法制委員會相關官制官規搬上檯面審議，這個過去不被挑戰的「超穩定體制」，及他個人的「超穩定見解」勢必受到更多衝擊與考驗。

78. 9. 5,000

附錄二

三、立法院法制、司法兩委員會審查司法院、行政院函請審議「法院組織法修正草案」案第一次聯席會議紀錄（第八十二會期）

時　間　中華民國七十七年十一月十四日（星期一）上午九時

地　點　本院第六會議室

出席委員　十五人

自由參加委員　八人

列席人員　司法院代表秘　書　長王甲乙

行政院代表法務部部長蕭天讚

次長呂有文

考試院代表銓敘部次長徐有守

主　席　楊委員慶南。

主　席　已足法定人數、開會。

討論事項

一、審查「法院組織法修正草案」案」。

主　席：現在請司法院代表王秘書長說明本案修正要旨。

王秘書長甲乙：主席、各位委員、各位女士、各位先生。

現行法院組織法（以下稱本法）自民國二十一年十月二十八日經國民政府公布，二十四年七月一日施行以還，距今已歷五十餘年，其間雖經七度修正，惟均僅就部分條文作有限度之變動。卽使民國六十九年七月一日實施審檢分隸，司法制度發生重大變革之際，亦因時間匆促，僅就本法有關審檢分隸之條文，作局部修正。然因社會情況、經濟結構及人民生活，在此五十餘年期間，多有重大變遷，現行法若干規定，確有與現實情況不相適應者。茲經通盤檢討，擬本機關組織與人員任用分別立法之體例，將現行本法中有關司法官及其他法院人員之任用、待遇、退休、撫邺等另行制定新法，定名爲「司法人員人事條例」草案，一併送請審議；將法院內部之組織、檢察署之配置、人員之職稱、官等、員額設置之基準、司法事務之分配、法庭之開閉及秩序、法院之用語、裁判之評議、最高法院判例之編訂或變更程序、司法上之互助及司法行政之監督等，仍於本法中加以規定。特報告本草案之修正要點如下：

一、現行條文第一條對於法院之職權僅規定：「法院審判民事、刑事訴訟案件，並依法律所定管轄非訟事件。」尚無法涵蓋其他法律規定應由法院裁判之事件，如選舉訴訟等，爰增列「其他法律規定之訴訟案件。」以資概括。（第二條、第十條、第三十條、第四十三條）

二、爲提高第一審裁判之正確性，規定地方法院審判案件，以推事一人獨任或以三人合議行之。最高法院為法律審，為期愼重，乃規定最高法院之審判一律以五人合議行之。又因民、刑事訴訟法已規定行合議審判，得以庭員一人為受命推事，使行準備及調查證據程序，無於本法重為規定之必要，故刪除原條文第三條第二項但書之規定。（第三條）

三、規定合議審判無庭長或庭長有事故時，以其庭員資深者充審判長，資同者以年長者充之，以補充現行法於庭員年資相同者未規定由何人充任審判長之不足。（第四條第一項）

四、增列直轄市設地方法院；省、直轄市或特別行政區應設之高等法院及直轄市或縣（市）應設之地方法院，得視其地理環境或事務繁簡，設立分院或合設高等法院或地方法院。至地方法院及分院或高等法院及分院管轄區域之劃分或變更，則規定由司法院定之，俾司法院得視實際情況，適當設立或劃分第一、二審法院管轄區域，而富彈性，並符現況。（第七條、第九條、第二十九條）

五、社會情況日趨複雜，基於事實上之需要，故規定在特定之地區，因業務需要，得設專業地方法院及高等法院，於必要時得設立專業法庭。又為審理較輕微之民、刑事案件及非訟事件，另規定地方法院得設立簡易庭。（第九條、第十一條、第十四條、第三十三條）

六、最高法院判例之編訂及變更，已垂為定制，惟判例之編訂程序則無法律明文，除簡化原有變更判例之程序外，並增列判例編訂之程序。（第四十九條）

七、訂定法院及檢察署員額基準表，依事務之繁簡增減其員額，並依預算程序決定其員額之多寡。（第八條、第六十五條）

八、檢察署配置於法院，故於檢察署之上冠以所配置法院之名稱，如「某某地方法院檢察署」；檢察署之首長依審級層次則稱「檢察總長」或「檢察長」，以明確表示係檢察機關首長；並將檢察官應服從監督長官命令之消極規定，修正為檢察總長及檢察長依法指揮監督所屬檢察官之積極規定，以發揮檢察一體之精神。（第五十條、第五十一條、第五十五條）

九、確定推事、檢察官及其他司法人員之職稱、官等，以符體制。提高地方法院推事及同級法院檢察署檢察官之官等，以鼓勵人才下注。（第十二條、第十三條、第十五條至第二十五條、第三十一條至第三十八條、第四十五條至第四十八條、第五十八條至第六十條）

十、現行法對於法院及檢察機關行政部門之組織，均付闕如。為健全法院組織，明定於法院及檢察署內設書記廳、處、人事室、會計室、統計室；高等以下各級法院及分院設公設辯護人室；地方法院及分院另設民事執行處、公證處、提存所、觀護人室、登記處；高等以下各級法院及分院檢察署設主任法醫師、法醫師、檢驗員；地方法院及分院檢察署設置觀護人室。（第十六條至第二十四條、第三十四條至第三十七條、第四十六條至第四十八條、第五十九條至第六十四條）

十一、法院設置法警，為事實所需，且由來已久，惟法警之身分、地位、任用等迄未經法律明文規定。爰本院檢分別設置法警之原則，規定各級法院及法院檢察署均設置法警，賦予法律上之地

位。（第二十三條、第三十六條及第四十七條各第三項、第六十一條第一項）

十二、爲符合目前金馬地區開庭及將使治安法庭之實際需要，以達便民之目的，除高等法院以下各級法院原有得在未設分院地方臨時開庭之規定外，並增列分院亦得指定地方臨時開庭之規定。（第七十四條第一項）

十三、爲免軍事、外交、國防科技等國家安全有關之機密外洩，增列審判案件如有妨害國家安全之虞時，法院得決定不予公開之規定。（第七十五條）

十四、爲維護法庭之肅靜與莊重，並保障訴訟當事人之人權，增列法庭開庭時，應保持肅靜，不得有攝影、大聲交談、鼓掌、吸煙、飲食物品等不當行爲，且非經審判長核准，不得錄音。（第七十九條）

十五、規定對於有妨害法庭秩序或其他不當行爲者，審判長得禁止其進入法庭，或命其退出法庭，必要時得命看管至閉庭時之處分，此項處分不得聲明不服。現行條文規定審判長之「拘留」處分，涉及人身自由，宜愼重其程序，且「罰鍰」之處罰過輕，已不合需要，故予刪除。（第八十條）

十六、明定律師或非律師而爲訴訟代理人或辯護人者在法庭代理訴訟或辯護案件，其言語行動如有不當，審判長得禁止其開庭當日之代理或辯護。（第八十一條）

十七、增列妨害審判之刑罰規定，俾對於妨害法院執行職務之行爲，經審判長或受命推事、受託推事制止不聽者，予以適當刑罰制裁，以維護法庭之尊嚴。（第八十四條）

十八、規定法院爲審判時，應用國語。訴訟當事人等如不通國語者，由通譯傳譯之；並增列聾啞之人亦由通譯傳譯之規定。（第八十六條、第八十七條）

十九、本審檢分隸原則，分條規定司法行政監督權之行使及其範圍，並明定司法行政監督權不影響於審判權之行使，以維護審判獨立精神。（第九十九條至第一百零三條）

以上摘要報告完畢，敬請各位委員惠予支持指教。

主席：謝謝王秘書長詳細說明，現在請行政院代表法務部蕭部長補充說明。

蕭部長天讚：主席、各位委員先進、各位女士、各位先生。在此謹就「法院組織法」有關檢察機關之修正重點補充報告如下：

一、關於司法官及其他法院人員之任用、待遇、退休、撫卹等，此次修正全部規定在「司法人員人事條例」之中，該條例大院已定於十一月二十一日上午審查。在此未再重複規定。

二、依民國六十九年七月一日實施之審檢分隸，司法院管轄者爲最高法院、高等法院及其分院、地方法院及其分院。法務部管者爲最高法院檢察署、高等法院及其分院之檢察處、地方法院及其分院之檢察處。亦即審判系統歸司法院管轄，檢察系統歸法務部管轄，此是制度上的重大變革。

三、最高法院檢察署首長改稱「檢察總長」，高等法院及其分院、地方法院及其分院之檢察署首長改稱爲「檢察長」

四、法院與檢察機關雖隸屬機關不同。但各級檢察機關與各級法院乃平行、對等的。此由修正草案第五十條、第五十三條、第五十四條可以看出。同時，草案第四十四條規定最高法院院長爲特任，草案第五十八條第一項規定最高法院檢察署檢察總長亦為特任；草案第三十二條規定高等法院院長為簡任第十四職等，草案第五十八條第二項規定高等法院檢察署檢察長亦為簡任第十四職等；草案第十三條規定地方法院院長簡任第十至第十二職等或薦任第九職等，草案第五十八條第三項規定地方法院及分院檢察署檢察長亦為簡任第十至第十二職等或薦任第九職等，由上述規定均可見各級檢察機關與各級法院是平行、對等的。

五、現行法第三十一條僅規定「檢察官服從監督長官之命令」，並未列出監督長官之層次及其命令之範圍，難免造成爭議。此次修正將之改為三項：「檢察總長依本法及其他法律之規定，指揮監督該署檢察官及高等法院以下各級法院及分院檢察署檢察官。」、「檢察長依本法及其他法律之規定，指揮監督該署檢察官及其所屬檢察署檢察官。」、「檢察官應服從前二項指揮監督長官之命令。」修正草案改列為第五十五條，如此較為明確。

六、現行條文第八條：「各級法院及分院推事之員額，以法律定之。」修正草案仍列第八條，條文改為：「各級法院及分院之員額，依附表一、二、三之規定。」現行條文第二十七條：「各級檢察機關檢察官之員額，以法律定之。」修正草案移列為第六十五條，改為：「各級法院及分院檢察署之員額，依附表四、五、六之規定。」亦即此次修正將各級法院及分院員額及檢察署之員額以附表一、二、三、四、五、六來規定，其修正理由為：

1.本法施行幾十年來，始終未規定推事、檢察官之員額。

2.最近立法例有授權行政機關員額以編制表方式規定，以便行政機關可因應事實需要彈性運用的趨勢。故本法參考現有立法例而做此規定。

3.基於實務需要，若將員額做硬性規定，當管轄區域有所調整或事務繁簡不同時，必須修正法律，不但增加負擔，且有緩不濟急之虞。為免牽一髮而動全身，故做此修正。

4.編制表附在法律後面，乃是法律之一部分，與法律有同等效力，在需要調整時，僅修改編制表即可。

以上幾點說明，請各位參考，並請大力支持此次之修正。

主席：謝謝蕭部長的說明，現在請考試院代表徐次長說明。

徐次長有守：主席、各位委員先生、司法院王秘書長、行政院蕭部長、各位女士、各位先生。茲代表考試院，就「法院組織法修正草案」中直接有關考試院職掌部分，表示意見如下：

一、本修正草案前承司法院邀囑，考試院（以下簡稱本院）經指派銓敘部政務次長徐有守代表出席協調會議多次。並經司法院先後兩次函檢草案全文囑本院「惠示卓見」。本院對司法院此種革新精神，至表敬佩，並樂觀其成。為鄭重起見，本院並曾兩度將案提出院會討論，並將院會決議，先後兩次，第一次於七十四年十一月八日以（七四）考臺秘議字第三六二六號函；第二次於七十五年十月二十七日以（七五）考臺秘議字第三八一八號函，答覆司法院表示本院意見。多承司法院接受。特趁此機會，表示感佩。

二、以上經過，均係在新人事制度施行之前。上述第二次亦即七十五年考試院函復司法院時，因新人事制度尚未實施，「職務列等表」尚不存在，故司法院來函檢送之草案，對本案各職等僅列有官等，均未列職等。而考試院該次復函，對職務等級高低一事，自亦僅能就官等表示意見，而無從對職等表示意見。在考試院七十五年該次復函之後，承司法院於七十五年十二月五日復邀囑，考試院指派有守代表參加協調會議。有守在會議中曾說明兩點：「㈠依據對草案商討之結果，仍請再函考試院。㈡草案中各職務僅有官等而無職等，似應考慮增列。」因當時現行之新任用法事實上已奉　總統先於該年四月二十一日明令公布，考試院亦已內部計畫將於次年元月（即協調會後一個多月後）施行。但事實上，在司法院邀集之該次會議之後，司法院並未再檢同本案函知考試院，亦未再邀集會議或有任何接觸。而於七十七年七月二十一日與行政院會銜檢具本草案函送　大院審議。

三、七十六年元月十六日，新人事制度施行。依現行新人事制度之「公務人員任用法」第三十二條規定，司法人員之任用，雖另以法律定之，「但有關任用資格之規定，不得與本法牴觸。」現行新人事制度之「公務人員俸給法」僅第十九條規定，「教育人員及公營事業機關人員之俸給，均另以法律定之。」並未規定司法人員之俸給得另以法律定之。而依上述任用法第五條、第六條，及俸給法第一條、第四條規定，法院人員均應依官等職等任用並支俸，而其「職務列等表」由考試院定之。

四、在七十五年以後，七十七年七月以前，新人事制度之「職務列等表」已於七十六年八月二十一日發布施行，復於七十七年二月二十九日修正發布施行，並送大院查照在案。現因今日審查之本草案，各職務均增列有職等，內容與七十五年送考試院者已多有不同，且各職務所列之職等，偏高偏低情形不少。與各該同等級機關多有不同。

五、為符合公務人員任用法第一條、第六條、第三十二條之規定，建議下列各職務之官等職等，應予以調整如下：

㈠第十二條地院推事，草案列「薦任第八職等至第九職等或簡任第十至第十一職等」，跨列兩個官等四個職等，與法定最多不得超過跨列三個職等之限制不符。建議改列為「薦任第八職等至第九職等或簡任第十職等。」衡諸現行規定，地院推事僅最高至薦任情形，新法予以跨列簡任，已有提高。

㈡第十三條地方法院推事兼院長列「簡任第十至第十二職等或薦任第九職等」，以單一職務跨列四個職等，與任用法規定不符，建議改列為「簡任第十職等至第十二職等」，亦即刪除薦任官等，以免院長為薦任，而推事為簡任（參閱第十二條）；直轄市地方法院推事兼院長所列「簡任第十二至第十四職等」，似應改列為「簡任第十一職等至第十三職等」。以符「職務列等表」。

㈢第十五條第二項建議刪除。理由：地院之推事兼院長或庭長之職等，本草案第十三條及第十五條已有規定，不應在此又作不同之規定。地院推事、庭長、、院長均列等高至十四職等，過於偏高，考試院討論列等時，從無表示贊成。如有資深之高院推事調至地院任職，可依公務人員任用法第十八條一項三款及俸給法第八條二項規定，仍以原職等任用並敍原俸給。此條牽涉太大，原草案所列似頗不宜，刪去後仍各有條文依據可資適用。

㈣第十八條地方法院主任觀護人，草案列薦任跨簡任官等，亦即「第九職等至第十一職等」，似略有偏高，而與第十五條第一項及第十六條所訂之推事兼庭長相等；按諸主任觀護人之職責，雖亦重要，但似難與推事兼庭長相提並論。且與第十七條之主任公設辯護人須與主任檢察官相抗衡以維護被告利益之重大責任者，似乎不能比擬（參閱草案第五十八條第三項）。似應改列爲「薦任第九職等或簡任第十職等」。

㈤第十九條地方法院主任公證人，草案列「薦任第九職等或簡任第十至十一職等」，似應改列爲「薦任第九職等或簡任第十職等」，以與前條主任觀護人相當，而免偏高。理由同前條。

同條中之地方法院公證處佐理員，草案列爲「委任第三至第五職等或薦任第六至第八職等」，似應改列爲「委任第三職等至第五職等」。理由：1.依公證法第三條規定，公證處佐理員爲委任。2.依現行「職務列等表」規定，公證處佐理員，爲委任第三職等至第五職等。3.目前五院、各部會以及以下各級機關，絕無佐理員列爲薦任官等或跨至薦任官等者。4.考試院在協調會議中僅知其列爲委任。

因此，基於上述理由，同條第二項薦任員額不可逾二分之一的規定，已無必要，應予刪除。

㈥第二十條地方法院提存所主任，草案列爲「薦任第七至第九職等或簡任第十至第十一職等」，似應改列爲「薦任第八職等至第九職等或簡任第十職等。」理由：1.提存所主任在每一地方法院僅有一人，如照草案原列七至十一職等，則跨了五個職等，與法定不得跨列最多三個職等之規定不符。2.應與草案第十八、十九兩條之主任觀護人及主任觀護人平衡，最高列至十職等。3.本職務在司法院最早初步草案中原規定地院提存所主任爲薦任，並無簡任職等，考試院院會討論時，建議似可考慮列至簡任。但當時草案中並無職等。經司法院接受，改列爲薦任或簡任，亦未列職等。現考試院建議列爲八至十職等，符合原意。如認爲與主任觀護人及主任公證人不完全相同，則改列爲「薦任第九職等或簡任第十職等」亦可。

同條佐理員，草案列「委任第三至第五職等或薦任第六至第八職等」，應改列爲「委任第三職等至第五職等」，與第十九條公證處之佐理員相同。其理由亦同。

㈦第二十一條地院登記處主任，草案列「薦任第七至第九職等或簡任第十至第十一職等」，應改列爲「薦任第九職等或簡任第十職等。」俾與主任觀護人、主任公證人、提存所主任平衡。其理由亦同。

同條之佐理員，草案列「委任第三至第五職等，或薦任第六至第八職等」，應比照前兩條，改列爲「委任第三至第五職等。」同條第二項刪除。

㈧第二十二條地院書記官長，草案列「薦任第七至第九職等」，文字似應修正爲「薦任第七職等至第九職等」。

同條第二項直轄市地院書記官長「得爲簡任第十至第十一職等」，有無必要，似應考慮。而且其用語不確定，實際形成第七職等至十一職等，跨列五個職等，不符僅得跨列三個職等之限制。因此，建議刪除第二項。又同條第一項書記官，列爲委任第三職等以至薦任第八職等，雖跨六個職等，但其中薦任者，不得逾總額二分之一，既已分成兩段，可無問題。但該項又規定得分科辦事，究竟分多少科，未見明定。且又謂科長由書記官兼任云。按科長職務均應為薦任第九職等，已為通例，薦任書記官已跨六至八共三個官等，若兼科長，是否形成跨列六至九共四個官等？而不符跨三個官等之規定。如謂明定科長為第九職等，則又較七至九職等之書記官長為高，不合指揮原理。建議刪除分科辦事之規定，或改為分股辦事，以原書記官職等任用，所兼股長不另列等。

(九)第二十三條第一、三兩項中兩處「雇用」一詞，似應改為「僱用」。

(十)第二十四條人事、會計、統計三主任及人事副主任均同列薦任七至九職等，與主任副主任應有差別之通例不符。仍應將三室主任改列為「薦任第八職等至第九職等」，副主任仍為七至九職等。又其人事管理員、會計員、統計員均為單一職位，而列第三至第八職等，共計跨六個職等，與規定不符，應予改列。建議考慮列為「委任第五職等或薦任第六職等至第七職等」。以符主計人員[illegible]規定。

(十一)第二十五條地分院推事兼院長，草案列「簡任第十至第十二職等或薦任第九職等」，以單一職位跨列四個職等，與任用法規定不符。建議改列為「簡任第十職等至第十二職等」或「簡任第十一職等至第十二職等或薦任第九職等」。

(十二)第三十一條第一項高院推事跨列九至十二共四個職等，應比照第十九條至第二十二條，明定簡任第十職等至第十二職等之人數所居同一高院推事總額之一定比率。又本條第二項應刪，理由同十五條。

(十三)第三十二條，高院推事兼院長單列第十四職等，似應改列為「簡任第十三職等至第十四職等」，以免偏高，且利用人。

(十四)第三十三條高院推事兼庭長，草案列「簡任第十二至第十四職等」，考試院院會歷次討論此一職位時，均經大多數委員明白表示偏高，似應改列為「簡任第十一職等至第十三職等」，且可免與院長同樣列至第十四職等。

(十五)第三十四條高院公設辯護人及主任，均跨列四個職等不妥，建議主任公設辯護人改列為「簡任第十職等至第十二職等」，公設辯護人列「簡任第十職等至第十一職等或薦任第九職等」。

(十六)第三十五條高院書記官長，草案列「薦任第九職等或簡任第十至第十二職等」，以單獨一個職務跨列四個職等，與規定不符。似應刪減一個職等。至於高分院之書記官長，則應於第四十條後另條訂定，列為「薦任第八至第九職等」。

(十七)第三十六條第一項中兩處「雇用」一詞，請依「雇員管理規則」用語，改為「僱用」。又股長由「委任或」三字宜刪，以免委任股長指揮薦任書記官。

(十八)第三十七條，高院人、會、統三主任及人副主任，草案均列為「薦任第七至第九職等或簡任第十至第十一職等」，各係以單一職務跨列五個職等，與任用法規定限列三個職等不符，建議三主任改列為「簡任第十職等」，人副主任改列為「薦任第九職等至簡任第十職等」。又同條高院科長列「薦任第七職等至第九職等」，建議改列為「薦任第九職等」。因各級科長均單獨列第九職等，是爲通例。

(十九)第三十八條高分院推事兼院長，草案列「簡任第十二至第十四職等」，似略偏高，建議改列爲「簡任第十二職等至第十三職等」。

(二十)第四十五條最高法院推事兼庭長，草案列獨一之「簡任第十四職等」，似有偏高，建議改列「簡任第十三職等至第十四職等」。

(二一)第四十六條最高法院於科下得分股，「股長由委任或薦任書記官兼任」，若依此而行，將發生可能以委任股長領導薦任書記官現象，似非適宜。建議將其中「委任或」三字刪除。

(二二)第四十七條草案條文中之「雇用」一詞，均應改爲「僱用」。

(二三)第四十八條最高法院人、會、統三室主任及人副主任，草案均列「薦任第七至第九職等或簡任第十至第十一職等」，各以單獨一職務跨列五個職等，與規定體制不符。建議三主任改列爲「簡任第十職等」，副主任改列爲「薦任第九職等至簡任第十職等」。

(二四)第五十八條最高法院檢察總長，現行條文原規定爲簡任。修正草案列爲特任，爲資與最高法院院長特任平衡起見，大院如何決定，考試院自將依法執行。

同條第一項主任檢察官，草案列單獨之「簡任第十四職等」，似可改列爲「簡任第十三職等至第十四職等」。俾與審方庭長平衡（見四十五條說明）。

同條第二項高院檢察長，草案列單獨之「簡任第十四職等」，似應改列爲「簡任第十三職等至十四職等」。高分院檢察署檢察長，草案列「簡任第十二至第十四職等」，似應較高院本院檢察長低一個職等，改列爲「簡任第十二職等至第十三職等」。高分院檢察署主任檢察官，草案列「簡任第十二至第十四職等」，似應改列爲「簡任第十一職等至第十三職等」。高院本院及分院檢察官，草案列「簡任第十至第十二職等或薦任第九職等」，跨列兩個官等四個職等，考試院院會曾決議請將其中簡任及薦任檢察官名額訂定比例，以資適法。第二項最後兩行文字請刪除。理由同十二條。

同條第三項地院及地分院檢察署檢察長，草案列「簡任第十至第十二職等或薦任第九職等」，以單一職務而跨列四個職等，與規定不符，建議改列爲「簡任第十職等至第十二職等」，且可免偏低。同項檢察官，草案列「薦任第八至第九職等或簡任第十至第十一職等」，跨列四個職等，與規定不符，建議應規定薦任與簡任二者間之比例員額。直轄市地院檢察長似應比照直轄市院長改列十一至十三職等。

同條第四項文字建議刪除，理由與前述第十二條之說明相同。

(二五)第五十九條地院及分院檢察署主任觀護人，草案列「薦任第九職等或簡任第十至第十一職等」，建議比照第十八條地院審方主任觀護人，改列爲「薦任第九職等或簡任第十職等」。理由同第十八條所述。

(二六)第六十條高等法院以下各級法院主任法醫師，草案列「薦任第九職等或簡任第十至第十一職等」，似應比照前條主任觀護人改列爲「薦任第九職等或簡任第十職等」。較之省立醫療院所之主任最高列爲八至九等，或七至八等，仍較高。

同條高院以下各級法院及各級檢察屬

署之檢驗員，草案均列「委任第三至第五職等或薦任第六至第八職等」，跨列兩個官等六個職等，應規定委任與薦任兩者間員額之比例，以資適法。

㈢第二十四、三十七、四十八等三條中，對三個等級法院之人、會、統三室，均有「必要時各得依法置佐理人員」一語。此語所指之人員之職稱、官等、職等、員額各如何？無具體規定，其人員是否在各本院總員額內調用？均請澄清明定。案尾員額表中是否已予列入？

六、本草案第八條稱：「各級法院及分院之員額，依附表一、二、三之規定。」第六十五條有類似規定。其附表見草案最後數頁。其中有下列二事項似待澄清：㈠表中所列均為最低員額，而增加員額則於表尾附加文字說明，隨條件而調整，自有彈性之便利。但並無最高員額限制，均依預算程序辦理增減。與一般「員額編制表」體裁不同。㈡每年各職務之預算員額為何，考試院無從得知。則辦理任用審查時，究以多少推事、檢察官、庭長等為依據，考試院毫無憑藉。

七、依據有守以上說明所建議之各職務之職等仍較之一般行政機關為高。[illegible]敬請參考。

主席：謝謝徐次長的詳細報告。現在進行委員詢答，由於登記發言人數很多，每位委員的質詢時間以十五分鐘為限，以綜合答覆為原則，若有要求即席答覆者，亦依其所求。

現在請登記第一位發言的黃委員明和發言（未在場），請第二位張委員子揚發言。

張委員子揚：主席、王秘書長、蕭部長、徐次長、各位列席先生、各位同仁。「法院組織法」修正草案今日能送院審查，令人感到十分欣慰，此為一項重要之法案，本應老早即送來審查修正者。本席對於本案謹表示意見如下：

一、本案於民國二十一年制定，至今已逾五十年，雖經七次修正，但均不完備；在民國六十九年實施審檢分隸時，我們即認為應將人事制度與法院組織編制分別立法，以使其合法合理；所以，今日對於本案之審查，我們是非常贊成並予以支持。

二、司法院自林院長上任以來，即積極推動司法風氣改善的工作，今日之司法風氣雖有改善，但我們認為仍然不夠。因為，法院是維持社會秩序、保障國家安全的，其重要性眾人皆知；所以，希望法院組織法及人事制度修改以後，能更有助於司法制度的健全。

三、一般民主國家的司法，其公信力是百分之百；但今日我們之法庭秩序卻有問題，如此，對國家的損傷很大。因此，希望本案通過後，對法庭之秩序與監督均能加強維護，進而推動法治。

四、本席支持本案，但於仔細閱讀後，發現有許多問題，謹提出就教於各位首長、各位同仁：

㈠推事或者法官的名稱問題：按既有書記官、檢察官，為何不能有「審判官」之名稱？是以對於推事的名稱應該考慮一下。因本席非司法委員會的委員，對於法院的事務並不是十分瞭解，特提出就教於各位。

㈡關於編制員額列表的問題：本席以為此種作法非常不妥當。按立法院三十幾年來，對於各機關的組織法均要求其組織編制員額須明確，從未有以附表代替的例子。當然，對於法院的員額編制，因為其業務量龐大，我們是贊成有彈

附錄三

九、法制、國防、經濟三委員會審查行政院國軍退除役官兵輔導委員會函送修正「行政院國軍退除役官兵輔導委員會榮民工程事業管理處組織規程暨編制表」，請查照案，第一次聯席會議紀錄（第八十六會期）

時　間　中華民國七十九年十二月十二日（星期三）上午九時、下午三時

地　點　本院第六會議室

出席委員　三十九人

自由參加委員　二十三人

列席人員　行政院代表

行政院國軍退除役官兵輔導委員會

主任委員　許歷農

副主任委員　施震宙

榮民工程事業管理處處長　陳　豫

行政院人事行政局副局長　陳松柏

考試院代表

銓敘部次長　徐有守

主　席　王委員天競

主席：已足法定人數，開會。

討論事項

一、審查院會交付法制、國防、經濟三委員會審查行政院函送修正「行政院國軍退除役官兵輔導委員會榮民工程事業管理處組織規程暨編制表」，請查照案。

主席：首先請退輔會許主任委員報告。

許主任委員歷農：主席、各位委員。今天承蒙審查本會「榮工處組織規程暨編制表」非常感謝。榮工處之所以調整組織規程暨編制，主要在因應大院若干委員之建議，減少甚至避免與民間營造業之利益衝突，由其單位大幅簡併、人員大量精減即可看出一般，我請榮工處做進一步說明，敬請各位委員支持指教。

主席：請榮工處陳處長報告。

陳處長豫：主席、各位委員。現就榮工處修正組織規程及調整業務項目說明如下

壹、組織沿革

榮工處成立於民國四十五年，成立初期，因業務尚未開展，僅轄四個工程總隊、一個技術總隊、及一個獨立大隊，僅有榮民員工二千餘人。

其後為適應業務發展需要，組織型態，迭經變革，民國四十九年首度將總隊番號取銷，改編為廿個工程隊，另設砂石工廠。民國五十二年再調整為十個土木工程隊，及橋樑、機械、浚渫、路面、建設等十個專業工程隊。另增設機械修配工廠、大理石廠、彩畫工廠及材料倉庫。民國六十一年，為因應業務需要，在國內分設地區工程處，在國外分設辦事處，另對特殊重大工程，單獨設專案施工處。（各工程隊作業配屬各工程處及專案施工處）另增設機具調配中心

同為國家整體建設貢獻力量。

(二)增列業務之二是「環境保護工程及廢棄物清除處理」，也是為了調整營運方向，希望能配合政府施政，創議以整體式服務方式，即自規劃、設計、施工至操作營運，提供一系列之整體性服務及環保設施，經營管理，以期整合國內外業者，共同努力有效推展環保計劃之實行。

(三)增列業務之三是「國內外投資開發業務」，主要目的是利用本處龐大的人力物力資源，自力創造工作機會。因工業區及社區開發，需要龐大週轉資金，及開發管理，其業務性質與民間營建業者並無衝突。

(四)增列業務之四是「配合主體工程之水電、管線、機電、消防、空調、衛生等整體總包業務。」事實上榮工處增列此項業務的範圍，是限於主體工程由榮工處承辦工程中之水電、管線、空調等，係工作介面之整合，及提高服務層次及釐清工程責任之必要措施，民間業者指責榮工處擴大業務範圍時，漏列了前面的「配合主體工程之……」字樣。

而且，即使是配合主體工程之空調、水電、消防、衛生等工程，榮工處也並不是全部自己承做，而是還要和專業廠商合作。只是增列此項業務項目之後，對重大公共工程之施工便於管理配合，責任明確，對施工進度之掌握控制及服務品質之提高均有助益。民間業者誤以為增列此項業務項目是榮工處擴大業務範圍，那是誤會。

主席：請行政院人事行政局陳副局長報告。

陳副局長松柏：主席、各位委員先生。松柏謹代表行政院人事行政局列席，就「行政院國軍退除役官兵輔導委員會榮民工程事業管理處（以下簡稱榮工處）組織規程修正案」提出以下說明：

榮工處係依「行政院國軍退除役官兵輔導委員會（以下簡稱「輔導會」）第十六條：「本會因業務需要，得設各種附屬事業機構；其組織由會擬訂，報請行政院定之。」規定設立。此次為因應國內外經濟環境變遷，及未來業務調整需要，由輔導會報經行政院民國七十九年五月三十一日台七十九防字第一三三四一號函核准修正其組織編制，修正重點如次：

(一)職掌方面：增列「環境保護工程」、「配合主體工程之各項附屬工程」、「國內外投資開發」，及「營運管理」等項。

(二)組織方面：

1.處本部：

①增設「專案部」專責特種工程等之規劃、督導、協調事宜。

②增設「資訊室」

③原「業務部」及「海外部」名稱分別改為「投資事業部」及「國外部」

(三)編制員額：

1.調整部分職稱，例如配合「資訊室」之設立，增置「高級分析師」、「高級管理師」等多項資訊人員職稱。

2.總員額由原四、七六五人修正為三、八四八人，計精簡九一七人。

以上說明，敬請各位委員參考。

主席：請考試院銓敘部徐政務次長報告。

徐次長有守：主席、各位委員。有守現在代表考試院就本案與考試院職掌有關部分擇要說明如下：

一、依據退除役官兵輔導會組織條例規定設置榮工處。以規程定其組織，本次是修正其組織規程及編制表。

二、行政院是在今年六月二十五日將修正案（即本案）函送大院審議。行政院其後函送考試院查照。考試院現正在研議中。

三、組織規程係屬行政命令之一種，現既已經大院院會交付審查，考試院在此說明：㈠依據修正條文第十五條所稱，榮工處及所屬單位之各職稱官等，員額均另以編制表定之。此表示，編制表並非本組織規程之部份，而係另一文件。㈡其次，同條第二項「各職稱之職等，依職務列等表之規定。」應修正為「各職之官等、職等」因本案中之編制表，其中有若干職稱官等略有偏高。㈢本案所列若干單位之等級有研究餘地。例如訓練中心編制表中之人事單位，依行政院所屬各級人事機構人員設置管理要點所附「行政院所屬各級人事機構設置標準表」規定，機關員額不滿五十人者，設人事管理員或指定人員兼任。而今日的編制表中，該中心員額僅二十八人，但人事室則設主任，似有不符。以上各點係屬舉例說明。考試院銓敘部已函請人事行政局代為轉詢。現尚未獲復函，當繼續商談。

四、如有詢問，當另續作說明。同時如果今日會議確定了審查方向後，有守也想作進一步的說明。

主席：首先請張委員俊雄發言。

張委員俊雄：主席、各位同仁。榮工處至目前為止，一直被視為超級特權機構，因為：一、榮工處龐大之預算，不受立法院監督。二、政府許多重大工程皆由榮工處以議價方式承包。請問許主委對此二點之看法如何？

主席：請退輔會許主任委員答復。

許主任委員歷農：主席、各位委員。榮工處不可能是特權機構，所有運作皆依大院所通過的條例來執行，其預算與決算亦送大院審查。

張委員俊雄：榮工處之定位如何？是行政官署或是事業單位？

許主任委員歷農：它是輔導榮民就業的公務機關。

張委員俊雄：但由榮工處事業處理規程第二條所訂之業務來看，榮工處相當為事業單位。

許主任委員歷農：根據行政院以往行政命令解釋，榮工處是輔導榮民的就業機構。

張委員俊雄：本席很尊重許主委，但您的答復一成不變。您在立院談過榮工處移轉移民營事宜，請問開放轉移民營之計劃如何？

許主任委員歷農：依大院決定，轉移民營要在「公營事業轉移民營條例」通過後，一年之內由退輔會提出轉移辦法，在三至五年內完成。

張委員俊雄：您說依立法院所制定組織章程而來，但依組織章程所訂，完全相當為事業單位。經濟部、財政部、交通部皆有其事業單位，並依其職掌範圍登記，但榮工處卻不辦理登記，而成為法制怪胎。另外，榮工處之預算，立院無法審查；對政府重大工程又用高出市價三成的議價，使得民間無法與其競爭，上述法制紊亂之現象，皆是當初立委立法時未依體制而對榮工處另眼相待所致。

許主任委員歷農：

一、榮工處之預算從前年起即已送大院審查。

二、議價乃依規定而來。

三、榮工處將來之定位，會遵照立法院決議，逐步移轉民營。

張委員俊雄：依相關法令規定，退輔會所處常常強調貴處是「任務領受」而不是以營利為目的，這就符合國營事業的原則。本席期勉榮工處以「國家工程隊」的身分自居，專挑沒人願意承接的工程期許？如果有，那麼有沒有具體可實踐的計劃？如何推行？

主席：請盧修一發言。

盧委員修一：主席、各位同仁。依依議事規則第八條，對查照案只能通過或撤銷退回。惟本席對退輔條例第十六條：「本會因業務需要，得設各種附屬事業機構，其組織由會擬訂，報請行政院核定之。」之規定有所疑慮，因為對照退輔會榮工事業管理處組織規程第九條，榮工處也可設各種辦事處及工程隊，第十二條又可設員工訓練中心，其編制也不小。另外，依照編制表，處長等官員原屬臨時編制，可是實質上卻成為常設大型機構，不必受外部的管制。

我們根據退輔條例第十六條授權給它們設立各種附屬事業機構，但榮工處之組織規程又可授權成立附屬單位，授權復授權，是否已有逾越母法之嫌？

主席：請人事行政局陳副局長答復。

陳副局長松柏：主席、各位委員。盧委員所指教的問題，實與榮工處當初設立時之特殊背景有關，規程是依據退輔會組織條例第十六條授權而設立的，應該不會超越母法授權之範圍。

主席：請林委員鈺祥發言。

林委員鈺祥：主席、各位同仁。我們是依法論法，規程之依據乃依退輔條例第十六條所設立的「事業機構」，既是事業機構即非「公務機關」，故不應有簡薦委的官等，否則即是違反中央法規標準法第五條第三款「關於國家各機關組織者，應以法律定之」及第六條「應以法律規定之事項，不得以行政命令定之」之規定，可是偏偏許主委自認是公務機關而送來規程，如此是違反中央法規標準法，應退回。

上次徐次長也指出，編制表有官等而無職等的問題，即使不違法，其中官職等問題也很多，也必須退回。

請問徐次長，上述問題應如何解決？

主席：請銓敘部徐次長答復。

徐次長有守：主席、各位委員。關於編制表的問題，有的官等實在偏高，我們會與退輔會繼續協商，但是因為送來的是「規程」而非「組織法」，故可不必列入職等；另外有些是新的職務，故未列職等，這在體制上並無錯誤。

退輔條例第四條規定「輔導會為了執行主管業務，得設置各種附屬事業機構」，同法第十六條亦指出是「事業機構」，故榮工處應依事業機構解釋。又依據「公務人員任用法也規定：「公營事業之任用，另以法律定之」，但因實際上並未訂法律，事業機構如要用簡薦委，我們則非常歡迎，沒有制度之前，他們用此制度，並不算違法。

林委員鈺祥：台電的職等劃分難道不是法律？

徐次長有守：那是行政命令。依道理，榮工處雖是事業機構，但其規程並未違法，列等高低是有「不當」，但並不違法，依大院議事規則第八條規定乃涉及違不違法，而非當不當，而且他們已有公文送銓敘部，許主委也答應與銓敘部商量修改。

主席：請退輔會許主委答復。

許主任委員歷農：主席、各位委員。我說公務機關，主要在表示其性質並非營利單位。

林委員鈺祥：他們的規程編制表是依據「

公務人員任用法」來編官等，既然編得不當，亦屬違法，如果我們立法院不擱置保留而給予備查，在備查亦代表承認之下，萬不退輔會不修改官等，銓敍部將無可奈何。

本席建議先保留，等官等修改之後，我們再予以備查。

主席：請周委員書府發言。

周委員書府：主席、各位同仁。本案是備查案，變成審查，發言盈庭，到底是准予備查或退回，是現在必須做的決定，如果不違法，銓敍部也強調不違法，本席建議直接表決處理，因爲職等偏高乃一技術問題而非法律問題，可以另行補救。

主席：請林委員鈺祥發言。

林委員鈺祥：主席、各位同仁。因爲有爭議，按理即應退回，本席折衷建議，讓退輔會與銓敍部協調調整官等後，再來備查，這是兩全其美的辦法，否則如堅持表決，則此案是違反「公務人員任用法」理應退回。

主席：請楊委員雪峰發言。

楊委員雪峰：主席、各位同仁。既然執行單位都覺得可以重新考慮官等，即使規程「不當」不算違法，也不應准予備查。本席認爲，我們不如等適當修正之後，再來備查此案。

主席：請趙委員振鵬發言。

趙委員振鵬：主席、各位同仁。我們可以准予備查，再作附帶決議，要他們修改官等。

主席：請盧委員修一發言。

盧委員修一：主席、各位同仁。本席是針對問題誠懇發言，不是找碴。行政命令查照案變成審查案，也不像其他委員所言是在作秀，我們是就事論事，善盡代議士之責，如明知不當仍准予備查，此是否妥當？又如動輒表決，可能也無法解決問題，反而是製造問題。

我想請教許主委何種處理方式可以接受？

主席：請退輔會許主任委員答復。

許主任委員歷農：主席、各位委員。原則上，我贊成趙委員的提議先備查，等我們與銓敍部協商調整之後，再報來大院。

主席：請周委員書府發言。

周委員書府：主席、各位同仁。事情很簡單，立院只問違法與否，若違法則退回；不違法則准予備查。官等有問題，銓敍部便應主動出面協調，立院只問違不違法。

這個案子提出四、五個月了，如果銓敍部發現有問題，早就應該提出來檢討，爲何現在才提這個問題，搞得餘波盪漾，且牽涉到個人時間，況且銓敍部講的也不一定對。

本席不堅持表決，繼續討論好了。

主席：請劉委員盛良發言。

劉委員盛良：主席、各位同仁。如果榮工處之官等偏高，是可以稍降一些。本院會議實在太多，排不出時間再開一次會，既然榮工處很有誠意改爲民營，我們也不好影響其營運。

本席贊成趙委員之提議，先准予備查。以後將官等調整得跟其他公營單位一樣，比較公允，且可達到調整官等之目的。

主席：發言至此，宣告決議：

一、本案准予備查。

二、本案編制表部分所列各職稱人員官等，如有偏高之處，應依銓敍部所定有關法令調整之。

散會。

散會。

第四編　拾穂

壹、汪知府破壞吉水風水始末

故鄉吉水縣位於江西省贛江之濱，築有城牆，矗立江東岸，俯視長流，終歲滾滾不休。我省南部為山區，我縣亦多山，習常遂將我縣亦列為大贛南地區，實則位於贛中。年幼時輒立縣城西門城樓，俯覽贛江江水自南向北，奔往南昌，以與長江匯流。水勢湍急，到吉水時尤其滔滔而成「急」水。據傳係取水「急」之諧音而定名為「吉」水縣。我鄉為一農業縣份，交通閉塞，與外交往悉賴獨輪車或人力挑運，迄國民政府退出大陸前，縣境內仍無汽車、火車、輪船及其他任何交通工具之車站或碼頭，十分不便。縣民天性耿直強悍，不善與人交。但民風勤勞純樸踏實，不事虛浮，農家多望其子弟讀書出人頭地，歷代文風均盛。以是科第時代，窮鄉僻壤，輒聞弦歌之聲。士子功成名就者甚多，代出文人與名臣，宋明時尤盛。國人論民族氣節，必首推文天祥；談文章則必舉歐陽修等八大家。孰知文天祥與歐陽修皆在我吉水耶？他如鄒元標，明萬曆進士，以方嚴著稱；楊萬里（一一二七—一二〇六）南宋紹興氣節之士等，皆我鄉先賢也。而三家小村之中，亦不乏帝王欽賜表揚匾額之類遺跡。諸如狀元、尚書或其他功名之牌坊，百步之內，舉目皆是，令人驚歎。有語曰：「隔河兩宰相，五里三狀元。」以形容江西文風之昌盛，世人固多知之，殊不知此二語所言實際皆屬於我吉水縣人。吉水固為江西之一縣，若謂此二語係指江西自亦不得謂有誤。除此之外，我吉水另復有「一門三進士，隔河兩都堂」之盛，似較罕有人知。其他名臣大儒甚多，未及在此一一細加舉述。為此，清帝曾特賜贈我吉水縣五、六丈寬之巨大橫匾一方，懸掛於吉水縣學大堂之上，詞曰：「文章節義之邦。」民國後，迭遭兵燹，縣學夷為平地，該巨匾亦不知所在，惜哉！降至有清，我縣文風更一蹶不振，大不如昔；如此自明初以迄民國約五百年後，始漸有復興跡象。此一變化，據云事關我鄉風水興衰變遷云。故鄉有一曲折故事與此有關，流傳數百年至今，家喻戶曉，是即汪知府破壞我吉水風水之事也。我於民國二十五年（一九三六年）十二歲返鄉居住，即屢聞長者津津樂道其事甚詳。

上文所稱我吉水「五里三狀元」，乃指明建文二年（一四〇〇年）狀元胡廣，我縣臨江鄉胡家邊村人；明正統七年（一四四三年）狀元劉儼，我縣水南鎮店背村東城村人；明天順八年（一四六四年）狀元彭教，我縣水南鎮瀧頭村人。三人所出身之三村相距約五里。

以上所述三人事實，可在吉水縣博物院所存資料查證。

至於「隔河兩宰相」具體所指為何，我尚不知。是否即指「隔河兩都堂」則不敢確定。按唐朝之都堂為六部之上一級長官，有如今日中華民國政府各部長上之五院院長。明朝廢宰相，故並無宰相及相當權位之官稱，且廢內閣，行政權六部之上亦無直接指揮監督機關，但都察院與六部為平行機關，係獨立監察權之最高機關。左都堂則為都察院之首長，故與六部尚書平行。如因此認為明之六部約略亦可列之為宰相級，都察院既又與六部地位相埒，則作為都察院首長之都堂，自亦可強視之為位同宰輔。但我認為此說稍有勉強，不知兩宰相是否尚另有其人。若即指兩都堂，則兩都堂其人見下文說明。

「一門三進士，隔河兩都堂」二語中，三進士一語，依我初步查考所知，在吉水縣歷史上至少出現過三次。第一次是宋朝的毛應銓、毛洵和毛偕三人，依次分別於眞宗祥符元年（一〇〇三年）、仁宗天聖二年（一〇二四年）及仁宗景祐元年中進士；第二次是明朝縣屬盤谷鄉泥田上曾家村曾存仁（父）、曾同享（長子）及曾乾亨（次子）三人，分別於世宗嘉靖二年（一五二三年）、嘉靖三十八年（一五五九年）及神宗萬曆五年（一五七七年）中進士。第三次則是明朝解綸與解縉兩兄弟及其妹夫黃金華三人：解綸明洪武二十一年進士，監察御史，應天教授，以剛直忤權貴致禍；解縉為綸弟，洪武進士，翰林院庶吉士、御史，敢言，上萬言書痛斥時政弊端，永樂大典總編篡；黃金華，洪武進士。實則解氏兄弟之父解開亦為一代大儒，元末與弟隱居山中以避元人，馳名一時，明初始出而講學。至於兩都堂一語所指則爲鄒元標與本篇主角之一熊概二人。我家鄉人有兩句話流傳至今，形容鄒元標剛直不阿不屈，直諫敢言不畏廷杖之風骨：「打不死的鄒元標，割不死的韭菜兜。」頗爲傳神。我家鄉爲農業地區，婦孺皆知韭菜每於割食其葉後，整株韭菜並不死亡，其根部可迅即重行生長新葉，如此週而復始，不斷割食，復不斷再生長。鄒爲永樂年間左都御史；熊概爲明永樂進士，亦任左都御史。鄒爲吉水縣城內人氏，熊爲縣城東門外七里地一名爲「七里村」之三家小村人氏，村在本縣烏江（又稱恩江）南岸。故與鄒爲隔河。以上所述各人，連同文天祥等均以剛正不屈著稱。蓋我縣多山，縣民梗直剛正成性，乃山川靈氣之所鍾也。

現來講述汪知府事。

明永樂間有汪某者，我不詳悉其名，知吉安府。府轄十縣，吉水其一。汪爲官不正，民間嘖有煩言，事聞於朝廷中吉安府藉諸官員，但一時亦尚無可奈何。

時任朝廷左都御史熊概係我吉水縣城東門外七里地一名曰七里村之三家小村人氏，某次返鄉省親小住。汪知府聞訊，特自四十里外治所之吉安縣城前往吉水致候。是日清晨，自吉水縣城乘轎赴七里村寓邸拜謁。我鄉人夙性節約，熊都御史亦如是，所居仍係祖遺農宅，年久陳舊未事修整。汪入，進門即爲廳堂，見凸凹不平之泥土地上，遍布雞糞，有一穿著鄉間普通舊布衣之老嫗正事打掃，群雞數十隻則在廳堂內奔馳流竄。老嫗且掃地且自大聲叱喝以驅雞群。偶舉首見有陌生人來，亦似若無睹，掃地如故，並出言責罵群雞何不速行外出。汪知府察其狀，見老嫗如此粗魯，知必家僕，但亦未敢輕慢，遂趨前詢問：

「老太婆，請問都堂大人起身未？本人爲吉安汪知府，特來向大人請安。可否請代爲通報？」

老嫗似若未聞其言，亦未稍假詞色，逕自掃地如故。稍停，汪知府再低聲重復前請後，有頃，老嫗始揚聲對一房門內大聲呼喚：

「狗仔起來了，有客人來找你。」

汪知府大驚，頓悟此老嫗必都堂大人之母或長者，一時不免稍感惶惑。但轉而再思，雖未對老婦特加敬禮，所幸亦未有片言寸行失禮之處。此時室內未有動靜，片刻後，老嫗再呼叫如前。有頃，房內始傳出咳嗽聲，老嫗遂進入該室，旋出，對汪知府言：

「我兒謂請大人先往河邊沙灘稍候。屋內此時稍有髒亂，尚未清理完竣也。」

汪知府此時大駭，始知此老嫗果係都堂大人之老母，立即肅容長揖至地曰：「感謝老夫人費心。」

七里村係一落後之小村，至今仍在，地處贛江東向支流之烏江（又名恩江）南岸。汪知府辭出，遵命遄赴河濱沙灘，兀自佇立沙灘靜候；並囑隨從於岸上遠處守望，告之曰：稍遲若遙見都堂大人來時，應速來沙灘通報云。時值長江南岸盛夏晨間八、九點鐘，艷陽斜照，晒射沙灘頗為炎熱，但汪仍遵囑枯立沙灘。初猶偶有晨風送爽，尚無大礙；續則以靜候移時，太陽早已高掛，曬射全身，汪長袍厚掛，冠服整齊，漸至汗流浹背，燠熱難忍，但仍不見此都堂大人降臨。迄近午時，仍無動靜。正遲疑間，僕從忽飛奔來報謂，都堂大人之大轎已來矣。汪引領遙望，果見一華貴大轎迤迤然自遠處來。轎抵沙灘一待停定，汪知府立即跪於沙灘，朗聲啓報職名及請安語等畢，頭額俯抵熱沙地面，肅然靜候。有頃，未聞答語，乃繼續屏息以待。良久，仍未見絲毫動靜，伏地亦未便起身，遂再度啓報。如此移時，竟迄無聲息，內心頗感詫異，且亦難免稍有不耐，遂微微仰首窺視，見轎簾下露出雙靴前端。經注視良久，未見雙靴有絲毫移動，轎內亦寂靜無聲如故。此時汪知府不僅因陽光久射全身，且沙灘之熾熱上蒸全身，復直灼雙膝，致肥胖軀體早已渾身滾燙，頭昏腦脹，難以忍受，頗疑轎中大人必已昏昏入睡。尋思再四，遂斗膽冒險爬行趨前，輕掀轎簾一小角斜窺轎內。當此一眼之瞬間，不禁立即大驚失聲呼叫，殊不知轎內竟空空根本無人也，僅置靴鞋一雙於轎簾下，顯係用以欺人者。汪知府知已受愚弄，深感羞辱，內心大憤，遂急速起身並摘下紗帽猛摜於地，以雙腳踐踏之曰：「我汪某究犯何罪耶？今日在此遭此奇恥大辱！我官可不做，但此生不雪此恨，誓不甘休！」

汪起身遂逕返任所，辭卸官職，出重金遍訪天下知名風水師，勤學苦習，遍遊天下名山勝地，研求風水來龍去脈之理。尤其易服至吉安吉水二縣境各地遍察風水龍脈來往源流，審知此一大龍係由吉安縣城內，穿越縣之東城門，出而沿江岸北行數里至騾子山，渡贛江至東岸後，仍沿江續北行約三十五里，經文峰山，越烏江至吉水縣城內，復折而東行出吉水東門城，續東過七里村後，東行直奔永豐縣境。

二十年學成，熊都堂亦早已謝世，汪遂復出重金，盡所能指名再謀得吉安知府實缺。抵任後，吉水風水來龍去脈情形既經默識瞭然於胸，乃著手對各主要關鍵穴點一一予以破壞。傳說其動作之要者有下列各項：首先，亦係令人最難置信者，將吉安城東門封閉。封閉之日，執其一子至東門城，砍子首以血洒祭城門後隨即關閉城門。汪知府並跪地祝禱曰：「有人若欲重啓此門者，必如我今日之亦殺其親子以血祭之。」次則赴距吉水縣城南方五華里之文峰山，盡砍山顛以至山麓之樹木盛草，遍山縱火焚燒，使成不毛之禿山；而後燒熔生鐵數十萬斤，自山頂往下遍灌全山。自此，文峰山遂成一長久死山矣。當澆注鐵液之時，汪知府亦伏地祝禱曰：「銅會爛，鐵會辱，五百年後會反復。」按我吉水吉安一帶數縣共同之方言土語，對鐵之生鏽，均稱之爲「辱」。「辱」即「鏽」之意，係動詞亦作名詞。故汪知府之言，意謂不至銅爛鐵鏽之日，此山當仍爲不毛之地也。

此一文采風水所繫之毛筆形山峰，既經緊閉吉安東門城以先斷其上游來龍之氣，致無文思來源，現復燒盡其筆毛（樹木茂草），致成無毛之筆，再注以鐵液，使永無生機，自不復能寫作任何文章。縣人既不復能文，則亦不能經科舉考試以獲金榜題名。因而此後約五百年間，吉水縣之人才確遠不如前之多，史冊有名者，僅有廖莊（一四〇四－一四六六），李中（一四七八－一五四二，明嘉靖），周延（一四九九－一五六一），羅洪先（一五〇四－一五六四，明世宗嘉靖），鄒元標（一五五一－一六二四，明天啓），李邦華（一五七四－一六四四，明思宗）等。李邦華以後，尤其清朝二百多年間，我吉水人士見諸史册者至爲稀少。

汪知府最後一步，則係逕赴七里村，直搗熊都堂本穴。該村風水走勢，汪知府早已默識潛認在心，確斷其龍氣所鍾，凝聚於村中熊氏宗祠大門前一小池塘，塘底隱藏有潛龍，應捉殺此潛龍爲是。是時業已深冬，池水乾涸泰半見底，僅有溼泥及水池中央低窪處處尚有少許淺水。汪遂僱壯漢多人，於月明如晝之夜，趁村人入睡，潛往臨時裝置水車，迅速抽盡池水，挖掘該池塘，果於池底中央深泥中掘得土黃色長鰻三條，攜回烹食之。當諸此行動一一完成，汪知府知吉水風水自此破壞殆盡，非數百年不能翻身，始感十年來之羞辱積恨已吐，深仇已報，心願得了，大功底成。爲免後禍，迅即辭官出遊，不知所終。

閉東門城與鐵鑄文峰山二事，係企圖以我全縣爲對象，皆用以銷毀我吉水縣之龍脈龍穴，使龍死氣絕，陷我吉水全縣受害。而事實亦確如此，約略自一四五〇年明景宗就位後景泰年間起，以至進入清光緒就位（一八七五年），期間四百餘年，確竟人才凋零，不復有往日輩出之盛。至於汪知府之在七里村熊氏宗祠門前池溏中捕抓泥鰻之舉，則純係加害於熊氏後人一家，非針對我吉水全縣。其結果，七里村（熊姓村）熊概家族後人確竟全村人丁稀微，衰敗不堪。抗戰期間，我家爲避日軍轟炸，移居吉水縣城東門外十五里地之蕭家村。每隔五、六日我必自蕭家村往返縣城購取食物等，七里村爲途中必經之地。親見其衰敗狀，至爲淒慘。民國九十三年，我家鄉有人告我，經往訪七里村，見其破敗狀更勝往昔，全村仍僅有已數百年之泥磚瓦屋三、五棟，不忍卒睹，揣想全村人口仍不逾十五、六人甚或十二、三人，均係從事耕種維生。數百年來全村幾無一知識份子，遑言高官？

我家在縣城內之巨宅曰「太史第」，係我縣名宅，其大門正對文峰山，取其文氣遙相照映加臨也。我少年時曾在宅內居住數年，閑嘗佇立大門前凝視文峰山至爲清晰，遙見山形如筆錐，確符其名。山不甚高，其時山上長年樹木青蔥，僅間有極少小塊地光禿。故文峰山早已非復不毛之筆錐矣。至於吉安之東門，則因整座城牆全毀，故東南西北各城門亦均已不存在。此乃由於十九世紀二、三十年代國共內戰，在我贛南進行武裝鬥爭多年，吉安縣城屢爲國共雙方部隊攻防據守，整座城牆全毀，寸磚不存，更無所謂城門也。而當城門遭毀之時，戰事慘烈，雙方兵卒及平民死者無數，是已由千萬父母以其千萬子女之頭顱與鮮血以祭此東城門而開啓之，豈如汪知府所言必僅砍區區一子之頭顱以祭之耶？是汪知府之惡咒與毒技已盡失其效。但七里村之潛龍三條既經汪知府捕去剝其皮食其肉，自無從復活。

自明初汪知府時起算至清光緒，尚不足汪知府五百年之咒語，而文峰山已恢復青翠如前。光緒時我曾叔祖徐道焜先生以翰林院編修任職朝廷，八國聯軍來犯時，臨危受命，任北京巡城御史，不幸於八國聯軍圍城之役殉城。先叔祖徐元誥先生，於清末旅日時參加同盟會，追隨國父從事革命。民國後，歷任上海市長（民初尚沿清制，上海市稱上海道，其行政首長稱道員，俗稱道臺者是也。是即上海市長），國民政府奠都南京，先後任最高法院院長及訓政時期立法委員等中央要職，著作甚豐。此二位乃我縣於汪知府毒手四百餘年後，首先出現之重要官吏。遙想文峰山上，蒼松翠柏，芳草綠茵，至今定必日更繁密茂盛，而原尚光禿之少部份山坡，應亦早已草木爭長矣。

汪知府故事，確有部份渲染之處，但整體有其可信之處；否則，我鄉不致流傳四百餘年之久，且婦孺皆知。我離大陸前，尚有人偶在文峰山上發現鏽爛之破碎鐵塊，亦爲事實。故事所述老媼之衣著陳舊及態度粗俗，應亦事實，因我鄉人質樸成性，確係如此；而我鄉人夙性梗直，嫉惡如仇，對欺凌黎民之貪官污吏薄施教訓，亦屬理所當然之事。何況都堂爲都察院首長，司御史風紀之專職，爲民除害，乃責之所在也。

唯有二事似應說明。一爲所謂汪知府殺其一子以祭吉安東城門之舉，難免滋人疑惑其眞實性。雖可能有各種我人所不知之特殊情形，而使其確眞有其事；但在常理常情下似較罕見。故若認爲此僅係後人附會添增誇張之詞，未爲不可。但無論此一舉動實際之有無，均無礙於汪知府與熊都堂間整體事實之存在。另一應說明者爲吉水風水遭汪知府破壞後，不復有大人物出現之語。果若如此，則又何以有明英宗天順八年（一四六四年）吉水縣水南鎭之狀元彭教出現耶？我認爲此乃因水南鎭雖屬吉水縣轄區，但地處吉水縣城以南九十里，且更在距吉水城以南四十里之吉安東門城之南方又五十里，遠在本文前述之吉水龍脈大龍所經過地帶之外，故自應較少受汪知府破壞之影響。

貳、太史第巨宅風水談

我家祖宅太史第位於吉水縣城內北區，自稱城北徐氏。大宅內外均灰白磚造厚牆，堅實厚重，牆高亦逾常，乃縣城內最大最佳建築物。初建於光緒年間我曾叔祖父道焜先生服官後。我於民國三十八年（一九四九年）離開大陸亦離開此一祖宅時，距此宅初建業已半世紀，外觀猶潔白如新，甚爲巍峨壯觀也。至執筆爲此文時，屋齡則已百年矣。小兒斯儉因工作關係，常赴世界各地及大陸參加學術研討會議，數年前奉派赴北京開會時，遵我大哥囑，曾趁便繞道前往吉水一行。返後告我，大宅及周圍附屬園地等，均非復我家所有，大宅內已由大批不識者分居，且持有所居房地之所有權，成爲其財產矣。我聞後默然無言，因縱對財產喪失一節姑且不論；但僅以我徐氏家人等竟與該屋均已不復存有任何關連一節而言，與之情感已無所繫屬，而成掃地出門情形，於心豈能不有所戚戚耶？自此稱我爲飄泊無根之人宜矣。

老來間常回顧此一大宅滄桑，發現久居其中者似均非十分發達。翰林公道焜先生三兄弟及其家屬後人，均係該宅住戶，後人亦多有誕生於該宅，並世居宅內。但至今居大宅之翰林公三兄弟後人中，僅有二兄弟尚有血裔延續香火，且此二枝後人均係早已不居住該宅者。一枝爲二房翰林公道焜續弦之原籍江蘇常州（武進）夫人，子孫繁衍。但翰林公之續弦婚禮及其所有子孫後輩之出生及成長，均不在太史第內，亦從未居住該宅，甚至更從未返回吉水縣一睹此宅面目，自始長住常州，今則散布全國各地，與太史第迄未有任何接觸。至於翰林公元配之孫我呼之爲曰昌叔，號少緒，爲我叔祖元謙公之遺腹子，出生於南昌，終身未娶，於民國八十六年（一九九七年）在臺灣金瓜石金銅礦務局退休人員宿舍中謝世。另一枝則爲屬於長房之有守兄弟三人。我於民國三十八年（一九四九年）獨身流亡來臺灣，在臺灣結婚，生三子，於此書出版時並已有孫輩四人，將來後人自必愈益繁衍，源源不絕。我長兄柏榮無子，二哥則未婚早逝。至於三房道燿公，則僅有繼承子我稱之為三爺爺或七爺爺元諧公號咸池一人，其子孫不少，但無一出生於太史第內，且均從不曾居住於該宅，畢竟亦非血裔。總而言之，至今尚有傳宗接代血裔者，僅常州元謨公及現居臺灣本人此兩枝長居在外者。至於太史第之女性後裔外嫁者，則多子孫繁衍。一為翰林公孫女燕霞姑母嫁南昌萬氏，育子女各一，且均各有子女後人現居美國，均美國公民；再為我五妹、六妹、七妹、九妹十妹等五人，依次分別出嫁山東田氏、江蘇尚氏、吉水趙氏，熊氏，及張氏五位，亦均兒女眾多，而以我苦命之七妹招弟為最。

吉水民風篤信風水。我出生於太史第，三歲隨父母居南昌八、九年；十一歲返鄉，再居太史第十六年後復離去，自此未歸。該十六年間，為時雖不短，但住學校及避日軍空襲而住鄉間者，共約十年。故實際住太史第本宅時間，數年而已。但理論上言之，當然仍以該宅為我戶籍及根本居住地。綜觀我父母、兄弟及我本人之住該宅期間，家運蹇滯，家道衰敗，家人或病或亡交尋；存者窮愁潦倒，我個人更歲月艱苦，生活顛沛，歷經折磨，不堪卒述也。及離家來臺後，海峽遙隔，雲天各別，從此心神寬暢，不復有重大憂戚，就業、進修、結婚、生子、購屋、置產、事業進步。其勢雖緩，其道雖崎嶇，但始終逐步向上，未遭重挫。雖間有崎嶇，終仍平安，有子有孫，聰明正直，聲譽良好。就目前種種情狀觀測，我及我子似將長久定居臺灣寶島，子孫綿綿，百世其昌。至於我孫輩及其後，則我難以預知其將以何地為其長居地矣。

回憶我居住太史第期間，間常獨自佇立太史第大門，縱觀雲天壯闊。面對城南五里地外之文峰山，至為清晰。山非甚高，但一峰突起，狀如筆錐。家鄉人言，我吉水代出文人學士者，因有此天生良好風水之光彩遙相照映也。太史第更特為將其大門正對山峰，意在取其秀氣直射，故我太史第後人多能文。（據云另一風水則為城內有小溪，自北而流入城中心地之鑑湖，其水道蜿蜒曲折，盤旋成一「文」字形，故吉水縣又別名「文水」云。我於抗戰期間家居時，經常步經此溪水兩旁，但迄未能確認其「文」

字形，吉水別名文水誠爲事實，但究何所據而云，則非所知。抑或另有所本乎？）

我於稍具淺薄風水常識後，偶不免忖想，以文峰山之鋒銳而正對太史第，有無氣勢稍厲之慮乎？此外，復聞鄉人有言，太史第巨宅前排正面大門整道磚牆左右長度，較該宅後排整道磚牆左右長度爲長，致整個宅第成前寬後窄狀，類類某物，似非吉祥云云。我初漫然未之信。後思想至再，不欲長久滋疑於心，曾抽暇持器親加丈量，證明前牆竟確較後牆長約一尺有餘。經細思後，我認爲縱有迷信之說，但由於前牆長於後牆者僅尺餘，至爲細微，難謂果類似某物，且縱能爲患，患亦應不大；尤其至今，則其居留者早已悉皆非我族類，屋亦非復我有，我等已與之無緣，其患當然亦已不及於我徐氏家族矣。

此一現象，如謂係因於施工手民粗心，似難取信，因築屋必先行丈量明確以定位，打下標木，定下基點，而後始行施工，何致有前寬後窄之誤？然則係工人出於妒嫉之心耶？抑或需索未遂而報復耶？均不可知。但因國家大局變化，政局變動，在此屋引致不幸後，無意中產生之大幸，則爲該宅已非復我徐家所有之財產矣。故其風水縱確有任何不宜之處，亦非復得有所加於我兄弟姐妹及我後人矣。猶有甚者，何況太史第之後人子孫，不僅現已不復有任何一人留居該宅，且上文所述兩枝子孫中，我之子孫更無一人出生於該宅，皆出生於臺灣；常州一枝後人亦皆出生於該宅第之外，更與該宅完全無關。感謝上蒼！

參、奶爹陳立生先生

陳立生先生，吉水縣八都鄉人。

民國十一年（一九二二年）我大哥柏榮（柏容）誕生，我母缺奶，承陳立生先生妻室為大哥哺乳，遵我鄉人習慣，尊稱之為奶媽，立生先生為奶爹。

民國一〇年代（一九二〇年代），中共在我贛南發動革命。我家係書香世家，被列為地方有「勢」之家庭；復有祖傳薄田數畝，乃有「土」有「錢」之地主，而此種家庭，一律列為地方紳士。依當時武斷性評判標準：「有土皆豪，無紳不劣。」所謂「有錢有勢」之我家，遂被列為「土豪劣紳」，而成革命對象。實則我家決非土豪劣紳，除有薄田數畝外，在當地毫無勢力之可言。但追隨中共之群衆，在我家大門外搖旗吶喊：「打土豪，分田地。」我父其時甫逾二十，知不能居留，遂舉家赴南昌，連同我兄弟三人，全家五口，賃屋而居，悉賴我父任公職之薄俸維生，舉凡全家食衣住行及教育費用等，悉出於此。

祖遺田地分散家鄉數地，每至秋後應往收取田租，冬日則往油山收取油租，年終則收取旱（園）地年租及魚池年租，每月尚有吉水街上我家所有之店房亦應收租。各項收租之舉，不僅需要時間親赴，且須平時管理。收田租與油租應下鄉赴各地田莊，悉賴步行，有時一地數十里之遙；尤其因油山，承租人居住深山谷中，更必翻山越嶺以往，均頗勞累費神。但最重要者皆為擇定妥人承租之舉，如遇不妥之佃農與租戶，又應妥為處理。諸此事項，原本均由我父任之。自舉家赴南昌後，家鄉累年烽火連天，遂悉委請之於奶爹，一切唯奶爹決定處理。詳細情形如何，我父從不過問；對奶爹之所有處置，亦從未聞我父有何意見。父母談論家務時，我兄弟在旁做功課，輒得聞所談。記憶中，亦從未聞父母有一語批評奶爹處理之不當者。有一事因頗有趣，故印象甚深。某次需復信奶爹，由我母口授，我大哥筆錄，並以我大哥名義繕正發出。我母當時叮囑大哥，信函起首稱呼「奶爹」，切不可按一般習慣在奶爹二字下加兩點式冒號，有如下式：「奶爹：」，以免奶爹讀信時誤讀爲「奶爹爹」云。我當時旁聽，立即失笑。至今思及仍不禁莞爾，深感我母能詩能文，早在斯時竟即熟知新式標點之使用，且細心慎重如此。而奶爹之國文程度尚非甚高，亦可從此想見。

民國二十三年（一九三四年冬），我母棄世，我父每日赴法院上班，我等兄弟三人生活衣食與起居，均失照料堪虞；我母遺腹雙胞胎妹二人尚僅數月，則付資委送南昌當地一奶媽家照料。次年，我父復奉調贛東河口，將赴就職，我與二哥則於該年暑間畢業於南昌天后宮小學。在此問題重重交迫之下，我父規劃，不得不作全家分散之處理。於是速函奶爹赴南昌，來攜我與二哥先赴吉安外祖父家暫住。次年復賴奶爹赴吉安攜同我兄弟二人回吉水縣，並安排暫住老徐家一遠房本家長輩處，一日三餐則再三更易付費寄食之所，亦均奶爹代爲安排。但奶爹自家八都鄉遠在縣城四十里外，當其每爲我兄弟作任何安排，均必須步行往返八都鄉，來往八十華里，以便照料其自有田地耕稼，不能長留吉水城內照料我兄弟。所幸數月後，我家太史第左半邊之四合院一棟已由我父具資修繕完竣，太婆亦返吉水，我兄弟遂隨同太婆，三人同在太史第居住，自此始結束爲時約半年之遊蕩生活。民國二十六年抗戰爆發，我父亦攜同繼母及五妹回吉水養病，全家遂得重聚。僅大哥尚在南昌繼續高中學業。

我父決定，自是年起，請奶爹每年秋後來吉水縣城，攜我下鄉隨同收租，以資見習。自是以迄民國三十八年（一九四九年）四月我離開江西來臺，十餘年間每年我均隨同奶爹下鄉收租。收租之行，大致在陰曆七月下旬或八月上旬開始，因需赴田莊數地，每去一地後，有時亦返太史第家中少憩數日，而後再出發，端視奶爹時間決定，我從無意見。每年如此，牽延匝月始畢。

收租期間係擇在早稻收割完畢後，農戶短期小休期間。屆時我必攜帶田租簿冊，隨同奶爹巡赴各田莊。每至一地，約需停留一星期至十天左右，均住各該村內我家自有莊屋中。所稱莊屋，即在每一我有田地集中地購備一般民間住屋一棟，且屋內必有一谷倉，以儲藏在當地所收之租谷。另並商請一農戶居住其中，負責看守倉庫。相互均不需支付任何費用。收租期中，奶爹與我每晨自莊屋出發赴佃戶家，守莊人不伴隨。到佃農家後，彼此甚爲親切，互道久別平安，並賀豐收。有時亦問候家庭可資慶賀之事，相互確均有老友重逢之情，甚爲愉快。經雙方當面將稻谷用「桶」量明（桶係我家鄉通用之量器，每桶二斗五升，四桶爲一石），倒入谷籮內，隨即由該佃農及其家人負責挑送至我莊屋，倒入谷倉中。一家收妥，即續赴第二家，如此遂家進行，每日約可收六、七、八戶。當在佃農家時，第一年奶爹向佃農介紹我此一新來之少年，稱我爲三少爺，而後奶爹仍如往例逕自進行其收租之步驟，以示範於我。次年，奶爹遂於出發前先告我，一切由我主持進行，彼必始終陪伴，僅於必要時提供意見；我有不知時，亦可隨時詢問云。至第三年，我遂完全熟悉矣。但此後每年仍承其陪同不輟。

雖我年僅十三、四，但奶爹對我仍有合理之尊重。凡我二人同時在場時，奶爹對任何事絕不先作主張，必靜候我之表示；若我躊躇不作表示，始催詢我意見；如我意見不妥或欠週全時，亦必有一、二語稍作原則性之提示，仍留待我決定處理。我所作之決定，有時奶爹雖不甚以爲然，亦罕有當場表示異議，僅偶於事後對我略表不滿，且我常覺其不滿者爲有理。但若事關重大，則奶爹必立即出而阻止之，亦不肯做鄉愿默爾而息也。至今思之，我之作爲，實不乏不盡得當者，但奶爹多有寬容。至於若有事情發生而我不在場時，奶爹從不虛作謙讓，必逕行決定處理，如係較重要事項，事後必迅即見告。凡此種種，實我吉水文章節義之邦敦厚民風之具體表現，令我永深感念，求之今日他處他人，已不可得矣。

依我家鄉風俗，無論貧富，亦無論勞心或勞力家庭，每日均僅午前及晚間進用二餐。收租期間，凡承租稻田數量較多之佃農，佃戶與地主雙方多先約定，地主前來收租時，佃農應置備酒菜一桌，稱爲「租飯」，招待地主共同進用。爲免菜飯過於粗劣起見，故且大致約定最低菜色，例如：「酒肉魚等六大碗」；承租稻田較少者，則無需有此。因此，每一田莊所在地區，大致共有五、六餐租飯之招待，我與奶爹大概每日可接受一處租飯。其爲午餐或晚餐，端視佃農之方便而定，我與奶爹通常無意見。此種租飯，多有我家鄉習慣做法之炒雞塊、青蒜炒肉片，紅燒魚，及二、三式其他菜肴。照我家鄉習俗，家庭平日自用晚餐亦必有酒，且均爲自釀之冬酒。暑間天熱，佃農有時用小桌將酒菜安排在大門外露天，我亦效農人習慣，赤膊短褲，並提起一腿將腳板踏放所坐板凳上，與農人無異。我頗健談能飲，海闊天空，無所不談，賓主毫無隔閡，常能盡歡。我此種行事，發乎天性，甚能與佃農打成一片，甚得佃農好感。

有時佃戶所備菜肴較爲簡單，甚至近乎草率，我默憐其必係拮据，亦不以爲意；而奶爹則認爲不僅有違約定，且有輕視地主之嫌，而我竟從無一言，頗爲不滿。奶爹當時雖亦默然無所表示，但事後亦有時明白對我抱怨，謂我懦弱易欺，以後將必不受佃戶尊重，有失顏面云。我對奶爹之言詞，無論是否同意，聽後向不辯論，且多尊重，並接受照辦；唯獨對租飯之事，始終含糊以處之。因我認爲，無論如何，此畢竟係佃戶之招待，天下豈有客人批評主人備菜欠豐之事耶？故實難啓齒批評菜色也。但以此事爲例，足以說明我與奶爹雖不盡一致，相處仍甚爲融洽之關係狀態。

實則奶爹並非事事不作主張，若干事項如其認爲正確無疑，亦必逕行決定並進行辦理，並不詢問我父子意見，我父與我亦從無不快之感或有所抱怨，更無當時或事後予以改變其決定之舉，我家亦從未因奶爹之逕行決定而受有任何損失或傷害。此類家庭財務管理之事，每年除秋收之外，尚有冬收亦同樣需下鄉辦理。我家鄉稻田每年二收，晚稻於陰曆九、十月間收割。故我等可在陰曆十一月間下鄉。但並非每一佃戶均須繳付冬租，因亦有少部分田地不宜於種植晚稻者。無論下鄉收田租或收油租或其他事項，屆期每至適當時間，奶爹均必自動來縣城與我會合，再一同出發，事先既從不約定，屆期亦從未有誤。此外，如我另有其他事項而認爲必要時，亦必函請奶爹前來縣城商量，奶爹亦必盡可能迅速到來。間或奶爹自身有事來到縣城，當然亦必來我家，且照例住宿我家並在我家用餐。且無論何時，來我家必自行上街採買所喜愛之酒菜魚肉，我家必先強其接受購酒菜之費用，奶爹於稍加推辭後亦欣然接受。其時我家無佣人，採購回來，並自動烹飪，與我等共食。當其發覺菜肴過淡，必立即加注醬油，亦從不先徵詢我等意見。我家鄉民間習俗均慣食偏鹹口味，故縱偶有過鹹時亦相安。

奶爹家庭及財務情形如何，我無所知，亦從未詢問。但爲時既久，漸覺似爲一小地主兼半自耕農，並以部分田地出租佃農耕種。奶爹能讀能寫，但均限於通順達意程度，並可採鄉間舊格式記帳，所記明確清楚；爲人直率坦誠，木訥寡言，不知虛假，但雙目有神，顯示其頭腦甚好；與我家兩代相處，從無不快。雖從未聞其對我父子有何閒言；但亦從未聞其對我父曾有禮貌性問候，更從不曾有片言恭維，亦從不對我父鞠躬。但我確知其甚尊敬我父，甚至亦尊重我此一晚輩少年。奶爹通常均稱我爲三少爺，有時亦直呼我乳名淦榮，我當然均稱之爲奶爹。旁觀者均甚易獲一印象，奶爹潛意識中，係完全認同我家，並以我兄弟之長輩自居，似亦以我家一份子自居。而我徐氏家族及其他熟悉人士，亦視其爲我家一份子，毫不置疑。歷年來，奶爹從不曾向我父提出任何精神、物質或金錢要求，亦不曾有任何託辦之事；我家任何人亦從不曾對其有片言表達感謝之意，我更確知我家從未對其有任何金錢或物質贈與之舉，或給予任何實質利益。我曾思及此種情況，忖想果若有朝一日，我家竟贈予金錢或物質，確信定必遭其拒絕，甚至必使其感覺見外或遭受侮辱。奶爹與我家關係，殆爲自始即互有之認同，一切均能彼此默契，故無待多言也。我常認爲，此種型態之親切關係，完全建立於道義基礎之上，純係我吉水農業社會質樸地區忠厚傳統之部分，求之當今社會，絕屬稀有。老來思往，對奶爹永懷感激之忱，特爲之記述於此。

肆、從小有志獻身家鄉建設

民國十五年（一九二六年）我三歲時，隨父母離開故鄉吉水縣，移居到幾百里外的江西省會南昌。十年後，民國二十四年（一九三五年）十一歲時我小學畢業，回吉水居住，後來抗戰爆發再度回到吉水。因母喪後家務乏人照料，只好由我這名小孩來管理我家財產，除了要每年下鄉收租外，並且平時還要操持家務，都與民間多所接觸。又因為要走避日本飛機轟炸，而奉父遷居鄉村多年。因為這種種機緣，我得深入民間，確實了解到許多民間疾苦。

中國共產黨於民國十五、六年間在我贛南展開革命，統治贛南各縣多年，在地方進行各種鬥爭整肅運動，我家鄉人口為之大減。後來國民黨軍隊三次進行圍剿，共軍於是決計將其根據地移往華北，開始有名的二萬五千里長征。我家鄉大量少壯都隨共軍北去，留在贛南廣大鄉野的都是老弱婦孺和殘病。接著不到幾年，就爆發了全民對日抗戰。就在這種情況下，我再度回到了家鄉。

我所看見的吉水鄉村，人民生活十分艱苦淒慘。許多村莊都剩下沒有幾戶，大多是由幾棟破敗泥磚牆構成的村子，常常只殘存十多二十名老弱婦孺，村子大門口都長滿了野草也無人去清除。偶然有三、兩位中年男子勉強從事耕種，卻大都是瘧疾纏身，面黃肌瘦，滿臉病容，衰弱不堪。尤其許多村民雙腿腫大發黑，變成小樹幹形狀，潰爛處並且流出膿水，卻無錢去醫治。我現今回想，這一定就是現在臺灣所稱的烏腳病，但是卻還是必須要赤腳下田，將腫大潰爛的雙腳泡在泥水裡，以致潰爛得更厲害，幾乎永無痊癒的可能。看後令人實在於心不忍。

在這種人力極度缺乏情形下，許多田地耕種得都不是很好，甚至村子大門口的良田也沒人去耕種，所以糧食產量隨之也大為降低。農夫回到家裡，兩夫妻晚餐的菜常常只是一碗沒有油的青辣椒炒鹹蘿蔔乾，而且這碗辣椒還必須節省地要吃至少兩、三天之久。他們秋收後的第一件事，就是清還過去一年裡所欠別人的稻谷，這一清還，幾乎花去了全部收穫量的一半以上。而全家一切喫用所需，就都要倚賴所剩下的少量稻谷，以致常常不到舊曆年底就已經光了。於是只好又向人新借稻谷度日，到下一次秋收後再清還。週而復始，年年如此。這就是大家都知道的那句老語「寅喫卯糧」的實際情形。

到了十月後，田裡的事不多了，除了利用空閑在田裡種些油菜或其他菜蔬外，也必需上山去砍柴儲存以供自家全年炊爨之用。但有時也會挑一、兩擔柴去吉水縣城或是鎮上當墟日出賣，換幾個錢來買點鹹蘿蔔乾和拜拜用的香燭鞭炮帶回家交給妻子。我曾不止一次暗地裡替他們計算過，砍一擔木棍柴必須到遠處高山上去才行，來往途程加上砍柴所費都是大半天時間，甚至有時需要將近一整天才行；然後挑去縣城出賣又需要一天。但是一擔柴只能賣得銀元五角左右，微少得可憐。我想，光就他挑運這擔柴而言，已經十分辛苦了，一擔柴從山上遠遠挑回家，然後挑去縣城出賣，最後還要挑送到買主的家，就憑這三次挑運的勞力和時間而言，至少也可值銀元一元，何況還有木棍柴本身的價值呢？但是上天卻只給他五毛錢！實在太不公平，也太可憐了！但是我卻從來沒有聽見他們任何人曾經對這種情形或其他類似情形有過半句抱怨話，甚至可能他們還沒想到過我現在所說的這些觀念呢。

我們吉水縣域不算小，從縣城向東走九十里是所屬的冠山鄉，再前進十多二十里才是永豐縣境；縣城向西走六十里是縣屬的阜田鎮，再過去若干里才是吉安縣境。所以東西寬約一百七、八十里。至於南北的長度，從北邊的八都鄉以北，到南邊的水南鎮以南，也有一百七、八十里。其中從縣城向東都是大山，尤其冠山一帶更是叢山峻嶺。我們吉水最落後的情形是交通極端不方便，以致成爲各方面都十分落後的根本原因。具體情形是，當中共還在我們贛南停留的時期裡，雖然政府軍在縣境內修了很多簡陋的軍用泥土公路，但是我住家鄉十年期間所見，卻從不曾看見全縣有過半部公私運輸用的汽車。長途公路雖然也經過縣境，但卻沒有車站供旅客上下車。輪船雖然也在贛江中行駛經過吉水，但也不在我們縣城設有上下船的碼頭。至於沒有火車、飛機更是不用說了。在這種情形下，人與貨所使用的交通工具只有四種：一爲步行。二爲人力挑運。三爲獨輪車運送。四爲小型木帆船。其中帆船可行駛的水路，只有南北方向的贛江和從東邊冠山山區西流抵縣城流入贛江的小河烏江（恩江），都可用以運貨物出縣境去售賣，但卻大多都是些小帆船。至於使用挑運和獨輪車，實在都太落後也太辛苦了，運量非常小而緩慢，成本更是太高，價值也就很低。因而境內山區中有許多很有價值的產品，例如紙張，竹製品，農產品等，產量都不小，但卻都無從運輸出來。縣境內其他地區所產的大量柑橘、李、西瓜、瓜子、筍乾、樟腦、薄荷油、木材、竹材及其他多種農產品等，都不能運外銷售，而只好等待收購商來低價收購去轉售謀利。我常歎息，我們家鄉可憐的農民眞不知是在爲誰辛苦爲誰忙？天賜豐裕資產，卻廉價送給別人賺錢。十分悲哀！

至於佃農，因爲我是地主，除了每年秋收後要去收租外，平時也還經常要和他們直接面對，也去他們家，也和他們坐在一起喝酒喫飯，和他們講笑話。他們對我們書香世家子弟很敬重，儘管我只有十三、四歲，但言談態度中卻完全把我當大人看待，尊稱我爲三少爺。儘管如此，我卻總是把他們當兄弟老大哥看待，我和他們坐在一起喝酒時，必定光著上身打著赤膊，頸子上也掛一條擦汗的毛巾，還把一隻腿提起來放在坐凳上，大口喝酒划拳。他們到縣城來的時候，有時會來拜託我們替他們辦事，我當然是樂意替他們辦，如果是没事而肯路過我家時，我們一定同樣也誠懇留下他們喫午餐。我敢直率說佃農對我家這種地主絕無絲毫怨恨或仇視，我深切瞭解他們內心決無絲毫要革我們命的思想；而我對他們根本談不到喜不喜歡，內心只有感謝他們肯承租代耕我們的田地。事實上，我是很喜歡他們的樸實與直率，就像我自己也樸實直率一樣。我們吉水多山，交通不便，地方人民共同性格就是如此，所以相互間感情很好，我對他們的情形實在太了解。

重要的是我的想法：我常想，我是地主，自始至終任何時間，以至每年秋收前後全年，我都決不曾爲我家所有的任何一塊田地做過任何勞動照顧工作，也不曾爲我家田地投下分文金錢去改善，但是每年秋收後，我卻必定去收田租，儘管租率不僅很公道，絕無過重而剝削佃農的情形，而且所收來的租谷數量不足以繳納戰時政府對我們所索取的徵購徵實稻谷數量（詳情參閱本書第二編「六個危機」第貳章「黑暗十年」中第十節「窮困拮据的十年」），而且我也知道，當初這些土地更是我家祖先用自己正當所得的錢購買，是一種公道合法的投資行爲，現在向佃農收田租，是規規矩矩收取投資的年息的行爲，決非搶奪敲詐；但是我仍然常常覺得，我們地主畢竟是不勞而獲。恰巧那時我讀到托爾斯泰的名著「復活」，深受其影響，久而久之，內心裡就產生了一種要把田地分送給佃農的強烈思想。但是當後來進一步再細想時，我才發現，這田地不是我的，而是我全家的，只有我父親可以決定去處分它。更何況那時我們全家毫無任何人有生產力，無論是臥病在床者的醫葯費或全家大小的活命錢，還都要完全要依賴我從不完全繳清田賦稅而強行剋扣下來的一點點田租殘餘來支持。如果沒有了田地，那全家除了自殺外別無他途。因此，我沒有勇氣去推動這件良心上認爲該做的事情。

但是後來我想，我至少可以盡力從其他方面去改善農民的生活呀。

我家那棟巨宅太史第東鄰就是「仁文書院」，是縣城裡僅次於我家太史第的大建築，屬於縣有財產。那時候的縣長是一名官僚作風的留英學生，他到任後把縣政府從原來市中心區較小的房子裡搬來仁文書院，於是縣政府就成爲我家鄰居。我這名十三、四歲的小孩幾乎每天看見這些官僚進進出出，心裡常常想，他們長年如此忙忙碌碌，究竟在忙些什麼呢？農民老百姓窮苦不堪，他們知不知道呢？如果知道，他們爲何不想想辦法去改善呢？這時我不禁想起了歷史上我們江西的大政治家王安石在他的大文「賣柑者言」中所描寫的名句，那些官兒們外貌確實是「巍巍乎廟堂之器也」。而且實際上一名縣長確實也是大權在握，可做的事情太多了，但是他爲什麼不做呢？所以我對他們很失望。我想，他們能少去魚肉可憐的平民就算不錯了，還能指望他們有什麼幫助農民的作爲嗎？

因此，我幼小的心靈裡這時興起了一個強烈願望，我如果想要對家鄉有所作爲，要解救我家鄉可憐的農民，就必須要有權力，能夠最直接有效改善吉水縣境況的權力就是最好去做縣長。因此，將來我一定要做吉水縣長，以便能夠努力從事建設全縣，讓我們的父老和可憐的農民都能健康愉快地活得很好。

至於要怎麼建設呢？我那時太小了，起初還想不到這些具體的事情。等到我進入國立十三中學高中，讀到國父的「地方自治實行法」後，才十分高興知道了建設地方首先要做的六件事是清戶口、立學校、修道路等等，從此以後，我有空時都會想到這些事情，並且隨時隨地實地觀察別人在怎麼做。來臺灣後，首先引起我注意的是南北縱貫線火車。我看見火車班次密集，每個小鎮都有站，也都停車，票價低廉。平快車上永遠擠滿了人，尤其百分之五十以上的乘客都是來自鄉村的平民，他們全部都是穿了家常舊衣和木板拖鞋，挑了兩個大袋子或是提了一個籃子，帶些土產到大都市去賣。男男女女到了臺北或其他大都市後，絕對沒有絲毫畏懼之色，大大方方地都拖著木板鞋下車，在大街上梯拖梯拖地走著，左顧右盼，笑談自若。我心中大喜，羨慕得不得了，心想，我就希望將來我家鄉農民也都能像這樣，只要花兩三毛錢，就可以毫不費力地隨時抱了一兩隻老母雞或是一籃蕃薯葉來臺北賣錢，再也不必受中間商的剝削了。

後來我到員林中學教書，偶然乘坐臺糖公司的小火車去溪湖，立刻就確認，這種小火車正是將來我吉水縣應該興築的縣有地區鐵路。小火車的好處很多，興建費低廉，舖設遠較容易，可以深入山區，對於偏僻地區的產物外運非常便利。

第二件最引起我注意的是臺灣的小學非常普遍。我在臺灣中南部工作而且未婚的那幾年裡，每個星期日都喜歡獨自乘火車去一個小鎮散步，而且必定去那小鎮上的小學和菜市場散步觀覽爲樂。我可確切地說，幾乎每一個小鎮都有至少一間小學，而且建築得很好。這更使我體認和悟解到，交通和教育確實是地方建設的基本施政。

我當然看見陳誠任省主席期間治理臺灣省的種種興革，都十分有價值而且敬佩。也注意了後來政府所做種種有關國內建設的措施，而且都牢記在心頭。例如重要事情之一是從事建設必需要有建設資本。在二十世紀四十年代前後那些歲月裡，臺灣致力經濟建設起步時期，政府和民間的資本都很有限，以致最重要課題之一就是經濟建設的「資本形成」。大家也許已經忘了，爲了促成資本的迅速形成，那時候老成謀國的蔣夢麟先生報告他的研究結果說，臺灣人口的增加率太高，一年所增加的人口數量相當於一個高雄市人口，把增加的物資都吃光用光了，以改資本無從形成。所以他呼籲節育，以免我們努力增產所得，還不夠被增加人口喫光，以致資本永遠也不能形成。當時政府也開建股票市場，提倡發行股票，以利股票公開發售，形成資本，以利成立大量民營的所謂「大衆公司（public company）」。至於政府制定例如「鼓勵投資條例」，及其他許多幫助資本累積形成的辦法，也都是十分重要，我當然也都注意到了。

做我家吉水縣長，以便可以有效致力建設家鄉，改善我窮苦可憐的父老農民生活，這是一個我未了，也未實現，而且現在可以確定永遠也不會實現的夢。不光是因爲大陸的政治情勢使我不能實現這個夢，也是因爲我自己已老，不能再去實現這個夢了。人生想做而不能做的事情太多，但這件事卻是我生命中最重要的一件。

每當我獨自靜坐時，仍然還看見我家鄉吉水農民那種樸實勤勞卻痛苦無告的面貌。

伍、天生熱心為同學服務

根據我長期觀察與親身了解，習慣所稱之「學生領袖」，乃一名實不符之詞。名爲學生領袖，實際只是一種純粹服務性質工作，領袖成份十分稀少。因爲一般群衆領袖原本即非眞正享有權力，縱有之亦爲量極少，學生領袖尤乏眞正權力。因爲被稱爲「學生領袖」者，最多僅能因勢利導學生群衆，甚少可能有效左右甚或支配領導學生意見，亦無任何學生甘願被任何所謂「學生領袖」所左右。主要原因是學生青年平均知識水準均高，且人人卓越不凡而自負，無人甘願自承可被任何所謂「領袖」者所領導。

但散漫之學生群衆意見分散，他人無從與之一一個別直接溝通；反之，散漫之學生群衆亦無法有效傳達共同意見予他人。此外，復爲避免群衆遭受誤導及被假借意見起見，更有必要推舉差可信賴之代表人以爲群衆服務。所謂「學生領袖」之仍然產生者，實由於此。此種無名無利復無實權之服務職務，即「學生領袖」是也。故並非人人皆樂於費時費力爲之。

但下列二事無庸否認：（一）此當然係一榮譽職。此處所謂榮譽，乃指僅有榮譽但無權力與物質報酬之意。（二）不肖之學生領袖，有時確亦有可能利用其便利而欺騙或誤導同學。至於永遠有人樂此不疲者，雖係基於榮譽，但細察後必能發現，其內心深處實亦有見義勇爲以及推己及人之服務群衆熱忱。

就我以往生命歷程觀之，我似天生樂於爲同學服務。我自問亦確有此熱忱。

我多年失學在家，均在孤寂中度過，精神常處於重大壓抑下，養成內向習性。後讀初中，絕無成爲學生領袖念頭。但初一時，學校軍訓教官劉某滿臉橫肉，刻薄兇暴，惡毒無比，常以細事而重責學生當衆罰跪，且迫使在飯廳用餐時間當衆跪於飯桶前，不令進餐。學生皆畏之如虎，群情激憤，恨之入骨而不敢言。如此積壓一學期有半，於第二學期中途時，學生終難再忍，起而反抗，擁我領導，發起護校運動，呼籲改善，別無其他具體要求。事後縣長兼校長率兵來校，意在捕我等禍首，幸校務主任張勳揚、訓導主任戴老師，及諸教師極力庇護，我等竟均得免於懲罰。自此，我遂自然成爲全校同學當然之精神指標。

初中二年級時，學校爲期疏導學生，主動准許組織學生自治會。名爲選舉，實則學校仍居後影響，新任校務主任陳皎先生以我爲全校成績最優學生，衆望所在，主張我應爲自治會主席，力勸我參選。我遂以無競爭當選，得票甚高。原爲學潮頭目之我，竟一變而爲法定學生領袖，受師生一致歡迎，成爲學校創立以來，第一任學生自治會主席，任期一年。誠亦奇蹟。

高中在國立十三中學時，同學皆當時東南各省青年精英，人人優秀，我此一來自山中學校之土包子學生，學業成績並非十分前茅，課外活動又遠不如其他同學之生動能幹，本不敢競爭。但我有一長處，文學作品經常刊載於各大報紙，故亦非完全没没無聞之徒。同學慫恿我參加學校最大社團「藝風社」後，竟在衆強爭持互不相讓之僵局情形下，矛盾夾縫之中，被迫受邀不競而當選爲社長，是又一奇蹟。

後就讀中正大學，參加若干學生社團，雖未當選任何社團主持人或負責人，但頗爲同學所推崇。

啓程赴臺灣之晨，同行同學分別自行赴南昌火車南站。至站後始知已多日無列車開出，致滯留月臺之人潮洶湧，嘈雜喧嘩不堪，群衆中謠言盛行。我在月臺漫行數十分鐘，東看西聽，靜聽細問，從所得模糊印象中，悟解其中必有蹊蹺，進而深思果斷，認爲非有非常手段必不能解決。遂糾集同學七、八人，兩度脅迫該一大有問題之站長，終獲開車。滯留月臺之逾萬旅客爲之一空，皆得離開此一危城。同行同學一百餘人及與我等同行之中正大學兩位教授當然亦全部上車，但十之八、九不知是我之功勞，月臺上其他不識之旅客則更無論矣。此事經過已詳敘於本書「第二編六個危機」之「肆、背井離鄉大流亡」一文中，請參閱。

來臺任職若干年後，再行入學，就讀政治大學研究所。此時已稍有閱歷，深悔往昔浪費於學生活動之時間太多，能再入校讀書不易，知應珍惜，故絕無意於再從事任何課外活動。入學首年，全校尚僅有四個研究所學生各一班，並無大學部。其時學校希望研究部學生組織一種名為「研究生幹事會」之組織，用以取代往昔之學生自治會，以為學生與學校間之法定溝通管道。其組織甚為簡單，全校四個研究所，每所尚僅各有一年級學生一班，四班共計五十六人，每班應選班幹事一人（取代往昔級長或班長或班代表之職務），除為各自本班服務外，四名幹事並共同組成全校「研究生幹事會」，但以全體研究生皆為選民而在四名班幹事之外另行普選產生總幹事一人，為幹事會負責人及幹事會議主席。經投票結果，我又不競而獲當選為總幹事。

政大研究所畢業後，歷史悠久之「國立政治大學校友會」雖甚健全，但我認為校友眾多，組織過於龐大，在臺復校後之新卒業研究生似可另有小型聯誼組織，以便聯絡感情。此一觀念經非正式商之於畢業研究生多人，多表贊成，未聞反對；於是乃發起以每數月不定期聚餐一次方式進行。後續有第二屆及第三屆同學畢業，亦各有類似組織。有人主張此一、二、三屆除各有其單獨之聯誼組織外，並可有三屆之共同聯誼組織。於是復有一、二、三屆合併之小型聯誼組織。而先後此兩種聯誼組織，均承同學指命有守辦理聯絡工作，我亦不辭，以能為同學服務為榮。如此持續將近半個世紀，至民國九十一年（二〇〇二年），我因老病，始公開請得同學同意，辭去此一聯絡人之責。

陸、苦悶的象徵

我同意日本文學家廚川白村所說，文學作品是「苦悶的象徵」。依我的解釋，他所說的苦悶，倒並不一定是只指那種深沉痛苦的苦悶，應該是也包括一般的鬱積情緒，或只不過是積儲在內心的一些明確想法。所以他的意思大概是說，人因爲有所感觸，鬱積在心要說出來，有如我國人所說：「骨鯁在喉，一吐爲快。」當其形之於文字表現出來成爲文學作品時，就把鬱積的苦悶情緒轉化成具體文字徵象了。這種說法，似乎也與我們古人所說「文窮而後工」的本意相通。唯其窮，才有鬱悶；唯其鬱悶，才能眞情流露，而非矯情或無病呻吟。這情形也符合了古人所說「文到眞時不見才」的眞諦。因爲眞情的流露出乎自然而感人，用不著再憑人功文才去雕琢而已勝過人功文才。總而言之，以上各種從各個不同角度出發的措詞雖有不同，但道理還只是一個，所指本質也是相同的，彼此都是相通的。

我說這些話，實際目的都是在想說明我個人下述的情形：無論起因於國家社會，或起因於一己個人，現實生活的不幸或不順利，有助於人之眞情流露而成文。大文學家傳世之作固然如此，例如屈原的「離騷」和曹子建的「豆箕歌」；而常人偶爾之作同樣也如此，例如沈三白的「浮生六記」；甚至原本一字不識後來竟意外成爲禪宗六祖的惠能，他所作的一些禪偈也無不如此，諸如此類，比比皆是。

家兄徐柏容和我少年時從事文學寫作的原因，我認爲也都是起源於苦悶。

我們兄弟有幸，早年先後都在國立中正大學（江西）畢業，很巧合，家兄是第一屆民國二十九年級（一九四〇年入學）經濟系畢業生；我則是最後一屆民國三十四年級（一九四五年入學）政治系畢業生。如今兩人都已年逾八十了。我畢業來臺灣後，一轉眼就是半個世紀。江湖幾番風雨，海峽間有浪濤，兩岸相隔，彼此全無音訊。近年因爲可以探親，也可以寄信，這才取得聯繫，得以了解彼此情況，悲喜交集，所歉只是我迄未能赴大陸爲我父我母清掃墓頭蔓草。這是因爲前則身爲政務職公務員，依照規定不得前往；續則退職後腿骨折斷不良於行。

民國八十八年（一九九九年）冬，在臺灣復校的國立中正大學舉辦兩岸學術研討會，學校邀請家兄來臺參加這一盛會，因此，兄弟才得重晤。但早在那年夏天，兄弟經函件往返商定，並且已先進行，把兩人多年來的詩作各選出部份，合編成册，名之爲「棣華詩集」，由臺灣商務印書館在民國八十八年（一九九九年）十二月出版了。我們兄弟爲這本詩集各寫了一篇約一、兩萬字的長序，文中不僅是各自討論到對詩的觀點，更談到我們各自寫詩的環境和心情，回憶了我們各自從事寫詩的「心路歷程」（這是臺灣已流行約三十年的一句用語），相當詳明剴切。原本不自覺的一些事情，這才因寫序而回憶而浮現，更從而顯著，我這也才自悟我們兩人都是在極端艱難困苦環境下開始文學生涯的。所寫的詩雖然自己不敢說好，但是至少每一句每一行，都無不眞情流露，充滿熱忱。

我們兄弟出生於江西省吉水縣一個書香世家，祖上道焜先生翰林出身，曾任御史。八國聯軍之役，奉命以北京的「巡城御史」職務留守北京城，竟殉國殉城。留下習俗稱爲祭田的幾畝薄田，本來可供後人祭祖及學費所需。但是由於時代巨變，國亂家難相尋，直接促使我們家道中落。先是從民國十四年（一九二五年）以至民國二十二年（一九三三年）期間，連續八、九年的國內相互軍事攻伐，已使鄉間人丁大爲減少，我們贛南有些地方甚至村前大門口的良田都無人耕種；後來又自民國二十四年（一九三五年）起，經過八年抗戰，以至民國三十四、五年（一九四五、六年）勝利，更是我們家庭的「黑暗時期」。抗戰期間，政府實施田賦徵購徵實政策，稅負奇重，使我家田租收入遠不足繳納賦稅，以致不僅不能依賴田租維生，反而田地成爲可怕負累。加上家運蹇滯，期間家母、家二兄、八舍妹及繼母等四人，先後謝世；六妹、八妹又以奇異遭遇而分別離家成爲異姓兒女；父病半身不遂，臥床服葯九年。以致全戶原本十口，竟僅留四人在籍，且老弱無一人從事生產。

家庭毫無收入，除生活所需外，醫葯支出不斷，度日維艱。更因躲避日機轟炸而被迫寄居山中鄉村，諸事不便，如此坐困愁城者連續十年。管理家產，應付國稅，侍候湯葯，操持炊爨，凡此一應雜務，勉強張羅者，皆此十餘歲失學在家少年區區有守之責，決無任何人伸出援手，亦無任何人可資請教商量。窮愁拮据，坐困暗室，常一籌莫展，一切均賴獨自決定獨自執行。在此萬般痛苦寂寞之中，有守無一朋友，唯有廣事閱讀，以獲些許心靈安寧，並開始自習文學寫作，文學遂成爲我寂寞生命中唯一好友。我並且向江西和浙江幾家大報紙的文藝副刊多以筆名菲明投稿。編輯老兄不識我面目，在報端作者動態報道中稱我爲「詩人菲明」，焉知這位「詩人」竟只是一名小學畢業後失學在家數年的十幾歲少年？當我那首三百一十七行長詩「老五回來了」於抗戰期間民國三十年（一九四一年）九月十日星期三在桂林「大公報」第四版「文藝」副刊一字未增未減未改，全篇一次完整刊出時，罕有人知作者只不過江西南部窮山窮鄉某一十餘戶人口小村中一名尚在縣立初級中學一年級就讀之學生。

家兄柏容高中畢業後及尚未進入大學前，還只有十幾歲時，就以筆名葉金在抗日戰爭大後方的重慶、桂林、長江南岸，甚至上海的各大報刊發表文學作品。他的寫作範圍，除了以詩爲主外，還兼及散文詩和小說，後來大都彙編成書出版了，成爲戰時東南後方聲名卓著的詩人，大家都稱之爲詩人葉金。但卻也罕有人知道，他不過是一名十幾歲的高中畢業少年。他被禮聘創辦並主編那時江西民營的大型綜合雜誌「四友月刊」，每期篇幅過半都是文學作品。那時候東南半壁有一種相當權威的詩刊名爲「詩時代」，在東南幾個大都市的幾種著名大報上分別發刊，每週一期。該刊各地版本的風格雖然一致，主編人和所刊出的詩作卻各地完全不同。戰時江西泰和版和勝利之初江西南昌版的「詩時代」，都由家兄主編，借「民國日報」按期刊出。他又主編一種名爲「詩歌與木刻」的定期刊物，也是借報紙版面刊出。還創辦和主編了大型文藝雜誌「文藝新地」，在江西出版。他做這許多推動文學藝術的事，完全是發乎純粹熱忱，也完全是倚賴他獨自一人奔走努力策劃才得以實現。但是世人豈知，主其事的詩人葉金原來只不過是一名十幾二十歲手無分文的窮學生？他於抗戰期間讀完了高中，又在毫無家庭接濟之下，自力更生苦讀完成了大學學業。他讀的是經濟系，我原以爲他以後從來都不曾從事過與經濟有關職業，後來他告訴我，曾經在北京「人民日報」負責經濟組的主編工作。除了文學是他終身嗜好而熱愛不移者外，他的職業和專業是報紙、雜誌和書籍的編輯工作。他協助創辦了有名的天津「百花文藝出版社」，並任副社長兼總編輯幾十年；最近二十多年來，又寫了許多有關雜誌和書籍的編輯學以及文學批評學的專業著作，成爲大陸上這方面的重要學者。由於他的長期熱心於出版事業，而且貢獻卓著，社會於是給了他這方面最崇高榮譽的「韜奮出版獎」。他現在年老已經離休，是作家協會的會員，並且擔任了一些榮譽職，而且經常赴全國各地講學，經常主持全國性有關學術編輯學等方面的評審工作，培植後進。當然，他這一切活動都是在中國大陸上。

我在大學讀的雖然是政治系，但至今倒眞是從來没有從事過政治活動或政治性工作。在臺灣的幾十年生涯裡，我的職業一直是公務員，雖然也在學校教課，但只是兼職；如果要勉強和政治扯上關係的話，我在學校教書倒是教了政治學課程。我最主要的工作是最後二十多年都連續在考試院的銓敘部和考選部任職。職務雖然是政務官，而且很妙的是官定英文職銜就譯爲political deputy minister of Personnel，在中英文中明明白白都有「政」治這個字眼，聽起來應該絕對與政治有關，但實際上卻是完全與政治無關。正確說來，我中華民國官制中的所謂政務官，尤其是各部會的政務次長，職稱中的「政務」一詞，直接所指的是「政策事務」的意思，與西方民主國家直接所指的是「政黨」或政治者完全有別，雖然無論「政策」或「政黨」，間接都與政治有關。

就以我的工作爲例，實際是在不斷研擬人事法規制度，建立官職併立的人事制度並監督執行，也爲貫徹制度而親自主持通案和個案的人事案件審查決定工作，完全依法辦事，而與政治毫不相關。目前臺灣所實施的公務人員官職併立人事制度，是我發明創造的，把原來行之有年的簡薦委制度與職位分類制度兩種合而爲一。與之有關的幾十種人事法規，包括考試法、任用法、俸給法和考績法及其各種附屬法規，每種法規的每一條條文都是依我所設計的主體結構由同仁撰擬後，復在我所主持的一百多次會議中提出研討，並且逐字逐句逐條決定的，甚至有許多條文更是我在會場當場親自改寫宣讀確定的。每次代表考試院到立法院去就法案詳細說明的人也是我。由於我的努力，這些法案終於獲得通過而都成爲法律公布施行。政府爲此先後兩次授予我二等和一等公務員功績獎章。我創作的這個人事制度不僅解決了多年來行政機關內部兩制併行所造成的不平困局，而且從民國七十三年（一九八四年）元月十六日施行至今二十年來，一直十分順利，證明我創造的這套人事制度的基本結構之正確和優良。

多年來，我所從事的都是公務活動或社會科學研究，純粹屬於理性方面的活動，顯現了我天性裡愛好文學的感性之外的理性面。我做公務員幾十年來，從來沒有機會也沒有必要向同事和朋友談到詩和文學，所以根本沒有人知道像我這種面貌嚴肅枯燥乏味，字斟句酌地斤斤計較法律條文中一字一句孰爲得當的人，竟天下奇談還會寫詩，更不知道我詩句感情之濃烈，竟會到了化不開地步。

在我看來，其實這些理性方面活動的研訂法律條文，與我感性方面活動的寫詩行爲，相互間並不矛盾。我向來認爲凡事都要專心，做一件事就必須要專心於這件事，不要東拉西扯或東推西拖去分散自己的智力和注意力，這才有可能把事情做好。當我從事理性活動時，必定冷靜思考，決不存絲毫浪漫念頭，有如「四書」所說：「博學之、審問之、愼思之、明辨之。」以維持不讓豐富感情來干擾我的理智。而從事感性方面活動時，則只要仍然專心認眞，把自己內心的感情眞實確切地表現出來就好了。

我們兄弟都已經老了也都退職了，也就是都退出了人生競爭場，原則上已成爲世事的旁觀者了。人生美好的仗，我們已經打過了。既已與世無爭，也就不再與人結怨；既不追求競取，也就不必奮鬥；既不渴望，也就没有失望。但是在不防礙他人的情形下，卻仍然可以做一些有益世道人心和幫助他人的事情。家兄柏容離休後致力寫作，陸續出版了十多本專業性的書，而且經常應邀赴全國各地講學以培植後進。我退職後立即以整整三個月時間，每天七、八個小時，學會了在電腦上使用的中文大易輸入法，而可以用電腦直接寫作。至今也已完成幾百萬字的蕪文，半數以上是有關人事行政學方面的，已經成爲四種書籍出版；其餘是文學方面的，部份也已成書出版。「棣華詩集」是我兄弟詩作合集，它的出版帶給我莫大的愉快。

文學誠然是苦悶的象徵，人生又何嘗不是呢？但是我們卻必須樂觀努力，才能不以苦爲苦，進而才能享受這漫長苦難的人生。

柒、鐵礦與金礦之辨

我於民國二十四年（一九三五年）夏季小學畢業，考中學失利。次年，我父患病雙腿痿縮癱瘓臥床，以迄民國三十五年（一九四六年），爲時十一年。他的漫長病期恰好跨越八年抗戰，國事家運兩蜩螗。我父病的長時期遂成爲我家庭尤其我個人之「黑暗時期」。至今每一思及，輒覺惶恐，難以言宣。這一時期，恰值我十一歲至二十二歲青春時光，即我小學畢業後至進入大學前十年期間，實爲無比淒慘歲月。期間屢遭家變，人丁凋零，生母與繼母先後棄養，二位兄長一外出就學，一在外謝世，三位妹妹中之二位過繼他人改姓換名，僅我與五妹留家侍候父病，不得升學。而最重要者，我家祖傳薄有田產山林及魚池店房等多種不動產，此際根本別無他人管理，唯我此一少年是賴。我父自知半身癱瘓痊癒無望，必定長期輾轉床笫以度老年，揣度我早晚必將離其外出就學或他去，屆時不僅將無人侍候其病，更無人經營管理家產，對其勢必構成重大危機。我父於察悉此一情勢後，深恐早晚必將見諸事實。但一待事實出現，禍患立至，挽救已遲，故必未雨綢繆，從早有所防患。因之，我父在數年之內，不下數十次屢屢爲我解說我現名之爲「鐵礦與金礦之辨理論」，用心良苦。

父言，少年人應奮鬥發展，自創自立，努力事業，拓展人生境界，自屬絕對正確。舉凡少年，莫不應具此種氣概。但社會複雜多艱，事非易易，最後眞能成功者，究有幾人？十之八、九終陷失敗之境。屆時年歲已老，兩手空空，一無所獲，徒自歎息。或小有成就，但所得亦必甚微。此種情形，猶如人之致力開採金礦，最後竟發現有礦無金，金礦美夢成空；偶或可得些許低級粗煤亦未可知，但價值甚微。爾尚年少，若盱衡目前我家現有如許祖遺財產，田莊數座，良田多處，菜園旱地甚多，復有魚池、油山、店房、家宅等，財產天成，不費吹灰之力終身享受不盡，生活無憂，何待他求？但若捨此不爲，而外出以求發展，則猶如下定決心另行開發金礦，誠有百分之十以下之成功希望；但亦有百分之九十以上失敗可能。現兩者任爾選擇，若爾株守家園，則有如持有鐵礦。鐵礦雖不如金礦價值之高，實則此一鐵礦係業已開採成功之良礦，可供長期繼續開採而源源無窮出礦。故此礦係一毫無風險至爲可靠之長久財產及業已成功之事實，並非尚未實現之希望，根本無所謂希望與失望問題。至於世間不乏致力於開採金礦者，其中當然有開採成功者，多係因其家無祖傳鐵礦供其享受，故必冒險以開金礦以開拓前途，自有其必要；但我家則有祖傳大批財產可資守成，若不善自妥守經營，聽其荒棄，而甘冒大險外出以另行開發金礦，雖有無窮希望，亦有重大失望之可能；屆時爾年已老，縱使回頭，則鐵礦業已荒廢不再有礦，或已爲他人奪佔而非復我之所有。垂暮而兩手空空，一事無成，一無所得，夢幻一場，畢生浪費虛度。但時光已逝，空留滿懷辛酸，深悔無益，徒自嗟歎而已。則今日鐵礦與金礦間如何選擇，兩者相權，孰爲得計，豈不明甚？故勸我兒擇此鐵礦爲宜也。

我知我父所言至爲有理，故能至爲動聽。但我每於聞後，從不置一詞，亦不反駁，默然而已。我父或係見我從不置可否，知我未必贊成其說，故不惜屢屢言之不下數十次之多。殊不知我決非有何理由反對，只是本乎一己直覺而未贊成而已。

我並非所謂「少懷大志」者，亦從不自以爲此生「鴻鵠之必至」；更毫不疑惑我父所言之爲眞。但僅係憑此十三、四歲少年之一念直覺，認爲少年應求上進，少年應外出以求發展，少年不應株守田園賴祖產度其一生，致使畢生抱殘守缺，毫無成就，枉度此生。尤可怪者，我之有此一念，既非出於情感衝動，亦非本於理性思考，確係僅發乎天性與直覺，但所形成之意念則至爲強烈，無人可以動搖也。我自視十分清楚，自知我之有外出求學及奮鬥發展之意願與慾望者，並非曾經深思熟慮作成之決定，僅係因於直覺如此，遂無待再作細密思考也。實情如此而已。

畢竟有賴上天庇佑，此事終因客觀情勢之變化而得獲自然解決，得無傷於我父子任何一方。首先係民國二十九年（一九四〇年）吉水縣政府創辦縣立初級中學，我得就近入學，暫不必離家外出求學，仍可兼顧侍候父病。二年後，父病稍穩定，五妹亦稍長，年已十二、三，已可為父準備餐食湯葯，我又僥倖考入近在距家僅四十里外青原山之國立第十三中學，必要時，學期中途亦可偶爾回家，均可不涉及金礦或鐵礦之兩難選擇。再二年，則抗戰勝利，父病更意外痊癒，並再婚再就業，我遂得離家進入大學。每逢寒暑假期，仍必返家下鄉收取田租，並處理家務及家庭財務事宜。

事後我詳詢五妹及我父，得知父病之獲癒，乃係基於其本人痛下決心，興起奮發求生之堅強意念。每日晚餐時必小飲我家鄉之冬酒數杯，用以活血與舒展筋骨。下午睡起，更關閉房門獨自奮勉下床，手扶木板凳，以緩慢沉重之腳步，每數分鐘拖行一步。經如此數月之苦練，原已枯槁之雙腿竟重行長肉，已近痲木之筋骨亦漸有知覺而活絡可用。經年後，行動遂完恢復正常矣。意志力量之巨大可恃，是又一鐵證。

及至民國三十八年（一九四九年）我大學畢業，我父知我決定將遠行，不僅未有絲毫留難，且樂觀我成行，並自行攜帶五妹先返吉水。我至南昌公路局長途汽車站送我父及五妹上車。

大陸政權更替後，新政權實行共產主義。我家所有祖遺不動產全部均被無償沒收。於是無論其為金礦或鐵礦，一切均煙消雲散付之東流，不留一草一木與片磚片瓦，太史第宅第亦不復為我徐氏所有，宅內亦不復有徐姓子孫居住。此即是徹底之掃地出門，連根拔除矣。

我數十年來流浪天涯，就財產而言，不僅未能採得金礦，且辛苦積蓄所得，猶遠不及我父稱為鐵礦祖傳遺產十分之一甚或百分之一；但我初願本即無開挖金礦之意，亦無累積財產之意，應尚不得視為失敗。生命之價值與意義應不限於僅以金錢與物質所得作為唯一衡量標準。

如我依我父之意自始即不外出，而在家鄉株守鐵礦，至今則不僅鐵礦業已喪失，且我之生命是否亦已不存，不無可疑。反之，我外出半生，雖未必有成，但尚能為國家社會稍獻棉薄，以遂我少年樸實之初願，則又未嘗不可視爲已獲得某種程度之成功也。何況一息尚存，子孫繁衍，前景無限乎？可見天下事常有人算不如天算，我實時存感謝上蒼之心也。

記敘此事於此，旨在說明少年應立志自立自強。

捌、兩度想落髮為僧

我童年曾欲棄家赴峨嵋山寺廟爲僧習武；少年又欲上山爲僧以避世俗生活之繁雜而專心於文學。茲略述其經過於此。

我兄弟三人，我行三，係依次各遞減一、二歲出生。三人幼年均喜讀武俠連環圖畫與武俠小說，深爲著迷，進而並嚮往習武，以任俠仗義爲未來職志。但不得師承，遂在家各自揣摩練功。我爲練「鐵頭功」，曾不惜每日以頭撞牆壁者連續一、二月；爲練「鐵沙掌」，又甘忍熱沙傷掌之苦。仍不自滿，三人後竟密議赴峨眉山寺廟拜師習武。時我年方十歲，就讀小學五年級。

至今回憶，其時我懵懂顢頇，僅空有此念，卻不知如何付之實現也。諸如如何前往？乘車乎？乘舟乎？步行乎？行程路線如何？旅途費用何所出乎？均無一計及，但心目中較具體者，似爲效苦行僧之步行以往，冀以虔誠態度感動寺廟大和尚收我爲徒以授武功。二位兄長有無較我更具體之規劃，我今已忘。僅憶當時我有一模糊概念，三人聯名留書父母，結伴步行潛往，且期望報紙以大字頭條標題刊載類似下列新聞標題：「兄弟三人，豪氣干雲，有志爲俠。慨然徒步前往峨嵋山拜師習武。」三人下課返家即聚集後房竊竊私議，密商匝月，但終因不知如何具體進行，遲遲未能出發，終竟放棄。父母迄無所知也。至今偶一思及此一幼年往事，自覺可笑。

是年我母喪。越年，又父病半身不遂，長年臥床，家中百事乏人照料，我被迫失學留家侍候湯葯及管理家務多年。時年已十餘歲。於煩惱與孤獨寂寞交織中，每得片暇，必以文學閱讀爲樂，並時時爲文寄各報刊發表，深自快慰。長年如此，以致夢寐中猶在構思爲文；念茲在茲，沈迷於文學者至深。此時雖生活於此世俗社會之中，但孤獨無友，內心確如與世隔絕之僧侶，腦際除文學外，別無他念。因而時感日常生活中雜事過多，了無意義，徒耗光陰，深以爲厭。進而漸漸認爲人際之往返、談話、研商、會議等；細而至於握手、問候、信件往返等等動作行爲，亦均屬浪費生命毫無意義之舉。唯既生存於此一社會，又不得不隨俗，故覺此社會實爲浪費生命之所在。遂悟解脫之道，莫如棄離此一俗世，前往高山寺廟削髮爲僧，則我生命中每一寸時光，將可悉與文學爲伴矣。至此，乃下定決心照此以行，並進一步尋思，我家鄉不乏高山寺廟，近者步行數十里當日可達，行之甚易。至於諸多細節，則仍未計及也。但雖兩度有此決心，竟終不果行。良以每將行前，始具體思及，果若如此，是棄長年呻吟床第並亟賴我侍奉湯葯老父之生死於不顧也，於心終有不忍，始漸放棄此一願望。

以上二事如有任一成眞，其爲福爲禍，均所難測；則今日之我究已形成何狀，亦不可知也。

玖、永難忘懷青原山

我於民國三十二年（一九四三年）秋季進入位於吉安縣境內青原山的國立第十三中學高中一年級就讀。民國三十四年（一九四五年）暑前讀完高二，欣逢抗戰勝利，我以同等學力考取國立中正大學而離校。所以我在十三中只讀兩年。但是那短短的兩年，卻是我生命中十分重要的兩年，因為它對我以後幾十年的發展關係很大，國立十三中那種充滿朝氣和奮鬥精神的學風，對我人格的陶冶也影響長久，所以我畢生難忘青原山。

現在憶述幾件青原山往事，用以表示我的懷念。

我是江西省吉水縣人，因為抗戰時期家庭經濟情形不好，再加上必須留在家裡侍候長期臥病在床的父親，以致小學畢業後失學在家多年。直到家鄉開辦了一間縣立初中，才能夠就近入學。初中畢業後也因為家境而不能外出升學高中，但真是時來運轉，恰好政府辦了一所國立十三中學，近在離我家吉水縣城只有四十華里步行半日就可以到達的青原山。而且十三中的學生又是全部公費待遇，不僅免繳分文任何費用，還免費供給膳宿，借用教科書。這種種情形，恰好可以解決我上述雙重困難。但是，十三中是當時東南各省的名校，容納學生名額有限，每年入學考試人數衆多，競爭十分激烈，所以很不容易考取。能夠進入十三中的學生，可說都是當時東南幾省流亡學生的精英。在這種情形下，儘管我在那偏僻落後的家鄉吉水縣立初中裡是最優秀的頂瓜瓜學生，但實際情況不過是「山中無老虎，猴子充霸王」，算不了什麼，我決不可能考上十三中。另外，更重要的是我在吉水縣立初中只讀兩年，還沒有畢業，許多升高中必考的課程根本還沒有讀過。那年我是因被迫離開吉水縣中，走投無路之下，硬著頭皮去考十三中。憑良心說，完全是天老爺垂顧，我一生從不考試作弊，但卻讓我考取了十三中，確實出現了奇蹟。如果沒有考取十三中，我根本就不可能去別的學校讀高中，隨著當然也就談不到進大學了。那麼那以後我幾十年的道路究竟將會如何發展就很難說了。

那是民國三十年（一九四一年），我十七歲，參加十三中入學考試的情形，至今仍然還記得很清楚。試場設在青原山校本部。暑假期中，學生們絕大多數都離校，宿舍幾乎全是空的，我們考生無需向學校任何人辦任何手續，就都可以自動免費住進學生宿舍，學校根本不來聞問。雖然是陽曆八月盛夏，山中夜來卻十分涼快，甚至可以說是有點寒冷。在那空無幾人的山谷中青原寺一間大寢室裡，密密排滿了許多上下舖位雙人床。我睡在一張光光一無所有的雙人床的下舖木床板上，也沒有攜帶任何被蓋。

剛睡時覺得很涼爽舒服，身上一點汗也沒有。但是睡到半夜，卻被山中的寒氣凍醒了。我記得很清楚，醒後頭腦十分明白，但清清楚楚感覺到自己整個人都已凍成僵硬痳木，只覺得自己的身子彷彿像是一大塊被凍僵了的臘肉，死板板地陳列在床板上，四肢絲毫不能動彈。說得難聽一點，只覺得自己像是死屍一樣僵硬。經一再運用意志掙扎，費盡很大力氣和很長時間，後來，總算是稍稍移動了一下左腳，凍僵了的血液似乎開始在血管裡慢慢流動了，再一會兒就逐漸可以全身活動了。眞是一次稀有的經驗。我考取十三中前後詳細過程，在本書第三編「四個契機」第貳章「歷次僥倖考取學校」中有詳細敘述。

入學後，學校裡有學生自治會組織，但是年輕人大概是天生有點叛逆，覺得自治會是官方組織，不夠意思；所以有些活潑頑皮的學生，就結合起來另外組織了一個學生社團，名稱叫做「藝風社」。依我的記憶，社員心裡多少有點與自治會別苗頭的意味，但與政治性的意識形態絕對無關。那時候全校同學總數也不到二千人，而我們社員多至二百名左右，是學校裡人數最多的一個大社團，所以聲勢浩大。很感謝學校的寬容，始終沒對我們有絲毫不悅。社員們至少都是愛好文學藝術之士，很多則在文學藝術方面各有所長，包括音樂、繪畫、戲劇、文學等等方面，諸如男高音、女高音、胡琴手、南胡手、小提琴手、鋼琴家、平劇票友、話劇演員、詩人、劇作家、文學作者等，眞是人才濟濟。我們藝風社每學期都要舉行一、二次大規模演出，例如話劇「野玫瑰」、歌劇「農村曲」演得都很成功。

雖然有人不願意擔任社務工作，以免影響功課；但年青人好面子，願意做社長的人還是不少。那年似乎有好幾位心有此意，後來似乎是經過協調，但竟選出完全未參選亦無意競爭的我來擔任那一屆社長。這件事情，我不僅事先完全不知道，而且也從來未曾想過。等到他們安排好了後，才由梁上勇學長來告訴我，梁是該社元老，甚至那盤棋可能就是他一手安排的。記得當時我說：「這麼多人可以做，爲什麼要找我？」但是梁上勇沒有說什麼理由，卻只是說：「你就做了罷！」於是，我果然就做了。事後我才知道，是因爲好幾位人選相持不下，所以只好找一個與他們夙無所爭的我。我雖然會寫點文學，那時就常在報紙上發表詩作，而且還發表過劇本，似乎有點小苗頭，但是，在學校裡卻並不是風頭很健的角色，所以才不惹人嫉妒。也就因此，我在高二這一年平平安安的做了一年社長。所以忠厚人也有走運的時候。

藝風社人才雖然很多，但還是有很多才氣洋溢的同學沒有參加。例如春秋級的章益民、黎先耀、黎風（本名黎正中）、陽明級的袁牧等，那時候這幾位也都已經以詩作成名了，間常在報章雜誌發表詩作，以後在社會上也都成爲全國性的詩人或在事業上嶄露頭角。黎先耀那時而且已經出版了一本詩集，承他還送了我一本，詩寫得很不錯。記得他那本詩的特點是詩句平均較長。又記得章益民在讀過托爾斯泰的名著「安娜·卡列妮娜」之後，有一次和我討論該書寫作技巧時，他一再讚美書中描寫賽馬的那部分寫得好，盛道其細膩生動。至於黎風更是我吉水同鄉，而且他哥哥承租了我家在縣城裡一所店房開了一家旅社，關係更接近，來往得也多些。這幾位同學，英姿煥發，才華出衆，都同在比我高一年級的春秋級，教室就在我教室隔壁。後來他們留在大陸上都沒有來臺灣。不知故人安否？

十三中的好老師很多，學生人人都喜歡好老師，我不想在此一一舉述。我從小學到大學研究所直到國外讀書，都是從來不上體育場，但內心卻對十三中那位教體育的唐老師很佩服。我記得他個兒不高，說一口南昌土話。在他精心訓練之下，我們學校出了一批了不起的單槓和雙槓運動長才。在那時候的江西，可能很多人不僅是沒有看過什麼單槓、雙槓運動，甚至連聽過的人也不多。像我這種老土，在進十三中以前，就從來不知道更沒看過什麼單、雙槓而且會有那麼多變化的動作。我們十三中有一次到吉安縣城區舉行單、雙槓公開表演，老百姓看過表演後，簡直驚訝和佩服得不得了。

我就讀十三中兩年期間，最感興趣也是成績最好的一門功課是生物學。決非吹牛，每次考試都是九十八、九分。記得那幾年裡，我隨時都能畫出瘧疾細菌生活史的詳圖來。我之如此喜歡生物學，完全是由於任教那一課程的馬巨賢老師教得太好。他矮矮微胖的身材，一口九江捲舌音，講課時臉孔木然絕無表情，講笑話時自己更是絕對不笑，卻把這門枯燥無味的課程講得十分生動有趣，常常引起同學哄堂大笑。我常常想，他的這一套功夫是自己蓄意訓練出來的。他幾乎每次上課都要像順口溜似地念念有詞地念多少遍有關細胞繁殖分裂過程的情形：「一個變兩個、兩個變四個、四個變八個。……」他為了讓我們了解唾液對辨味所具的觸媒作用，他說：「我們舌頭之能夠辨味，是由於舌頭上佈滿了味蕾。你拿鏡子照照舌頭，就可以看得到分布在整個舌面的味蕾顆粒。但是，如果沒有唾液作為觸媒，那味蕾也發生不了辨味的作用。你如果不相信，不妨用抹布把舌頭上的唾液擦抹乾淨，再把白糖放在舌面上試試，保證你決不會感覺到有半絲甜味。」說完後學生也常常哄堂大笑。他這一段話的妙處是在「用抹布把舌頭上的唾液擦抹乾淨」這句話，因為用髒抹布抹舌頭是一件很滑稽的事情，所以立刻就引起哄堂大笑。甚至直到半個多世紀後的今天，我年已八十垂垂老態，仍然還記得課堂上這麼一句生動的講解，而且每次想到這句話時，仍然忍不住獨自發笑。諸如此類這許多細節，事隔六十年，我還能記得這麼清楚，也就可見其予我印象之深刻了。

我在大學讀的是政治系，一年級時，學校規定必須要選修一門自然科學的課程。我當然毫不遲疑的就選了生物學。老師是廣東客家人陳梅生先生，教得也非常好，但是絕對不像馬老師那樣生動有趣。考試時，我這科成績仍列全班前茅。到全學年終了後，我內心充滿了強烈衝動，很想轉學生物系，就去找陳老師表示想轉系的念頭，也想先聽聽他的高見，並且猜想定必得到他的熱烈鼓勵。陳老師是一位忠厚人，一口廣東梅縣客家話，出乎意料之外的竟没有鼓勵我。他聽了我的話以後，遲疑了半晌才說：「學生物學是要長年看顯微鏡的，非常辛苦，不是光憑對書面的那一點點興趣就夠了。」我當時是眞的覺得好像是忽然被潑了一盆冷水，受到拒絕，一團熱火竟全部熄滅了，竟因此斷了轉系的念頭。

從這件事可以看出良師循循善誘的功能；反之，也證明一位老師的一句話對一個學生畢生的影響又是多麼大。我敢斷言，如果那天陳老師只要稍稍表示了一點點鼓勵的意思，我必定立刻就會決定轉系而改變我那以後畢生道路，我的生命史自必改寫。

說到生物學的馬老師，就必定會聯想到他的弟弟馬希賢老師。弟弟也在十三中教地理，本來也是枯燥的學科。雖然不像哥哥講生物學那樣講得生動，倒也算是講得還活潑。他最受學生歡迎的是他喜歡講時事，「馬老師講時事」是那幾年裡青原山下最風動的一件事。他講時事，都是每隔一段時間，經學生再三邀請後，於課後另行開講。只要没有其他特殊事情，幾乎就没有學生不來聽講的。還有一位教高中大代數的老師講得實在好，他每節課都可以一邊講一邊在黑板上演算粉筆字給大家看，嘴裡還大聲的念念有詞，粉筆隨著也就寫出來，多少乘多少等於多少，可以不必臨時演算而從他腦子裡流出來，同時從嘴裡念出來，也在粉筆下寫出來。然後，「我們把它從這邊搬到那邊，就得到多少。所以我說，最後就等於多少多少。」他這句「所以我說」常常出現，因而學生都稱他爲「所以我說」老師，心裡佩服得不得了。而生物老師的代號則是「一個變兩個」。

那時候十三中的同學絕大多數十分窮，有小部分更是特別窮，常常一兩個月身無分文。處在這種情況下時，我們稱之爲「堅守最後一道防線」，意思就是在生存線上拖延度日。因而例如當談到有一本參考書實在很好，但卻没錢去買時，常常會自我調侃說：「没辦法，我已經堅守最後一道防線一個多月了。」這種窮同學總是在盼望掛號信，也就是盼望家裡或接濟者寄錢來。很多同學明明知道絕對不會有人寄錢給他，但是卻也夢想出現奇蹟，有朝一日，或許忽然會有同學對他說：「傳達室裡有你的掛號信，怎麼不快去拿？」而我也是一樣，但我知道父親躺在病床上是決不會寄錢給我。

這些流離失所的少年，穿的都是當時江西民間土製紡織機織出來的藍土布中山裝，也有少數穿草綠布的。中山裝是學校規定的制服。很多同學還穿草鞋。膳廳的飯菜很不好，與戰時許多團體一樣，糙米飯裡的砂子和稗子很多，菜很粗劣，油很少。有的同學自己會準備一點點私菜。但是說起來也很可笑可憐，所謂私菜也者，其實大多數不過是半小玻璃罐的辣椒醬、辣蘿卜乾，或是豆腐乳而已。還天天拿來拿去，一小半罐竟要喫上半個月。我們早上起來用冷水洗臉，冬天常常帶了毛巾去教室後面小溪旁敲開薄冰，用那薄冰下冰冷的溪水洗臉。有的同學實在怕冷，就跑到廚房裡去將毛巾下垂到正在蒸飯的大鍋裡沾一點熱水洗臉。這種動作，大家稱之爲「釣魚」。到了第二節課下課了，發育期的青年人肚子易餓，如果經濟情形也算是勉強支應得來（其實也不過是多幾個零銅板而已），就趕快跑到司號長兼陽明書院傳達工友職務的老馬房間裡，去買一、兩片米糖（麥芽糖）做成的糖餅子來充飢。那時候一枚圓圓的糖餅子賣銅錢（南昌話稱爲「銅角子」）二枚，上面有芝麻的三枚，大概相當於今日臺幣三、五元。

儘管窮，但卻從來没有誰因而頹傷或消極，個個都永遠是內心充滿樂觀，而且幾乎個個都自命不凡，內心以未來的大人物自許。我們同學在課餘閑談時，都常常研究當時政府那些大人物的行事是否得當。舉一事爲例，記得一位美國總統候選人來訪問戰時首都重慶，傳說參訪中央大學時，中大校長依照事先與教授們研究所得到的結論，在這位總統候選人抵達時，校長雖然親自在校門口迎接，但卻只是降半階相迎。經我們同學詳細討論後，結論是對「大門口降半階」這一動作，十分欣賞其分寸得當。又如我們每周每班級都有級會，級會上每人發言都十分注意風度，很注意表達意見的方法以及措詞和態度，而且都知道要識大體。縱然偶有同學措詞稍有欠當，對方也很少逞意氣，反而知道要表示泱泱大度，於回應時予以諒解。事後，同學在閑談中，一定有評估性的意見交換，對某某讚許，對某某不以爲然。這情形，好像每人都是一位小政治家。說實話，我至今不知道這種良好校風是如何培養而成的。這種好風氣，對我們同學畢生行事的助益實在很大，至今印象深刻。

青原山有許多事情值得回憶。我家六妹章榮從小過繼給不曾生育的姨母，所以從姨父姓而名歐陽誠，小名玲玲，也從小不與我們在一起生活。但是我在十三中的那兩年，六妹也就讀十三中五年一貫制實驗班的低年級，所以六妹是我的同學，因而我與之有機會常見面。也成爲六妹過繼出去後，與我相處唯有的兩年。

民國三十四年（一九四五年）大概三、四月間，也是抗戰勝利的前四、五個月，大局正還十分嚴重，美國的原子彈還沒有在日本上空丟下來，日本軍閥以鉗形包圍攻勢，自西南向戰時重慶推進，國運前景一片暗澹（敵人以及至少我們民間似乎都還不明確知道美國原子彈已經完成）。有一天夜裡，我從自修教室走到陽明書院大門外，縱目眺望雨後烏雲沉重下的山谷平原，只見夜色茫茫，內心十分沉重，憂國憂民，多少有點憂心可能快要做亡國奴了。回到教室後，就寫了一首題名「青原山之夜」的詩，多少年來都留在手頭，現在並且已收入拙著「棣華詩集」中，於民國九十年在臺灣出版。

青原山的一段歲月永遠閃耀在我記憶中。司號長那嘹亮的起床軍號聲還在耳邊繚繞；早操前，陳校長從遠處一步一步走向操場來時，胖胖身材微微搖擺的那種姿態，彷彿還在眼前；早操時在國旗歌的軍樂聲中，美麗的青天白日滿地紅國旗彷彿還在冉冉飄揚上昇；黃昏時同學們三三兩兩漫步走向村前街，又踏著暮靄信步回來的輕鬆神情還在搖晃；晚自修鴉雀無聲的教室裡，那一盞盞昏黃的清油燈，和燈下埋頭勤學的同學們，也都依然如作。

哦，青原山，我魂牽夢縈的青原山！

拾、望城崗瑣憶

我是在抗日戰爭勝利之年，也就是民國三十四年（一九四五年）秋考進母校國立中正大學就讀政治系；而於大陸政權易手之年，也就是民國三十八年（一九四九年），離開學校並且離開大陸。我在校就讀四年期間，恰好是抗戰勝利到大陸政權易手之間的夾縫期四年，剛好夠我僥倖完成大學四年學業。我能夠進入中正大學並且又能夠畢業，是我生命中少數最最重要事項之一，當然關係我的畢生道路，無待多言。

我並非故作謙虛，能夠考取中正大學，自己眞正認爲十分僥倖。那年暑期八月，侵華日軍震懾於美國原子彈威力打稱無條件投降，急速結束戰爭，所以原已進入廣西西部準備直撲重慶的日軍，就只好轉頭來越過五嶺山脈，分經湘贛兩省沿贛江和湘江向北逃竄，以便集結返日。那時候我在吉水縣城老家太史第奉侍臥病在床九年的父親，知道日軍即將流竄過境，於是便先遷避鄉間山中居住月餘之久；等到日軍過境後，並且公開宣布投降了，我才可能是全縣城裡第一個回到了吉水縣城。劫後家鄉，一片凄慘百事俱廢，諸多不安。而就在家父尚未返回縣城前，中正大學卻於此際在江西樟樹鎮辦理招生考試，我在根本完全沒有準備下，匆促赴江西省的樟樹鎮報名和應考。自知考得確實很不好，所以考後眞正就忘了這件事，好在當初我的本意也只是在求汲取大學入學考試經驗，並不眞正想考取。但卻完全出乎意料之外，居然竟被錄取了。如果那年我没有考取，衡量那時期我的環境狀況和其他各種因素，可以相當確定的說，以後很可能就不會再去考了；縱使去考也大多不會考取，也就不會讀大學了。那對我的生命發展顯然是一件嚴重的事情。

我們吉水縣本來就有大概七、八位同學先我進入正大就讀。有一位老大哥陳濟士兄那年似乎是經濟系三年級了，他家與我家都世居吉水縣城北門地區，離我家只有五分鐘步行路程。站在我家大門口可以望見他那家專賣我們吉水冬酒的樸實酒店。那年開學前，承他邀我與尹光濤等三、四位其他吉水正大同學結伴同赴南昌開學。到了南昌，並且一同在民船碼頭附近的吉水會館依例免付房租先住了大約半個月或二十天，然後才赴學校報到註册。這家會館是前清時就有的祖產，詳情我雖不很清楚，但似乎是吉水縣民的共同財產，專供本縣士子赴省城南昌應進士科鄉試者或赴京應會試殿試而路過者免費住宿之用。平時如果有空屋，似乎本縣籍一般商民也都可以住用，居住者本人只需支付伙食費用。現在沒有科舉考試了，我們這種大學生赴校前來暫住也是正當的，除了自己負擔菜飯費用外，住房也是免費的。那年我們住在江西會館時，遇見我們吉水水南鄉的郭姓兩姐妹也赴上海入學，道經南昌小停，也住在會館裡，我與其中一位很談得來，彷彿有點像是初戀的情景，留下了一段美好的回憶。陳濟士與另一位郭小姐很談得來，以後是不是共結秦晉之好了，我忘記了。

到了望城崗，學校宿舍按院系年級區分住宿區，我是政治系一年級新生，自有其屬區。但是陳濟士卻拉我住進他們經濟系三年級的那間宿舍。那種原來是日本駐軍軍營的房間，幾排宿舍幾百間房間的大小格式完全一致。每間都成長方形，學校在每間房裡兩對面放了六張上下舖的雙人床，床前又擺了六張雙人兩對面書桌，每張桌子都供兩人用，也就是一個房間可供十二人住宿和讀書。但實際上卻規定每間只住十一個人，空下門口那張下舖和一個桌位，留供大家置放雜物衣箱等之用。陳濟士要我住在門口那個本應是空舖的位子上。我忘記了在那間房裡究竟是住了一學年或一學期，承同房間的學長們都還照顧，大家也很愉快。其中有一位經濟系三年級的呂桂樵學長，爲人特別和善。

來臺灣五十多年後，近年常接到從贛州寄來的「贛南中正大學校友通訊」，備覺親切。每期收到後，都如獲至寶地從頭到尾詳細讀完，藉得知道一些老同學近況和許多其他訊息，十分高興，並且覺得這份通訊編得實在很好。不僅每期內容都非常豐富，每頁都與通訊刊物的宗旨切合，毫不浪費篇幅，充份發揮了校友聯繫的作用;而且形式上更是樸實大方美觀。心想不知是誰在負責實際編印工作。經過仔細查閱,發現竟就是老友呂桂樵兄在費心血,一時眞有說不出來的高興。

記得我與桂樵兄同宿舍的那期間,那間宿舍裡還有一位也是經濟系的溫志堅學長,勤勞奮發,除了上課之外,幾乎足不出戶,經常都留在房裡書桌上寫讀,給我印象特深。當時暗想此人將來在學術上必有成就。

望城崗在我就讀的四年裡發生的大小事情太多,不是這篇短文所能容載得下的;值得懷念的人和值得回憶的事情也都太多,這裡只能夠就幾件印象較深的個人小事敘說,聊表老來惦念之情。

在我一年級的時候,就有幸一瞻胡前校長步曾(先驌)先生風采。他是我們中正大學戰時在泰和創校的校長。因爲學生在校外闖了一點小禍,而他因愛護學生,重違教育部命令,又不肯輕易斷送闖禍學生前途將之開除,於是竟寧願自動辭職拂袖而去以保護學生。從此,正大學生無一不永遠尊敬他和懷念他。抗戰勝利的那一年,他似乎是從北平回南昌料理公事小駐,學校於是趁機請他到校主講一個講座。講座的內容是有關中華文化的,我印象中他似乎一星期來校一次,似乎是連續十次,因爲耽心教室容不下擁擠的聽衆,學校就安排在辦公大樓前方空場上開講,那時候還不使用麥克風,步曾先生站在臺階處講,學生們和一些老師們就都群擁站立在臺階下空地上聽得津津有味,我也每次都去恭聽。胡校長身材不高,容貌清矍。講詞中充滿對民族文化的自信,眼鏡後面那雙炯炯有神的眼睛充滿熱忱。我當時暗想,像這麼一位世界權威級的植物學家,竟對中國文化有如此深厚的體認,實在是了不起。後來才知道他是清末秀才,得到秀才後不久就是民國了,所以再也不能繼續考進士了。我並且聽我大哥和其他同學告訴一些胡先生任中正大學校長期間愛護學生的具體故事,例如他會爲了一名優秀學生熊振湜之去世而眞正落淚,聽來都令我感動。我來臺灣後,前幾年還在報紙上寫過文章紀念他。

那幾年各大學學生常罷課。在我們學校一次罷課期間,我閑來無事,認識了似乎是教育系或社教系的臨川縣籍黃慶生學長，他教會我下圍棋，兩人從此成爲莫逆。我們兩人課餘經常下棋，熟練以後，常下快棋，雖然常常下到深更半夜，頭昏腦暈，疲勞萬分，卻誰也不肯認輸罷休。從那以後，圍棋竟成爲我的終身嗜好。來臺灣後，在五十多歲前還寫了一個小册子「圍棋與人生」，並且還承我國業餘圍棋大師也是我老師的陳雪屏先生讀後贊賞並爲之題字。不過現在老來不敢再下圍棋了，因爲常常下得頭痛，實在傷神，下多了我怕會要我的命。

還有一件事情也對我一生發生良好影響，我在中正大學就讀時期戒絕了賭博，終身不改。那年好像是有學潮連續罷課一兩個月，又是另一位臨川籍的曾姓老大哥帶我去學校附近新街上一位講上海話的胖子開的茶舖裡賭牌九。曾老大哥是此道行家，承他免費傾囊相授，教會我如何辨識判斷牌九臨場時的紅門或黑門的秘訣，他教了我兩套公式。根據我親自經驗證明，牌九出牌確實常會符合這兩套公式之一。進入賭場後，與賭的人必須暫先不投注，只站在一旁冷靜看清楚桌上究竟是出現了那一套公式的情勢之後，再對準紅門下注。我弄懂了之後，起初的確贏了些錢。但是俗話說「久賭必輸」，確爲至理，最後我竟輸得很慘很慘，把整個學期的學膳費都輸光了。這是我有生以來第一次大大的賭錢，也是我第一次大大的輸錢，因而更成爲我生命裏最後一次的賭錢和輸錢。從那以後半個世紀多來，我從不參加任何性質的大小賭博。至今我已年老八十，只有過一、兩年春節前後曾經與家人打過幾次小麻將，但實際上我根本不會打麻將，只不過是陪陪家人湊乎湊乎罷了。

民國三十五年（一九四六年）的詩人節也就是端午節，南昌的詩人節慶祝大會是由我大哥徐柏容主持，在青年會舉行。記得呂桂樵兄似乎也參加了。我還冒昧地在會上朗誦了一首詩。回校後，桂樵兄說我性情外向。事實上我不是外向，那次只是膽大。我印象很深的一件事是在那次詩人節慶祝會上第一次喝到臺灣出產的罐頭咖啡，味道很不錯；而且還在青年會的閱覽室看畫報時，看到一些顯示臺灣亞熱帶綺麗風光的照片以及所載吳鳳的故事，都令我十分嚮往。當時竟就此產生了將來要去臺灣看看的念頭。

四年後我完成大學學業，沒想到這個念頭竟誘使我果然來到臺灣看看，更沒想到這一看看就看了五十多年，而且還在這裡結婚生子和活到八十歲了。天下許多當初不經意的念頭，以後會發酵而且在不知何時竟有意無意成爲事實，這種事情所在多有。或許你也有過同樣的經驗。

我在大學一年級時勉強還能眞正做個學生讀書。只是由於家庭經濟情形不好，雖然那時候全體學生都有公費，膳食完全免費，還不至於受飢挨餓，但是日用錢還是沒有來源。所以從二年級起，我就先後在南昌兩家報紙擔任文藝副刊的主編或是採訪記者工作，賺一點微薄薪俸來供應學業。因而在南昌城裡住的時間較多，有課的時候才趕回學校，也就對學校有些事情不免膈膜。那幾年裡倒是寫了一點詩，我記得還寫了一個題名「叛徒」的獨幕劇，自己覺得寫得似乎還不錯，在一家報紙副刊全版連載七天。不過這些作品都沒有存底了。但是這件事在半個世紀後被我能幹的十妹恩榮知道了，竟千方百計替我找到原報紙影印了給我，而且還把我第一個發表出來的獨幕劇「旅社中」，以及刊載在大公報上的那首三百多行長詩「老五回來了」，也都找到了，令我瘋狂不已，非常感謝我的小妹妹（其實她並不小，試想我這位八十歲的老頭子，當然絕對不會有十歲八歲的妹妹。我說她小，是因爲我排行老三，而她排行最末的老十）。

願當年望城崗上所有老友都健康愉快，在此敬申誠摯的懷念。

拾壹、七洋行弟兄

七洋行位於臺北市那時候稱爲中正西路現已改爲忠孝西路火車站鄰近，是一建築物名稱，原似爲宋子文財產，爲其所經營之大貿易行之營業場所，該貿易行名「七洋公司」，英文名稱爲 Seven Seas Company。公司因故倒閉後，房屋可能係充公或因其他緣故而空置。建築物共三層，內部已無任何間隔，僅有三層空地板。此係我當時目睹情形。

民國三十八年（一九四九年）四、五月間，大陸戰事急轉，大批大陸流亡學生湧來臺灣，其中百分之九十以上爲大學生，僅有極少數爲中學生。其詳確人數政府容或有記錄，非我所能道，但印象中前後應有二、三萬人。當時臺灣省政府教育廳廳長陳雪屏先生原爲北大知名教授與青年導師，對此流亡學生備極關切，乃訂定專案計劃予以照顧，指定以七洋行爲學生住所，並在教育廳膳廳免費供應膳食接待，一日三餐，早餐稀飯饅頭，佐以醬菜花生米之類；午晚兩餐均二葷二素一湯。又商請教育部先後專案辦理「戰區來臺民國三十八年應屆畢業生畢業考試」兩次，及格者均由部逕行發給「畢業證明書」；教育廳另並逐批介紹已具畢業資格之學生在各中等學校任教；至於未畢業之大學三年級以下學生，則勸導參加各大學轉學考試再行入學，或設法在機關學校擔任職員；中學生則多係未畢業者，分別安置入校繼續讀書。如此直至是年九、十月，各學生均已分別就業、就學、依親、依友，各有去處，安置就緒，教育廳之接待工作始行結束。可感也。

我於是年五月上旬乘海鷗輪自廣州抵臺，恰逢七洋行人滿，承教育廳囑，先暫在省黨部大禮堂打地舖經旬，後始遷入七洋行。數週後，好友涂兄等亦自廣州來，與我同在七洋行同樓比鄰打地舖。依我不準確之估計，每層樓住有學生約千人，地舖密連，每樓層僅留兩、三條各寬約二市尺之行道。整座樓房三層，應共住約近三千人。但此乃一有如旅社之旅客流動住所，每日均有學生遷出，及新到達之學生遷入，川流不息。學生分別來自大陸長江黃河南北、東北、西北、東南、西南等各地區各大學，均係各該校之青年精英與學生領袖，此時則同處流亡落拓境地。其中除偶有極少數容或攜有些許金錢隨身外，絕大多數均一貧如洗，不僅身無分文，甚至因倉促出走，更無隨身用品。有一來自上海同學，僅有小提琴一把，別無他物。據告係因臨行過於匆促，不及收拾他物，在同學呼喚催促一同起程下，只好隨手攜取最心愛之此一小提琴。復有一同學確為如習俗所稱之「牙刷族」，我見其住入七洋行時僅有牙刷一把插於上衣口袋中。此外，尚有其他種種故事，乍聽之下近乎傳奇，但均為事實，堪稱亂世萬象，無奇不有。但此輩青年日常仍無不氣宇軒昂，談笑自如，絕無絲毫憂戚之色。若與其中任何一人淺談三、二分鐘後，必立即發現此輩流亡之徒，竟人人氣概不凡，內心充滿信心。

我與七洋行內來自各地同學時有自然接觸。由於觀念相同，處境相同，心情相同，性情亦多相同，故相互間無所謂識與不識，隨時隨地均可立即隨意交談聊天，彼此常戲道出發前狀況，我因而深知各同學之作此流亡，純出於個人思考與自動決定，絕無任何勸告或出謀策劃之他人；同此，亦未獲得任何人士，任何機構，或任何團體之提示、關切或幫助，一如我之情形。我之決定有此長旅，亦純出於自我本人意志。不僅無人勸告，無人可資商量，且作此決定後，亦無任何人或任何機關幫忙支持，一切問題均賴自身解決。所獲唯一幫助，則為抵臺後承教育廳接待如上所述情形。逢此亂世，各自求生，原本不能期望政府或任何他人照顧週到。我輩流亡學生，絕大多數在臺無親無故，而竟決定來此一完全陌生之地者，唯一理由為中央政府在此。但一如上文所言，政府亦非均能照顧週到。我等抵臺之前，政府完全不理會如此衆多之流亡學生，我等亦完全不知臺灣情形如何，亦不知政府在臺處境與態度如何，故仍必須自身有勇氣、有眼光，始敢作此長途顛沛流離之決定。

我離開南昌時，雖已決定目的地為臺灣，但至廣州後，情勢有變，結伴同行同學中不乏主張赴四川者；而廣州市又顯係有人有計劃散布謠言，謂臺灣人多糧少，大米每擔價高三百銀元，不敷供應，故平民不得不以香蕉皮與西瓜皮充飢，餓殍遍地云云。廣州市上衆口一詞，莫不同此說法，聚蚊成雷，令人不得不信。因之，我初亦不免疑惑臺灣是否安定，但經再四尋思分析，不僅不肯輕信謠言，且基於種種理由，終覺仍以赴臺爲妥。我所持理由甚爲單純易懂，認爲縱此謠言爲眞，則在千萬餓殍中增我一人又何妨焉？我認爲我此種心態亦即所謂眼光與決心也，最後一死而已。我既如此，其他同學內心如何，似可類推，料想必皆大致如此。我常自豪認爲，此輩青年流亡學生決非常人，恍若當年自英格蘭赴新大陸開墾之先驅，甘冒重險以赴一陌生蠻荒之新大陸，以開拓其希望與前途。至於我等面臨之臺灣，雖非蠻荒，但對之卻無確切了解，竟仍勇赴之，誠與當年赴新大陸人士情形近似，均非易也。我私心夙以爲，人逢亂世決不能事事以常理度之。非常時期而仍不知採取非常手段，以及不能冒必要之危險以行事，則必坐失生機，增加危機。

若干年後，流亡學生中，我所識者、所目睹者、及所確知者，已有爲上將總司令者，有爲部長者，有爲大學校長者，有爲美國大學副校長者，更多有爲名學人者，爲名教授者，有事業十分成功者、有成鉅富者，而學術造就卓越及在其他方面成就輝煌者，比比皆是。當此輩於其未明言或無緣談及七洋行往事前，誠罕有人知其亦爲當年在七洋行打地舖之弟兄；但當談論有關事項偶爾觸及此段往事時，則從無人否認或故作緘默者，且必立即驚呼：

「呀？原來你也是七洋行弟兄也！」

（本篇請與本書第二編「六個危機」第肆章「背井離鄉大流亡」第七節「成爲七洋行弟兄」互參）

拾貳、聞雞起「床」寫文章

我壯年時曾爲臺灣復興書局編著高級職業學校公民教科書一套四册，養成我每夜三時起床之惡習，幾十年來以至今日年老八十猶牢不可改，每至三時即醒而不復能寐，影響健康者至大。當時如此者，其實只是爲謀取些微稿酬而強迫自己勉力爲之。而此些微稿酬又係籌謀兒輩赴美留學之需。至今每一回憶，深覺可悲。

其時教育部規定，高級及初級普通中學之國文、本國歷史、本國地理、公民等四種教科書，由教育部聘請專家編製統一供應，以資統一教材內容，藉免偏頗。衆稱此四種書爲「國定本」教科書。但其他教科書及各類別（農、工、商）高級職業學校之此四科教科書，則仍開放由民間各書局編製供應。職業學校此四種課程後經合併爲兩科，並定名爲「國文」及「公民與道德」。其中除國文仍單獨編製一套教科書供用外，「公民與道德」一科內容則包括原「本國歷史」、「本國地理」及「公民」三科，並增加「法律常識」一科共四科而成，但將原公民科改稱爲「道德與倫理」。所構成之新課程「公民與道德」教科書計分四册，分別以上述四小科名稱爲副書名。四册分別供高職一、二兩年級四個學期每學期各一册之用。

我從未注意更無意於編寫教科書之事。教育部每若年必修訂公布中等學校教科書新課程標準施行，民國四十八年（一九五九年）仍循例修訂新標準公布，各書局原編各科教科書必須一律按新標準另行重編。復興書局原請阮毅成先生編有高級職業學校公民教科書一套，此時當然仍往洽請其改編。但其時恰值阮先生另有他事不暇爲此，並推薦我以代。又以該書局新任總編輯柯樹屏兄原係我在教育部及行政改革委員會先後兩度同事熟悉，而我其時則以公務員待遇菲薄，既係以公餘勞力換取報酬，並無不宜，故欣然接受。全套四冊經編就印行後，頗受各學校歡迎，銷售情形良好。

自此以後，每隔若干年教育部依例修訂教科書課程標準一次後。我亦必應書局之囑，配合重編「公民與道德」一套四冊教科書一次。我忘記曾因此而重編幾次，向無問題。但民國七十五、六年（或其前後一年）間之重編工作，予我印象最爲深刻，至今難忘。其後我即辭謝此一任務，未再續爲重編。

我自民國七十三年改任銓敘部政務次長後，工作量及工作複雜性倍增。七十五、六年間我尤特爲忙碌，每年主持或參加會議五百餘次，每次會議均如同作戰，且公務人際關係亦有變化。故白日絕無時間可資個人自由運用，晚間回家後則因一日忙碌後身心兩皆疲乏不堪，實無力再事寫作。承諾書局重編該套教科書後，倍感時間不敷。遲遲數月根本無暇著手動筆，內心空懷焦急。

我深知從書稿印成書有其一定流程，頗需時日。我交稿後，書局當然必須都先有內部審查，如有意見，當然還要與作者來往磋商，再依規定送教育部國立編譯館審查。編譯館審查時間之長短不易把握，且照例必定多少有不同意見提出轉請作者處理。最後經審定核准始能付印，並須趕在學校開學前若干時日印妥，以便書商持書從事推銷，全程需時不短。現我竟根本遲遲不開始寫作，致書局十分緊張，不得不每星期來舍下催詢索稿，我竟無言以對，內心困窘可知。

經我再三慎重考慮後，決定唯一辦法唯有利用夜間時間從事。於是開始每夜於八時左右就寢，午夜後三時起身寫作此一教科書。並規定每夜或每兩夜寫一章（課），或必要時最慢亦應每兩夜寫一章（課），每章平均三千多字，通常寫至六時許停筆回床就寢，續睡約一小時後至晨間七時許起床，八時餘出門赴辦公室上班。經進行結果，第一冊於二十四、五天後完成。續跳寫第三冊，又約於二十五、六天完成，期以趕供高職一、二年兩年級即將來到之第一學期之用。至於第二、四兩冊則因係供下學期之用，並非十分迫切，內心壓力稍減，得從容爲之，但仍於再兩個多月後全部完成。綜計寫就全套四冊共費時約五個月左右交稿完畢。

我爲何竟必如此自殘？實則不過貪圖區區新臺幣二十七萬元稿費而已。因民國七十六年長兒斯勤正準備出國深造，迫切需要學費，我手頭略有不足，尚無籌措此款之具體途徑。此時我已任職中央部會次長，以我夫婦之節儉，竟仍不能以俸給節餘供應兒輩學費，亦屬可悲。而此筆稿費，以當時臺幣尚未升值之一美元兌臺幣約四十元匯率計算，二十七萬元可購得美金近七千元，而美國大學較費學校之學費每年約需一萬二、三千美元，七千元豈曰小補哉。故雖時間上百般困難，仍竟勉強接受編寫此書。

此時我年六十二、三歲，此段生活對我留下之後果有二：

一爲從此以後，我竟養成不良習慣，雖至老來八十歲仍難改正。初則每至午夜三時必醒，必須想盡方法始偶能勉強再度入眠。但縱果再度入眠，最多亦僅可睡一小時。及至退職後七十四、五歲後，仍係於午夜三時甚至二時即醒，醒後無論如何設法亦難再行入眠，以致下半夜遂成完全失眠狀態。次日上午必定出現頭顱沉重，眼花腦脹等情形，困頓難受，情形頗爲嚴重。我有生以來，至此始知失眠之可怕。

我自少年時起，每日必睡九小時方足，與常人之八小時有別。今人常謂老人所需睡眠時間較青壯年爲少云，但我雖老仍必每日睡足至少八小時始可。現下半夜既完全失眠，於是唯有設法在白日補睡。但若在上午補睡，不僅破壞個人生活常序，且更不能配合社會生活秩序。惟當我偶爾仍勉強爲之，而於上午補睡，結果亦僅能獲得似睡非睡之半睡眠狀態，價值甚低。故唯有在午餐後補睡始可。但午後補睡若逾兩小時，則當夜上半夜精神甚好而不復能在八時許即行就寢入眠，必待至十一時後始能入眠。至午夜二、三時必仍照例醒來，因而僅獲睡眠三、四個小時，連同白日補睡時間，全日亦僅得五、六個小時，顯有不足。於是我遂不得不將午睡控制爲絕不逾一小時，則晚餐後八時即可入眠。如此，每夜可獲睡六小時，連同午睡湊成每日七小時，勉強度日。但晚間若因確有急事待處，或斯勤攜孫兒孫女來聚，我當然樂與孫輩嬉戲，亦常至九時或十時始休，當晚即僅能睡四、五個小時。

另一後果，此段寫作教科書生活爲時雖僅持續約五個月，且看似其時每日仍能睡七、八個小時，實則因半夜三時起床，雖能振作精神工作，但對身體則仍有傷害，當時自身即已有所感覺。否則，我老來身體狀況必較現今爲強。

拾參、戒煙記

我讀小學五、六年級時，交友不慎，有同學說：上廁所時如抽紙煙，香氣繚繞，甚爲宜人；不抽時持煙置於胯下，令煙霧上薰，芬芳之氣可驅去異味云。我深以爲然，於是上廁所必攜煙一枝，心中並暗念，成人均抽煙，現我亦抽煙，是我亦已是成人矣，後並在廁中試吸之。初覺味苦不慣，吸入即吐出，仿成人吐煙成串之作悠閑狀，自以爲如此我即更成熟。稍久後已較習慣煙味，吸入後試從鼻孔噴出，亦漸習慣。如此稍有時日，入廁遂必吸煙，煙吸入後亦不復嗆喉；進而漸成每日必吸煙一、二枝，否則似不舒暢。自知至是已有癮矣，亦不以爲意。從此即習慣抽煙，父母不知也，時我年十歲。

我母謝世後，我初與父分離有年，嗣我父患病臥床，亦無暇注意及我，我因常深夜讀書或寫作，遂以紙煙提神，且每日數量亦漸增，遂成正式煙客。我父發現後亦未勸止。自此持續抽煙半個世紀，爲害於我甚大甚久。可見損友之爲禍也。

一般父母常戒兒輩勿交損友，兒輩豈有明知而故交損友者耶？但終竟仍多不免者，何也？實因所謂損友，決非如常人及當事人想像中之面貌，以爲其必係青面獠牙之兇徒或渾身刺青之流氓阿飛之輩；實則不然。通常損友多係早已在爾身旁，面貌溫和親切，係與爾十分接近且相處愉快之日常好友，故爾毫無警戒之心，易在不知不覺中受其惡習感染。且任何惡習必有其令人愉快之處，否則，何致有人雖明知其爲害，竟仍心甘情願爲惡習之俘虜也？故免禍之法，唯有自我堅定信念，於某些事項堅持不爲，潔身自愛可矣。

我繼續抽煙至五十歲左右時，已至遍身強烈煙臭，家庭內亦遍處煙味，妻兒蒙受二手煙之害爲苦，但均諒我而未便有言。我本人則長年咳嗽，肺部早遭嚴重侵蝕，雖自知而仍置之不理，因以爲畢竟不似旦夕索我性命之可怖也。但久而漸感稍一急步或上坡道或上樓梯時，立即氣喘不已，頗覺難受，訪醫始知已患慢性支氣管炎及慢性支氣管阻塞兩種毛病，醫囑必須戒煙。至是始萌戒煙之念，於是果然決定戒煙。但數度戒而復抽，甚難戒斷。老煙槍間流行一則自我解嘲笑話，言戒煙者「天天戒煙。」意謂天天在抽煙，但天天矢言戒煙，朝起言戒，夕即開戒；明朝復言戒，而至夕復開戒。是即每日開戒，故仍每日再戒也。此非天天戒煙者何？我其時戒煙之情形亦如是，終未能戒煙成功。

六十歲左右時，自省前此何其懦弱無用一至於斯，竟屢次戒煙不成，終至放棄，深以爲恥！我有此知恥之念後，本應知恥近乎勇而有決心，孰知竟仍無效，雖屢戒仍不成，抽煙如故。

某日暗自思量，我有三子，均頗正直聰明優秀，料想將來應可勉強立身社會；且我遲婚，致諸兒出生亦晚，成人亦晚，我若早離人世，則不僅不能見我兒輩之成家立業，更不能享含飴弄孫之樂，則我早年隻身冒險來臺，後復辛苦數十年而勉能安身於世，若竟因區區一煙之惡癖而早逝，喪失常人皆有之人生愉快，豈不悲哉！於是再次下定決心，堅定信念，誓必戒絕此物，俾可見我兒輩之成家甚至成功也。

戒煙方法甚多，但似可概括爲兩途：一爲立即斷然戒除，亦即此刻起或自何時起，斷然停止抽煙。二爲逐步戒除。鑒諸以往經驗，我自知斷然之舉，非我所能，唯有仍採逐步戒除之法。其時我原係每日抽煙約一包（二十枝）左右，於是自定限制，起始時減爲每日十二枝，分配於一定時間吸用；並規定與人談話時不抽。因談話時抽煙最易過量。主意既定，於是照此執行約兩月，竟能繼續不廢而漸穩定，遂進一步改定爲每日限抽七枝，分配於早晨醒來之初在床、夜晚入眠前在床、三餐之後、及兩餐之間，均各一枝。如此持續約半年之久，始勉強穩定。遂再進一步削減，定爲每日限抽三枝，三餐後均各一枝。如此又約半年，始勉強適應。後雖仍定爲三枝，但每枝僅抽半枝即自行熄滅拋棄。如此進行約又三、四個月，最後遂決定斷然完全停止，自開始減抽之日起，至是全程已逾一年半。但實際上，仍然間常偶爾抽食一枝半枝。尤其每見他人在身旁抽煙時，竟必不能忍耐而向其索取，此即所謂抽「伸手牌」煙是也。如此約又一年有餘後，始偶爾自思，我畢生不肯向人乞取任何物件，何致現竟時時伸手向人乞討區區一枝香煙？何其不自重若是也？此時，知恥近乎勇之心油然復生，且切實痛下決心，自我誥誡決勿再以任何方式取得煙枝，必須絕對停止抽煙。以是遂果能完全停止抽煙。只是每見他人抽煙，必須萬般忍耐始可。如此又二、三年後始眞正不再戀念紙煙，後竟完全忘記抽煙之舉。雖偶爾一試，竟僅覺煙味甚苦，而不復有欣賞享受之感。至此，爲時已四，五年之久，我知戒煙已眞正成功矣。計自堅決開始戒煙以至眞正戒斷，其始採減量法，至完全停爲一枝不抽，爲期約一年半。間或伸手向人索取一枝以過癮者，爲期又一年有餘。最後雖絕對不抽，但嘴饞而百般忍耐者又二、三年，始完全忘懷斯物。總計前後牽延約長達五年。實屬不易。其間實極盡忍耐之能事。其終能成功者，在於自勉可以目睹我諸兒成家之念，不斷予我以鼓舞也。

曾有醫師謂我已患肺氣腫，肺氣腫之疾係無葯可治者。後復經醫師仔細檢查，始知實則尚未到達肺氣腫程度，而僅爲慢性支氣管炎及慢性支氣管阻塞，但此兩種病亦常使我氣喘。我戒煙成功後，每日作深呼吸及步行運動一小時許。二、三年後，覺氣喘症狀大爲減輕。後於民國八十七年或八十八年（一九九八或九九年）間，因患流行感冒咳嗽甚劇，且已近乎肺炎而住醫院，醫生每日每隔八小時爲我注射兩種第二代抗生素，如此持續兩星期始出院，發現慢性支氣管阻塞之症象竟意外消失。至今六年來，遂未再因肺或支氣管原因而有何不適，揣想似係支氣管炎已爲肺炎用葯所產生之副效果而治癒。此一原本謂爲無葯可治且可能奪我生命之惡疾，竟得解除威脅，豈不快哉！

以此爲證，凡事我若期之必成者，集中全力以赴，持之以恆，終必能成。此即所謂毅力也，亦即所謂「精誠所至，金石爲開」也。我畢生服膺意志可克服萬難之說，精神力量可戰勝一切；且堅持最後五分鐘者即必爲勝利者。此又一例。

拾肆、修養與自塑

修養一詞之涵義，可就其詞面得解。

修者，修理、削減、除去也，損之削之也；養者，培養滋長，增益補充發展也。兩字合而言之，對原有但當減者減除以去之，是謂修也；對原無而當增益者培養以增益之，是謂養也。此猶如藝術家之從事塑造人像或物體形象時，於其過肥處削減與刮除之；過瘦處則增益貼補以豐潤之。故人之從事修養功夫時，一如藝術家之從事塑造，於己之缺點則除去之，於己所無之優點與不及者則培養增益之。

我十五、六歲時，閱少年雜誌載文有言，人之少年期尚未定型，可塑性較多，愈老則可塑性愈減，故修養功夫應從早爲之較宜云。我讀後深以爲然，因而牢記此語在心，其後數十年來，經常注意從事自我塑造功夫，務期將自身塑造成較完美之形象。現著筆此文之日，年已八十，回顧少年，以今日之我視諸昔日寂居窮鄉少年或孩童時之我，已判若兩人矣。若謂何以致此？則自我塑造之功也。

本文即按上述觀點，依記憶所及具體事項，就歷年在「修」與「養」兩方面之作爲分述於後；最後並就我生命四階段略加說明。

（一）有關戒除之事項：先就我在有關「修」字方面所做功夫之較爲重要數事舉述爲例。

我於民國三十八年（一九四九年）在南昌讀大學四年級時，因覺學校宿舍不安全，而將預備避兵禍而可能遠行所需之一批自用銀元，託放於居住在南昌市區我至親之姨母家。孰知屆時姨母竟全部予以吞沒。自此，除儲放於銀行外，我終身不再以金錢託人。

我七十歲前從未遭受掱手之災。在臺灣以年老自願辦理公務職位退職後，某日在銀行大門口上公車時，置放於長褲臀部口袋中之新臺幣六萬元被掱，當時心情十分惡劣惱怒。從此我永不將稍多之現金置放於衣褲任何口袋；且身上絕對避免攜帶大量現金。若遇必須稍有錢財隨行時，則決不乘坐公車，而必乘坐計程車。

少年時，我曾偶赴大哥所讀中正大學一遊，自其同學處得知一眞實故事，印象深刻。同學A君因事必須休學一年，而將貌美如花之女友託請拜把兄弟之同學B君照顧，以防其他男子乘隙而入，以策萬全，自屬考慮週詳。因此，B君爲切實盡責執行照顧任務起見，與此女同學往返密切，男女雙方本人及他人視之均十分自然。未久，此女與B君即發生戀情而終成一對新戀人矣。待A君復學返校，則此女生與B君生米已成熟飯，如膠似漆，不能分離。此實A君無知，自願授予B君良機。人之以女人託付他人照顧者，實如送羊肉之入虎口，未有能全身而退者。縱以妻女託至交照顧者，亦需愼重考慮，滔滔天下，實例比比皆是，何待多所舉述耶？如爲美女，尤不待言。良以食色性也，人之大慾存焉！美女誰人不愛？豈可不識人性耶？又何能罪責B君耶？何況女子亦爲凡人同有人性人情耶？此事予我印象至深。故我少年時從不拜託他人照顧我女友；亦決不接受他人此類囑託，以免徒增煩惱。

我少年時曾見一人好嫖，終染嚴重花柳病，以致抱病長久，致使整個家庭自原本之興盛與榮譽，迅陷衰敗，一蹶不振，至爲可怕可哀。故我畢生不嫖。

我讀大學一年級時，學校因學潮罷課，我赴鄰近賭場賭牌九連續一、二月。初有斬獲，但久賭終輸，將全學期膳費輸光，情況十分淒慘。自此我畢生不賭。

最可笑者，某年我任某機關之主任秘書，因公須長期出國。出國前，依規定必須全勤參加講習三個月。乃將主秘職務託請好友某君暫爲代理。某君原本即係我請來在秘書室任秘書職，且係我多年同學與知交，經常往來，且我屢次爲其介紹工作。孰知在其代理期間，對我原本十分倚重之兩屬員蓄意特加岐視。我以人各有所偏，亦不介意。但猶有甚者，待我三個月講習期滿返回本職時，某君竟異想天開，更製造種種藉口，稽延多日不將所代理我之職務交還，似有企圖霸佔之意。此在公務機關顯屬不可能成功之荒謬事，竟亦出現，令我驚奇。此事使我悟解人性之難測，竟一致於此。以其顯不可能成功之事，猶且出現此種奇怪現象，則他事更不問可知。惟世事頗難一概而論，尤不能以一特例而概全，何況對人絕不能皆不信任。但自茲以後，我對事涉關鍵要害者，必特加小心，盡量不輕易託付他人。縱必託付他人，亦酌為配合建置牽制機制。

為有關顏面之些小形式上細事，引致友情破裂者，世間甚多，縱大人物亦在所難免。多年好友，偶以名次排列之先後而反目成仇者，比比皆是，誠以好名為人之天性，影響人之行事，決不次於錢財權位。我既知此，故在一般情形下，常讓他人居先，以免為虛名而樹敵；但遇理所當然，且事關機關團體或體制者，或確關個人尊嚴時，我亦不欲自甘居於鄉愿，故必不謙讓。例如我每於代表考試院赴立法院列席會議備詢時，我當然應禮讓議案主體機關之主要代表人員坐於我之前席，但決不讓其副手居我之先，以維我考試院之地位與尊嚴。

以上所述各事，均係關乎人性之大端，分別與人人喜愛之名、利、色、權、位等重要因素有關，故必慎重處理，絕不輕忽。

至於其他細事，我亦常能接受經驗中得來之教訓。例如我自幼心地軟弱，內心雖明知人所囑託於我而不能做到者，甚或不可為者，而理應悉予拒絕時，竟均感十分為難而不肯坦直啓齒拒絕，有時且竟含糊應允。事後則十之八、九不能履行諾言陷於失信困境。不僅開罪對方，且個人內心更十分懊惱。對此類情形，多年不知如何處理。

但我在二十歲後，對若干有關格言印象特深，例如「季布一諾千金」，及「君子一言既出，駟馬難追」，及「君子一言，快馬加鞭」等句，認為極有道理。尤其對民間所言：「寧可先小人後君子；不可先君子後小人。」更感確為處理問題最好原則。遂下定決心，決不輕易承諾，以免事後反招失信甚或欺騙惡名。對凡應拒絕之囑託，必硬起頭皮，勇敢坦白拒絕之。尤其涉及公務範圍之事項更不輕易承諾。

但我亦頗注意拒絕之技術，在拒絕時，其能委婉措詞者自必委婉以對；若遇重要事項不容存有絲毫含糊敷衍者，則必措詞明確，直言拒絕，以免引起對方錯覺而仍存希望，甚至蓄意曲解。自此以後，我始得免除因失信而自招之精神痛苦。世人不乏善於應付者，凡事無不滿口允諾，屆時則十之八、九不能履行，於是想盡方法，藉詞左推右託，甚或不惜以各種謊言掩飾之。可異者，絕大部份被欺騙者竟同情其處境之困難，認為其之不能履行諾言，乃係有心而無力，心本善良。既係有心，故對之仍不無感念。但我對此則不取也。

我自幼性情急燥，對我而言，利弊互見。利在有助成事迅速，弊在常開罪他人。中年以後，雖稍有修正，但修正有限。今雖老矣，仍未能盡改，天性使然。與此相關聯者，為氣量稍欠寬宏，常以一己標準衡量他人，自多不洽。後知不宜，初則自期多加忍耐以寬容他人；後則凡遇不洽之人或事，僅將情緒壓制於內心，外表態度仍對之尊重。年歲既增，更常在內心為他人尋求理由，曲予諒解；並漸知對他人不可過事苛求，而應適可而止，豈可期望天下人盡皆如我耶？何況我所持標準亦未必盡皆正確適當。人之視我猶如我之視人，常難盡愜一己之意也。

世上不知是否亦有畢生從不動怒之人？且不怒是否即為美德，亦不無可疑。怒時雖易有粗魯言行，但亦常為氣概與正義之表徵。據淺薄經驗所知，一怒而天下安之事當然有之，一怒而事成者亦所在多有；但一怒而事敗者則尤為普遍。發怒之人常使一己自有理變成無理，自有利轉為不利。我三十歲時，主持一小型中等學校校務數年。校內有一劉姓教師，長我甚多，屢醉酒長臥單身教師宿舍竟日，既不來上課，復不請假，而聽令學生在教室久候吵鬧，雖屢經勸而不少改。某日，當其清醒來到辦公室洽事時，我加以規勸，彼不僅不聽，且自謂有理，聲音甚大，與我爭吵，我覺實所難忍，遂怒而斥之。二人爭吵甚厲，學生圍觀，於我顏面似有不利。有某年長李姓教師恰在旁目睹，事後勸我遇此類情形仍宜忍耐。我曰：

「其無理至此，已難忍耐，且徒足示以縱容也，尤所難耐。」

李云：「天下豈有不能忍耐之事耶？我若抱定宗旨，內心自戒曰：我決不與汝爭吵。當然即可不爭吵。此事甚易，有何不能忍耶？」

此言一如以後之有人與我言戒煙甚易之方法謂：

「我說不抽煙了，立即不抽，自此即不復抽，且自此即戒絕。有何困難？」

後來我之戒煙雖不能用其方法，但對不動怒一事則知李老師之言可行，並即照其言而行。自此每至行將動怒時，內心立即自行誥誡，「抱定宗旨」不怒，確已避卻多次動怒。

其他經自我發現後自我革除之事尚多，不及一一舉述。凡此革除惡習之舉，均修養中有關修削之事，亦皆自我塑造人格所作減除功夫。

（二）有關增益之事項：至於有關善良行爲之習得與養成，茲亦舉述若干事例於次。

寫本文時爲民國九十二年（二〇〇三年）春節後正月初五、六，我年老百病叢生，但因醫治得法，調養得宜，性情樂觀，故日常仍抬頭挺胸，面貌開朗，臉無皺紋，常有笑容，軀體筆直，腰幹堅挺，聲音洪亮。與人相處，談吐愉快爽直。但回首我十三、四歲前後少年時，情形與今迥異。我血型爲AB型。童年喪母前，所顯露者多爲我B型方面性格，在學校爲一有名之頑童，調皮搗蛋，兩度被學校以記二大過二小過之記錄，列爲「留校察看」，處於再一小過即予開除之邊緣。母喪後，家運遽變，家道中落，精神備受打擊。不二年，我性情即大變，外表顯現意志消沉，原已表現之B型開朗性格消失甚速，A型之內向性格特顯，長年鬱鬱寡歡，步行時垂頭駝背，面貌慘澹無光，見人時害羞而木訥，不善言談；且更開始出現我家少年白髮之遺傳，使我外表竟宛如一衰弱老人。

某日行經吉水縣政府門前場地，見樹立於場地中央之三角形高大木牌，三面分別寫有下列三句：「抬起頭來！」「挺起胸膛！」「豎直脊樑！」我本經常行經其地，而從未注意及此；是日不知何故而注意此數語，讀後特爲心驚，頓悟我之形像恰與此數語相悖而已不似青年，立即產生自愧之感。當即下定決心改善。自此，遂經常提醒自己挺胸抬頭，振作精神，每日並時時作挺胸運動，數十年不輟。故我數十年來均挺胸昂首，雖老亦不駝背。

後又偶見某君平時常持笑容，不僅予人親切之感，且使人覺其必生活順利稱心。我深覺其此一態度得當，心甚佩之。遂決心模仿，經常強迫自己顯露笑容。如此多年，堅持不懈，久而遂得改變形像，面貌微笑溫和，如同天生，至今仍常能如是。民國五十三年（一九六四年），我年四十，初度出國赴美，於訪問某州政府時，州教育廳長邀赴其家晚餐以示親切。用餐時，其夫人囑我隔日往訪問其任教之小學。屆時我在其任課教室對學童介紹臺灣。學童有詢及我國蔣總統情形者，我告以蔣總統雖年將八十，但身材筆挺仍如少年云。群童立即朗聲讚我身材亦筆挺云。憶念往事，返顧當今，現雖恰爲八十，但身軀挺直依舊。日前應邀赴立法院參加一項研討會，得晤幾近十年不晤之多位老友，咸驚歎我身體健康挺直如昔，笑容滿面，絲毫無改云。

我就讀國立第十三中學高中時，同學皆其時東南各省流亡學生精英，卓越不凡，無不傑出。與我比肩共座使用同一雙人課桌者，爲王昆生兄，係自幼在孤兒院中長成之孤兒，與我頗投契。昆生能言善辯，詞意鋒利侵人；我則木訥不善言詞，常感不能招架，窘迫以至羞愧，心以爲恥。遂發憤改善，並以此意明告昆生兄，請其協助。昆生亦欣然同意。我之方法爲利用每日晚餐後同學皆有之例行散步，請昆生務必摒絕其他雜務及同學，亦與我同行散步。途中兩人不斷交談，天南地北，無所不及，甚至語無倫次，有時不知所云，俾我得以習慣於開口說話。此種方法之第一目的，在求能迅速開口。初頗困難，窘不可言。稍久漸亦習慣，可極盡能事強迫自己開口說話。但匆促中常有錯亂之言詞出現，昆生必立即抓住機會攻擊，詞鋒逼人，常眞正令我難堪，臉紅耳赤，以至惱怒。但我仍厚顏繼續，堅持如故，不以爲意，並請昆生諒解。如此數月，原不能隨時張口之木訥習性，遂改變而成隨時可以應對。當繼續再進行若干時日，交談時遂漸能保持冷靜心態，稍能注意發言內容之是否得當，選擇用詞之是否適宜，並研求條理分明。如此又數月，自覺似有成績。詢之昆生，亦有同感。如此持續兩個學期始告停止，其時已是民國三十四年（一九四五年）抗戰勝利之年，而暑後我即考入中正大學，自此與昆生分手，至今對昆生仍時生感念之情。我自此養成習慣，講話注意技術，不斷追求改進，數十年如一日，至今雖年老不改，仍繼續自我訓練，成為習慣。我學業結束後，有兩種工作對我講話之改進助益尤多。一為任職次長後，經常大量主持會議及參加會議，且更必須講求談話發言之得當。二為在學校教室授課，心平氣和，講解時內心常自我提示應注意臨場構思，並重視層次、條理與修辭。

在群眾前演說或在大小會議中發言，於我原本為十分恐懼之事，少年時原本避之惟恐不及。在上述於十三中學練習開口說話期間，我竟破例大膽參加學校舉辦之演講競賽。第一步係在本班競賽，於各人一一演講完畢後，由全班同學當場投票，我竟得當選為本班代表以參加全校班際代表賽，後在全校班際競賽中，亦獲得第三名。回憶競賽時站在臺上情形，雙腳不能自制而顫抖不已，雖力持鎮定亦無效，至今思及，仍若昨日。又因參加競賽，始察及常人談話多有咬字不清不確情形，使我忽憶及小學國語課文所載希臘史上某一偉大演說家之故事，言其在舌下放置一小石子，赴海濱對滾滾海浪演講，以練習咬字清楚。我其時竟亦曾短期模仿行之，唯以環境不便，既無海濱亦無河濱供我利用，僅能獨自躲在青原山山中偶一為之。

言為心聲，為感情之流露與意思之表示，如心有所感而不言，則人不知也，人際意思與感情亦無從交流溝通，無從促成互動目的，社會功能不能形成，個人亦必陷入孤獨，故人生在世必應有言辭以表達意志。既有言辭，則所言應必發乎內心眞情實意，且言出後更力行以符之，是謂之誠信。誠則感人，信則得助，始有可能達成個人願望。若言不由衷，或言行不一，則若非愚笨，即為欺騙狡詐。不誠不信之情形為眾所知後，己身必遭唾棄而招致失敗。鑒此諸因，故人之日常交談亦必講究方法。淺見以為其要不外乎三：一爲言談之態度與內容，均必明確懇切以傳情達意，示人以誠。二爲言詞敘述必深入淺出且有條理，使人易懂俾達成我言談目的。三爲言行一致以博取他人尊重與信賴。對此三者，我自少即注意及之，並多年來均持續致力以貫徹之。

我在南昌天后宮小學就讀五年，學校每星期一早晨上課前均有週會，校長陳安仁先生（九江人）必作長篇訓話，內容不外修身處世之道，其訓話時之神態容貌，至今不忘。其訓話習慣，內容必分成若干成若干大點，每一大點之下復區分爲若干小點，而於述畢所有大小各點之後，復常有另外一、二點，最後更有補充數點，甚至訓話結束前，有時更增加最重要之一點云云。如此，連同原有大小若干點及增加若干點等，項目複雜繁多，我不信在千餘老師學生中有幾人能記憶並分辨共有多少點，以致聽者早已頭昏腦脹，學生無不茫然。此種講話方法之後果予我印象極深。我曾細思，其將談話內容區分爲若干點，目的原在藉省眉目，並無不當；但所區分之項目點數太多，且不統一平行列舉，層次多重；又更在原定序次之外漫事踵增項目點數，適足以淆亂眉目而已，實爲大忌。因此使我牢記分點敘說之不宜。孰知年事漸長，經歷愈久，愈覺分點敘說不僅有其需要，且更屬必要。因若不如此，必使所談內容有如汪洋大海，漫然一片，而令聽者不知重點何在，甚至更易輕重倒置，誤解原意，後果嚴重。有此了解後，我遂開始自我糾正個人往昔錯誤偏見，且更必對每一項目或每點各給予一小標題，以提示其中心意思，確立其主旨。但仍切記不陷上述陳安仁校長分項目過於複雜之覆轍。

從事公務工作稍久後，復發現無論日常交談或正式發言，若內容所及僅止於情感或意思表示，未附以結論與主張，則不僅詞意分散，且僅成爲純粹之敘述與批評，雖亦有消極意義，但無積極意義，故價值不大；應必於每次談話最後作一結論，並提出處理其事之具體辦法，且辦法亦應明確可行。所提辦法最好並盡可能區分爲幾個步驟及幾個項目，必要時更應定有時限、地點、有關數字、及有關人名或機關，付諸實現時之手段等，俾資切實；涉及經費者並必須考慮經費來源。對重要或複雜之課題，談話前固應事先充分研究與準備；但若遇現場臨時發生者，自可要求留待返回細加研究後再處。但對一般課題，則應養成即席裁決之能力與習慣。概括上述各端，亦即談話所要具備之原則爲：有內容、有條理、有辦法、有進度、有執行計畫、有預算，與泛泛之談話迥然有別也。

中年後，閱歷稍深，發現成大事者，其談吐大多具有若干共同風格如下：（一）從容不迫，一字一句。（二）口齒清楚。（三）言簡意賅。（四）態度嚴正與親切兼而有之，確如儒家所言：「望之儼然，即之也溫。」（五）敘及重要關鍵意旨時，更特別輕聲緩語，決不故示誇張，予人以沉著、堅定、鄭重與親切之感，使之油然敬畏。此與匆促措詞，令人不僅不及會意，甚至產生草率浮燥之感者相較，價值迥別，至爲顯然。故我亦仿效之。但習之不易，需長期努力自我訓練，必浸而使之似成己身天生氣質之部份，始臻佳境。

我認爲人生活動似可概括分爲三類：一爲理性活動。二爲感性活動。三爲無意識活動。而談話亦如此。憶及好友T兄正在熱戀中時，我詢以與女友相處時所談究多爲何事。T謂十之八、九爲無眞實意義之言詞，言時不甚用大腦，甚至幾似信口胡謅；而聽者亦可漫不經心以處之，不用花費腦筋思考，毫不費力。故二人相處時能保輕鬆愉快。若常談理論、人生實際問題，或嚴肅問題，必使女友生厭。此種情形在投一般女性最不喜勞心之所好，而保輕鬆自多愉快也。此番言論通情達理，我聽後深以爲然。因與女性相處，乃屬於感性活動之一種，自不宜經常從事有條有理多涉理性之活動或談話；但反之，當處理生命要務、公務、財務，或實際問題時，則談話與行事均應理智冷靜，絕不可感情用事，更不得有浪漫情懷以誤斷情況。至於有關談話時之發聲，方式各異，典型甚多。例如臺灣幾乎無人不知之林洋港先生，經常一字一句；另有我同學邱創煥兄則常二字一句。有人以爲如此似均太累，我以爲至少亦應一句一句，發音清晰明朗，字字清楚，切不順口帶過任何一字一句，以示鄭重，似亦適當。至於類如上述我友T兄之無意識談話活動，或有人認爲係浪費時間之行爲，實則不然。因人體彷彿機械，不應每日二十四小時長年持續不息運作，而必有適當休息閑暇之時，以免機械過度疲勞發熱，易致迅速折損。此又有如一般繪畫之畫面，必有空白之處，不可滿紙皆彩色，反致不美。甚至有人認為人生之意義竟或多在生命閑暇空白之中。

我民族論人才，自來有「才大心細」之說。曾國藩以識人而得逐步開展實現其志業，在其「冰鑑」一書中亦言，應從針腳細微處看功夫云，亦即從人之行事具體微密處著眼以切實觀察其才具，確有多方面道理。因大凡行事粗心大意者，事必多敗。我十一歲在家鄉時，某日赴郵局寄發郵件，見身旁一人將所購支票用些微漿糊粘貼於所寄出之信箋上，較之常人之僅將其夾疊於信箋中，自更為穩妥。此事予我印象甚深。後復有國文老師在我作文簿文章尾後批曰：「草率足以掩汝長才！」閱後更為之心驚。而現代管理學者規畫辦事，有PERT技術之發明使用，甚為週密切實；中年見我長官司法院長黃少谷先生，舉凡起草重要文件或準備演講稿，不僅三易四易其稿，且多七易八易其稿而不厭，其稿一日不付使用，或一日尚不須提出，則其重複修改之動作即一日不終止，字斟句酌，反覆錘鍊，愈磨愈光，以致最後對其遣詞用字之得當，考慮之週密深入，舉凡曾共同參與起草與修改過程者，無不驚歎。舉一反三，如此推廣以觀，令人愈知細密之重要。我天性原本較細心，但亦常有粗心大意之時，因上述種種目擊情事，愈益注意於細心切實。

大凡處事週密者，常因謹慎拘泥於細節而忘其大，亦因細節牽制其手腳使不能放開，形成所謂「明察秋毫而不見輿薪。」以致細心而材不大，週到而氣魄不足。我此生雖事業無成，但尚頗識大體，凡事必自整體全局著眼，重視公平正義與是非。我認為所稱識大體者，應即指此。基於此，數十年來，我處理公務均一本法治宗旨、全民利益與制度價值，因而開罪權勢而損我個人前途者甚多。我雖知之，亦在所不惜。稍知其大而竟失其小，終至損傷個人利益，亦無可奈何也。

我童年時做事常虎頭蛇尾，有始無終。少年期間，為文稍長時，輒半途而廢不能終篇。此種惡習，於十七、八歲時自行察覺而悟其非，尤其於獲讀法儒伏爾泰所言「天才不過是忍耐的別名」一語後，更深獲我心，遂立志痛改。經多年努力，成效卓著，不僅早已不復有此類情事，且舉凡一經決定從事或已從事之事，必破除萬難堅持到底，念茲在茲，決不中途罷手，迂迴曲折，務底於成。此一習慣之養成，對我此生幫助甚大。隨手舉例而言：少年自習寫作、離家流亡來臺、戒煙、老來學電腦中文輸入法等等大小行事，均係因我之堅持以赴而得成功。又如最近亦有一事足資一述。民國九十一年（二〇〇二年）十月二十日，我不慎跌倒而使左手腕骨折裂，一年後始復原。在未復原前，該手不能操作電腦，其初只好整日安坐，無所事事，深以爲苦。後尋思有人殘廢猶能用口與足繪畫，且所繪皆頗可觀；而我堂堂男子，僅以一手骨折之微，竟不如殘廢耶？於是乃訓練用右手食指操作鍵盤。豈知僅二、三日後即能一指運用自如，操作迅速。數月以還，每日均又在電腦上寫作，至爲便利愉快。此書有三分之一即係用我右手一食指敲打鍵盤寫成，三分之二雖係先已寫就，但仍賴右食指通篇加以改正，並全部進行編輯排版完成，唯自此以後，竟因習慣於一指而竟長久不改。我此生自「虎頭蛇尾」轉變成「堅定不移」之過程，所賴者唯自省、毅力與信心。凡事持之以恆，績效自見，所謂精誠所至，金石爲開；滴水穿石，積健爲雄，均是此意。行事若不能堅持，而隨興隨廢，必將終身一事無成。慎之！慎之！

我生命中諸多重要事項，多有肇始於細端者；諸多重大轉機亦得乎偶然。此類情形，除本書各處均分別有所敘及外，並在第一編第三節「生命中的奇遇」及第四編「四個契機」各節中詳敘；現所述我諸多善良習性之養成，絕大多數亦係獲啓迪於日常生活。至於我諸種惡習之戒除，亦均源自偶然之感觸，所幸頗能即知即行。美國學者杜威謂：「生活即教育」，以及俗言「社會即大學」，均同此意，信然也。

另一有趣之事爲我此生之學習，除得自正規學校教育者不論外，多有得自無師自修者；更多有得自個人獨自冷靜觀察而悟得者。我自稍更世事起，即好觀察。童年行路時輒佇立路旁，繼續停留數十分鐘之久以觀察印章攤之刻印人如何刻印，我因此而學得治印。但因數十年來勞碌奔波之不暇，復以工具缺乏，故未能多事練習，但其要訣之所在，至今不忘也。我又喜愛北方人所做蔥油餅，年幼時常購食，並每佇立街頭攤店門前觀其製作過程，久而不倦。亦自此竟能自做蔥油餅。其他類此之事甚多。

（三）我之生命五階段：回顧往昔，八十年來，我之性情凡經四變而成五階段。所稱四變者，母喪、大學畢業並隨即來臺灣、赴銓敘部任職、公職退職等四事是也。母喪前，我為一頑童，稱之為天眞時期可也；母喪後以至大學畢業前約十五年期間，為我生命之黑暗時期；大學畢業來臺後以至赴銓敘部任職前，為我奮鬥時期；民國六十一年（一九七二年）至銓敘部任職後以至民國八十三年（一九九四年）退職，為我開展時期；退職後為我之老年自由寫作時期。

當我母之在世也，家庭平安，上天許我以懵懂嬉遊歲月，享我頑童生涯。及至黑暗時期來臨，我所經受者乃暗無天日之慘澹歲月，受盡折磨，國幾將亡，家難頻仍，兩皆前途渺茫，毫無希望。詳情亦在本書第二編「六個危機」第二節「黑暗十年」中具體敘述。此一時期，我性情大變，自昔日之頑童轉變為內向、害羞、經常垂頭沈思類似衰弱之老頭。所幸懷憂而未喪志，仍具有某種程度之堅忍。此一長期苦難與煎熬，對我此生所發生之鍛鍊價值至大，養成我堅忍不拔及獨立解決困難之習慣；並使我自修而得窺文學門徑，致文筆流暢，終生與結不解之緣。我數十年來之事業道路與治學方向，均不離文筆之幫助。此一期間，我常背誦孟子浩然之氣章句以自勵。我之如此者，並無意自許天將降大任於我，更不敢奢求留芳百世，但畢竟應具有「雖不能至，心嚮往之」之志氣，庶幾可得「取法乎上，得法乎中」之益。西方人謂人生應「make a dust in the world」，與我國詩句「雪泥留鴻爪，人生記里程」意思相仿。但徒有其志猶不足也，試觀前人，凡稍有痕跡遺留世間者，大多有其特殊苦難之經歷。故當苦難降臨時，切勿畏懼，更勿屈服，而應勇敢面迎與之戰鬥並擊敗之。我與大哥共同著作之「棣華詩集」中我詩之第一輯各詩，係我在大陸時期之詩，乃我該時期精神狀態之眞實寫照。此部分詩可歸納為二類，一為感傷性者；另一爲戰鬥性者。每句每字無不發自內心，讀後可明確了解我其時之眞實心情與意志。事實明顯，其時我有感傷是所當然，但同時亦有戰鬥意志，此表示並證明我之能生存至今者，端賴我內心之有此一線生命契機。

我大學畢業後來臺，實爲我生命中之大轉折，亦係大難關，乃生死存亡與榮辱成敗之所繫，是危機亦是契機。感謝列祖列宗庇佑，幸得平安度過。我自此脫離家庭關係所帶予我之一切負擔與災難，而得不再有所牽罣；但自此亦無所倚賴，萬事必須自立自強以圖存，以展開我個人之眞正人生。此一時期，我性情開朗，樂觀踏實，對人生充滿美麗幻想，但仍稍有鄉愁，偶爾感傷。最初數年，有不少文學作品（詩篇與話劇劇本）產生，累獲各種文學獎。其時心情與性格，亦可自上述詩集中我作品之第二輯各詩獲得了解。此時期之後半期若干年，我遷居臺北後，已完全跳出感傷漩渦，全心全意致力於開拓前途。

自參加銓敘部工作後，因長期沉浸於人事制度與人事法規之創制與修訂工作，且主掌全國公務人員任用資格之最後審定，爲免陷於寬濫或苛刻兩端之偏失起見，堅持百分之百依循法律行事，以維正義與公平。遂自我塑造成一鐵面無私，忠誠奉行法治主義之技術官僚，並以此方面專家而名於世且自豪。由於如此多年之實務訓練與陶冶，更使我能言敢言，理智清明，胸懷開朗。

最後一時期爲退休後，原本尚有另創一番事業雄心，終因意外遭遇車禍，左大腿骨折裂而行動不便，遂不得不作罷，僅以寫作自娛，與世與人無爭。自此退出人生競賽，已不再有奮鬥，亦不再有失望，而得度我寫作與回憶之平淡生活。除因國事蜩螗，邪說謬論橫行，小丑跳樑，是非顚倒，時時仍難免憂憤外，心境已趨平和。所望者，唯兒輩三人能爲我增添聰明正直氣度恢宏之好孫兒，光大我源自吉水縣之臺灣徐氏門楣！

拾伍、退休生活漫談

我們公務員退休制度多年以來即規定，一般事務官除有法定特別原因，或經銓敘部核定的「特別勞力職務」，或兼具法定年資和年齡等條件者，均可提前退休外；以及依法定條件符合機關特殊需要而可以延長服務至七十歲者外，其他一般人員都是限齡最高滿六十五歲必須辦理「命令退休」。至於政務官則無退休年齡規定和限制，只要自覺身體和精神很好，而且政府也需要你，你就可以在任何高年初任，以及在政府和你本人都同意的情形下繼續任職政務官。這種制度行之多年未改，自有其配合實況的道理存在；與西方許多國家比較起來，差別也不大。

對於政務官退職制度，一般較少異議。因爲政府在執行上述這種彈性較大的政務官任用規定時，對個案自有通情達理與切合實際的斟酌，非有特殊必要，當然會避免任命過於高齡的人士；甚至還常常做一些法外的不成文限制條件。例如多年以來，歷次對於大法官和考試委員的遴選，無論初任或連任，都避免超過六十五歲的人士；但對於五院院長級、部會首長、政務次長級人士的任命，則很少有這種法外年齡限制。這種做法，原則上我也贊成。

不過，對於事務官的六十五歲限齡退休（退休法上稱命令退休，亦即強迫退休），歷年來各方面都有些不同意見，我也覺得是可以再加討論的。有人認爲，現在醫藥進步，幾乎人人健康，六十五歲之年身體正好，經驗也豐富，正是任事最好的年歲，而於此時強令退休，對國家是重大人力損失，對個人更是從此投閑置散，也是一種生命浪費。不過，當然也有相反意見，認爲機關裡老人如果太多，辦事陳陳相因，保守多而進步少，而且阻擋了青年人晉身管道。這聽起來似乎也並非全無道理。我覺得，六十五歲的界線原則上是對的，但是除了上述已有的彈性規定外，爲了國家能掌握更多傑出人才起見，還可以考慮稍稍擴大彈性，再增加一點其他不受年齡限制任職的例外條件，以適應更多個別情況需要。當然，舉凡以任何彈性條件任職政務官者，基本上仍須心身健康都良好。

至於就我個人感受來說，我所任政務官職務既不受退休年齡限制，本來是還可以繼續做下去的；但是那一年，我已經七十歲了，是眞正自己倦勤，所以就請求自願退職。平心而論，我退職時，頭腦清明，自己覺得確實是經驗最豐富也最成熟的時候，精力依然旺盛，對自己幾十年來所專心以赴的考銓制度，不僅通盤了解，而且相當透徹，應付問題駕輕就熟，人緣也很不錯，尤其與我們銓敘業務關係密切的立法院法制委員會的委員們，都了解我是個什麼樣的人，也都很支持我。但是我卻申請自願退職了。

我對退職後的生涯期望很大，最主要是不想把終身都賣給國家，而想晚年能稍稍過一點自己的生活。我享受這一點點自私，應該是公正的。因爲上天畢竟給予了我以個人的生命。記得在退休生效第二天，我就按預定計畫，照書上的指示，開始在家裡獨自學習電腦中文輸入法。那時候，我的三個孩子都已各自就業，而且有兩個已經另行成家住在外面，只有老三還沒有結婚，暫時還和我們住在一起，白天都外出工作；我內人也還沒有退休，所以白天也上班去了，只留下我一個人在家，十分安靜。我所選擇的是一種名爲「大易輸入法」，每天學習七、八個鐘頭，最初從一小時只能打出七、八個字，到三個月後的一分鐘十一、二個字，到第四、五個月後，就可以不必經過先手寫後再用電腦抄錄的步驟，而是將文句自腦際經由敲打鍵盤直接輸入，顯現在螢光幕上成文，達成我學電腦最原始的願望。從那以後，至今大約十年時間裡，我用電腦寫作了大約二百萬字了，其中部分已印成九種書，三種是有關考銓制度的，三種是傳記（其中有一種只印少量幾本限供家人閱讀），一種是實用行政學，兩種是文學；另外還有尚未印刷成書的幾十萬字。我之如此勤於寫作，原本就是自願退職的重要原因。

幾十年來，我習慣於每日晨昏健行一小時，而且胃口很好。睡眠本來也很好，所以很少有病。縱然偶病，也是不重要的病，我常以此自負。但是天有不測風雲，民國八十七年（一九九八年）初春，我染上流行感冒轉變成初期肺炎住醫院兩星期；次年，民國八十八年（一九九九年）六月四日黃昏前，我與內人剛出門，還未及上車，就在自己家門口巷道裡，遭遇一部私人汽車不聲不響從背後猛力衝撞我臀部，把我摔落在路中央，左大腿骨嚴重橫折裂。經開刀用四根鈦合金大釘子把一片鈦合金板釘牢在腿骨上，雖然使骨裂縫順利癒合，但至今五年多仍未完全復原，時時發炎作痛，步行也非十分正常。繼於民國八十九年（二〇〇〇年）又患了一種血液中血小板數量異常增多症。四年多來，總算是已經將病因控制而大致穩定了，但並沒有治療斷根。到民國九十年（二〇〇一年），竟又發現有心臟病，所幸服藥後也穩住了。這三種病都是有可能致命的，不能不小心。民國九十一年（二〇〇二年）又出現不明原因的頭痛和失眠；次年，民國九十二年（二〇〇三年），查出頸部大動脈硬化，宿疾不明熱復發，又患失眠；民國九十三年（二〇〇四年）新患痔瘡出血和多種皮膚病，最遭糕的是右耳全聾和左耳半聾。很明顯是每年至少增加一種新病，再加上歷年原已患上的一些老毛病，諸如高膽固醇、高血壓、慢性支氣管炎、慢性支氣管阻塞等病，眞是成爲渾身是病的惰形。而且這許多病都是染上後就成爲終身病而不可能治癒斷根的。至於老花眼就根本還不把它列爲一種病來看。

我天性樂觀，但是這許多病給了我一些不方便。以前幾十年來，每天至少一小時急步的日課，已經被迫兩年不做了。後來又設法恢復每天在室外慢慢走一小時，對身體還是有幫助，而且最近還很有進步。

退職之初，我的第三個孩子怕我寂寞，特別買了一部金庸的小說「天龍八部」送給我，我很欣賞他的孝心。但是十年來，直到今天都還沒有去翻動過這部書。腿傷後，他又去買了一套圍棋的軟體給我，我也很高興。但卻因爲每次下圍棋必定頭痛傷神，所以已經幾十年都不敢下圍棋了。有了這套軟體後，我曾使用過兩次，還是不敢再多使用，因爲下棋太費時間，而且還是會使我頭痛，加上內心有一種愛惜光陰的觀念，所以與趣也不似以往那麼高了。但是，眞正的原因還是我似乎有寫不完的文章和書，那裡還有空閑去與電腦下圍棋消遣呢？像我這樣不爲任何目的來寫自己想寫的東西，已經就是最好的消遣了。因此，我退職至今，每天絕大部分時間都是坐在電腦前，而且仍然像幾十年來一樣，連電視也很少看。在我退職之初，前政治大學校長陳治世兄和考試委員洪文湘兄等都已退休在家，分別邀我夫妻打麻將，做長期的麻將搭檔。我知道打麻將必須用腦，據說是可以免除患上老年癡呆症。但是很可惜的是我竟不會打麻將；更何況我打電腦已經忙得不得了，也沒有時間去學麻將了，而且打電腦寫文章也同樣不會患老人癡呆症，更無必要去學打麻將。或許過幾年會有興趣學麻將也說不定。

退職後最大的好處是有一種解脫感，像聖經所說那樣：「美好的仗，我已經打過了。」已經退出人生戰場，不再與人競爭了。對人生也早就看開了，所以不再追逐什麼東西和不爭取什麼東西了，不熱衷賺錢，不想成名，更不想爭取地位或榮譽，眞正做到「與世無爭」。因此，也就不會有焦慮，不會有渴望，隨之也更不會有失望了。如果有機會順便能做點對別人尤其是對青年人有幫助的事，對國家社會有益的事，那只有快樂。當然，人生在世雖然老了，仍然還有可能偶爾遇上一點爭執，則我寧可盡量謙讓甚至忍讓。

當身體健康良好，能夠適度旅行時，那當然很美好，但是必須要有親近的人作伴。至於像我這樣因腿傷無法遠行的人，縱然有親近的人作伴，也還是不能長途旅行。在好天氣時，那怕只是坐在陽臺上看落日餘暉，吹涼爽的晨風或晚風，想念自己的兒孫和關心的人，也就是最大的安慰了。而當孩子們來到你身邊時，就更有說不出的快樂。

老來常回顧此生，少年時做的事情，現在覺得有些的確是很愚蠢，有時還會辜負別人的良情美意，有時甚至開罪別人，現在回頭看來，只覺得自己十分可笑，甚至有點可悲。但是往日已逝，至今都已經無從補救了，徒然空自留下無限悔恨；也只好說「君子之過，如日月之蝕。」我絕不相信世上有誰畢生無過，尤其青少年時期，幾乎人人會患大小不同的過失。孔子不也說過：「四十而不惑；五十而知天命；六十而耳順；七十而從心所欲，不逾矩。」這就是說，做事要眞正不違反規矩，不患錯，不亂來，要到七十歲才做得到。聖人如孔子者猶且猶且如此，平凡人之如我者，更不問可知了。不過，我並無意藉此寬恕自己，雖然所犯錯誤並無任何罪大惡極之事，我內心確仍還是深有歉意和悔意，無可奈何之餘，只有在此宣示懺悔，總比愚蠢到底仍不自知者要略勝一籌。

拾陸、老來自學電腦中文輸入法

我是在七十歲時學會電腦中文輸入法的。

我自少年時起從事寫作，常文思泉湧，迫不及待揮毫，以免文思中斷或飛逝；我復習慣於再四修改文章，一稿常多次塗抹、損益、勾遷、搬移、刪除、恢復等動作，終致與初稿面目迥異，紙面則遍布毛筆、鋼筆、有色筆等歷次所作之更改，慘不忍睹，他人閱讀維艱。雖自知於人不宜，但爲免詞不達意，甚或誤我本意起見，有心精益求精，理所當然，自覺於心並無不安。但一經獲知西方人士使用打字機從事寫作，修改原稿時十分便利，且稿面尤清晰美觀之情形後，深覺羨慕嚮往。惟以中文打字機打字緩慢，機件笨重，且操作時聲音太大，使用極不方便，完全缺乏英文打字機之優點與便利，故難以利用。及後個人電腦問世，續有中文輸入法之發明以提供實用，其對文稿所作上述各項修改動作，至爲方便，且在最後定稿稿面竟可完全不留修改過程中之任何痕跡，所呈現者爲一乾淨整齊明確之書面，固知最佳之寫作工具至此業已出現矣。自茲心嚮往之，夢寐以期盼之。所苦公務繁忙，縱然所服務之機關經常辦有電腦講習班，並聘請名師來部傳授操作技術，或提供其他種種專供同仁之學習機會，我均無暇參加。臨淵羨魚，徒資歎息。但此一學習之念，耿耿於懷，十年於茲。及決定辦理自願退職，得以還我自由之身，乃知美夢成眞之日業已臨近，立即決定，恢復自由之身後首要之圖即爲全力學習電腦中文輸入法，以實現使用電腦寫作之熱望。

經訪詢中文輸入系統種類有數十種之多，究以何種爲是，我一無所知。學生及機關同仁通曉電腦中文輸入者比比皆是，遂一一與之研商，獲知最易學習者爲注音符號拼音法。若採此法，因我七十年前幼時在小學二、三年級即曾習知注音符號，至今未忘，仍可應用，故對我當然較爲容易。但此法缺點則在每拼出一字，同音字成群湧現於螢光幕，必須再度選擇其一，因而至少增加一倍時間，頗爲緩慢；且在螢光幕上選字亦甚費眼力。最後決定，應以始難後易及一勞永逸者爲是，而採較不易學習之「大易輸入法」。此法不易學習之原因在其依賴記憶者甚多，對年老記憶力衰退者自倍增困難。具體言之，困難至少有四如下：一爲必熟知中文正楷之正確寫法，不可省卻或忘卻任何筆畫，亦不可錯亂筆畫先後次序。二爲此法將全部漢字拆成四十個字根，必須熟記此四十字根。三爲每一字應正確分解爲若干個字根，亦需熟練分解規定。四爲在執行敲鍵前，必須熟記每一字根在鍵盤上係以何一鍵代表。以上四者有一不熟練或不正確即不能鍵出所欲求之字。至於此法之優點，則在其每字經鍵入後，除極少數字亦有如注音符號併音法之需要再在衆字中擇取一字手續外，其餘百分之九十九之字均立即出現於螢幕上，不需再有任何其他手續，故遠較迅速。

我兒斯容在美國紐約大學（NYU）獲有資訊科學碩士學位，此事我並曾與其商量最多。主意打定，即囑其先爲我購備電腦。及至民國八十三年九月十六日我退職生效，除首日外出辦理退休金存儲等手續雜事外，次日即開始學習中文輸入。自此，幾乎摒絕一切雜務，每日除進用三餐外，其餘時間幾每分每秒悉用之於學習電腦，內心充滿興趣，從不知倦，更不知厭。其初頗爲費事，效率奇低，每小時僅能鍵出七、八字或十餘字。但如此堅持不休三個月後，能每分鐘鍵出十七、八字。此時尚僅係將已寫就於紙面之現成文章抄繕於電腦螢幕之上。如此繼續練習約再兩個月，遂能將腦中思想經由手指按鍵直接輸入而成文章顯現於螢幕之上，省卻筆寫一次之辛苦過程，至此始眞正大功告成，多年美夢果竟成眞，興奮莫名！於是乃將籌之已熟之寫作計畫逐步付之實現，首先寫成我退職後之第一本書：「考銓新論」計二十萬字。以後並源源不斷，續有「銓敘制度」五十餘萬字及「考試權的危機」二十萬字，截至民國九十三年底止，已出版新書九本，連同其他大量成篇但尚未成書之文章，合計不下三百萬字，每字每句均係我雙手敲打鍵盤出現於螢光幕上者。在上述已出版之九本書中，除多種有關考銓制度者及王雲五先生傳記者外，並有「棣華詩集」、長篇小說「紐布隆斯威克的斜陽」、「源遠流長是我家」與筆記「浮生多彩」等書，及這本回憶錄四十多萬字，無一非經由此一電腦完成也。至於退職後十年來個人一般函件及少量文件，亦無不假借此電腦處理，罕有使用手寫矣。

就我個人學習過程而言，學習中文大易輸入法之困難主要如下：（一）老來記憶力大爲退步，記憶上述各步驟十分費力。（二）數十年來，日常所寫均爲行書或通行之簡體字，久已不寫正楷，致已忘卻各字之確切筆畫。例如「徵」字，我從不知其中山字下尚有一橫；「壽」字，我根本不知其正楷之筆畫係如何構成。大易法必須所輸入者完全正確始可顯現成字，甚至筆畫順序有誤亦屬錯誤輸入，當具有任何錯誤時，即無從顯現成字。在我學習過程中，初遇不能鍵出一字時，百思不得其解。待查閱字典後，始發現原來寫字錯誤，常爲此浪費時間甚多。（三）既知一字之正確寫法後，進一步即需熟知如何將一字拆開成爲大易法之幾個字根，此亦需記憶準確始可。（四）再進一步，即需熟知每一字根在鍵盤上數十鍵中係以何鍵代表，而後始可按下該鍵。如以上全部過程均無誤，該一字立即出現於螢幕。以上所言，尚僅是逐字抄繕之過程，後更要求將腦中思想直接鍵入成文，則又多一轉折。文章需構思措辭，與敲打鍵盤繕寫之僅爲機械性技術，原屬二事；現將構思措辭過程與機械敲鍵技術過程兩者綜合爲一事進行，初不免使文思發生障礙，故須耐心爲之，久而自能習慣而恢復文思泉湧情形也。

數十年來我養成之寫作習慣，一稿初成，定必再事修改至少三、五遍。修改時非僅少量文字之增減與更易而已，更有大段文字之增減及大段文字之前後移置或插入。昔日之爲此，最後必使稿面雜亂不堪，甚難閱讀。不僅我自身常有紙面過窄之歎，且機關打字小姐幾無不視清繕我文稿爲畏途。現改用電腦寫作後，無求於人，修改增刪十分便利，有助於文章優美者至多。其利實不勝道。

以年邁七十之人而初習中文輸入，似尚不多。我則興趣盎然，不覺其苦。而學會後十年以來，則深得其利，至以爲快。至於電腦之其他功能尚多，我則一概不欲學習，以免興趣廣泛而分心。

拾柒、兩個慣夢

我自幼多夢，每夜入眠後以至晨起前，夢不間斷，但仍不妨礙睡眠價值。夢中情境，醒來多仍清晰。年近七十時，不知何故，忽竟不再有夢，反而覺得不甚習慣。七十五、六歲起，又復有夢，但所夢者與前迴異。

我少年時起，所夢內容甚雜。但有一夢，竟連續數十年間常重複出現，歷次所夢大同小異，至今記憶猶新，大致爲惡勢力仇視我，或匪徒有所不利於我，派出大批人馬圍捕我。我在被圍捕或追捕甚急時，無路可逃，最後即平地騰空而起，雙腳急速踏踩空氣，以適當之速度，在群匪包圍中或後有追匪下，凌空逐步高飛，而仇人或群匪瞠目視我逃脫，束手無策。我先飛至屋頂，隱避於屋脊後，探頭偷窺敵方行動，而不爲敵方發現；後再騰空直至雲宵，乘雲飛往天外，最後降落於郊外群山中，覓一山嶺潛伏。此時自知已十分安全，故常於潛伏不久後，判斷敵人確已隔絕消失，我始自行出現並回返家中。此一夢中最驚險之時刻，爲我被困而急欲凌空騰起前之瞬間；而最得意之時刻，則係已騰空至雲霄，見敵人睜眼目送我遠去而奈我不何之瞬間。

七十五、六歲起，再度有夢。所夢不僅甚雜且較片斷，醒來更立即全部忘卻。古人云：「事如春夢了無痕」。我此時所夢雖已非春夢，但亦相同成「了無痕」。惟其中亦有一重複出現之夢，醒後仍較清晰。所夢者悉退職前之公職生涯，彷彿仍爲公務員之身，且與往日長官同僚共處，共同處理公務。所夢見之長官亦非固定一人，每次不同。但可怪者，多係業已謝世且非我向所欽佩者，甚至更有爲向日惡待我之人。一度曾繼續夢此數夜，我深厭之，經設法驅除後，遂不復夢此。幼時曾聞家鄉人言，若常夢見業已死去之人者不祥，於老人尤然云。但我既知上天已許我長壽，則我自應驅逐夢中諸此景象也。

按、晚年我在考試院銓敘與考選兩部任職二十餘年，自認確小有貢獻且足以自豪之事，亦係費我時間精力最多之事，最重要者有二：一爲經常赴立法院或行政院，爲制訂銓敘法規制度及維護法理正義而奮鬥；一爲主持會議，辨難析疑，在衆說紛紜中，堅持正確至當，合法合理起草或審定法規新條文。概言之，均係爲建立及維護銓敘制度而努力。具體成績則爲我國現行公務人員兩制合一之新人事制度之構想、設計、建立、與施行；以及維持人事銓敘個案之公平正義，爲衆所稱道。但對諸此自認得意之事，竟從未夢及。若論最令我厭惡且印象最深刻之事，則亦有二：一爲先後有二宵小分別陷害我。其中之一有如豺狼，城府深沉，陰謀狠毒，亟欲置我於死地；另一則有如狐狸，狡猾鬼怪，詭計多端，笑裡藏刀，屢陷我於顛躓。但兩者目的均在取代我位，先後分別垂涎我常務次長及政務次長職位。雖然此二奸豎最終於此均無所成，但前者使我積憤而病腹瀉數年之久，情況嚴重，幾瀕生命危境；後者屢在關鍵要害之處暗下毒手破壞，且屢屢得逞，而有效斷送我發展之新機。我意我所應夢及者如非得意之事，當即深惡痛絕之事，但竟均非，且此二奸豎至今尚在世間。我晚年所夢者均係例行公務生活及所厭惡但已死之人，豈不怪哉？但經我努力驅逐，七十六、七歲後遂不復有上述兩個慣夢。

我早年之常夢騰空得救者，猶有跡可循，揣想當係因我少年期間屢受挫折及久處逆境，常居困迫狀態之故；來臺後，又常處艱難蹇滯之境，且精神上間常遭受無理迫害，使我從未眞正安寧。及至年屆七十，不僅已退出競技場，且自知已老應不復有人蓄意折磨我矣，故亦不復有被圍困與奮鬥求生之感。然據此二夢以觀，亦可稍窺我此生之艱苦。

自念終得平安生存，未遭重大顛蹶，以至耄耋之年猶仍健在者，或係因我心地厚道，終生雖受人欺亦從不報復，更未有主動陰謀害人之舉；任公職則束身自愛，崇法務實，廉潔勤懇，決不逾越；公平正直，忠忱愛國，從不後人。

但若謂我無喜怒愛恨之情則非事實。只是每當心懷恨怒之時，十之八、九均持續數日但隱忍不發，僅藏之內心而甚少形之於外，庶免傷人傷己；一待事過，再數日後即忘懷。自認我之如此應屬正當。若欲期望我寬宏大度且自始無所介懷，是我所不能也，亦我所不欲自欺欺人者也。世人豈非皆血肉之身耶？我又豈鄉愿耶？但仍有十之一、二我實不能忍而竟發作者，致仇家恨我彌深。我自知我根源於家鄉吉水多山之地方梗直性格實爲此生躑躅於事業坎坷道路之根本原因，但亦只好聽之。文天祥且因此梗直之地方性格而殉國，我較之豈非已屬不幸中之大幸乎？

拾捌、新苗的誕生

石繼之

一面是疾病、疑慮、失望、焦灼、痛苦、恐懼，甚至死亡邊緣的威脅，穿流在我們夫妻的每一滴血和每一滴淚裡！另一面是希望、輕鬆、滿意、快樂、勇氣和責任感，洋溢在我們夫妻的每一個眼色和每一個微笑裡。世界上再沒有任何其他事情能比這件事情更神聖更莊嚴了；也沒有任何情緒比這件事情帶給我們的情緒更複雜更奇妙了！這就是我們第一個孩子誕生前後那一時期的情形。

新婚半年後，我發現自己生理上有點變化。醫師宣布青蛙試驗結果時，滿臉都是笑和親切：

「恭喜！是有喜了！」

我的心怦然一跳，我們正還沉迷在新婚的甜蜜裡，卻沒料到這件事情竟這樣快就來了！我丈夫又是驚訝又是高興：

「哦，眞的嗎？」

從此以後，他一直特別開心，笑容比往常更多。我丈夫是個很有意思的人，在家裡經常愛開玩笑；據他的同事們告訴我，他在外面處理責任上的事情時，卻好像生來就是嚴肅冷靜的一副臉孔。但我確知他內心純厚溫和，尤其特別喜歡小孩，平日不管在任何場合遇見任何孩子，也不管識與不識，總要摸摸孩子的臉頰或是揪揪孩子的小辮子，蹲下來對孩子講一句讚美的話：

「小妹妹，你好漂亮啊！」雖然那女孩未必眞正漂亮。或是：

「你幾歲了，小弟弟？」雖然那男孩身上有點骯髒。

有時候，孩子身邊的大人可能會稍帶不滿神色微微瞪他一眼，他也毫不在乎，祇是笑笑而已，而下次依然故我。這是每次與他外出時我所最不滿的一件事，但卻無法改變他。

當然，我也希望自己早點有孩子，但卻遠不如他那麼熱切。記得我們婚後三、四個月的一個黃昏，夫妻倆手攜著手，沿著新生南路水圳漫步。他終於忍不住說出那句我知道隱藏在他內心已久的話，雖然他故意若無其事地把語調僞裝得很平淡：

「我們這時候如果是有一個孩子一起散步該多好！」

我沒有做聲，還在考慮是否要答覆的時候，他又加上一句：

「大家不是都說臺灣生孩子很快嗎？」

他似乎很盼望，於是我說了一句違心的話：

「像現在這樣不是很快活嗎？孩子吵吵鬧鬧的有什麼好？」

他奇異地望了我一眼，然後說：

「這是做人的責任，吵鬧早晚都要來的，我們不可以逃避。」接著又換成愉快的口吻說：「孩子會梳成兩條小辮子，在我們身邊蹦蹦跳跳，繞來繞去。她會叫我爸爸，叫你媽媽，直叫個不停，多有意思！」

他心目中的孩子是女孩，但我心裡卻希望先有一個男孩。我說：

「假如是個男孩子，那又怎麼會梳兩條小辮子呢？」

「傻瓜！當然是女孩。她會撒嬌撒賴地對我說：『爸爸！我要騎在你背上騎馬馬。』這多有趣。」

做父親的通常都比較更愛女兒，但我卻不能了解丈夫何以如此特別期望；因此，我覺得他很可笑。我說：

「好罷，你已經早早就準備好了要爲兒孫做牛馬了。」

「不是爲兒孫做牛馬，只是爲女兒。如果是兒子，我可能在他最搗蛋的時候揍他一頓。」

我忍受不了他這份嚴重的偏心，叫了起來：

「那不行，你不能換我的兒子。我先警告你。」

他笑了笑說：「那你就最好生個女兒。」

當我們從醫生那裡帶著我有孕的消息回到家裡後，他似乎心滿意足了，得意地說：「好了！我們的女兒來了。」

半個多月後，我們夫妻都患上了嚴重的感冒，咳嗽得很厲害，而我的每一聲咳嗽，都牽動下腹作痛。這樣經過了兩天，接著就是通宵發燒。起初我們都還不很介意，雖然他一向關切我並不十分健康的身體。但是，那夜快到十二點鐘時，他見我還沒有退燒，開始顯露愁容了。他弄滅了手上的煙蒂說：

「要不要去看醫生？」

因爲只不過是普通感冒發燒，我覺得還是不必，加上深更半夜，我又是個孕婦，其至一時還沒有想清楚該看什麼樣的醫生。於是我說：

「不用了，明早再看情形罷。」

他想想覺得也是可以不必太緊張，就沒再說什麼了。

第二天，我的咳嗽果然好些了。午間我們下班回家用過午飯，丈夫把皮鞋長褲脫下來，光著腳沖洗客廳磨石子的洋灰地，我洗飯碗。後來他沖地好了，下樓去浴室洗腳。就在這時候我發現自己奇異地流了一灘紫紅色的血。

我非常恐懼，心直在怦怦地跳，不知道發生了什麼事情，但仍然疑惑是否月經來了，雖然時間和狀況顯然都與平時月經不一樣。丈夫上樓來後，四顧看了一下客廳地面，興緻沖沖地說：

「你看，客廳現在多乾凈。」

我點點頭，順便讚美了一句，然後告訴他這件奇怪的事情。他聽完我的話後，停下來一聲不響地盯視著我半天，然後突然說：

「我們去看醫生罷！本來就該去的。」

經過診視和檢查後，那位年輕的男醫生起初遲疑了一下，先望了望我，然後平靜細聲地對我丈夫說：「恐怕是流產了。」

這眞像是突如其來的閃電夾帶著轟隆隆的一聲暴雷，我心裡一怔，渾身打了個寒顫。啊！怎麼會這樣？我有一種生命之繩突然從手上斷脫而使我摔落下萬丈深淵去的感覺，也突然發現自己內心竟是這般空虛，身體這般衰弱。我用細微有如呻吟的聲音呼喊著：

「大夫！應該總還點有什麼辦法罷！？請想想辦法救救我們！」

大夫點點頭：「我要給你注射安胎針。」

注射完後，大夫陪我走出診療室。候在門口的丈夫滿臉都是焦急和疑慮。他問那位年輕大夫說：「怎麼樣？」

大夫仍然表情平靜若無其事：「我看孩子恐怕壞在肚子裡了。」然後又補充一句：「安胎針有時很有效，可能保住。前些時也有一位太太打過後就保住了。不過並不是人人有效，我們努力試試看，這種針要每二十四小時注射一針。」

丈夫的身子怔了一下，嘴唇也微微顫動了兩下，似乎想說什麼但卻又停住了，就不再說什麼了。

回到家裡，我昏然睡著了。醒來已經是夜半一時許，發現丈夫仍未入眠，擁著被子斜倚在床上靜靜地閱讀報紙。見我醒了，立刻欣然地吻了吻我的額頭，用一種內心顯然十分憂慮但卻故意裝成很輕鬆的口吻問我：「怎麼樣？」

我告訴他沒有什麼特別感覺。他聽後似乎安心些。

第二天，情形繼續惡化，我血流不止，雖然那一天裡連續注射了兩針。我有生以來從來沒這樣要睡過，從來也沒有睡得這麼熟。在昏睡中，丈夫把我送到醫院急診處。醫生從我體內取出大團紫紅色凝固了的血塊。

我知道已經完了！一切都完了！淚流滿面，心如刀割。那一小團血塊就是一條小生命！就是我的孩子！本來他將會有頭髮、有眼睛，有鼻子，有嘴巴，會說也會笑。他將會叫爸爸，叫媽媽。可是現在，這一切都完了，留下來的只不過是一團凝固的血塊，被包夾在骯髒的棉花紗布污水中一併棄置於垃圾桶內將被傾倒出去了！一條生命！一條生命！就這樣煙消雲散了！沒有任何痕跡了！

我的淚和低切的嗚咽，已經替我把話說出來了。丈夫起初是驚愕地望著我，但他是敏捷的，幾秒鐘後他就釋然於懷，情緒似乎立刻平靜下去了。他的性格有若干特殊的地方，這是婚後六個多月來我所得到的印象。他情感豐富，熱情澎湃；但對某些事情卻十分冷靜，十分理智。面臨複雜情勢時，他決不著急，而只是悶聲不響，深思熟慮，一步一步地處理安排。當著事情已經證明失望了，或是失敗了，他總是歎一口氣說：「算了。」然後冷靜下來，一無其他表情。雖然我還不知道他內心情緒究竟如何。不過有兩次我事後發現，他並不眞正就此算了，慢慢地他會捲土重來。

大夫勸我在醫院住下來休養，丈夫點點頭同意，並且就趕快爲我辦住院手續。從住院第二天起，他就恢復了愉快神情。每天早晨上辦公室之前，必先來醫院陪我半小時；午間也來陪我喫飯；晚間下班後也來陪我，要留到十時後才回家去。他有說不完的笑話來逗我發笑，我也因此確實爲之忘憂解愁，得到許多快樂時刻。這還不完全是因爲他的笑話，而更是看見他那麼滿不在乎的態度而多少也有點受到感染。他從不提流產的事情。我卻是耿耿於懷，念念不已。

後來有一天，他還是說了：

「這個孩子自己沒有福氣做我們家的人，閻王老爺注定了他不是我們家的孩子，那我們幹嘛還要爲他難過呢？我們都還年輕，將來孩子多的是，還耽什麼心呢？」

他也許是對的，但是我情感上卻無法接受。尤其是他所說「注定了不是我們的孩子」這句話，更使我聽了難受得當時就掉下淚來。他看見這情形，睜大了眼睛瞪著我說：

「怎麼又哭了？傻子！這有什麼好哭的？那還沒成爲生命的東西還去爲他難過嗎？」

他越勸，我反而哭得越厲害。到最後，他忽然沉默下來，說了一句眞心話：

「其實我也一樣難過啊。」

恰巧這時候我媽媽來了，她老人家一如平常那樣，慢慢移動她那曾經纏過又放大的改組派小腳，從容不迫地走進來。媽媽向來慈祥，這時候看見我這種情形，竟帶怒地呵責我說：

「不許哭！月子裡哭多了將來眼睛會一輩子不好。小產也要和生產一樣好好保養。」

媽媽的話眞是當頭棒喝，我的眼淚立刻就自行乾了。媽媽於是又轉過頭來責備我丈夫：

「你怎麼也和她一樣不懂事？你該勸勸她才對。」

他性格本來相當倔強，但這時卻一聲不響。

出院後，媽媽要我回娘家去休養，丈夫起初不太贊成，他怕麻煩媽媽太多；後來還是媽媽發脾氣了，他才不敢再反對。住在媽媽家的那段時期裡，他每晚來陪我談談，而且總是晚飯後不久就來了。媽媽問他是在什麼地方喫飯，他都只是含糊其詞。媽媽說：

「既然只有你一個人在家，又沒請佣人，那晚飯就到我們這裡來喫好了。」

他卻說他一個人喫飯很方便。媽媽有時會對我嘀咕半句，抱怨他不夠親切。其實，他只是從小獨立求學謀生，養成一種盡量避免叨人恩惠的習慣罷了，即使對他自己的親長也不例外。

那晚七點鐘左右，他照例來了，也照例搬了一把椅子坐在我床頭面對著我。不同的是，他並沒有一進門就滔滔不絕地打開話匣子，卻是把後腦一揚，靠在椅子上默不作聲。我問他怎麼了，他停了兩分鐘才說：

「没什麼，只是有點小不舒服。」

我没有說什麼，因爲他常說，除了小感冒外，他將近二十年没有患過病。而且小感冒也是照例不喫藥不休息的。

五分鐘後，他忽然露出痛苦掙扎的神情，我正要發問的時候，他哇啦一聲竟吐了出來，頭一偏，吐滿了一塊榻榻米。媽媽來了，給他嗽口水和熱茶，又叫家裡的阿巴桑來清理地上，待他慢慢地好一點後，在我一再追問下，他才說：

「我已經患病好幾天了，剛剛出來時就有點勉強，想不到現在竟會撑不住。」

我內心充滿了歉疚和憐愛的混合情緒。我知道他近來太勞累，上下班前後的大部份時間都用來陪我，回家還要搶時間掙扎著寫點文章，他在辦公室裡情緒也並不是很好，加上我的小產也使他內心不快；但是，由於他掩飾得很好，每天見我時總是一股輕鬆愉快的勁兒，使我幾乎忘記了他也會有痛苦。

以後幾天他没有來看我，我們知道他一定是病倒了。後來我才知道，在我住娘家養病期間，他一直患失眠的毛病，難怪他會病倒了。而病倒後的主要病象是嚴重的暈眩不能起床，站立時身體會搖晃。經過好幾家公立或私立大醫院檢查的結果，都診斷是神經受了損傷，而基本原因是歷年來用腦太多。自從那天吐過後，他回去整天躺在床上不喫不喝不外出，根本没有人知道他竟已病成什麼樣子了。謝謝樓下房東太太，最初幾天每天給他送一碗麵。後來我們了解情形後，才讓我妹妹每天給他送一次食物。也是後來我才知道，他每天撑著身體到附近一家診所去注射，越過馬路的時候，都是視覺模糊跌跌倒倒地晃過去，總怕會被汽車撞死。

我的身體漸漸好了，臉色漸漸也紅潤了，流產時過多的失血又補充起來了。這要感謝媽媽無微不至的照顧，也要感謝丈夫爲我買的大批營養藥品。他常常說，他家祖宗歷代有個傳統原則，就是孕婦、病人和孩子，永遠是第一優先，要喫最好的東西，要看最好的大夫，要買最上等的藥。這些錢絕對不能打算盤，縱使家境不寬裕的時候也不例外。

我覺得自己應該回我和丈夫的自己家去住，也可以就近看顧丈夫。回家後，月子還沒有滿，遵照媽媽的話，雖然只不過差幾天，我也只好仍然躺在床上，他也終日躺在床上，夫妻倆就這樣併排躺著。但我當時絕對沒有想到，那幾天竟是他最危險的時期，但卻從他臉孔上看不出任何痛苦的表情。

一切都恢復正常了，我丈夫每天要注射四種針，另外還需要喫兩種葯片。這樣繼續了兩個月，他的病才算好了，殘餘的現象是他不能驀然轉頭回看，因爲那仍然會使他暈眩，同時他的記憶力也變得特別壞。這些情形，到半年多後才漸漸消除，不過他總是樂天的。當我們倆都恢復上班後，都絕口不提那些痛苦的往事。

初夏的黃昏，我們夫妻倆又手攜著手，在新生南路水圳旁漫步。遙望著天邊的彩霞，我們依然神情愉快，胸懷坦蕩。雖然現實生活中兩人仍然都各有煩惱。我丈夫再也不提希望有一個小女兒把他當馬騎的話了。

六月將盡，發現自己又懷孕了，醫師也警告我有再度流產的可能，因爲我下腹時時牽痛，時時有下墜的感覺。在醫師強迫下，我在床上足足睡了兩個月，每天一針，打了幾打的安胎針。而我丈夫也完全承擔了家庭主婦、看護、下女、和家長的所有責任。在這一時期裡，他還寫了兩本給少年讀的小書，和幾篇不長不短到現在還沾沾自喜引爲得意的文章。

有一個夜晚，我在半睡眠狀態下忽然覺得丈夫不在身邊，立刻張開眼睛來搜尋，只見月色分外皎潔，他坐在窗臺月色中靜靜地吸紙煙。我看看錶，已經三點半了。

「你怎麼不睡？坐在那兒幹什麼？」

「我在欣賞這月色。」

他確是愛好自然和安靜的，但是以他每天公務家務工作將近十七、八個小時的疲勞情形說起來，我不相信他眞會有這樣好的精神。事實上他近來也比較清瘦。我說：

「你還是休息罷。」

他說：「你睡夠了沒有？」

我日夜躺在床上，每天至少有十三、四個鐘頭的睡眠。我說：「我只怕睡得太多了一點。」

他點點頭，欣然地說：「我告訴你，我們這個孩子一定要成功。過去那個是我們太沒有經驗，不是什麼命運。」

他眞是個倔強的人，不虛浮、不抱怨、不疲倦、不灰心、不求別人瞭解。我這時忽然感到眞驕傲於有一位這樣的丈夫。我相信他將會日更快樂，雖然他常常說，直到現在，他沒有過眞正快樂的日子。

他又補充一句：「知道嗎？痛苦和折磨會使我們懂得多一點。我最近常有孤獨無助的感覺，但這也不是壞事。人生就是這樣，常常會在孤獨沉默中掙扎奮鬥；反過來看，每在掙扎奮鬥時，也常常會發現你總是孤獨的。但我們內心要有自發自強的堅強意志和力量才行。」

他這些話，我知道是因爲最近環境裡許多複雜因素引發的，但他的意思卻已經不僅止於是指這些現實生活上的眼前現象而已。

第二年的三八婦女節後，我們的大兒子光榮地誕生了。生下半小時後，護士小姐就抱來見他的老子。他老子後來常常得意地告訴我：

「他第一次見我就是一個愉快的笑。」

這是眞的，我們大兒子生下來當夜就會笑。

拾玖、徐穆轉世為林則徐

民國二十四年（一九三五年），我十一歲，自南昌返故鄉吉水縣後，即聞族中長輩談及我祖先徐穆與林則徐（謚文忠）二人間之奇妙轉世關係。此事並載於我吉水徐氏家譜，因而印象至深。經多年來細思，並參酌其他有關資料研究後，認爲有理由確定其事爲眞，而非附會杜撰。

我自返家鄉以迄民國三十八年（一九四九年）離去，居住吉水約十五年期間，每年冬至節日均必赴多處爲諸祖先掃墓上香，各墓多分散在稍遠之山崗地，有一墓且在高山腰，唯有穆公墓最近，且不僅在平地，更在吉水縣城大東門城門內三、五百公尺處，距劉氏群屋前不遠處，爲我縣城內唯一之墓地，情形頗爲特殊。我每至墓前，雖必默念碑文一過，但因其時我年少，竟不知應詳記碑文內容，故至今尚能記憶者，唯碑文中載有其功名爲榜眼。來臺灣後，係在國史館查閱「江西通志」，據其第二冊第五六三頁所載，及後來據吉水縣博物館二〇〇四年所存資料載：徐穆，字純和，吉水縣城東坊樓下人，明孝宗弘治六年（癸丑、一四九三年）進士，一甲二名榜眼，授翰林院侍讀學士、編修、主掌「孝宗實錄」編修事，主張爲文以表達情意即可，著有詩文集云。至於本文所述及之另一人物林則徐，則另據「中國人名大辭典」（商務）及「辭海」（中華、頁五八五）均載：林則徐（一七八五～一八五〇），字元撫，一字少穆，清嘉慶進士云。

以下爲我族人所述此事經過概略。

清時，福建候官縣林氏士人之夫人有孕。將臨盆之某日，士人正在自家廳堂假寐，見家人持名刺來稱有客來訪，視片上乃斗大「徐穆」二字。以非素識，方詫異間，赫然見一朝服鮮明大官，不待延請竟已昂昂然自行登堂。林氏士人慌忙起身，正欲迎問，孰料來客竟一語不發，更迅速逕自進入夫人臥房。

士人愕然驚呼而醒，睜眼一望，並無來人，亦無名刺；但覺頃刻所見，似夢非夢；正疑惑不已，忽聞夫人臥房中傳出嬰兒呱呱啼哭聲，驚而急入夫人室，見夫人已產下一男嬰。尋思夢中所見，心有所悟，顯係徐穆前來投胎也，後遂決定命名此嬰兒爲林則徐，以記其事。

據我吉水徐氏家譜所載及我徐氏父老告，林則徐成人後，能自憶前生事跡，亦自知其前生爲吉水徐穆。並曾親返吉水訪問，察視其前生住屋及常往之地。因農業社會，家庭百年累代相傳罕有重大更改，而住屋尤數百年不易，林氏訪視前生各處，一一皆熟識，多能道其詳云。因此，我徐家始知穆公轉世投胎林氏之事。

我來臺後，已無吉水徐氏家譜可資查考。林則徐玄孫林崇鏞先生爲臺灣知名經濟金融學者，並爲蔣經國先生智囊之一，時任某國營銀行董事長，其兄弟爲望重一時之法學教授及連任多屆之大法官之林紀東教授。民國五十六、七年間，林崇鏞先生持所著已印就之「林則徐傳」一書來商務印書館訪我，洽請代爲經銷（若干年後已轉爲由商務印書館出版），因得先讀該書。書中首章即詳述林則徐命名經過。所言雖與我家傳言有別，但於其取名如此異乎常理，則亦有說明，仍證明其命名確有緣故，事出有因。我曾舉我家鄉之傳說以告，林先生謂未聞此一說法；一如我及我家鄉人從未聞林崇鏞氏著書中之說法。此證明兩地兩種傳說各不相謀。

據林書言，林氏家族自唐代即世居候官，向爲望族，明朝林府且有三世五尚書盛事，至清而式微。林文忠公（則徐）祖父林萬選爲一窮秀才，文忠父暘谷爲其第四子，亦爲窮秀才，家住福州西門街定遠橋邊一小屋，孤懸路傍。因貧而遲婚，育有三子八女，文忠居次。暘谷賴出外爲他家授私館爲生，所得甚微，竟不敷衣食之需，妻孥常有飢餓。當其夫人懷孕文忠於盛夏七月臨盆之日，福建巡撫徐嗣曾鳴騶出巡，行至定遠橋忽逢迅雷驟雨，舉目僅有林家小屋而往避，方進門，忽聞房內呱呱一聲，有嬰兒墜地哭聲。雨初歇，暘谷聞訊恰自私塾奔回，驚見巡撫尚在屋內，爲示尊重國家大員光臨之奇遇，遂命名文忠爲則徐，並以元撫爲字云。以上係摘錄林崇鏞氏據其家族傳說之轉敘。林書復引述與林則徐同時代人金安清所著「林文忠公傳」所敘：「公生時，閩撫徐士林鳴騶過其門，故公父名之則徐。」林崇鏞氏書並加按語謂：「後人所寫許多篇文忠傳記，以金安清一篇較爲翔實，因爲金氏本人及見文忠，且與文忠的摯友魏源有深交。」但原書復言：「金傳簡短的記載，雖與林家所傳大致符合，但卻把徐嗣曾誤記爲徐士林。」續並說明徐士林另有其人。我現查清史稿有徐嗣曾傳，傳中並無「字士林」之記載，清史中亦無徐士林傳。另林崇鏞書多處並糾正金傳尚有其他錯誤，例如言：文忠「丙子典雲南鄉試」，應爲丙子典江西鄉試之誤。足證金傳所述訛誤多出，非盡皆可信。

但林崇鏞先生書中有一事引起我注意，即書中附有金傳全文，首句即言：「林則徐字少穆，候官人。林氏自唐……」僅言其字少穆，全篇自始至終均未言其又字元撫。林書又附錄有曾國藩手抄文忠之「夷事不可歇手密片」一文，其標題即爲「林少穆制軍爲英夷事革職後請罪摺」，亦稱其少穆。書中所引述時人之言詞亦均稱文忠爲少穆，未見有稱元撫者。而「清史稿」中之「林則徐傳」全文亦均無元撫之稱，僅於首句言：「林則徐，字少穆，候官人。」林崇鏞先生著書中復拓有林則徐生前所用印章六方，其文分別如下：（一）「林則徐字少穆」。（二）「歷官十三省閱兵四十萬候官林則徐少穆書畫印」。（三）「歷官十三省總兵四十萬候官林則徐少穆書畫印」。（四）「臣林則徐字少穆印」。（五）「身行萬里半天下」。（六）「歷官十四省統兵四十萬候官林則徐少穆書畫印」。以上六印中，（二）、（三）及（六）等三方爲書畫印；（一）似爲日常一般用印；（五）爲玩賞閑印；而以（四）最爲特別，陰文，二寸×二寸見方，甚大方，似爲供公務用。但諸印有一最引人注意之共同點，均自稱少穆，而從未稱元撫。以上種種情形，均說明至少林則徐本人所習用之字爲少穆，亦即重視此一字，而未用元撫之字。至此，甚至實際有無元撫一字之存在已甚滋疑惑，猶待稽考證明。至於少穆之字何從而來耶？豈非徐穆再世之事爲林則徐本人所深認者耶？而縱有但不用元撫一字，又豈非於徐嗣曾（閩撫）

之事不為承認耶？我甚至疑惑元撫之字不悉何所據而出現也；因之，所謂徐閩撫過門或入門避雨之說，究竟是否確有其事亦有待考證。

此事本可作進一步考證，所惜一則我腿傷後至今迄未復原，蒐尋資料仍多不便；二則我其他寫作計畫不斷，尚未休停；三則有部分資料非在臺可得。有此三因，所以我目前不克從事較深入之考證，來日得便仍當為之。

我對徐巡撫避雨之說不無疑惑。至於轉世投胎之事，不僅歷來傳聞已多，且多確證可信固無待再多事辨證；尤以我家鄉所流傳徐穆轉世之說，原係得自文忠本人返吉水自認前生所述，否則，我家鄉何從憑空得知轉世投胎於山水遙隔千萬里外之福建候官異鄉？此乃對此事之基本認識。

茲併就有關事證分項舉述理由於次，以供研究者參考。

（一）轉世投胎，世間向有其事，事證甚多，決非迷信。故不必特再為此個案而辭費。

（二）徐穆為明孝宗（弘治、一四八八～一五〇五）時人，一四九三年進士；林則徐為清末人（一七八五～一八五〇），在世歷跨乾隆、嘉慶、道光三朝。核算徐、林二人時代相距不及三百年，徐穆係於歿後約二百八十年始往投胎。世間轉世投胎傳說，誠有死生時間較相銜接者，但種種情形不一，無需一概而論。現今有關轉世投胎事蹟之研究，及今生來世之著作，早已甚為普遍，所載更多死生相距千年與遙隔歐美重洋而投胎我中國者。陰陽各別，另一世界之事，誠非我等此一世界所能詳知而遂置疑者也。

（三）福建候官與江西吉水山河遙隔，兩地不約而同，竟均因林則徐命名之特殊，而有有關之傳說，顯非巧合。此種傳說，如非確係其來有自，似不易憑空杜撰揑造，亦無此必要。

（四）候官與吉水兩地不同之傳說，一為似夢非夢中明示前來轉世投胎，一為現實情境中之確有其人過門或登門。按諸我國民俗，罕有以現實眞人過臨遂即據以命名者。元撫之名，似不符習俗。何況候官林氏畢竟仍為書香世家知所愛惜之士大夫乎？但少穆之名緣自夢中則十分合理。

（五）林則徐之命名頗爲奇異，鑒於往昔士人家庭講究，爲孩輩命名多有意義，非有根由出據，當不致有此奇特之命名。林則徐三字之字面含意，無待解釋已自明，乃謂林某即是徐某其人也。若依林崇鏞氏著書所引述，果如候官地方尚存在之另一傳說，謂其乃本姓徐，經入林家後改姓林，尚較有理；又若如吉水傳說，謂其前生姓徐，轉世投胎而姓林，則尤切合林則徐三字本意。但若如林崇鏞書內所述，謂僅係因其誕生時巧逢徐姓巡撫過臨，遂名之爲則徐云，則十分勉強。因徐撫雖至其家，但徐某仍係徐，並未化身爲林某，何得即謂林某即是徐某也？其名顯與所述之事由完全不符。但若命名爲「林見徐」始可與事實切合。

（六）人之字號通常多由自取，父母先行代爲命定者固亦有之。現據林則徐自行使用於士人所最講究之印章上之文字，已見者均僅有少穆二字；其同時代人爲之作傳或稱呼時，亦均稱少穆二字；「清史稿」亦僅稱其爲字少穆，均未謂又字元撫。僅有後出之辭書始謂又字元撫云。故元撫二字究竟始自何時？及其究何所據？甚至文忠生前是否確有元撫此一字號之存在？以及爲何文忠本人似從未承認或使用此元撫二字？均難免令人深致懷疑，有待查考之必要。

（七）結論：至於對此兩個字號之使用，究竟有何不同？從字面含意觀之，元撫二字意謂：林則徐其人原（元）本巡撫徐某其人也。但事實上並非如此；林則徐是林則徐，徐巡撫是徐巡撫，二人並非同一人，徐巡撫亦更未搖身一變而成林則徐，如必欲托徐巡撫之身以命名，則應名之爲「林見徐」或「林慕徐」，絕難謂林文忠即是徐巡撫。至於少穆二字則係意謂：林則徐其人即徐穆之再世或其後也，故用「少」字。而林則徐本人以少穆自稱，係在自承前身乃徐穆，豈非甚明？

（八）申論：至此已甚易察悉，林氏後人似偏向元撫二字，文忠本人及其同時代人甚至似均不知有元撫之名，而僅使用少穆爲字。原因何在，無從得知。個人揣測，林則徐之父其時似無從查知此三百年前之明季數百里外有人名爲徐穆者，縱幸而查得，則徐穆不過一榜眼，歷官僅至賜讀學士，居清高之名位，但非有赫赫不世之功舉世皆知者。何若眼前之地方行政長官徐巡撫之爲人所熟知也？

但林則徐本人則因能憶前生，且以其博學，必能查知徐穆之爲何許人而自知己身之來由，當然應用少穆之名，世人遂亦從之以少穆相稱。我人至此，以林則徐三字與少穆二字合而觀究其意，乃謂：此林某亦即徐某，乃徐穆之再世或化身，豈非甚明？

我今在此之作此記述及作此論述，旨在不欲掩沒其事以存其眞，並無攀附之意。君子當自強，不應徒託祖德光輝以照耀自身；如己身不能發揚光大祖德，徒引述祖先以資炫耀，適足反增自愧而已。質言之，林則徐其爲國人及爲區區所崇敬者，在其愛國熱忱，卓越眼光與非凡膽識，尤其對我民族文化之堅定信心。

茲另錄國立中央圖書館編，臺北文史哲出版社印行，民國六十七年再版「明人傳記資料索引」，所載徐穆條下全文如下：

徐穆（一四六八～一五一一）字舜和，父徐晉（一四三八～一五〇七），江西吉水人。弘治六年進士，授編修。武宗即位，爲正使，頒正朔予朝鮮，返卻其餽獻，橐無朝鮮一紙，人皆愧服。劉瑾擅政，怒穆不通謁，遷南京兵部員外郎。瑾誅，復入翰林，授侍讀。正德六年補侍讀學士，命未下而卒，年僅四十四。有南峰稿。（附有關徐穆記述文獻如下）

一、送徐太史侍省榮歸序（羅文肅公集一／二下）。
二、祭侍讀學士徐君文（費文憲公摘稿二十／六下）。
三、徐君舜和墓表（費文憲公摘稿十九／二四下）。
四、徐君舜文墓誌銘（懷麓堂文後稿三十／十六）。
五、國朝獻徵二十／六四錄無名氏撰傳。
六殿閣詞林記四／二九。

貳拾、高樓夕陽萬里心

高樓夕陽燦爛，大地朗闊。縱覽雲飛，前途無垠，內心充滿愉悅。金黃色的陽光洋溢滿陽臺，披洒我遍身，陽光的熱力也在我體內馳流。放眼萬里長空，只見那似浪潮般的彩雲不停地在堆砌翻滾，一陣又一陣；鳥群背負著這漫天彩雲和艷麗陽光，恣意飛舞。如此生動活潑的景色溢滿我心頭，有無比的興奮！

回顧八十年往昔斑斑塵煙。衆多淚水中夾帶了些微笑聲，也都已遠去。而我今日仍在這高樓上想念分居各處的親人，心頭只有溫暖和安慰。

長日將盡，安寧的傍晚已經來臨。那熙熙攘攘，爭先恐後，擁來擠去，一陣又一陣出現在白天的景象都已過去，忙碌和燥急的白日終將結束！明天，無論將有任何奇情異景，畢竟仍要等到明天；今天，畢竟將要結束！生命的指揮棒已經揮下了終結的一揮，生命樂章的演奏也戛然終止了，留下的是現時這傍晚的好一片寧靜、祥和與溫馨！

那壅塞在白天的形形色色，都是希望、追求、衝突、鬥爭、勝利、成功、歡笑、失敗、失望、痛苦、哭泣、死亡，或新生。然而，無論是什麼，是這個或那個，是這些或那些，畢竟都過去了！都結束了！漫長不休的戰鬥已經終止，現在，展開在我面前的是這安寧的長長傍晚。

傍晚，沒有競爭，沒有焦急，沒有激動，也沒有狂歡，更沒有悲泣；傍晚，只有寧靜與祥和。就像漂白後的白紙，原有的各種彩色和景象，無論是明艷的或灰暗的，美麗的或醜陋的，都褪失盡淨了！都不見了！都消滅了！今日的紙面已回復原始的純白，那麼潔淨！那麼可愛！

知道了嗎？這就是傍晚！

長日雖然將盡，世界和人類卻像河川那樣永遠長流不息。隨同長日結束和消失的只是那些有形的事物，但是那些無形的價值和源源不絕的人類子孫卻決不一併消失；而且永遠更有新生！新生許多往昔不曾有過的事物和景色，新生許多驚濤駭浪！也新生許多新的意義和價值。

縱然是個人，也同樣有許多新生的事物和價值。你看，現在這些新生的事物和價值已開始出現了，而且都是生命中最珍貴的，也是你畢生曾經夢寐以求而尚不及獲得的，現在，終於都賞賜給你了。你有了自己可以完全支配的大量時間，你有了作為或不作為的自由，你有了隨心所欲的情懷；你已退出人生競技場，無需再擔負任何責任了，也沒有任何義務了，你可以完全以觀衆心情靜坐一旁欣賞這個世界。你有了種種諸如此類前所未有的珍寶。你現在有權享受這許多美好的事物，那是因為你已經完全奉獻出了你的青春，奉獻出了你幾乎全部的生命、時光、精力、智慧、責任和義務。你應該獻出的和能夠獻出的，都已經獻出了！所以現在你把那伴隨你戰鬥了幾十年的武器也放下了。你說，那美好的仗，我已經打過了！我的戰鬥已經結束了！現在，我在這高樓上欣賞和享受這美好的傍晚時光！享受這種愉悅，就像我往常屢屢在高山峰頂俯覽塵世擾攘人群那樣的超脫愉悅。

現在，我獨自靜坐在這高樓寬闊的陽臺上。晴空萬里，極目長天，只見彩雲堆積，萬紫千紅，爭奇鬥妍，不停翻滾變化，呈現各種奇景，令人神往。那淡淡的遠山，像飽經世故的老人，一聲不響地靜靜觀看著這個紛紜的世界和擾攘的人群。地面的溪流，自遙遠的天之那方嗚咽而來，又不停地從你腳下向另一方滔滔奔馳而去。那永遠依偎著溪流的長堤，蜿蜒曲折地安然躺臥在這高樓之下。堤上人來人往不絕，有的光著上身在慢跑，有的急急匆匆地在趕路，有的悠閑地在散步，也有三三兩兩男女坐在堤岸邊沿垂下光光的雙腳，在絮絮低語。

陣陣晚風和煦吹來，輕拂我的臉頰和白髮；還把溫暖的夕陽吹落滿溪流也洒落滿堤岸，更散布到整個世界和人間。

美好的傍晚！

景色如此平靜安寧，一如我心頭也如此平靜安寧。好重，好沉重，更好累的人生啊！現在都放下了。漫長的往昔歲月，每一天每一月每一年和每十年，無論是美好或暗淡，也都放下了！都過去了！畢竟都已成爲消逝得無影無蹤的往昔了，徒供我這白髮老人安坐在這裏慢慢回憶。在過去的生命裡，我確曾有過一些作爲，也確曾換來一些讚美，且曾引以爲自豪，自認或許不負此生。然而，現在也都過去了，留下的只是此時的獨自回憶。這使我油然感覺，彷彿又在乘坐旅客衆多的豪華輪，沿著瑞士海岸緩緩前行，只見岸上連綿不斷的美景，一幕一幕地往後掠過，往後拋棄，往後消失！全都消失了！那微風中搖曳的樹木，那靄靄白雲下粉牆紅瓦尖頂的小屋，那三三兩兩小屋聚集成群的村莊，彷彿又在眼前，仍還長留我心；但我知道，無論這一切和那一切，至今離開我都已經那麼遙遠了，越來越遙遠了。縱然當時曾令我賞心悅目，而且構成記憶中最美好的部份，長久深印在我心靈，但畢竟也已離我遠去，不再眞正呈現在我眼前了！往日那些與我共遊的愉快友伴，與我同舟共濟的男女，也都早已把我忘卻了，就像把昨日天邊的雲煙忘記得無影無蹤！往昔！往昔的一切！無論有意義或無意義的任何部份往昔，就都如同憶念中的這些美景，也已經不再重要了！都只空留給我滿懷寂寞與歎息。我彷彿又回到八十年前最初來到這個世界的那一頃刻，又成爲赤身一無所有了！漫長的一生，竟快如閃電那麼迅速消逝了！

然而，我畢竟心頭還有回憶，對人類還有關切，對親友還有懷念，胸懷還充滿熱情，更有滿腔的愛！也知道欣賞自我存在的愉快，也知道欣賞身外一切的美好。世間畢竟還有許多事物會永遠長存，而且原本就已經歷了千年萬代長存至今；猶如這耀眼的陽光，曾經照耀億萬年前的宇宙，現在仍還給我溫暖和光明；千萬年前祖先身體裡的血液，此刻仍在我肌膚裡滾燙奔流，給予我生命和力量。從我們的笑臉和眼色裡，隱隱還看得見老祖宗們的神情和容貌！誰說世間一切都是過眼雲煙呢？不是！決不是過眼雲煙！它們還要繼續，要萬古長存！今天，我依然如此愉快，額頭依然沒有半條縐紋。

我現在坐得很安定，和暖的晚風輕輕搖曳我平靜的心靈。我在想念分別居住在遠近各處的家人和兒孫們，我彷彿看見了他們一張一張可愛的臉孔，聽見了他們一聲一聲呼叫我的笑聲。我也惦念分散在海內外我深切關懷的親友，他們或在重洋外，或在海天這邊或那邊，或在這個或那個大城小鎮，或與我同在這個美麗海島上的都市之中。無論遠近，他們都相同地活躍在我心中。我更滿懷感激，感激那些曾經關心過我，護持過我，幫助過我，以及對我深致期望的許多長者和至友。他們一個個都滿腔熱忱，盼望我成爲一顆枝葉繁茂的粗壯巨樹，飛舞臨風，好讓他們在旁拍掌歡笑、頷首欣賞！我尤其想念那些我愛過的人，我要告訴他們，我永遠愛他們。我更覺內心有愧，不知辜負了多少人的多少好意和熱望。我曾做過一些幼稚和愚蠢的事情，也曾說過一些幼稚和愚蠢的話語。我竟還曾常常没能體會那些愛我和關心我的人的深意！我尤其不應該疏慢，忽視，甚或輕棄好心人的善意。至今，我雖後悔極深，但爲時已晚，無可補救，徒然空留自恨！我忘記了是否曾經說過：這就是人生！正有如月亮有圓有缺，有晦有明，所以我也必定會有錯誤疏失。但是我希望來生確能記憶今世，能讓我變得聰明，而且也再有幸重遇這生虧欠他們的這些好人，讓我可以曲盡所能去取悅他們，也讓我能無所遺漏地一一報答他們。

有一個很長時期，我曾經有過另一種愚蠢，我對他人期望太多，期望他人都能完全像我一樣眞誠；我也常常愚笨地用一己標準去評量他人，我幾乎完全昧於一種事實：人心不同，各如其面；人性不同，也各如其面。各人應該都各有他的自由選擇，只要是正直和善良。我豈能對他人有過多拘執？更無權要求他人信守我自以爲是的標準。

儘管我內心多麼虛心，多麼謙卑，但卻因爲抱有強烈的固執和堅持，使我遭遇了太多妒嫉和仇視，更受到太多折磨，太多痛苦，和招致太多失敗。雖然如此，竟仍未能使我少改，且始終無悔無怨。所幸我畢竟正直，得託天佑，免遭重大災難和遣責。

我也要說，平生曾有過不知多少奸徒惡棍，一再企圖對我加害。有的只是嫉妒，有的企圖攫取我之所有而據爲他有，有的卻更欲置我於死地！我非聖人，何況聖人也非鄉愿，所以我對此不可能完全忘記，不能忘記他們那一副又一副醜惡的嘴臉。但我對他們確實不曾有過任何報復念頭和報復行爲，以後也不會有任何報復行爲。我雖然無法眞正忘記他們，但我已寬恕他們，原諒他們。我不復怨恨，對任何個人或對整個世界我都不復怨恨，一笑之後，恩仇盡泯！

回顧往日，我童年頑劣，少年多災多難，成人後流亡天涯，孑然一身，終於立身海島。我曾覺得有如天地一沙鷗，被時代浪濤沖打來到這海島，但更多時間我覺得有如一鵬鳥，振翼東飛來到這個海島立身，心頭有說不出的感念，雖然永遠難棄故鄉情懷。當年常在荒寂無人的故鄉山道中踽踽獨行的這名少年孩童，半生浪跡，只是憑藉與生俱來的倔強與不屈。任何時間，每當災難來到的時候，我必冷靜，滿懷希望，而且充滿奮發之情。我以明徹的眼光，洞燭機先，勇往迎戰；我必以智慧看穿情勢，以勇氣破解困難。我畢生不知何爲驕傲，但知永不認輸，永不放棄。幾十年來，也曾幾遭橫逆與挫折。我永遠只是保持頭腦明智，決不懵懂，決不浮誇，腳踏實地，埋頭苦幹，眼光向前，從不逃避，從不畏懼。

人生原本都有錯誤，誰能全免？君子之過，如日月之蝕。往事已矣，追悔無益。今日憑臨高樓，心頭思緒不斷翻滾，種種情懷，矛盾衝突，但到最後仍回復平靜，只留下滿懷感激。

第五編　自述年譜

民國十三年 一九二四 甲子 誕生於故鄉江西省吉水縣太史第內 一歲

夏曆九月吉日，我出生於吉水縣城內北門徐氏書香世家自宅太史第內。遠祖徐穆，爲明孝宗弘治六年（一四九三）榜眼。先曾叔祖徐道焜，爲清末翰林院編修，任職御史。先叔祖徐元誥，歷任民初上海道員（市長），北伐統一後國民政府最高法院院長、訓政時期立法委員等職，爲中華民國刑法起草人之一。先祖父徐元讓爲經學家，未仕。父徐曰明，母徐郭韻琴。我母之祖父郭〇丞，爲清末翰林，知開封府。我排行居三，誕生時有兄柏容與有爲二人。

民國十四年 一九二五 乙丑 二歲 住吉水太史第

記憶中患凍瘡，致腳踝潰爛一大洞，經治以偏方，用肥火腿肉片貼其上，每日更換，始漸長肉而痊癒。

民國十五年 一九二六 丙寅 三歲 住吉水太史第

在太史第內與兄長嬉戲生活情狀，歷歷猶如眼前。

民國十六年 一九二七 丁卯 四歲 逃難

中共革命組織之政治中心自湖南移至贛南，由永新縣之井崗山漸移至吉安及我縣吉水一帶活動。當時最響亮之革命口號爲「打土豪，分田地。」大小地主及知識份子皆被列爲土豪劣紳，我家自不例外。我父母於是攜同全家大小，流亡南昌。在遷徙途中係循水陸兩路進行。當在陸路時，係僱人用籮筐挑我而行；爲水路時，則乘坐帆船。我至今仍記憶清晰。

民國十七年 一九二八 戊辰 五歲 住南昌

暑間不慎，夏季因自行取用暖桶中之熱茶，不慎被滾熱開水燙傷整個胸脯，幸終無害。

民國十八年 一九二九 己巳 六歲 住南昌

入南昌市立北營坊小學就讀一年級。

民國十九年 一九三〇 庚午 七歲 住南昌

因家庭遷移住址，就近轉讀天后宮小學二年級。在學校參加演講比賽常得獎，甚得班導師黎撫英老師愛護。

民國二十年 一九三一 辛未 八歲 住南昌

繼續就讀天后宮小學三年級，頗頑皮，常受教師責罵，深以爲懼。在校與二、三遊蕩不良同學交好。某次爬上校園十丈高樹，在訓導主任兼班導師汪老師叱責恐嚇聲中摔下，幸不死，亦無重傷。

民國二十一年 一九三二 壬申 九歲 住南昌

繼續就讀天后宮小學四年級。導師仍爲汪老師。因拆學校花臺磚塊捕捉蟋蟀，被汪老師記二大過二小過並留校察看。

民國二十二年 一九三三 癸酉 十歲 住南昌

繼續就讀天后宮小學五年級。導師爲武寧方誼隆先生，我的環境稍有改善。

民國二十三年 一九三四 甲戌 十一歲 住南昌

繼續就讀天后宮小學六年級。冬，我母產下雙胞胎七妹與八妹後不久，母不幸即謝世。六妹章榮爲九姨所喜愛，未得我父同意即抱去遠颺吉安，據為養女。妹從養父更姓名為歐陽誠。

民國二十四年 一九三五 乙亥 十二歲 先後住南昌、吉安、吉水。

暑間在南昌天后宮小學畢業（校長陳安仁先生），畢業成績為全班第三名，與以往歷年列全班最後名次情形迥異。暑後，與二哥在奶爹陳立生先生照顧下乘帆船南行，赴吉安就食外祖父家，二人並就近一同報考江西省立吉安中學（白鷺洲），均不獲錄取後，二人同返吉水縣老家。老家太史第房屋甚大，因中共革命而全部破壞，僅留四壁空殼。其中有北平式四合院一棟，原本專供子弟讀書之用，現甫經我父出資將之勉予修復，暫作家人安身之所。此時我太婆也應我父請求，自南昌返吉水，我兄弟於是得往依太婆，三人同住太史第。我與二哥並痛下決心苦讀，希望來年再考中學能獲錄取。

我父在南昌再婚，娶江西南昌胡夢華女士，並奉調江西高等法院第四分院任職，遂攜同繼母胡氏及五妹有功（仁榮）前赴贛東河口鎮該分院就職。大哥柏容留在南昌心遠中學住校繼續學業。雙胞胎之一的八妹於南昌奶媽家去世。雙胞胎中之七妹承吉水縣城內北門劉禮帥先生索為養女，改姓名為劉淑珍（小名招弟）。我一家八口，分別三姓，散居河口、南昌、吉安、吉水四地。家人四散，骨肉分離。我與二哥則自本年起失學在家。

民國二十五年 一九三六 丙子 十三歲。先後住吉水（太史第），南昌。

自春至冬初均病腸胃與瘧疾，嚴重幾死。冬奉父召，赴南昌侍候父病，我仍失學。

民國二十六年 一九三七 丁丑 十四歲。先後住南昌、吉水（太史第）。

七七事變爆發。秋初，父抱病攜同繼母、五妹與我，自南昌乘帆船返吉水老家養病，住太史第內。我開始寫新詩，此後多年並陸續在報章副刊發表詩作，多用筆名菲明。

民國二十七年　一九三八　戊寅　十五歲。住吉水（太史第、蕭家村）

因日機在吉水縣城投下一彈，爲安全計，乃奉抱病臥床之父親疏散下鄉，借居於吉水城東門外十五里地蕭家村。

我仍失學在家自修。又因偶讀話劇劇本，深感興趣，於是自我摸索學會劇本編製，自此終身喜愛話劇不減。我仍失學在家自修。

民國二十八年　一九三九　己卯　十六歲。住吉水（蕭家村）。

我家暫居蕭家村，隨同攜往之衣箱多只均遭白蟻蛀蝕，大批皮襖均蛀蝕成灰，慘目心傷，不僅財物之可惜，更在噩運當頭，令人心酸，其狀畢生難忘。

二哥有爲在江西泰和縣境南岡口省立吉安鄉村師範學校因病謝世。悲夫！

我仍失學在家自修。

民國二十九年　一九四〇　庚辰　十七歲。住吉水（蕭家村、西坑村、醪橋鎮）。

暑間，與五妹共奉父自蕭家村移居吉水縣城北門外二十五里地西坑村我家自有田莊莊屋。

上半年住蕭家村時，我創作獨幕劇劇本「旅社中」，於本年在江西泰和出版之「四友月刊」第七期發表。

秋初，我進入今年新創辦之吉水縣立初級中學一年級就讀，週一至週五住校，此五日謝謝我五妹代我侍候父親，我妹今年已十一歲，已可代勞；週末步行返西坑村。校舍在西坑村南方五華里之醪橋鎮。

以上自民國二十四年我小學畢業起，恰好失學五年，至此始告結束。在此五年期間，我閱讀家藏大量古今文學著作成癡，畢生受益不淺。

民國三十年一九四一辛巳十八歲。住吉水（西坑村莊屋、醪橋鎮學生宿舍、吉水縣城太史第）

吉水縣立初中軍事教官劉某，殘暴苛刻，不為同學所喜，經我號召全體同學反抗，罷課數日，竟成學潮。兼任校長之吉水縣長蕭某，聽信劉教官一面之詞，於是率領縣自衛隊士兵一隊，荷槍實彈，特從縣城步行二十里來校，在校召集所謂擴大會議處理。經經常實際負責校務之校務主任兼教務主任張勳揚先生、訓導主任戴老師，及其他多位老師在會中分別公開說明眞相力爭，最後乃得決定學生無咎，我得免嚴懲，從輕發落，僅記大過一次結案。秋後，吉水縣立中學自醪橋鄉遷至縣城內風景優美之鑑湖濱，我父自西坑村遷回吉水縣城太史第自宅居住。暑後我升入二年級，並當選為創校以來學生自治會首屆主席。

我因沉迷於文學，常感世俗生活中諸多日常事務毫無意義，徒耗寶貴光陰，本年內曾兩度決定往高山寺廟落髮為僧，企獲清淨，以利專心從事文學閱讀與寫作。但終覺將大不利於臥床之我父，最後仍作罷論。

是年八月在學生宿舍寫成三百餘行抗日長詩「老五回來了」，獲桂林大公報於本年九月十日（星期三）在其第四版《文藝》副刊一次刊載全文，幾乎佔該副刊是日整版篇幅，全文無一字一句之增刪竄改移動或任何變更，完全照我原狀刊出。

民國三十一年一九四二壬午十九歲。住吉水（太史第）、泰和（學生宿舍）。

初中二年級結束後之今年暑假期中，承任職吉水縣立中學之曰勳叔見告，學校訓導主任兼我班導師及數學教師彭某，在我的學期成績通知單上，親自私行將我操行成績評為丁等，並用毛筆逕行批寫：「該生不守校規，應予勒令退學。」曰勳叔並說，彭某此行為並未經依學校正規程序召開有關會議討論通過，亦未經報告代行校長職權之校務主任陳皎先生知悉，完全為其個人私自獨斷行為云。但我年少識淺，見聞不廣，經驗不足，又乏人可資請教，在吉水其時閉塞社會中，對此種濫用權力對我橫加摧殘之冤案，一時竟不知如何處理。籌思之下，決定另謀出路，以同等學力身份先後報考東南名校國立第十三中學及新成立之私立建成中學高中一年級，結果考取建成中學而前往就讀，得免失學。該校遠在泰和縣境鄉下，自吉水步行二日始達，別無其他交通工具可資利用，使我對我父身體狀況及家中事務完全隔絕，十分不便。且我不獲家庭接濟，常無錢繳付膳食費用，以致時時枵腹度日；借人微款亦久不能歸還，致遭債權同學言語譏諷，窮困不堪，深以為苦為恥。種種情形，不僅窘迫至極，且自忖學業勢難持久以為危。

民國三十二年 一九四三 癸未 二十歲。

任泰和、吉安青原山（均學生宿舍）。

暑間再度投考國立十三中學，竟獲錄取，自認近乎奇蹟，且再度失學危機得以解除。此事關係個人前途者十分重大。因知天無絕我之意，只要自己肯奮鬥努力不懈。

此校乃東南各省其時第一名校，學生皆一時俊秀，全部享受國家（教育部）公費待遇，除免除所有學雜費外，並免費供給膳、宿，貸給教科書，甚至免費供給夏秋土布制服各一套。全校學生皆著藍土布中山裝，多穿農夫稻草鞋，實施嚴格軍事管理生活。其刻苦奮發與樂觀進取之校風，影響我畢生為人做事至為長遠。學生多無家可歸，且斷絕音訊與接濟；但全校學生無不精神蓬勃，奮鬥向上，勤懇自勵，從無一人消極頹廢，從不聞一語悲觀。校址在青原山山谷中，有陽明書院及青原寺古剎二建築，分別為先賢文天祥讀書及王陽明講學與禪宗七祖慧能傳道之所，現則借予學校為高中部及初中部教室及學生宿舍。

青原山在吉安縣城之東贛江東岸十五華里，北距我吉水縣城四十華里，步行半日可達。我間常於週末步行返家照料。又六妹歐陽誠此時恰亦在同校讀六年一貫制，因而得為同學而間常見面為快。

民國三十三年　一九四四　甲申　二十一歲。住青原山（學生宿舍）。

繼續在國立十三中學就讀。秋間陞入高中二年級。

本校除學生自治會外，復有學生自行組織的各種社團，其中最大且風頭最健者為「藝風社」，社員二百餘人，佔全校學生總數千餘人中約百分之二十，幾乎囊括校內戲劇、音樂、繪畫、文學等各方面所有最佳藝術人才。經常性活動項目甚多，且每學期必定赴校外舉行話劇或音樂會等大規模公開演出至少二次，每次都十分成功。社務組織頗為健全，每年以社員普選方式選出社長一人及各單項活動總幹事各一人。社員無不以當選其中任何一職為榮。我以一來自吉水小縣份鄉間之初中學生，見少識淺，絕無意與人爭風。只以愛好文學，且常在報端發表作品為同學知曉，去年則力邀我加入為社員，今年竟選舉我為社長。事實上我從無絲毫競選表示，也絕無此意。後始知是因兩強爭持不下，絕不相讓，形成僵局。於是社內資源份子出而協調雙方均退出競爭，而邀我此一局外人任社長。又因我平素不敢有鋒芒，不遭衆忌，且能在「大公報」發表長詩者，同學中實無第二人敢作此想，故我應勉可承之而無愧，於是無不贊成，竟意外以幾乎全社一致之高票當選，眞是又一大奇蹟。

民國三十四年　一九四五　乙酉　二十二歲。住吉安青原山（學生宿舍）、南昌望城崗（學生宿舍）。

美軍在日本投下原子彈後，在日本天皇宣布投降前，侵入我國境日軍已先有避險行動。部份華南日軍於八月初自粵境越過南嶺山脈進入我江西省境，並沿贛江北竄，途經我吉水縣境。我事先奉抱病臥床父親避居縣城東門外四十餘里地之汀江鎮外山區小村，得保平安。

秋間，勝利初始，恰逢國立中正大學招考新生，我以同等學力姑且報考政治系，完全意外，竟又倖獲錄取，而於九月赴南昌望城崗入學。是爲我求學過程中繼考取國立十三中後再次重要奇蹟。足證世事固然必需個人奮鬥不懈，但亦常賴天助以成全之。

我整個少年時期受盡困苦折磨，雖對此生幾已不寄希望；但從不抱怨，從不灰心。只是也從不放棄對種種機會之嘗試，嘗試失敗亦不介意。老來回憶，可能上天鑒我愚誠，於長久折磨我後，連續多次意外惠我恩賞奇蹟以資彌補。

民國三十五年 一九四六 丙戌 二十三歲。住南昌市區（報社宿舍）、望城崗（學生宿舍）。

秋間進入中正大學二年級。政局動盪，全國學潮澎湃，尤以反美與反饑餓兩次爲最劇烈，各校多有罷課，持續一個多月者。而我中正大學每次均必響應，從不例外。我個人則以學費無著，自二年級開始，先後在南昌市區兩報社先後任副刊主編或新聞採訪記者。所採訪路線先後曾爲社會新聞及要聞（政府新聞）。

八月十二日（星期一）至十七日止，連續六日，我以郭濛筆名在南昌力行日報第四版人間副刊發表獨幕劇本「叛徒」。

我父於久病臥床十年後，而於今年完全恢復健康，可以下床步行外出大致如常人。因得再度服務司法界，任江西永豐縣司法審判處法官兼處長。縣司法審判處在體制上爲相當於地方法院之初審法庭，用以減免訴訟當事人奔波於設置並不普遍之遠方地方法院之苦。

民國三十六年 一九四七 丁亥 二十四歲。住南昌市區（報社宿舍）、望城崗（學生宿舍）。

秋初陞入大學三年級。全國學潮繼續起伏不定。我仍任職報社。

民國三十七年 一九四八 戊子 二十五歲。住南昌望城崗（學生宿舍）。

秋初陞入大學四年級。學潮持續起伏。徐州會戰中，國軍精銳多遭殲滅。

我因學業不易兼顧，已辭去報社工作。

民國三十八年 一九四九 己丑 二十六歲。住南昌望城崗（學生宿舍）、廣州（沙面及黃埔）、臺灣員林鎮（學校宿舍）。

我偕同學十一人，於元宵後乘帆船自吉水赴南昌中正大學開學，途中經豐城縣境橋港鎮，被當地警民以我等口音迥異，誤爲外來土匪而予以拘捕。經我求救於當地最高行政長官第一行政督察區督察專員胡運鴻先生，奇禍幸得解救。是爲我生命中一大災險經歷。

中共軍於春節前後抵長江，四月二十日起大舉渡長江，五月十二日攻佔南昌，七月十五日佔吉安，九月二十日據贛州。國軍兵敗如山倒。

四月初，中共軍尚未進入江西境內，我與同學約二百人結合，集體流亡，乘火車由浙贛路轉粤漢路抵廣州。初借住沙面（原英租界）一小學，後移居黃埔一不使用公司樓房。五月初，我與同班同學李兄二人乘海鷗輪先抵臺灣。其時來自全國各地之流亡學生抵臺者數以萬計，均承臺灣省政府教育廳安排膳宿。八月間，應聘至臺灣省立員林中學任教，該校在當時臺中縣治之所在地員林鎮（其時臺灣全省僅區分爲七個縣）。我所授課程爲高一及初一國文及公民、初一英文等課程。

至此，個人流亡生活結束，少年黑暗時期也告結束，初獲安定，此生之職業生活開始。

民國三十九年 一九五〇 庚寅 二十七歲。住臺灣員林鎮（學校宿舍）、臺南市（學校宿舍）。

年初寒假期間，在員林中學單身宿舍以六天時間，不分晝夜，寫成四幕劇「煉獄」。九月十五日，我遵奉省教育廳令，調任位於臺南市之臺灣省立工學院任訓導員。該學院數年後改制爲成功大學。當學校申請陞格爲大學前，由學校自行選定校名呈報省教育廳。當時工學院院長秦大鈞在學校黨部會議中提出校名案。衆議甚多，而我以地處延平郡王故都所在地，故建議學校應定名爲成功，獲會議接受，由學院以之呈報教育廳核准。

民國四十年 一九五一 辛卯 二十八歲。住臺灣臺南市（學校宿舍）。

在工學院利用工作餘暇寫成三幕劇《雙殉記》及獨幕劇《荒村之月》，後均獲國家文藝獎金委員會獎勵。《雙殉記》一劇並經我親自導演，由工學院學生在工學院初演，十分成功。另拙著《煉獄》四幕劇，經臺北《自由青年》月刊社於參與競爭之一百七十餘本多幕劇中，評定爲第一獎，並經該社出版成書；同時由中央青年劇社於臺北市中山堂公演，由名導演王紹清教授導演，演員有女主角劉塞雲女士（後爲臺灣花腔女高音名聲樂家，國立臺灣師範大學音樂系教授），及男主角李行先生（後爲臺灣電影界卓著聲譽之名導演），演出十分成功，風動一時。

民國四十一年 一九五二 壬辰 二十九歲。住臺南市（學校宿舍）。

三月，拙著《雙殉記》三幕劇由臺南興文齋書局出版。獨幕劇《荒村之月》在臺南自費印行出版。八月，奉調任臺灣省立工學院附設高級工業職業學校附設工業職業補習學校教導主任，並奉兼校長臺南工學院院長秦大鈞先生授權，代行校長職務，實際全權主持校務。這種公立補習學校體制以及這一學校，均爲日治時期創始而留下。學校於夜間上課，以便利青年工餘進修。在我主持校務期間，該校設有高級及初級機械科及土木科兩科與技工訓練班，共有八班，學生四、五百人，其中約半數係臺南地區國軍兵工廠士兵，半數爲當地一般失學少年，多能刻苦耐勞，勤奮向學，經分別修業高職或初職三年期滿成績及格畢業後，如再經通過省教育廳每年統一舉辦之高級、初級檢核考試及格，即獲得與正規高級、初級工業職學校畢業生相同資格，可以分別參加高級中等學校或大專學校入學考試。我這些學生，畢業後晉陞大專學校者不少。多年後有部分曾經重晤，藉知有獲美國博士學位後在美任職教授者，有成爲某一項目之著名專家者，有任職臺灣電力公司電機工程師者、有在軍中任少將師長者。我在校時撰有對聯一副，以描寫學生向學精神如下：「且晝且夜，半工半讀。」

民國四十二年 一九五三 癸巳 三十歲。住臺南市（學校宿舍）。

繼續任職工學院附設臺南工業職業補習學校。

民國四十三年 一九五四 甲午 三十一歲。住臺南市（學校宿舍）、臺北市（木柵政大學生宿舍）

國立政治大學今年在臺復校，初設公民訓練（一年後改稱教育）、行政管理（一年後改稱政治）、外交、新聞四個研究所，今年首次招生，四所先各設碩士班一班。我往應考行政管理研究所，又倖獲錄取。學校於冬初開學。我於是辭去臺南學校教導主任職務，赴臺北木柵指南山下該校入學，重度學生生涯。此一棄職就學行動，影響我以後生命發展者關係至大。

民國四十四年 一九五五 乙未 三十二歲。住臺北市（木柵政大學生宿舍）。

元月，拙著《生之戀歌》詩集由臺南市人文出版社出版。

我續在政大讀書。本年上半年尚未設大學部，學校命令全校研究生成立學生自治組織「研究生幹事會」（相當於臺灣其他大學之學生代聯會），經研究部全體五十六位同學普選投票選我爲首任研究生幹事會總幹事（即主席）。

暑間，第一學年結束，與本研究所同學楊樹藩兄一同訪問本所多位教授，分別請教有關選擇碩士論文題目事宜。訪談後，樹藩兄決定恭請薩孟武先生爲其指導教授，撰寫有關法家思想與兩漢政治制度關係之論文。樹藩兄畢業後，復繼續以逾十年之力苦研史書，製成大量資料卡片，著作豐富，終成我國中國政治制度史及文官制度史在臺當代權威教授。其得以致此者，實發源於此次訪談選定碩士論文題目之舉。我則承王雲五先生允諾擔任我的論文指導教授，指導我撰寫有關公務人事制度方面論文，題爲：「公務職位分類的理論與實務」。我以後任職考試院所屬考、銓兩部二十多年，爲我國建立官職併立之公務人員新人事制度，施行至今，十分順利成功；主持修訂各種公務員人事制度法規，寫作此方面書籍多種。諸此一得之愚，亦均發皇於本年暑間此一訪談教授之行。足證此次訪談關係重要，決定我兩人其後畢生治學方向及事業發展方向。

民國四十五年　一九五六　丙申　三十三歲。住臺北市（木柵學生宿舍、教育部留學生招待所）

自去秋開始撰寫碩士論文，持續至今年六月間，爲時約一年始告完成。經王雲五（論文指導教授）、浦薛鳳（政治研究所所長）、雷法章（銓敘部部長）、張金鑑（本校人事行政學教授）、王撫洲（經濟部政務次長並爲經濟部所屬國營事業實施職位分類計劃實際主持人）等五位教授擔任口試委員，進行五堂會試，以逾二小時之詢答，由五位投票評分並表決，通過我考試及格，授予國家法學碩士學位。我並在當年本校畢業典禮上，代表當年全體獲頒碩士學位同學，接受副總統兼行政院長陳誠代表國家授予之碩士學位。我自十一歲時獲得天后宮小學畢業證書後，因高、初中均僅讀二年而未畢業，以及大學所獲爲來臺後由教育部所統一辦舉考試及格發給「畢業證明書」（並非「畢業證書」），故除有小學之「畢業證書」外，我別無其他任何畢業證書，現獲此證書，實爲我於二十二年後首次獲得之學校「畢業證書」。

九月，承教育部張部長曉峰先生命囑，至教育部任額外專員（因我其時尚未經公務人員考試及格，不具正式公務人員任職資格），在部內電影事業輔導委員會辦理業務。三個月後，調升組長。

本年內並與中正大學校友譚君合作，改編完成「紅樓夢劇本」。

民國四十六年 一九五七 丁酉 三十四歲。住臺北市（教部留學生招待所、仁愛路黨部宿舍）

元月，我與譚君合編之「紅樓夢劇本」在臺北市西門町圓環旁鬧區之新世界電影院上演持續一個多月，夜夜座滿，風動一時。該劇全部人物十三人，包括女角十二金釵十二人，及男主角賈寶玉一人。導演係與我同在教育部任職且已夙負盛名的張英兄，飾賈寶玉者為當時名小生唐威兄，飾林黛玉者為當時被稱為自由女神的電影明星崔冰小姐，飾演其他各角色之小姐均當時馳名演員。整個演出經過詳情，我有長文記述，經收入商務印書館出版之拙著《紅樓夢劇本》一書列為附錄。

春夏之際，我師陳雪屏先生與張部長曉峰先生面商，自教育部調我往執政黨中央黨部秘書處任編審職，並在雪屏先生以中央常務委員身份所兼行主持之中央文化工作指導小組任小組唯一職員之秘書工作。此次工作調動，我本人事先毫無所知，純係我師雪屏先生發動並一手主持完成，我唯有遵命而已。秋後，中央黨部常務委員黃少谷先生所主持之中央宣傳工作指導委員會成立，我原任職的文化工作指導小組併入為該會文化組，雪屏先生仍為委員兼文化組召集人，我仍任文化組秘書工作。

民國四十七年 一九五八 戊戌 三十五歲。住臺北市（仁愛路黨部宿舍、行政院單身宿舍）。

王雲五先生於二月間奉總統令，於三月十日成立「總統府臨時行政改革委員會」，並任該會主任委員，研擬行政改革建議案，推行我政府行政改革工作。該會借行政院大廈二樓辦公。經委員會向中央黨部暫時借調我至該會任簡聘秘書，主掌委員會全部議事工作，成為該會主要幕僚工作人員之一。該會會期預定六個月，並確如期完成任務，於九月十日結束，計提出行政改革建議案八十八案，由會逕呈 蔣總統，並經總統逐案親自批示，於十月分別發交各該有關院遵照處理。期間七月，行政院改組，雲五先生自原本職考試院副院長調任行政院副院長，並指示我辭卸中央黨部秘書職務，於十一月十日轉任行政院簡派參議，在副院長室辦理秘書業務。我有一長文記述行政改革委員會全部工作經過，載地方自治月刊，後並經收入商務印書館出版之拙著《行政的現代化》一書列爲附錄。二〇〇四年，我出版「王雲五與行政改革」一書，亦經將該文納入。

民國四十八年 一九五九 己亥 三十六歲。住臺北市（行政院單身宿舍）。

繼續任職行政院參議。

民國四十九年 一九六〇 庚子 三十七歲。住臺北市（行政院單身宿舍、中正東路租屋）。

繼續任職行政院參議。五月，拙著《公務職位分類的理論與實務》一書由正中書局出版。中秋節前一日，在臺北市貴陽街靜心樂園與湖北黃梅縣石信嘉先生令媛石繼之小姐結婚，恭請我師王雲五先生福證。遵守當時政府節約號召，僅宴客二十桌。承謝冠生、陳雪屏、黃季陸、雷法章、浦薛鳳、董文琦等長官師長及雙方至親好友同學到場觀禮。婚後租住臺北市中正路臺北工專旁一不足十坪且無浴室之小屋二樓。

民國五十年 一九六一 辛丑 三十八歲。住臺北市（中正東路租屋、金山街租屋）。

春間，我夫婦先後重病，我患暈眩症，甚危；我妻繼之懷孕未久即流產，後復重病，且因入浴不慎幾死；所幸有驚無險，兩皆平安度過。夏初移居金山街九巷五號後，繼之再孕，並又發現出血。遵醫囑臥床數月並每日注射安胎針，得獲保全。夫妻全年窮困勞累不堪。是我生命中重大兇險年之一。

民國五十一年 一九六二 壬寅 三十九歲。住臺北市（中正東路租屋）。

二月間，總統令行政院成立經濟動員計劃委員會，並以行政院副院長王雲五先生兼任主任委員。主任委員命我以行政院參議身份兼任該會秘書室主任。委員會任務為研擬反攻大陸作戰之全套後勤方案，並以行政院內房屋為辦公室。事關軍事作戰，因而全部業務均列為高度機密，對外不發布新聞。我工作頗為忙累。

國曆三月吉日，長兒斯勤誕生於臺北市中山北路二段臺灣省立婦產科醫院，嬰兒出生後羸瘦不堪，日夜啼哭不休，腹瀉不瘉。續又患不明熱，遵醫囑住臺灣省立臺北醫院一個月，熱未退而返家，三個月時又不得不再度住院。我夫婦恐懼勞累不堪。後閱育嬰書始知斯勤所患應為嬰兒「四月痙攣」，係部份初生嬰兒腸胃神經尚未發育健全時期病症之一。

民國五十二年 一九六三 癸卯 四十歲。住臺北市（麗水街行政院宿舍）。

遷居行政院所配給麗水街宿舍，全戶面積僅十坪。但麻雀雖小，五臟俱全，客廳、臥室、廚房、廁所、走廊各一。四月，次兒斯儉出生於臺北市省立婦產科醫院。

冬，行政院改組，陳誠院長辭職，嚴家淦接任；雲老政壇掛冠，辭去副院長及所兼經動會主委職，由新任副院長余井塘先生兼任經動會主委。我今年經由競爭考試途徑取得聯合國一筆獎學金（scholarship），可赴國外從事研究。原本早可成行，但因工作羈身，不便離開，經商得聯合國同意暫時延期。現雲五先生既已辭職，我已無所羈絆，決定在此計劃支助下，於明年出國研究。於是向新任主任委員余井塘先生提出辭去所兼主秘一職，俾可以行政院參議專職身份，依規定抽身赴美考察研究。承余兼主委厚意親切懇留，囑勿辭職，除准予公假出國研究外，並囑我自行覓人在我出國期間代理主秘一職，我回國後回行政院參議原職應仍兼經動會主秘云。我與余先生素昧平生，承不見外，深感盛情。經將此情報告雲五師，深獲贊同，囑應接受余先生意思，以利經濟動員計畫工作之繼續推進。

民國五十三年　一九六四　甲辰　四十一歲。住臺北市（麗水街行政院宿舍）。

我以行政院簡派參議兼經動會秘書室主任身份，於元月二十三日出發赴美研究考察，並邀請經動會秘書周奉和兄於我公出期間代理秘書室主任職務。

我研究計劃中之研究題目係我自定後經聯合國同意如下：「美國各級政府間關係」（The Relationships Between the Levels of Government in the United States）。研究期間半年。研究期間行程及各有關事項，均承美國農業部爲之安排甚妥。我抵美後先依次赴下列各州訪問，從事實地觀察、詢問、交談討論，取得各種極有價值之書面及實際資料，並拜訪各該州州長與有關廳處機關。我所訪問之各州依序如下：佛羅里達、德克薩斯、俄克拉荷馬、埃阿瓦、依利諾埃、密希根、紐約、新澤西等八州及華盛頓首府。每至一州均分別承該州政府指派專人協助，分赴各有關機關或現場觀察訪問。途中順道並赴下列各大學訪問，就我的研究題目有關內容交換意見，均承美方洽妥各該校指定一位政治學教授對談。經訪問之各大學如下：佛羅里達州立大學、德州州立大學、俄克拉荷馬州立大學、埃阿瓦州立大學、依里諾埃州立大學，分別位於東蘭辛之State University of Michigan及位於蘭辛市之University of State Michigan的兩個州立密希根大學、紐約州立大學（State University of New York）、橋港大學、耶魯大學、羅格斯大學、普林斯頓大學等十二校。沿途並順道參觀春田鎮之林肯故居，華盛頓總統之維農山莊故居等，並在西維吉尼亞州一山中度假勝地參加一公共關係學之研討會兩星期；另又參加密希根大學及喬治城大學分別舉辦的兩個研討會（seminar）各一週。最後，返回華府後，暑間並在華府名校喬治華盛頓大學（George Washington University）選修有關課程及整理訪問所得各項資料計一學期。以上各項活動，收穫均豐。並承佛羅里達州州長親贈該州榮譽公民證書，及春田市長贈送榮譽市民證書。後我根據此行研究結果寫成「美國合作聯邦主義論」一書，由商務印書館出版。

以上整個行程結束返抵臺灣後，仍回行政院參議職位，並遵新任副院長兼經濟動員委員會主任委員余井塘先生命，仍兼經動會秘書室主任職。

民國五十四年 一九六五 乙巳 四十二歲。任臺北市（麗水街宿舍、金山街商務印書館宿舍）

元月某日午前，在辦公室忽接臺灣商務印書館董事長王雲五師電話，囑辭去公職，前往該館任總編輯職云。雲師在電話中一如往常習慣，一次明言每月薪俸若干，免費提供宿舍一所，不供給個人使用車輛，年終依商家慣例，視營業狀況另酌給營業獎金（在職員工紅利）云云。我當時未即作允答。經往寓邸面報，並坦言二事：一、我對經商完全外行。二、有生以來，對專以賺錢爲目的之事興趣不高云。但雲師當即認爲：一、外行一節，並不重要，堅信短期內即必能進入情況。二、公務職業行事窒礙太多，難有切實貢獻，許我雖有政務官之才，但仍難發揮。故不如從商爲文化事業共同努力，對文化與社會必有貢獻，非僅爲賺錢也。並告以將逕行與余井塘先生懇商。我格於師命難違及盛情難卻，只好應允。隔日往謁余先生，據實報告，並以歸來未久即言辭，自覺有愧爲歉。承井塘先生慨然諒解，並告以雲師確已先我有電告知云云。於是乃得辭去行政院本兼各職。

舊曆正月初五，在雲老親自率領，我進入臺灣商務印書館就任總編輯職。兩月後，臺館原任館長趙經理叔誠先生辭職；復遵雲五師指示，承襲商務印書館編輯與銷售配合原則之傳統，在董事長雲五先生領導下，以總編輯兼經理（館長）兼發行人職，主持館務，俾利企業發展。

民國五十五年 一九六六 丙午 四十三歲。任臺北市（金山街商務書館宿舍）。

七月，拙著四幕劇《紅樓夢劇本》由商務印書館出版。商務印書館內部有人事磨擦，影響業務發展，增加我工作困難，轉而損我健康。我每日早晨八時前即必到館工作，全館同仁　及門市部均按本公司規定九時到館工作。我中午不回家，也自動革除多年習慣而不再午睡。午餐與晚餐均在附近買一碗牛肉麵在辦公桌上邊喫邊工作，直到夜深十一時許始趕乘最後一班公共汽車回家。館務叢脞，戰戰慄慄，終年不得休憩，人事環境惡劣，身體折磨不堪，終至每日下午三時起遍體發燒，至深夜不退；必至次晨起身前始感恢復正常體溫。似此情狀，既非有病，醫云乃係過度疲勞致之。但由於多年來身體尚稱頑健，能耐勞苦，故仍每日勉強撐持，以致積漸內傷甚重，尤其復發現十二指腸潰瘍十分嚴重（竟至後來糾纏我三十三年之久，迄我七十五歲時始告斷根）。另又出現偏頭痛怪病，每至星期日及公定休假日，上午十時許偏頭痛必定發作，持續至下午五時許始自行消退，醫治無效，此病亦糾纏我有年。種種情形，使我身心兩傷。不意身體之痛苦與精神之折磨，竟一至於此。可哀也矣！

民國五十六年　一九六七　丁未　四十四歲。住臺北市（金山街商務宿舍）。

三小兒斯容於五月九日出生於臺北市中山北路省立婦產科醫院。我仍任職商務印書館總編輯兼經理及發行人。近兩年中，商務印書館全力復興。門市臨街店面櫥窗玻璃從前多年不擦，展示於櫥窗內之書籍，不僅厚積塵垢，且滿布蟑螂糞粒。店內則燈光昏黃不明，每年罕有印行新書，以致門可羅雀，年年虧累。情況淒慘；現一變而爲每年必新印成套之鉅部頭書二、三部，以及單本書數百種，生意興隆，店內整潔光亮，看書客人擁擠，全年盈餘數千萬元。所稱鉅部頭書，每部皆包括數百冊，例如「萬有文庫薈要」、「四部叢刊」、「漢譯世界名著」、「叢書集成」等等，每部時價一、二萬元不等。此種鉅部頭書每種大約印三、五百部，總成本數百萬元。如有任何一部銷售狀況不佳，書館即有倒閉危險。因之，我身爲館務負責人，全年精神緊張，心理時有恐慌。加上館內人事磨擦鬥爭激烈，不僅深感厭惡，且每日掙扎撐持，打起精神工作，心情苦惱惡劣，非言可喻，終至病倒。其情確有如孟子所言：「勞其筋骨，餓其體膚，空乏其身，動心忍性，行拂亂其所爲。」但卻決非「天將降大任」於我。因而常自默念，受此折磨，長此以往，如不改善，健康每下愈況，必至「鞠躬盡瘁，死而後已。」似有不宜。檢討再四，決心辭卸。本年內遂經五度向雲師當面提出辭職，牽延半載，最後總算蒙准，於六月離開此一是非災禍之地。

因身心疲勞過甚，受傷甚深，卸職後，在家終日臥床休養，無所事事。所幸尚在壯年，復以賤軀素來頑健，精神尤耐煎熬，三個月後，精神得漸恢復。

九月間，自覺不宜久作無業遊民，乃洽承劉眞先生邀，至國家安全會議建設委員會其所主持之文化組任研究員。

三個月後，時任國家安全會議秘書長之老長官黃少谷先生囑至其秘書處任簡派第二組組長。該會主席為蔣總統，辦公室亦在總統府（介壽館）內，外人進出不便，因而頗獲安寧之樂。至此，還我初服，重作馮婦，恢復我公務人員之身。

民國五十七年 一九六八 戊申 四十五歲。住臺北市（和平東路二段四十巷再興新村自購房屋）

續在國家安全會議秘書處任職，工作甚忙，事務繁重。

今年恰逢考試院首次舉辦公務人員特種考試甲等考試，設有人事行政類科。我因往考試院參加一項研討會議，偶見其招考公告，復經考試院好友吳參事在旁慫恿，遂出以姑且一試之心，漫然報名應試。不意竟又倖獲優等及格，取得公務人員最高等級的簡任人員任用資格。行政院人事行政局此際曾邀往該局任職，但我覺在人情道理上多有不便而未應。

按、公務人員甲等考試制度肇因於王雲五先生民國四十七年（一九五八年）所主持「總統府臨時行政改革委員會」所提建議案「建立高於高等考試之考試制度案」。因我曾深度參與該會工作，故對該案經過，知之甚詳。該案主張在及格後取得薦任職任用資格之原有高等考試之上，增設及格後取得簡任職任用資格之考試體制，俾利延攬高學歷人才、民間資深人才，及民間經驗豐富之高級人才，蔚為國用。此種人才，多散布於國內外高級學府、研究機構、民間企業，及其他民間組織。經此種考試及格人員，可逕行以簡任官等合格任用。此案之提出，有其時代背景。因其時臺灣社會正高速度發展中，而世界產生之新知識、新學問、新經驗甚多，為期吸收利用以配合我國社會發展，政府亟有進用此種新人才必要。但此輩絕大多數缺乏考試及格資格，且縱使參加高等考試及格，起始最高亦僅能以初級薦任職任用，不僅難以吸引此等人才屈就，更不足以使之發揮其力量以盡其才。雲五先生洞矚時艱，為此，特親行草擬此一建議案提出。該案經奉總統蔣公核交考試院研辦。經幾近十年長時間之研處手續，並特為修正「考試法」，增設甲等考試此一考試等級，完成立法程序公布施行後，始得於民國五十七年初次舉辦，並法定由考試院長兼任該一考試之典試委員長，以示隆重。

今年內人石繼之女士自費購得臺北市和平東路二段四十巷再興新村四樓小住宅一戶，總面積二十七坪，總價款新臺幣二十二萬元，以供我家自住安身。付款方式係以我夫妻近年克勤克儉所勉強節存之微款三萬元（主要是我任職商務印書館薪資所得之血汗錢節餘），再向友人借貸五萬元，湊成購屋之頭款八萬元，餘款十四萬元則分二十二年二百六十四個月連本帶利支付（亦即至民國七十八年還清）。是為此生我家第一筆自購不動產。

民國五十八年　一九六九　己酉　四十六歲。住臺北市（再興新村）。

續在國安會秘書處任職。

民國五十九年　一九七〇　庚戌　四十七歲。住臺北市（再興新村、基隆路）。

續在國安會秘書處任職。

政府下列政策經訂定計劃付之實施：以低利貸款方式，全面協助公務人員自購住宅。此計劃行之業已多年。因之，大多公務人員陸續均已購有住宅。以致今年我任職機關竟出現有此種貸款配額而無人申請情形。我遂得以原列後位之資格而成爲唯一申請人，而獲配貸款。今年以此貸款在臺北市區邊緣落後地區基隆路二段購得住宅一戶，並即遷入。

民國六十年 一九七一 辛亥 四十八歲。住臺北市（基隆路）。

續在國家安全會議秘書處任組長職。

民國六十一年 一九七二 壬子 四十九歲。住臺北市（基隆路）。

拙著《行政的現代化》、《美國合作聯邦主義論》、《藝文沉思錄》三書分別於今年三月、四月、五月由商務印書館出版。

九月一日，我自原任國家安全會議秘書處調任銓敘部常務次長。承石部長爲開上將召集部內全體高級人員，在部內親自主持布達式，宣讀布達令。越日，與爲公長談工作，承指示六事，其中最重要一事爲囑咐規劃將當時正在施行之全國公務人員兩種人事制度，亦即簡薦委制度及職位分類制度，予以檢討並另行建立一種新的人事制度。細談之下，兩人見解完全一致。由於當時政治環境複雜，爲免事未發動即遭破壞起見，奉指示由我一人秘密作業。於是，整個改進方案由我一人執筆，並經爲公親自指定一打字員在我辦公室繕正，逕呈爲公親自核正。經三易其稿，始告初定。方案所提出之改進要旨，除就原有之簡薦委及職位分類兩種制度取長捨短，融合於一體，兼採人與事兩者爲建制中心，建立切合我國當時社會實況需要之新人事制度。其具體方法大要爲：廢除職級規範、簡併職系、建立職組、官等與職等配合運用、每一職務得視需要列爲一個職等或跨列二個或三個職等。是爲十五年後於民國七十六年（一九八七年）元月始付實施之兩制合一新人事制度之發皇。萬丈高樓平地起，其作始者，爲公與有守二人也。

此一改革案之提出，就國家大端而言，乃切中時弊之舉。因自從職位分類制度施行後五、六年期間，各方咒罵與責難之詞風起雲湧，因此，推行腳步固爲之中途停頓。但部份機關與人員已實施職位分類制度，而另有部份機關與人員則仍實施簡薦委舊制，而形成兩制併行之奇怪狀態，各方責罵與呼籲改善之聲不絕。表面視之，似乎對我等從事改革者有利，但實則不然，適得其反，時機與環境對我等十分不利。何也？因職位分類制度在理論上確爲一最新之科學化制度，有人向最高當局簡報，極言其利，深獲支持；孰知事實與理論相反，實施後窒礙橫生，民怨沸騰，人人呼籲從早廢除，但政府有關機關及官員竟無一出面推動檢討廢除者，無人敢於重違最高當局。此外，現實面復存有下述三大反對勢力，足可置改革案於死地而有餘：一、當初主持與參與創建職位分類制度之人員，現仍分布於主管與執行職位分類制度之最高機關考試院與行政院人事行政局，且位居要津，有權有勢；另有部份則爲現任立法委員，足以扼殺改革法案。二、當前推行職位分類制度最力之機關，以挾天子令諸侯之勢，政壇對其無不畏之如虎。三、當時考試院院長孫科先生任期滿後，人多看好某前輩接任院長。而某前輩即爲當年最初主持設計職位分類制度之人物。因之，不僅人人不欲觸其忌，更多投其所好，走其路線。有以上諸因，以致一方面各方一致切責和呼籲改革；而另一方面則每當有人提出改革方案時，必橫遭阻礙，備受打擊與責難。實爲政壇上罕有之奇怪現象。致使此一良法美意之人事制度改革大政，雖歷經十多年奮鬥而無功。必待此三大反對力量死亡或消失於政壇，至民國七十六年始獲實現。此一內幕，特在此爲國人略略道之，以留歷史見證。

民國六十二年 一九七三 癸丑 五十歲。住臺北市（基隆路）。

人事制度改進方案尚未送出銓敘部大門時，內部即先出現阻礙；呈考試院後，阻力尤強。全案經提出院會，僅作一般泛泛討論後，因屬重大案件，習慣均先交付審查，當經院長哲生先生裁示，交副院長主持並由全體考試委員參加之專案小組審查。自此，專案小組每星期集會一次，每次審查會議中，與會委員均海闊天空漫無邊際發言反對，長篇大論，洋洋灑灑，發言內容絕大部分均前後彼此重複，且竟無一正面客觀措詞。現實政治之可怕一至於此！石部長與我兩人在審查會中孤軍奮鬥，備受責難與挑戰，絕無一人支持。但我二人沉著應戰，奮鬥不懈，絕不氣餒。如此持續六、七個月之久，審查始告完畢，小組提出審查報告，內容完全是集各種不利意見之大成，連同原案送回院會作決。

當全案再度提院會討論時，會中一如審查會情形，發言盈庭，盡屬批評指責之詞，彼此前後再四重複，如此約二小時之久。當石部長與我再四起立說明後，對全案前途正滿腹疑雲之際，不意最後孫院長哲生先生竟破例忽然自主席座上起立說：

「好了！好了！我們下面還有很多別的議案要討論，本案發言就到此為止了，現在我們 該作決議了。」

孫院長這時改變口氣，用一種十分嚴肅的聲調繼續說：「這個案交給各位組織全體委員審查會審查，審了半年多，今天我聽見大家所說的話，說來說去，還總是那幾句老話，和第一次提院會時所說的沒有什麼不同，審來審去也還是那老樣子。」說到這裡，他微微有點不耐煩的表情，雙手一攤，抖了兩下：「這幾年來，各方面都盼望我們人事制度要改革，任何時代要改革總都是會有意見的，顧慮太多就沒有一事可辦。為了要改革，我看今天我們就照銓敘部提出來的原案通過！」

他隨即坐下，轉過頭對身旁的鍾秘書長輕輕說了一句：

「下一案！」

我和石部長都覺得十分意外，不免相顧愕然大喜。而且我心底還油然冒出一句話但沒說出來：「果然不愧是黨國元老，國家重臣。」這時我忽然又想起我來院參加工作前，王雲五先生曾經告訴我說：

「哲生大事不糊塗。」我現在看見果然是如此。確不愧國家元老也，較之時下泛泛官僚之徒託言民主，實則無見識無擔當情形之官僚，判若天淵。

全場鴉雀無聲，竟無人再發言。全案竟得就此通過。

若非哲生先生之崇高道德地位，亦絕不能有此無人敢與抗辯之權威。

孫院長哲生先生能如此善於主持大計，完全是有鑒於當時國人祈求制度改革之呼聲已久，負其政策責任之考試院畢竟不能充耳不聞；另一方面，對充滿院會的反對言詞背後隱藏之現實原因，早有了解，故能不落其陷阱，力排衆議，作成此合理決定。院會過後，隨即依國民黨從政同志重大政策案件處理程序，由院長同志具名報送國民黨中央黨部核示。

按我國當年之實施公務人員職位分類制度，其始也係由考試院先後設置「職位分類計畫委員會」及「職位分類推行委員會」專責推進。職位分類制度全盤規章辦法完成後，考試院內部及立法院有識之士均洞悉其不可行，故擱置未予推進。待至民國五十六年行政院人事行政局成立，自許以實施職位分類制度爲其首要任務，並深獲層峯大力支持，迫使立法院不得不通過各該有關法律。於是政府始大張旗鼓推行。孰知甫經實施，立即發現其重大缺點，以致全國各機關、公務人員、各級民意機關、社會輿論等風起雲湧，交相指責此一制度之不良，群情洶湧，多年不止。雖力主取消該制度及改革之聲從不少歇，但迄無人敢於挺身而出有所行動以挽狂瀾。及石部長與我認爲該制度既屬衆口一詞，證明確爲國家當前重大弊政，則我等既居其位，自應爲所當爲而勇爲之；至於個人之得失與甘冒觸怒當局之大險，則非所計也。改革案提出後，反對勢力之先鋒立即出現在考試院內部，尤以反對主力大都位居要津。考試委員及銓敘部內部高級人員中之投其所好，曲意從其意見以阻撓改革案之進行者，爲數衆多。聚蚊成雷，衆口爍金，勢如排山倒海而來，抵抗惟艱。故半年來歷次審查會議中，自始至終全場呈現一面倒情況，幾至從無一人敢說半句合理良心話。似此置國家與政府利益於不顧，置良心與公理於不問之現實功利風氣，令人心寒。

為資證明當時反對者的兇惡，茲舉一事為例。

當全案還在審查會階段時，我奉 石部長命前往訪問各考試委員，企望有所疏解時，原與石為公十分友好之某位委員，而且也是我在革命實踐研究院同期同學，多年都有來往的熟朋友，竟不惜對我出以恫嚇言詞：

「我仔細讀過你的全案。你在案文中提到所謂『行為科學』治學方法，我覺仍十分危險。行為科學就是行為主義，而行為主義主張環境決定論，環境決定論是物質決定精神，就是唯物主義思想，唯物主義思想當然是共產主義思想。我不知道你為什麼要拿共產主義思想來改革我們中華民國的人事制度？你不耽心別人批評你嗎？」

老天爺！他滿口學術名詞，聽來似乎很有學問，實則完全只是用一知半解但卻完全錯誤的知識做成一連串完全錯誤的推論，得到一個錯誤的結論，強詞奪理，曲意製造出一頂紅帽子硬生生給我戴上。他最後一句話已經是在公然恫嚇威脅了。

這眞是一派胡言。他竟自以為是地錯誤解釋了多個名詞，引導出一頂紅帽子想戴在我頭上，居心實在惡毒。因為誰都知道行為科學並非行為主義，行為主義是心理學上的一個學派，而且也不能把它武斷認為就是共產主義的唯物思想，更何況並非唯物思想就必定等於共產主義；至於行為科學，只是一種研究學問的方法，主要是在研究社會科學問題時，同時分別採取多種不同學科去研究，然後加以整合，以資週延，俾可獲得更正確結論。這與唯物唯心等哲學觀根本風馬牛不相干。對於他這種東拉西扯的淺薄渾話，本來可以不必理會，而獲得更正確的結論。但是重要的是他目的在給我扣紅帽子，在那種時代，莫說秀才遇到紅帽子，任何人遇到紅帽子也都很難讓你把理說得清楚。只要碰上這種事，也決沒有任何人敢沾邊去為你說半句話辯護。而當局都是先把人抓起來再講。最後縱然不死也會脫一層皮，到時候那個人還能談什麼人事制度改革呢？現在只要這位委員站出來公開講那麼幾句話，很可能今天晚上或明天早上就會有兩個便衣人員到我家來把我帶走，從此就不知道命運如何了。這將對我們的人事制度改革案十分不利。至於對我個人，更是事業與生命就可能從此全部宣告終結；縱然萬一竟能把道理說清楚，不僅這位委員先生照例既不必負什麼誣語之罪責，我的前途還是會永遠暗淡。所以，此君爲圖阻撓改革以討好權勢，用以爭取將來尚不可知的些微政治利益起見，竟居心叵測企圖下此毒手，不惜企圖陷我個人於萬劫不復之地。我知道此時與他辯論無用，而且辯論徒然只會幫助他把事情擴大，火前扇風，所以只是笑了笑說：「你大概誤會了。」就告辭出來。但是，我很快就有力地就阻止了事情的發展，次日即找出一份總統蔣公訓詞給他看。其中蔣公明白贊美「行爲科學」治學方法爲優良。他看過後，一句話也不講了。這才阻止了他進一步撒播邪說謬論的陷害陰謀。

舉一反三，窺一豹而知其全貌。當時反對者之兇險惡毒可知。

民國六十三年　一九七四　甲寅　五十一歲。住臺北市（基隆路自宅）。

續任職銓敘部。

人事制度改進方案報呈中央黨部後，竟如石沉大海，黨部似乎未予處理，深滋疑惑。久後始側聞背後係有微妙情節，有人暗中去中央黨部曲詞力加阻撓奏效。

民國六十四年　一九七五　乙卯　五十二歲。住臺北市（基隆路自宅）。

續任職銓敘部。四月五日清明節，先總統蔣公逝世。

秋間，石爲公辭部長職。我事先未見任何徵象，甚覺突然。某日下午，爲公邀見於其辦公室，坐定片刻後，爲公徐徐說：

「我已經辭職了。」

此時外界尚無此訊息，我覺突然並十分詫異，驚訝詢問：「為何突然辭職？希望不要辭。」為公沉靜地說：「我已經辭了！」然後微微帶點感慨說：「以我一個在戰場作戰的軍人，為何竟要我來做一個這樣的部長！」

我默然無言。

為公又說：「請你替我準備辦理移交。」

我除了承諾外，覺得一時沒有什麼其他的話好說。為公又說：

「從明天起，我不來部裡辦公了。有公文可以由你們兩位次長代判就行，如果必須要我簽字判行，就送到我家裡來。但是，在移交之前，不再發布任何人事命令了。」

我承諾後，兩人沉默相對半晌，我就辭出。越日，我為自己寫了一個辭職簽，赴石府面呈石部長，並加口頭說明。石部長閱後一言不發，立即起身去房間，片刻即出，將原簽交還給我說：

「你不要辭。你的任務還沒有結束，新人事制度還要你留下來繼續努力，以底於成。」

我一看，他在我簽上寫了下面幾個字：「退還徐次長。石覺某月某日」我一時楞住了，沉默有頃才說：

「我只是想去教書。政壇太險惡了。」

石部長似乎無動於衷，面部毫無表情，但良久後仍然說了一句：

「這件事不要再談，就這樣罷。」

長官期望，盛意可感。交卸前幾天，在我發動下，部內簡任級以上同人舉行了一次惜別茶會，請由政務次長羅萬類主持，由我代表同仁致惜別辭。我事先曾詳查資料，所以在惜別辭中有言：

「石部長於五十二年七月十日到部，而於六十四年十一月一日離部，任期十二年三個月又二十一天，是中華民國開國以來，至今任期最長的一位部長。」

接任者爲著名刑法學家韓忠謨教授。韓氏美國耶魯大學法學博士，任臺灣大學法學院教授兼院長多年，桃李滿天下。當時及其後半個世紀期間，活躍於臺灣政界、司法界及法學界精英與權要，大多出其門下。後來且有貴爲總統者，有位至五院院長者，有任部長者；至於爲大法官、名法學家、名律師、名法官者，更不計其數，所在多有。韓先生與我素昧平生，接任之前某日上午，挽同其至親且爲我多年好友的高崑峰兄同來舍下，堅囑留任。我以初次見面，未便當場拒絕，而於下午回訪於其寓所時，堅請其另行物色適當人士接任常務次長職務，以利工作推展。但韓先生堅請勿辭。於是決定續任原職。

我之未堅持離職，自認對後來新人事制度得以能完成全部行政與立法程序而終見之實施，關係重大。天下事之欲求成功於困難環境中者，必定至少有一人堅持不懈以赴。

民國六十五年　一九七六　丙辰　五十三歲。住臺北市（基隆路自宅）。

韓部長到部後，旋即與我商談重擬另提新人事制度改革案。我重擬後，雖屬新稿新論述，但制度主旨與結構，與此前之經考試院報中央黨部案相同。經將現重擬之新案報考試院。此時考試院院長已由楊亮功先生接任，當該案提出考試院院會時，在楊院長主持下，院會僅經大致討論後即在無爭論中草草通過，我一時頗覺意外。院會後仍依循從政同志處理重要施政程序，由考試院院長楊亮功同志報請中央黨部核示。不久，即經中央黨部核交政策委員會，命協調立法院黨員委員同志支持。但在協調會上，作爲協調會主持者身份的黨中央政策委員會，並未照例主持會議，僅指派一相當於政府機關科員級人員之幹事列席會議擔任類似觀察員任務；至於有關聯絡與主持會商等事宜，都由銓敘部自行照料。此與往常辦理方式大有不同。會場上，韓部長遂不得不自任會議主席，而我仍爲最支持本案的主要助手，但無人在場擔任居間轉旋任務。是日協調頗不順利。

事後從旁查究，知此並非出於黨部之疏忽，而係事出有因。蛛絲馬跡，有其來由。此次全案自部呈院以後之整個過程，自有其政壇運作微妙之處，我在此仍難以盡宣。表面雖一路順風，但反對力量則更具實效，終仍再度陷此案於死地。

民國六十六年　一九七七丁巳　五十四歲。住臺北市（基隆路自宅）。

七月，拙著《道南從師記》由商務印書館出版。

十月，拙著《行政學概要》由財政部財稅人員訓練所再版（初版年月已不復能憶及）。

韓部長因人事制度改革案送中央黨部協調後，未見中央有任何具體支持行動，全案成擱置狀態，因而有所不快，至於背後有何接觸，則非我所知。韓曾數度對我說，必要時將往謁經國先生云。我勸忍耐。我說見經國先生時，應必說出眞相，涉及有關人士，勢將形成磨擦，將使今後在工作上更增困難云。韓先生當時遂未作進一步表示。事後回憶及此，判斷韓先生此時實已心灰而有辭職之念。四月間，我率團前往金門視察戰地公務人員保險業務，同行團員有銓敘部主任秘書黃守高、公保司司長黃密、公保監理委員會執行秘書鄧文林，連同我一行四人。預計全程來回五天四夜。韓部長事先原已欣然同意我等此行，但至行前一日忽然變卦，韓部長對我和守高兄二人分別說下列同樣的話：「你們二人都不在部，這幾天裡萬一有事情來了，我找誰呢！」我聽後深感詫異，但因一切都已安排妥當，尤以接待我等之對方爲金門防衛司令部，係在戰地保衛國家之軍人，早已由國防部通知金門防衛司令部在案，一時似未便率爾改變。且我與守高兄研商並再細想，本部似無任何跡象顯示將有何等嚴重狀況發生之可能，故報告韓部長後，仍照預定行程進行。不意回臺北之日早晨在金門機場登機前，金門縣長譚兆彬兄持當日《金門日報》來告：報上載有消息，銓敘部長韓忠謨榮調司法院副院長云。我大喫一驚說：「那有此事？」詢之守高兄亦稱事先未有所聞。當日乘飛機於午間回臺抵部後，急往見韓部長，證明報紙所載果然不謬。所幸我等已適時歸來，尚不致影響辦理交接事項。我至是始恍然大悟，憶及前韓先生將往見經國先生之言，及我等出發前忽有阻止之意，果有原因。但未料其必係以請辭之詞提出，而當局方欲借重，豈能遽允？韓先生原係刑法學泰斗，故仍需借重，調任司法院副院長，以便發揮長才。

新舊任交接典禮於四月十八日舉行。新任部長爲國策顧問鄧傳楷先生，原係我舊識先進。我來臺後初任臺灣省立員林中學教師，實際爲王思九（志鵠）師與鄧先生二位共同居間安排，並獲教育廳贊同。鄧於到部接事前，曾邀我面談，並堅囑留下佐理勿辭，言辭至誠。我本係爲國服務，所念念不忘之新人事制度一案迄未獲實現，個人任務未了，既經堅留，也就未再言辭。

夏日臺北豪雨，考試院院部三機關所在地木柵溝子口地勢低窪，景美溪溪水漲溢上岸，一夜成災，考試院院部三機關及木柵街道均被淹没。晨起水退赴部，始見淹我辦公室之水跡僅欠尺許即抵天花版，多年個人所收藏於辦公橱櫃内之大批人事管理資料與書籍全部泡湯，化爲紙漿廢物，傷心至極。銓敘部檔案也全部淹水，但因檔案房屋地勢高於我辦公室，故情形稍好，經予曝曬匝月，尚可勉強收藏。有此經驗，銓敘部檔案此後遂皆收藏於樓上。

民國六十七年 一九七八 戊午 五十五歲。住臺北市（基隆路自宅）。

八月卅一日，考試院第六屆考試委員任期屆滿，楊院長卸職。九月一日，新任第七屆院長劉季洪先生及全體考試委員到職，六年任期開始。銓敘部部長因無法定任期，部次長皆未有變動而繼續任職。我仍繼續任常務次長。

民國六十八年 一九七九 己未 五十六歲。住臺北市（基隆路自宅）。

我在銓敘部的人事環境十分惡劣。主要係有人欲謀我位而代之，且與另一嫉妒我者相結合，共同嗾使宵小謀我，處心積慮，詭計多端，陰險毒辣，花樣百出。所採手段至爲衆多，明則抵制，發動鬥爭；暗則脅衆造謠生事。而最狠毒者乃採其時最極端之手段，佈人於我周圍，搜集我日常生活言行瑣碎資料，加以羅織編造，企圖扣我帽子；此外並於我飲水中放置慢性毒葯，使我長期腹瀉，以圖加害於我而不著痕跡，其初我實無從注意及此，時久腹瀉遂成我慢性病，牽延數年之久。久而始漸發現此種惡毒行爲，因每飲部內茶水（無論我辦公室內飲水，或會議場中工役事先置放於我主席座位杯內茶水），數十分鐘後必定腹瀉（他人無此情形）。遂不得不被迫每日自行攜一小型熱水瓶，自備茶水赴部飲用。雖然防不勝防，但畢竟飲下毒水機會大減。惟以慢性腹瀉業已成疾，身體心理均大受影響，因而時時難忍憤怒。宵小並圖預先製造假象以取信於人計，竟在部內外散播謠言，謂我身體不好。揣其用意，乃係時久毒性累積致使我一旦暴斃於任內，則外界固以我健康不佳情形已久，將視爲正常而不疑；至時奸徒即可欣然得利矣。

但我言行端正，孤軍奮鬥，從未少屈，以維我應有之尊嚴，彼輩雖羅織而畢竟捕風捉影不能成形，陰謀難遂，徒歎奈何。宦海險惡，明槍暗劍，蹈瑕抵隙，一至於此。君子能不怒乎？

民國六十九年 一九八〇 庚申 五十七歲。住臺北市（基隆路自宅）。

腹瀉趨於嚴重，腹內氣體太多，終日雷鳴，常於片刻之間忽然腹痛並立即水瀉，身體日益消瘦。盛夏正午行於烈日之下，猶覺寒冷而震慄。醫治乏效，竟無計可施。但我仍照常辦公，決不少屈。

暑間，長子斯勤以優異成績畢業於臺北市名校建國中學，並在畢業典禮上代表日間部全體畢業生致謝辭。暑間，斯勤參加大學聯招考試，在十數萬人青年學子競爭中，竟以丁組第三名考取大學，按規定可依志願選讀任何大學丁組（法學院）之任何學系，經其自選臺大政治系政治理論組就讀。

由於自初中起學業負擔過重，爲升學而形成之精神壓力尤重，至此聯考放榜後，壓力全部解除，多年來之積極與自恃意志亦於一夜之間瓦解，於是身體病象立現，斯勤此時有病不輕。先一日猶遍體高燒，但軍令難違，仍遵照規定，不得不應召抱病入伍，服役於成功嶺六星期。愚夫婦憂慮百端，每星期日前往軍營探望，見其竟日身出冷汗，腹瀉頻頻，迷迷糊糊，神志不清，形容憔瘁，精神委頓不堪，愚夫婦爲之憂甚。經訪其連長請求休訓，俟後補訓。但連長竟堅持不允，無可奈何，只好聽之。因而數星期中，愚夫婦在臺北滿懷憂愁，晝夜不安，不知如何是好也。唯有每星期日前往探視時，攜帶抗生素等止瀉葯品交其服用，希望有助其病痛。所幸柳暗花明，最後竟出現奇蹟，在軍事訓練磨練下，入營三星期後，第四個星期日往視時，發現天佑吾兒，天佑愚夫婦，出現奇蹟。斯勤竟不葯而痛，一切恢復正常，神志清明，並已當選爲其全師榮團會主席團主席。奉命發表演講，由師部製成錄音帶，在成功嶺早、中、晚重複播放一星期之久。

對其身體有此奇蹟式轉變，經再三究詢斯勤竟何以致此？斯勤始告，我所給予之抗生素，根本無處置放，實際均被軍中没收，並未服用半粒。身體之轉強，純係發乎身體自然機能，亦不知如何解答也。至此，我更深感年輕體健之可貴。

民國七十年 一九八一 辛酉 五十八歲。住臺北市（基隆路自宅）。

我仍扶病在銓敘部任職不屈，工作頗爲忙碌紛紜，甚不安寧。

次子斯儉暑間畢業於臺北名校再興中學，亦以優異成績考入臺灣大學政治系。因而與斯勤同校同系而成上下班同學。感謝上蒼，儉兒身體尚佳。

民國七十一年 一九八二 壬戌 五十九歲。住臺北市（基隆路自宅）。

依然在憤怒與反抗心情下，續任職銓敘部。本年内顯然是彼奸徒之黑手在暗處運作，改採冷凍手法對付我，使到我手之公務與公文均奇少，我在辦公室竟常整日無所事事，例行公文三、五件，片刻即閱畢。以致只好讀書或練小楷書法以消磨時間，實爲從事公職數十年來從未曾有之情形。我常毛筆默寫李太白下列詩句：「棄我去者，昨日之日不可留；亂我心者，今日之日多煩憂。長風萬里送秋雁，對此可以酣高樓。……抽刀斷水水更流，舉杯消愁愁更愁。人生在世不稱意，明朝散髮弄扁舟。」

秋間，考試院劉院長出面，假中央信託局頂樓宴立法院法制委員會全體委員。宴會畢，客人皆離去，主人等一同步出餐廳。院長在談一連串院務後，以十分平靜若無其事口吻對兩部部次長諸人說：「我看新人事制度可以開始進行研擬提案了。」言畢，特顧視銓敘部鄧部長微微示意。鄧部聞後微驚，隨即唯唯。此事此前未有絲毫談論，而劉院長公務老將，特意以此方式提出指令，是眞舉重若輕也。三日後，復召集兩部部次長及院秘書長等在其辦公室詳加指示此事，並特爲分發每人筆記簿及原子筆各一，囑各人當場各自筆記，以示鄭重。

民國七十二年　一九八三　癸亥　六十歲。住臺北市（基隆路自宅）。

某夜，已謝世之陳伯稼老前輩忽來我夢中，攜我同往廟中拜一女神爲我視病，女神微笑示意我時無恙，遂寤。次晨，我於參加總統府月會後，順道赴衡陽街天后宮參拜，得證天后宮中所供女神法相竟即爲夢中女神。返部途中，不知何故，腦中忽自行跳出「六味地黃丸」名詞。我頓有所悟，於是購而日日食之。不匝月，爲患數年幾奪我命之腹瀉竟日漸痊癒。伯老冥冥中猶垂注我此一晚輩，曷勝感念。我一生屢得長者厚愛與救助至多，不知何以爲報也。

民國七十三年　一九八四　甲子　六十一歲。住臺北市（基隆路自宅）。

在劉院長熱心主持下，經考試院院會通過之新人事制度四種有關法律草案，經向立法院提出。此已是考試第三次提案。但案經立法院法制委員會提出討論一次後，即又遭擱置。

六月，拙著《中外考試制度之比較》一書由臺北中央文物供應社出版。七月，拙著《我國當今人事制度析論》由臺灣商務印書館出版。

考試院第六屆院長劉季洪及副院長與全體考試委員任期於本年八月三十一日屆滿，次日卸職；新任院長孔德成於九月一日到職。鄧傳楷任銓敘部長業已七年，奉中央令也在九月一日卸職，接任部長者係原行政院人事行政局長陳桂華調任。銓敘部政務次長羅萬類退職，我調任政務次長。

暑間，長子斯勤畢業於臺灣大學。秋，赴成功嶺服兵役，任預備軍官政工少尉，指派在師長辦公室任聯絡官，頗受長官器重。

民國七十四年　一九八五乙丑　六十二歲。住臺北市（基隆路自宅）。

續任職銓敘部。

次子斯儉暑間在臺大畢業，考取德國贈送之留學德國獎學金，將可赴德留學。但為專心準備此一赴德考試，在此之前未有時間同時準備預備軍官資格考試，以致只好以上等兵身份於暑間往服兵役，駐地初在宜蘭金六結，後調至楊梅鄉間。雙十國慶前日，奉命與同袍整理營區環境山坡地，不慎遭巨岩壓擊左手食指，幾至骨碎，狀況不輕。但軍中醫事人員連日均僅為其塗擦紅葯水，以致發炎潰爛甚為嚴重，卻不許其自行赴醫。星期日例假返家時，內人繼之攜同赴臺北私立博仁醫院急診，手指已潰爛發黑，醫師警告情況嚴重，必須住院善為醫治。因其係軍人，我與繼之遂再攜其往三軍總醫院門診，遵該院軍醫囑住院。繼之並隨即赴楊梅向其部隊說明並代為辦理請假住院。孰知其部隊認為不應擅自前往三軍總醫院就醫，必須由部隊送醫始可，並堅持應先回營再聽候處理云云。繼之深知果若回營，必不能再回臺北就醫，且極可能更遭受處分。交涉再四，始勉強獲允派一排長隨同繼之來臺北逕赴醫院查證囑實准假。

經住院醫療月餘，最後在其本人大腿割下良好皮膚一大塊，移植於受傷之左手指上，始不成問題。癒後出院回營後，經再輾轉託人請求軍中高級長官協調，調至該師之「師部連」任文書兵，其後兩年之兵役始得平安渡過。

民國七十五年一九八六丙寅 六十三歲。任臺北市（基隆路自宅）。

續任職銓敘部。

前由考試院函送立法院審查之新人事制度考試、任用、俸給與考績四法草案，經立法院院會交法制委員會審查。法制委員會於收案後，僅開會審查一次，即予以擱置。

按此四草案原係劉院長季洪所領導之第六屆考試院任期內送請審查，現第六屆任期已於民國七十三年（一九八四年）八月底結束，劉院長亦已離職。第七屆院長及全體考試委員於同年九月一日到任至今二年來，院會每於討論其他案件時，間有涉及此四種草案時，部分委員輒表示，前屆委員所送之案件，本屆委員未曾參與，不知其內容如何，亦未必符合本屆院會意旨，因而主張撤回再加研究檢討云。我深覺這一說法關係重大，十分危險，果若撤回，對新人事制度之制定必將增加困難。因法案一經撤回重議，意見必多，且全部程序均須重新進行，涉及考銓兩部、人事行政局、行政院及其他有關院，尤其涉及執政黨部。過程中所舉述之每一機關如今均已易新人，均有可能提出新意見或根本反對意見，擾攘紛紜，將不知何時始能再送立法院，或根本不能再送立法院，甚至根本不能再取得院內或各方共識而全案就此作罷，種種不利情事均有可能發生。我在旁靜觀，見銓敘部雖從未明白正式表示不贊成前送出之各案，但亦並未表示必須盡全力挽救之意，且似亦未警覺問題之嚴重性，漫然無任何表示，而聽令情勢繼續朝不利方向發展。我經考慮後，認爲問題嚴重，如不設法，聽任情勢繼續醞釀，極可能有朝一日，院會迅速突然通過決議，將全案撤回，則無法挽救矣。因此，我自忖個人不應坐視，經斟酌後，認爲既不便循法定正式途徑在銓敘部內發動進行，復別無他人可以幫忙，故唯有別出奇計，自行獨力採非正式手段進行挽救。

我的第一步實際行動是以個人身份分別訪問，向院會中主張撤回該案最力的幾位考試委員個別說明。因爲我了解此數位委員並非對該案有何成見，只不過是以近乎書生之見發言措詞而已，心地純潔。我措詞要旨如下：這一法律草案雖是依法由考試院送請審議，但實際上是銓敘部以該案首先商得考選部及人事行政局同意後，呈報考試院；經考試院與行政院會商後，由考試院長以從政同志身份呈報執政黨中央，復由黨中央請司法院長黃少谷先生以執政黨中央常委身份主持協調會議，邀同立法委員及行政、考試兩院代表共同商定，並經分別採納行政、立法兩院所提出之意見，然後始依法以考試院名義送請立院審議，同時並由執政黨中央函請立法委員同志支持。所以經上述過程後，該案實質上已非考試院一院之案，至少已成爲考試、行政、立法與司法四院及執政黨等共五方面共同意見，並有考選部及人事行政局意見。現若考試院一院單獨行動撤回全案，實不妥當，且徒增前途困難云。

由於本屆考試委員百分之九十來自學校教授，從未在政府機關工作，並非有何特定立場或偏見。而區區在下似也勉可稱爲亦係向來從事學術研究工作，爲人樸實而非官僚，向爲人所共知，現我這一說明亦甚爲合情合理，切合事實，經我分別訪問說明後，遂得獲認同。於是撤回之議始息。

我第二步實際行動是又繼續向立法院法制委員會本案專案小組張子揚、吳延環、張金鑑與何適等委員個別遊說，請其將全案四個法律草案調出恢復審議。由於曾有老長官前曾指點我，法制委員會原來擱置全案的實質原因有難言之隱，而此種原因，現已隨同考試院之換屆改組而消失。於是我對三位委員提出下述要旨之說詞謂：職位分類制度之不可行，經貴法制委員諸公、政府各機關及社會各方指責詬病者久矣，但無人肯觸犯禁忌挺身出而提案改革。今考試院能不避困難而勇爲之，提出人事制度全面改革法案，實屬不易。如閣下及法制委員會委員諸公能大力支持，予以完成立法，以付實施，爲公務人員除弊，爲民興利，是功在國家，誠一大盛事也。此事在我公等手上完成，定必名垂青史云。

法制委員會諸委員絕大多數均已繼續留任法制委員會多年而未改赴其他委員會。諸此委員前輩計有十餘人，繼續在法制委員會爲時亦二、三十年，皆政界老將，高風亮節，耿介正直，滿腔熱忱，全心全意以黨國人民爲念。其時法制委員會諸公之共同主張爲維護憲法與發揚憲法精神，同時均向來反對職位分類制度最力。我因詳悉這種情形，所以坦誠進言。我首先與子揚先生談，孰知子揚先生聞我言後，以誠懇目光注視我良久，並即坦然表示嘉納。於是該四法草案因而得獲調出再審。

以上所有行動，不僅並無任何他人指示我或支持我辦理，純係我個人本於對制度革新之熱忱而自動獨力爲之；而且當時更唯恐有人認爲我未經考試院授權，竟自行採取個別行動致有所不滿，所以我多年來始終未敢向任何人敘及此一經過，以免徒生枝節。現我年老八十，自願退職亦已十年，在此敘說經過實況，尚係首次。無非藉表對諸位立法委員感激之忱，並說明事實眞相。如有人責我越份，我必一笑置之。

原送「考試法」草案，經立法院修正成「公務人員考試法」與「專技人員考試法」兩種法律通過，於本年諮請總統於一月二十四日公布施行。至於「公務人員任用法」、「公務人員俸給法」、以及「公務人員考績法」等三法，也經分別於今年四月、七月完成立法程序，奉總統令於本年四月二十一日、七月十六日、七月十一日先後公布，並授權考試院另以命令定其施行日期，以利考試院享有充份時間制定有關配合施行之多種行政規章後一併施行。至此，此一自石前部長爲開先生於民國六十一年（一九七二年）囑我初步規劃之兩制合一新人事制度改制大業，於長達十四年後之今日，終於大功告成。而個人僥倖倡議於先，復得自始主持制度之設計與起草，並又能留任多年繼續爲此一任務努力，終底於成，實不勝欣愉之至。所憾者石爲公不及親見目睹此一成功耳。

以上四法的法律名稱，雖與原簡薦委制度的各該法律名稱完全相同，但請注意，這次新公布的四法，在體制上並非依原有各該舊法「修正」施行，而是「新訂」法律。因此，總統公布各該法律的命令措詞都是：「茲制定公務人員〇〇法公布之」，而非「茲修正公務人員〇〇法公布之」，即可明瞭。

銓敘部爲新人事制度數十種輔助規章的制定，設有一新人事制度法規小組，由我任召集人並任會議主席，由銓敘部及行政院人事行政局兩機關的副局長、主任秘書、參事、各業務司長及處長等出席。每週固定集會一次，由部局業務單位提出法規草案條文初稿，在小組通盤研討後再逐條逐字斟酌。我主持會議向來不阻止與會人員發言，所以會場意見多能盡情表達，確能發揮集思廣益之效。但我總能在集思廣益之餘，仍有正確定見，綜括各方陳述，愼思明辨，明正闢謬，去蕪存菁，果斷裁決，當場親自寫下妥適條文，宣讀後作成決議。

長子斯勤，今夏服預備軍官役完畢，入學臺大政治研究所，並同時辦理美國學校獎學金及入學許可申請事宜。

民國七十六年 一九八七 丁卯 六十四歲。住臺北市（基隆路自宅）。

新人事制度之全部配合規章，在我對主持之專案小組悉心規劃下，全部擬就，並報奉考試院核定。考試院遂於本年元月十六日將原經總統公布而尚未施行之公務人員任用、俸給、考績三法，連同現新訂妥之配合規章二十五種（其中有關任用者十六種，有關俸給者六種，有關考績者三種），一併同日發布施行。新人事制度遂告實施。同時，並將原有關簡薦委制度及職位分配制度之有關法律規章數十種，亦於同日一併悉予廢止。於是，分別爲期七十五年之久及爲期十八年之久之簡薦委制度與職位分類制度，亦同日均告終止。實爲中華民國政府建政以來極少數最重大之公務人事制度改革行動之一。

我續任職銓敘部。

秋，我兒斯勤中斷臺大政治研究所碩士班學業，在一項甚獲盛譽的獎學金支持下赴美進修。

斯儉今夏服兵役完畢，留臺辦理美國大學入學許可及獎學金申請等事宜。

民國七十七年 一九八八 戊辰 六十五歲。住臺北市（基隆路自宅）。

春，次兒斯儉利用未出國前之空檔時間，考入新創刊的「中時晚報」任外勤記者，奉指示跑教育新聞，甚爲成功，獲上司欣賞。另經獲紐約某大學給予入學許可及一項優厚獎學金，同時另獲 Columbia University 政治研究所博士班入學許可，但不僅無分文獎學金，且學費甚昂貴。經我再四考慮，認爲我雖無積蓄，甚至稍近拮据，但爲斯儉前途計，決定仍應就讀 Columbia University 此一名校爲宜，並於暑後赴美入學。我的原則是：在特殊情形下，凡事都只好走一步算一步，欲求十拿九穩行事固好，但事實非我等公務員家庭之所能。後斯儉之指導教授爲研究東亞問題卓著聲譽之學者 Andrew Nathan（中文名字爲黎安友），甚欣賞斯儉。

民國七十八年 一九八九 己巳 六十六歲。住臺北市（基隆路自宅）。

暑間，三兒斯容畢業於臺灣大學物理系，隨即依規定服兵役，爲預備軍官，任少尉炮兵排長，其服役營地先後在臺南永康炮兵學校等地。我甚喜見其週末返家時著軍裝之雄姿。

十一月，拙著《政治學概要》七十七年版由臺灣警察專科學校出版。此書係若干年前陳立中兄任該校校長期間囑寫，以充該校教科書，大概逐年都有再版，其初版年月我已不復記憶。

民國七十九年 一九九〇 庚午 六十七歲。住臺北市（基隆路自宅）。

考試院第七屆院長、副院長及考試委員於八月三十一日任期屆滿離職，新院長邱創煥及考試委員等於九月一日到院。我仍繼續任銓敘部政務次長，部長陳桂華亦未有更動。

民國八十年 一九九一 辛未 六十八歲。住臺北市（基隆路自宅）。

仍任職銓敘部政務次長。

夏，三小兒斯容服畢兵役返家，留臺辦理赴美深造之入學許可申請事項。

民國八十一年 一九九二 壬申 六十九歲。住臺北市（基隆路自宅、木柵自宅）。

七月，我賣去原有之再興新村自有房屋，略有獲利。以所得款改於木柵景美溪旁購置新居一戶。我之如此，係因肺功能不良，稍近嚴重，而原居住已二十餘年的臺北市基隆路房屋，面臨大街，日夜都可聞到來往街道上汽車油煙，對肺十分不利。所以遵醫囑遷往郊區。

同月，次兒斯儉與留美研讀英美文學之喻小敏小姐返臺在木柵我家新居訂婚後，二人仍返美繼續學業。

八月，三小兒斯容赴紐約市就讀私立紐約大學（NYU）資訊研究所。

民國八十二年 一九九三 癸酉 七十歲。住臺北市（木柵自宅）。

元月，次兒斯儉返臺結婚。

五月一日，我調任考選部政務次長，工作較銓敘部簡單。秋，專程赴香港與六妹歐陽誠晤談一日，半世紀闊別，兄妹竟皆老矣。我夙疼愛六妹，相見之下，不勝愉快。

民國八十三年 一九九四 甲戌 七十一歲。住臺北市（木柵自宅）。

雙腿先後患退化性關節炎，醫葯無效。後經針炙三個月，左腿痛而右腿又患，再針炙三個月，遂不復有效。如此久治不痛，步行不易，尤以每日必須步行上下樓梯來往辦公室（舊辦公房屋無電梯設備），深以爲苦；復厭於肆應無賴及詭詐，乃決意辦理政務官自願退職，於九月十六日離開考選部政務次長職，並結束爲期四十餘年之漫長公務生涯。退職後，立即遂行多年來心願，首先學習電腦中文輸入，採大易輸入法。僅憑《大易輸入法》一書，以三個月時間，在炎夏中每日在家赤膊流汗獨自練習六、七個小時，終獲成功。自此全賴電腦之助，將腦際觀念直接按鍵成爲文章出現於螢光幕上。如有修改或整理，尤十分方便。多年美夢成眞，深覺快慰。

三小兒斯容在美獲紐約大學資訊碩士學位返國，進入電子軟體公司任職。

民國八十四年 一九九五 乙亥 七十二歲。住臺北市（木柵自宅）。

五妹仁榮應我邀於元月自大陸來臺探親，在我寓所小住一月返杭州。兄妹半世紀不見，不僅兩皆年老，且諸事俱變。五妹小我五歲，今年亦已六十七，歷盡滄桑，身體雖尚健康，但慢性病不少，性情尤其有改，非復少小時之五妹矣，不勝感傷。我亦曾擬邀六妹來，但因六妹過繼予九姨父後改姓歐陽，在臺爲其辦理入境申請手續稍有困難。擬俟諸他日規定放寬後，當再邀我六妹來也。

四月，長男斯勤返臺，假臺北西華大飯店與其在美國丹佛大學同學胡碧如小姐結婚。婚後二人復返美繼續學業。

門生來，告以一種強化大腿四股肌動作，可治療老年退化性關節炎，無需分文設備，亦無需他人幫助，行之甚易，幾乎隨時隨地可做。我照做後，久不得痛之頑疾竟一日見功，匝月完全痛好，且不再發作，無任何副作用，堪稱奇蹟。後縱然偶有類似復發狀況時，經立即照做此動作一、二次即痛。以之轉告諸多同病老人，也都見效。

十一月，長孫女紹禎在美國 Calorado 州 Denver 市出生，英文名 Tiffeny Hsu。

民國八十五年 一九九六 丙子 七十三歲。住臺北市（木柵自宅）。

春夏之交赴美丹彿城看我長孫女紹禎，喜愛之餘，下定決心，我必親自參加其將來大學畢業典禮，並為其主持婚禮。其時我已年逾百歲矣。

新著《考銓新論》一書出版，二十萬言，商務印書館印行。

民國八十六年 一九九七 丁丑 七十四歲。住臺北市（木柵自宅）。

六月，新著《考銓制度》一書出版，五十萬言。係國內完全依據我國現行考銓法規規定之現行制度與實務寫成之此方面第一本書。初版於一個月內售罄，七月修訂再版問世。

次兒斯儉於民國七十七年赴美，至今為時九年獲美國哥侖比亞大學政治學哲學博士學位，返臺任職中國文化大學大陸研究所專任副教授。哥大政治學博士夙以修讀需時較長著稱，其政治學博士學位最為學界所重。另一副產品好處，即因而居美時久而英文特別流暢，對美國風土人情特別了解。

民國八十七年 一九九八 戊寅 七十五歲。住臺北市（木柵自宅）。

農曆春節前約十天，我因患流行感冒，咳嗽甚劇並發燒。赴臺大醫院診斷近似肺炎，住院兩星期，期間持續用點滴注射兩種第二代特種抗生素，得痊。且此後五年內，因肺功能不良引起之氣喘現象從未復發。我推測是因抗生素將慢性支氣管炎壓制，而使慢性支氣管阻塞症短期（或永遠）得以消除之故。

四月，繼之乘公車回家抵站下車時，左腿忽覺無力而一腿跪落於車門階梯。我急予扶起後，發現左大腿關節處扭曲受傷，痛極不能行走。治療兩月始痊。醫云孫老年骨質疏鬆所致。

八月，斯儉轉任政治大學國際關係研究中心任研究員。

長子斯勤於七十六年赴美，在校十一年。因先修碩士學位，後始修博士學位，且曾換讀學校，與斯儉之自始在哥大一校且未經碩士階段而直攻博士學位者不同，以致費時較多一、二年。冬十一月，獲美國丹佛大學政治學哲學博士學位。攜女返國，與我夫婦同居。

民國八十八年 一九九九 己卯 七十六歲。住臺北市（木柵和興路自宅）。

斯勤購屋臺北市文山區另居，距我住處不遠。

五月，內人繼之因急性盲腸炎住萬芳醫院開刀，舉家大小畢至，所幸手術十分成功，平安度過。

六月五日星期六下午五時前數分鐘，我偕繼之外出赴宴，甫出家門，即在和興路口被一黑色小汽車自後猛撞我左髖骨處，將我飛起摔落於路中央地面，使左大腿骨橫折裂一條長斷縫。經警察救護車送往景美萬芳醫院住院。七日動手術開刀，置入鈦合金板，並用四枚鈦合金大釘釘入大腿骨上固定，住院十餘日，平安出院。車禍事主陳某自稱為汽車修理店工人。我寬諒其出於疏忽而未追究其法律責任。

七月，我退職後所著第三本書《考試權的危機》由商務印書館出版，約十八萬言。

八月，斯勤進入政治大學國際關係研究中心從事研究工作，與斯儉同在大陸研究所同事。

我有兒三人，三人所讀學校自小學、初中、高中、大學以至留美，均係臺灣與美國最好學校之一，現均已完成學業，並均已就業，且二人已婚。我教養兒女之責任大致已了。

九月二十一日，臺中地區於淩晨一時餘發生「規模七點三」之大地震，房屋倒塌甚多，死傷逾萬，震波廣及全臺，尤以北半個島為甚，舉世震驚，是為有名之台灣「九二一地震」。其後三個月內大小餘震一萬餘次，強烈者亦達規模六點八，以致至少臺中以北半個臺島的人民都時時在驚恐中。

今年一年，我除腿傷外，其他小病不斷。

民國八十九年 二〇〇〇 庚辰 七十七歲。住臺北市（木柵自宅）。

元月，長孫紹嘉誕生於美國加州 San Josee 市醫院。出生後短期借居於加州 Malpitas 城斯勤乾爹呂秋文兄家。

三月十八日，中華民國選舉總統，參與競選者三人：國民黨連戰、親民黨宋楚瑜、及民進黨陳水扁。三人所獲選票均不過半，依次為陳水扁略逾三分之一居先，次則為宋楚瑜與連戰。民進黨陳水扁以「比較多數」一票當選，連戰與宋楚瑜均落選，國民黨竟失去連續掌有七十一年之政權。惜哉！

四月，我左腳第五小趾無故腫痛，且變成黑色。經赴臺大醫院及榮民總醫院住院治療約十日，先後曾認為可能為：*1.* 一般細菌感染。*2.* 血管循環不良。*3.* 蜂窩性組織炎。*4.* 週邊血管阻塞。最後認定應以最後一種診斷為是。進行治療約十日後，始以 **Aspirin** 治療，服用二日即開始見效，但該小趾底部竟出現小水泡六、七個，為免其破裂，故左腳不敢著地步行。連續服阿斯匹靈至第十八日，尚未完全治癒，水泡亦未消，卻發現胃出血，於是只好停服阿斯匹靈。我因夙知西醫對胃出血之治療方法一貫為臥床用凝血劑打點滴連續多日，但似與腳趾之用抗凝血劑恰好相矛盾。故初甚躊躇，不知如何就醫。後經獨自細思，決定在家自服市面普通葯房購得之雲南白葯治療。服食甫一日，次晨即告停止出血。神乎其葯！但腳趾則仍未癒。此一年中，災難不斷，內心一度頗為消極，祈神佑我。

六月三日，星期六，三男斯容與孫雪屏小姐在臺北市結婚。我特為出醫院，下午赴禮堂持手杖為其主持婚禮。婚後二人賃屋居住北市石牌區。至此，長幼三子都已完成終身大事，且各自成家分居。羽翼豐滿，群鳥分飛，均皆成人，差堪告慰先人。我夫妻老來相伴相對，偶亦不免有寂寞之感，此乃人生當然階段，亦漸習慣。

左腿受傷後，養護年餘，至今猶仍行動不便，檢查結果謂係關節囊炎。遵醫囑擦葯無甚實效。

六月中旬，為左腳小趾腫痛發黑事，改赴臺大醫院請蔡偉大夫治療。此時身體十分不適，時作寒熱、腹瀉、便秘，症狀眾多。當症狀尚未明瞭前，為時兼旬陷於危疑不安中，不無恐慌，自揣似瀕死亡邊沿。經作骨髓穿刺檢驗後，始證明所患爲「骨髓性血小板異常增生症」早年曾列爲血癌之一種，可取人性命。現因已發明特效葯劑，已可控制。我於服葯後，病情漸趨穩定。

十二月，大哥柏容與我合著之「棣華詩集」由臺灣商務印書出版。全集二九六頁，三千餘行，包括徐柏容詩七十七首，徐有守詩二十七首。

早年曾有命理家言，我壽命止於七十七歲，即今年或明年。現全年雖非十分平安，竟仍得過。感謝上蒼！

民國九十年 二〇〇一 辛巳 七十八歲。住臺北市（木柵自宅）。

我多年前原本就有慢性支氣管炎及阻塞病，老來逐漸又發現下列多種老年慢性病：高血壓、血管硬化、膽固醇過高、老年便秘。到了去前兩年，又發生斷腿、血小板過多兩種大病。今年更發現我有心臟血管病，更是人所共知可取性命的重要病。因此，我固定定期看兩位醫師，每天喫十多種葯，包括去膽固醇、化除血栓。控制血小板增生及通便等葯，外加數種維他命。每天要吞下葯丸十多顆。都是要長期不斷服用的。

我自腿骨折斷後，因爲始終不能完全復原，行動大受影響，所以較少外出。在家消磨時間，惟有打電腦寫作。而我維持健康的唯一方法則是每天早晨外出步行約一小時。但至冬天就因較少外出，身體明顯受影響。

民國九十一年 二〇〇二 壬午 七十九歲。住臺北市（木柵自宅）。

今年諸事不利，尤其易與人衝突。所幸結果都是我勝利。今年唯一意外者，乃商務印書館股東大會改選董監事，我當選爲副董事長，完全非我所料。但此實際爲一掛名榮譽義務職，既無辦公之操勞，也無報酬待遇。

初春，發現腦痛嚴重，參考葯師言，自行服用銀杏丸及一種名爲total B之高單位維他命丸。結果，因上述兩種葯均係熱性，故頭痛病雖漸瘉而身體發燒，並引起多年舊疾夏季熱復發。由於現在臺灣已買不到我向所用以治療夏季熱之特效葯（bellergal或neverstal），所以只好自己研究服用中葯。幸得漸瘉。

五月間赴美，決定放棄我的綠卡。今後我可能不再赴美了。

次兒斯儉以分期付款方式購買臺北市二手房屋一戶，大體還好。

長兒斯勤今年下半年換購另一房屋一戶，而將原購者出脫。

民國九十二年 二〇〇三 癸未 八十歲。住臺北市（木柵自宅）。

今年最可喜之事爲三小兒斯容於陽曆十月間獲一女，其出生資料有兩項與我相同，同爲夏曆某日，同一血型，體格頗健。經斯容夫婦與我夫婦商量再三後，命名爲徐杰薇。我爲其初步推算八字，此女將出衆拔萃。但因而自我追究，爲何未爲紹禎與紹嘉二人推算八字，始發現係因二人皆出生美國，當時不知如何決定出生時日。

年內完成拙著「源遠流長我徐家」一書，十四萬字，內文二十七篇。附有我一家十口照片，及我吉水徐氏（包括老徐家與新徐家）六代家族世系全表，計自我曾祖父以次至我孫輩。各文內容則分別敘述吉水風水、我太史第風水、我父母家人兒孫，及我本人經歷。全書均我自行打字編輯，但請商務印書館美術編輯吳郁婷小姐代爲設計封面，並交市面影印店裝訂，僅共製成十餘本，分存我小兒三人處各三本，餘則僅寄我兄妹五人、及瑤華姑姑、祥玉表妹、梅玖姑姑各一本。用意在供我徐有守後人傳閱，以免後輩忘本。

十月，拙著「王雲五與行政改革」由商務印書館出版。

民國九十三年二〇〇四甲申八十一歲。住臺北市（木柵和興路自宅）。

四月下旬，氣候方始轉熱，立即發現我身體發燒，夏季熱復發。而且新增一病，即夜間十二時後失眠情形嚴重。對此兩種症狀，我都束手無策。因臺灣現已不進口我數十年來服用有效之某種治療夏季熱特效葯（見九十一年所記）；後查得臺灣雖還有一家葯廠製造同類品，但我前年購來喫過一次，發現明顯直接引起我頭痛。經仔細研究，認爲恐係其中含有一種中樞神經鎮靜劑所致；而安眠葯幾無一不爲中樞神經鎮靜劑製成，我更不能服用，服用即頭痛。於是經我自己與中葯店老闆商量後處方，服用中葯合歡皮、夜交籐、酸棗仁、丹參、杭白菊等葯，明顯有效。但連服一、二日後效力即減退。後經檢討，失眠原因實因四、五個月漫長冬季以來我完全停止晨間每日步行約一小時所致。於是立即認眞恢復我的晨間運動，失眠情形才慢慢改善。

今年曾發生重大虛驚一場。春夏交替之際，胃腸仍例常不適。五月二十二日，晨間第二次大便時無便，但赫然竟有大塊鮮紅血團。數日後作大腸灌入鋇鹽X光攝影檢查，再約十日後始知結果。而在此前半月期間，胃腸不適如故，內心暗揣恐係直腸癌來訪，並有作開刀切除之心理準備。孰知台大大夫看我大腸攝影片後稱：「没事！」始得心安。而肛門出血原因則爲痔瘡。今年竟又增加此一向無之新病。

我自民國八十七年因流行感冒引起輕微肺炎住院以來，自此每年有病。八十八年腿骨折斷以來，每年新增加一種慢性病。所幸至今均能受到控制。希望今後勿再有新增病症，而已有諸病則均能繼續受控制。

四月，拙著「做一個成功的公務員」出版，銷行甚好，初版三千册在半個月內售罄，而再版數千册。七月，另一拙著「出版家王雲五」問世。八月，新著長篇小説「紐布隆斯威克的斜陽」出版。以上三書均係由臺灣商務印書館出版。十月做心臟導管手術置入支架二枝。十分成功。

今年最得意之事莫過於我三兒斯容夫婦十月又爲我增加孫女杰儀。但我身體全年不佳。

我的危機與契機 ／ 徐有守著. -- 初版.
-- 臺北市 ： 臺灣商務, 2005[民 94]
面 ； 公分.

ISBN 957-05-1948-7(平裝)

1. 徐有守-傳記

782.886 94001389

我的危機與契機

定價新臺幣 600 元

著 作 者 徐 有 守
責任編輯 葉幗英
美術設計 吳郁婷
校 對 者 王國強
發 行 人 王 學 哲
出 版 者
印 刷 所 臺灣商務印書館股份有限公司
臺北市 10036 重慶南路 1 段 37 號
電話：(02)23116118 · 23115638
傳眞：(02)23710274 · 23701091
讀者服務專線：0800056196
E-mail:cptw@ms12.hinet.net
網址：www.cptw.com.tw
郵政劃撥：0000165 — 1 號
出版事業登記證：局版北市業字第 993 號

· 2005 年 4 月初版第一次印刷

版權所有 · 翻印必究

ISBN 957-05-1948-7 (平裝) 22247010

廣 告 回 信
台灣北區郵政管理局登記證
第 6 5 4 0 號

100臺北市重慶南路一段37號

臺灣商務印書館　收

對摺寄回，謝謝！

傳統現代　並翼而翔

Flying with the wings of tradition and modernity.

讀者回函卡

感謝您對本館的支持，爲加強對您的服務，請填妥此卡，免付郵資寄回，可隨時收到本館最新出版訊息，及享受各種優惠。

姓名：________________ 性別：□男 □女

出生日期：____年____月____日

職業：□學生 □公務（含軍警） □家管 □服務 □金融 □製造
□資訊 □大眾傳播 □自由業 □農漁牧 □退休 □其他

學歷：□高中以下（含高中） □大專 □研究所（含以上）

地址：□□□ ________________________________
____

電話：（H）________________ （O）________________

E-mail: ________________________________

購買書名：________________________________

您從何處得知本書？

□書店 □報紙廣告 □報紙專欄 □雜誌廣告 □DM廣告
□傳單 □親友介紹 □電視廣播 □其他

您對本書的意見？ （A/滿意 B/尚可 C/需改進）

內容____ 編輯____ 校對____ 翻譯____

封面設計____ 價格____ 其他________

您的建議：________________________________
____
____

臺灣商務印書館

台北市重慶南路一段三十七號 電話：（02）23116118・23115538
讀者服務專線：0800056196 傳眞：（02）23710274・23701091
郵撥：0000165-1號 E-mail：cptw@ms12.hinet.net
網址：www.cptw.com.tw